ÉCOLE SPÉCIALE DES TRAVAUX PUBLICS

DU BATIMENT ET DE L'INDUSTRIE

M. Léon EYROLLES, C. ✳, ❶ I., Ingénieur-Directeur.

COURS
D'EXPLOITATION DES MINES

LIVRE V
ÉPUISEMENT. — AÉRAGE ET ÉCLAIRAGE

Professeur : M. L.-E. GRUNER

Ingénieur civil des Mines.

PARIS

ÉCOLE SPÉCIALE DES TRAVAUX PUBLICS

Rue Du Sommerard, Rue Thénard et Boulevard Saint-Germain

PROPRIÉTÉ DU DIRECTEUR DE L'ÉCOLE

1922

COURS ET INSTRUCTIONS remis aux Auditeurs et Correspondants.

Plus de 360 volumes constituant, par spécialité, une bibliothèque extrêmement importante.

I. — Français, Rédaction, Anglais, Allemand, Calligraphie, Sténographie, Comptabilité, Géographie.

Cours de Langue française :
  I. Orthographe et Syntaxe; II. Rédaction.
Cours de Langue anglaise.
  —   — allemande.
Vocabulaire technique (français-allemand).
Cours de Calligraphie.
Cours de Sténographie appliquée.
Cours de Rédaction des rapports.
Cours de Comptabilité commerciale appliquée aux entreprises.
Cours de Géographie de la France, *avec atlas.*
Cours de Géographie des colonies franç., *avec atlas.*

II. — Mathématiques élémentaires.

Cours d'Arithmétique élémentaire.
Cours d'Arithmétique.
Notions de Géométrie pratique.
Notions de Géométrie élémentaire.
Cours de Géométrie (M. Danns).
Notions d'Algèbre et de Calcul trigonométrique.
Cours d'Algèbre.
Cours de Trigonométrie.
Notions de Géométrie descriptive.
Cours de Géométrie descriptive.
Cours de Perspective.
Notions de Stéréotomie.
Notions élémentaires de Mécanique.
Cours de Mécanique : 1re *Partie.* Statique. — 2e *Partie.*
  Cinématique et dynamique.

III. — Mathématiques supérieures.

Notions sommaires sur les Fonctions et les Dérivées.
Compléments d'Algèbre.
Cours d'Analyse.
Cours supérieur d'Algèbre et Analyse :
  Livre I. Algèbre (compléments) et calcul différentiel. —
  Livre II. Calcul intégral.
Cours de Géométrie analytique.
Cours supérieur de Géométrie analytique:
  Livre I. Géométrie plane. — *Livre II.* Géométrie dans
  l'espace.
Cours supérieur de Géométrie descriptive :
  Livre I. Géométrie descriptive. — *Livre II.* Perspective. —
  Livre III. Stéréotomie.
Compléments de Mécanique (Statique).
Cours de Mécanique rationnelle.
Cours de Mécanique générale et notions de Mécanique
  appliquée :
  Livre I. Cinématique. — *Livre II.* Dynamique et statique.
Cours de Calcul graphique et nomographie.
Introduction mathématique aux sciences techniques de
  l'Ingénieur.

IV. — Sciences physiques.

Cours élémentaire de Physique.
Cours supérieur de Physique.
  Livre I. Pesanteur. Hydrostatique. Chaleur. — *Livre II.*
  Chaleur, acoustique et optique. — *Livre III.* Magnétisme
  et Électricité.
Notions de Chimie.
Cours supérieur de Chimie :
  Livre I. Métalloïdes. — *Livre II.* Métaux. — *Livre III.*
  Chimie organique.
Cours d'Analyse chimique :
  Livre I. Méthodes générales d'analyse quantitative. —
  Livre II. Chimie analytique générale.
Cours d'Analyse et d'Essai des matériaux de construction.
Cours de Chimie analytique appliquée à la métallurgie.

V. — Géologie, Minéralogie.

Notions de Géologie pratique.
Cours de Géologie et de Minéralogie appliquées :
  Livre I. Généralités. — *Livre II.* Les Minéraux et les
  Roches. — *Livre III.* Paléontologie. — *Livre IV.*
  Stratigraphie. — *Livre V.* Les Gîtes minéraux et

métallifères. — *Livre VI.* Paléogéographie et Tecto-
nique. — *Livre VII.* Hydrologie.

VI. — Résistance des matériaux et Stabilité des constructions.

Cours élémentaire de Résistance des matériaux et de stabilité des constructions.
La Composition de Mécanique appliquée.
Notions de Résistance des matériaux appliquée aux
  machines.
Cours de Statique graphique et Résistance des matériaux
  appliquée aux constructions métalliques.
Cours de Statique graphique.
Cours de Résistance des matériaux appliquée aux machines.
Cours de Résistance des matériaux et de stabilité des
  constructions.
  1re *Partie.* Théorie et résultats d'expériences. Statique
  graphique. — 2e *Partie.* Poutres droites à une travée,
  charpentes, etc. — 3e *Partie.* Poutres continues. Poutres
  en arc. — 4e *Partie.* Murs de Réservoirs. Murs de soutènement. Voûtes. Ouvrages en béton armé.
Règlement ministériel du 8 janvier 1915.
Les murs de soutènement.

VII. — Hydraulique et Industries agricoles.

Notions élémentaires d'Hydraulique.
Notions sur les Moteurs hydrauliques.
Cours d'Hydraulique et applications :
  1re *Partie.* Généralités. Vannes, déversoirs, tuyaux,
  canaux et aqueducs. Jaugeage des cours d'eau. —
  2e *Partie.* Distribution d'eau et assainissement. —
  3e *Partie.* Épuration des eaux et assainissement des
  cours d'eau. — 4e *Partie.* Moteurs hydrauliques. —
  5e *Partie.* Aménagement des cours d'eau en vue de la
  production de l'énergie électrique. — 6e *Partie.* Formation. Entretien et aménagement des cours d'eau.
Cours de Barrages.
Cours de Drainage et Irrigation.
Instructions pratiques relatives au Drainage, au Redres-
  sement des Cours d'eau et à l'Irrigation.
Cours de Meunerie.

VIII. — Dessin graphique et appliqué à diverses spécialités. Croquis.

Cours de Dessin graphique.
Principes élémentaires du Lavis.
Cours de Dessin industriel.
Instruction spéciale pour l'exécution du Dessin graphique.
Instruction pour l'exécution du Dessin d'architecture.
Instruction sur le Dessin des plans.
Instruction sur le Croquis à main levée.
Instruction sur le Croquis à main levée. Organes des
  machines.

IX. — Mécanique appliquée. Machines.

Éléments de Mécanique générale et de Mécanique appliquée.
Cours de Mécanique appliquée :
  Livre I. Notions générales. Moments d'inertie. Centre de
  gravité. Résistances passives. — *Livre II.* Équilibre
  des systèmes matériels. Équilibre des machines. —
  Livre III. Force centrifuge. Volants et régulateurs.
Cours de Technologie industrielle :
  Livre I. Métaux et matières diverses. Organes des
  machines. — *Livre II.* Travail des métaux et des bois.
  Outillage industriel.
Cours de Thermodynamique.
Notions sur les Machines à vapeur.
Cours de Machines à vapeur :
  1re *Partie.* Générateurs de vapeur. — 2e *Partie.* Moteurs à
  vapeur. — 3e *Partie.* Calculs et étude des princi-
  paux organes des machines.
Notions sur les Moteurs à explosion et à combustion.
Cours de Moteurs à gaz :
  Livre I. Étude théorique. Étude des gaz. Historique.
  Moteurs de moyenne puissance. — *Livre II.* Moteurs de
  grande puissance. Moteurs à combustibles liquides. —
  Livre III. Gazogènes. Entretien et Conduite.
Cours d'Automobiles :
  Livre I. Moteurs. — *Livre II.* Voitures automobiles.

COURS

D'EXPLOITATION DES MINES

ÉCOLE SPECIALE DES TRAVAUX PUBLICS

DU BATIMENT ET DE L'INDUSTRIE

M. Léon EYROLLES, C. ❋ (♦ I), Ingénieur-Directeur

COURS
D'EXPLOITATION DES MINES

LIVRE V

ÉPUISEMENT. — AÉRAGE ET ÉCLAIRAGE

PROFESSEUR : M. L.-E. GRUNER

Ingénieur civil des Mines

PARIS

ÉCOLE SPÉCIALE DES TRAVAUX PUBLICS

Rue Du Sommerard, Rue Thénard et Boulevard Saint-Germain

—

1922

COURS D'EXPLOITATION DES MINES
LIVRE V

NEUVIÈME PARTIE

ÉPUISEMENT

CHAPITRE PREMIER

GÉNÉRALITÉS

SOMMAIRE

§ 1. **Origine et jaugeage des eaux.** — Origine des venues d'eau. — Composition des eaux de mines. — Importance des venues d'eau. — Jaugeage.

§ 2. **Aménagement des eaux.** — Investisons. — Captage des eaux. — Albraques.

§ 3. **Serrements et plates-cuves.** — Serrements. — Serrements en bois et en maçonnerie. — Serrements métalliques. — Plates-cuves. — **Résumé**.

§ 1. — ORIGINE ET JAUGEAGE DES EAUX.

1. Origine des venues d'eau. — Les eaux qui envahissent les travaux souterrains proviennent toutes de la surface, mais dans certains cas elles traversent rapidement les terrains et arrivent dans la mine peu après leur apparition à la surface, tandis que dans d'autres cas elles restent emprisonnées longtemps dans le sol et forment des lacs ou des rivières souterraines.

Les eaux peuvent filtrer à travers les terrains naturellement poreux, comme les sables et les graviers, ou bien se frayer un chemin en rongeant les roches calcaires ou gréseuses. Dans les massifs calcaires, il n'est pas rare de trouver des grottes dont la hauteur et la longueur sont considérables, et de véritables rivières qui se poursuivent pendant des kilomètres.

La percée des travaux miniers, dans ces nappes d'eau souterraines, risque de provoquer une inondation. Il est heureusement très rare qu'une exploitation se poursuive au voisinage de cavités semblables sans qu'elles soient connues.

La principale origine des venues d'eau est donc l'introduction des eaux superficielles dans les travaux.

Le plus souvent, ces eaux descendent, depuis la surface, jusqu'à un banc imperméable sur lequel elles s'accumulent et s'écoulent en suivant son inclinaison ; elles ne pourraient le traverser et les chantiers, qui se trouvent à un niveau inférieur, resteraient secs, si les terrains n'étaient pas fendus par des failles et des crevasses qui livrent passage aux eaux.

Lorsque les travaux rencontrent un de ces accidents, il se produit une venue, parfois fort gênante. Dans les mines profondes, on observe ainsi de véritables sources, de température élevée ; de même dans les percements de tunnels sous des massifs montagneux élevés.

L'exploitation produit elle-même des cassures dans les roches et provoque l'envahissement de la mine par les eaux. Seul, l'abandon de massifs suffisamment épais permet d'éviter la formation de ces cassures ; le remblayage, même hydraulique, ne fait qu'en diminuer l'importance. Les anciens travaux par foudroyage, au voisinage du sol, amenaient des infiltrations considérables, parfois même la rentrée dans les mines des ruisseaux de la surface.

Dans certaines mines, comme les gisements de potasse, il faut absolument éviter les venues d'eau ; dans les houillères, ce sont plutôt les préoccupations de sécurité et de prix de revient qui conduisent à rechercher les moyens de les réduire au minimum.

La nature des terrains, au-dessus du champ d'exploitation, est extrêmement variable. Il est rare qu'ils soient complètement secs. On y rencontre presque toujours, à une certaine profondeur (*niveau hydrostatique*) une nappe d'eau qui se continue, dans les terrains poreux ou fissurés, jusqu'à la première couche imperméable.

Parfois, on rencontre successivement des couches perméables et imperméables, qui ne communiquent pas entre elles tant que l'exploitation n'a pas amené la formation de crevasses verticales. Il est donc possible d'avoir des mines presque sèches, sous des terrains très aquifères, lorsqu'elles sont séparées de ces derniers par un banc imperméable suffisamment épais.

Lorsque les terrains de recouvrement sont peu perméables et sans cassures, la venue d'eau est faible et constante. Lorsqu'ils sont formés de sables, la venue peut être plus forte, mais assez régulière, car les sables forment une sorte de régulateur. Au contraire, si les terrains sont très brisés, et que leur épaisseur est faible, la venue d'eau est très irrégulière et varie avec la quantité d'eau qui tombe à la surface. Elle passe par un maximum au printemps, par un minimun à la fin de l'été.

L'importance des venues d'eau n'augmente pas toujours avec la profondeur, car on n'y rencontre pas, en général, de nouvelles sources. Il peut même arriver qu'elle diminue, si les eaux sont retenues dans les couches supérieures.

A côté des eaux d'infiltration récentes, les mines ont aussi à craindre les eaux accumulées depuis longtemps dans les terrains.

Les puits en fonçage rencontrent souvent des niveaux très aquifères, en particulier des sables fortement imbibés. Dans le bassin du Nord et du Pas-de-Calais, le houiller est recouvert d'une véritable nappe extrêmement aquifère. A Anzin, ce *torrent* forme une sorte de grand marais, mesurant 3 km. sur 5 km. Il est heureusement séparé du houiller par une couche d'argile imperméable (les *dièves*) qui empêche l'envahissement des travaux par les eaux et permet l'exploitation.

Ainsi que nous l'avons dit plus haut, les anciens travaux, effondrés ou mal remblayés, qui se remplissent d'eau, constituent un danger d'inondation pour les chantiers qui s'en rapprochent sans précautions.

2. Composition des eaux de mines. — Les eaux sont quelquefois très pures, lorsqu'elles proviennent de sources souterraines. Le plus souvent, elles sont chargées de matières étrangères.

En règle générale, elles sont acides, surtout dans les gisements de charbon pyriteux. Elles attaquent les tuyaux et les rails, corrodent les pompes, et ne peuvent servir pour l'alimentation des chaudières. Leur circulation sur le sol des galeries et dans les cassures des terrains les a d'ailleurs chargées de matières qui se déposent dans les tuyaux.

Dans certaines mines, elles contiennent des sels métalliques, par exemple des chlorures ou des iodures, du sulfate de cuivre, etc...

Elles sont quelquefois fétides et contiennent de l'hydrogène sulfuré.

3. Importance des venues d'eau. — L'importance des venues d'eau est extrêmement variable d'une région à l'autre, souvent même entre des mines voisines.

En France, les quantités à épuiser, par 24 heures, sont parfois de quelques centaines de mètres cubes seulement, mais atteignent fréquemment 5.000 mc. En Belgique, elles dépassent rarement 6 à 7000 mc. par 24 heures dans les houillères et descendent à moins de 1000 mc.

En Westphalie, la moyenne est plus élevée, surtout dans la partie sud du bassin, où les travaux ne sont pas séparés de la nappe aquifère par des marnes imperméables.

Vers 1900, on estimait qu'on extrayait en moyenne plus de 3 mc. d'eau par tonne de charbon ; dans certaines mines le rapport s'élève à 15 ou 20 mc. pour 1ᵀ de charbon. Dans les exploitations situées sous les marnes, ce chiffre s'abaisse à 2 mc. environ. Dans les mines métalliques, il n'est pas rare d'observer des venues considérables : on cite, par exemple, la mine de Bleyberg où la quantité d'eau atteignait 45 mc. par minute (65.000ᵀ par jour) au moment de la fonte des neiges.

4. Jaugeage. — Pour mesurer une venue d'eau, le procédé le plus simple est de la recevoir dans un bac ou un tonneau de contenance connue ; d'après le temps nécessaire pour le remplir, on calcule le volume qui s'écoule par 24 heures.

Lorsqu'on ne peut recevoir l'eau dans un récipient, notamment lorsqu'elle s'écoule sur le sol d'une galerie, on doit employer un procédé plus compliqué.

On coupe, par exemple, la rigole d'écoulement par un barrage avec un déversoir formé d'une tôle échancrée (*fig. 1*). L'eau s'accumule derrière le barrage à un niveau constant, tandis que le niveau, au passage du déversoir, est différent.

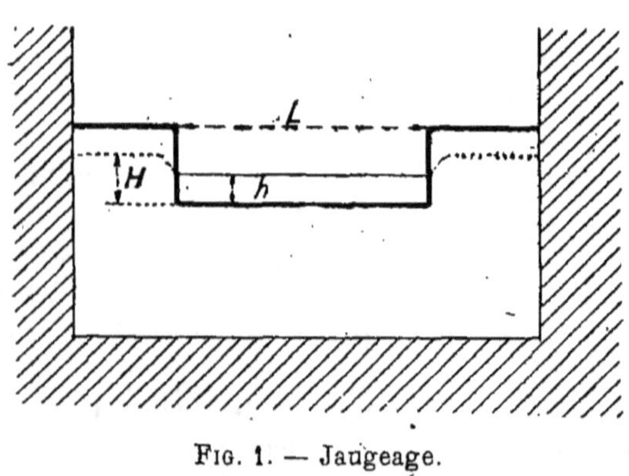

Fig. 1. — Jaugeage.

Soit H le niveau en arrière du déversoir, h au passage, L la largeur du déversoir. Le débit est indiqué par la formule :

$$Q = 0{,}405 \, L \, h \sqrt{2\,g\,H}$$

La mesure de H et h est difficile, car l'éclairage est généralement insuffisant dans la mine. On peut d'ailleurs se passer de la mesure de H.

Si le déversoir a une largeur égale aux $\dfrac{4}{5}$ de celle du réservoir, on prendra H $= 1{,}178 \, h$; pour une largeur plus petite H $= 1{,}250 \, h$

On peut procéder d'une autre manière. On établit sur une certaine longueur de la rigole un canal, de section rectangulaire, de largeur b, on prend deux repères un peu après l'entrée dans ce canal et un peu avant la sortie. Au moyen d'un petit flotteur en bois on mesure le temps que met le courant d'eau pour passer d'un repère à l'autre et on en déduit la vitesse v par seconde. On mesure d'autre part la profondeur h dans le canal. Le débit par seconde est donné par la formule

$$Q = b \times h \times v.$$

Cette méthode nécessite la construction du canal. D'autre part, la vitesse n'étant pas constante dans toute la section de la masse d'eau en mouvement, la mesure n'est pas précisé et le débit calculé n'est qu'approximatif.

§ 2. — AMÉNAGEMENT DES EAUX.

5. Investisons. — Ainsi que nous l'avons dit plus haut, avant de se préoccuper des moyens de réunir les eaux en un point de la mine et de les évacuer, on cherche à réduire au minimum les venues, en évitant la formation des cassures qui mettent en communication les travaux avec les sources ou les nappes d'eau susceptibles d'envahir la mine.

Pour cela, on abandonne des massifs de protection, ou *investisons*, pour isoler les travaux.

On ne dépilera, sous un ruisseau, qu'à une profondeur suffisante pour que les mouvements de terrains ne puissent provoquer de cassures débouchant dans le lit de celui-ci. Sous une rivière ou un canal, on ménagera même, au besoin, un massif intact quelle que soit la profondeur des travaux, ou bien on se bornera à exploiter par piliers abandonnés, assez larges pour ne pas s'écraser par la suite. Il importe de se rappeler que les cassures ne se propagent pas verticalement, mais suivant un angle d'autant plus grand avec la verticale que les bancs sont plus inclinés. Le remblayage hydraulique, au voisinage de la zone à laisser comme investison, complétera ces précautions.

On réserve de même des massifs au voisinage des anciens travaux.

Il faut, pour rendre ces mesures efficaces, s'efforcer de détourner les eaux des parties de la surface perméables ou déjà fissurées. On creuse des canaux de dérivation pour les eaux de pluie ; dans certains cas, on détourne les rivières, en particulier lorsqu'elles sont sujettes à des crues violentes qui risqueraient d'amener la formation de mares dans les parties basses de la surface.

Lorsque l'exploitation doit se poursuivre sous une nappe d'eau, et en particulier sous la mer, il est prudent de laisser des piliers pour empêcher toute cassure dans la couronne.

On a pu, dans certaines mines, s'avancer à plusieurs centaines de mètres sous la mer, en se rapprochant parfois jusqu'à quelques mètres seulement du fond. Grâce aux précautions prises dans le choix de la méthode d'exploitation, le danger d'inondation peut être considéré comme pratiquement exclu, mais de semblables conditions entraînent presque toujours l'abandon d'une partie du gisement.

6. Captage des eaux. — Le premier problème à résoudre, pour évacuer les eaux qui se sont introduites dans les travaux, consiste à les réunir en un point, d'où on les renverra à la surface, par l'un des moyens qui seront décrits au chapitre suivant.

Ce point de réunion est évidemment le point le plus bas des travaux, où les eaux ont tendance à se rassembler d'elles-mêmes. On peut parfois éviter cette accumulation de toutes les eaux au fond de la mine. Si les terrains ne sont pas trop fissurés, on peut recueillir une grande partie des eaux de chaque étage à la base de celui-ci, et les évacuer avant qu'elles ne descendent jusqu'à l'étage le plus profond.

De même, lorsqu'une partie d'un étage est exploitée en vallée, on peut en remonter les eaux jusqu'au niveau de base de l'étage.

Lorsqu'une mine se trouve à flanc de coteau, on peut ainsi évacuer les eaux de chaque étage par une galerie débouchant sur les pentes de la vallée.

Au contraire, dans beaucoup de mines, on les laisse toutes s'accumuler au bas du puits, pour les y reprendre soit avec des bennes pendues au câble, soit avec des pompes. Il faut alors disposer de réservoirs d'une capacité suffisante pour recevoir les venues de plusieurs heures, afin d'éviter l'envahissement des travaux entre les heures consacrées à l'épuisement par bennes, ou en cas d'arrêt des pompes.

Comme réservoir, on utilise très fréquemment le fond du puits lui-même (*puisard*). Dans ce but, au moment du fonçage, on a continué le creusement sur plusieurs mètres, au-dessous de la recette inférieure. Si l'on prévoit un approfondissement du puits, on a avantage à créer ainsi un réservoir de capacité largement calculée.

Les travers-bancs conduisant au puits présentant une pente vers celui-ci, destinée à faciliter le roulage, les eaux les suivent naturellement, dans une rigole creusée le long du parement (ou au besoin sous la voie).

La pente admise pour le roulage est presque toujours largement suffisante pour permettre l'écoulement. Si elle est inférieure à $1^m/_m$ par mètre, ou que le sol ait tendance à gonfler, il y a avantage à maçonner la rigole.

7. Albraques. — Au lieu d'utiliser le fond du puits, on préfère, si les venues sont fortes, creuser des réservoirs spéciaux, de plus grande capacité, un peu au-dessous du niveau de la recette inférieure. On leur donne la forme de galeries, dont la section dépend de la nature des terrains. On les boise fortement ou bien on les maçonne, pour éviter les éboulements. La visite et la réfection de ces réservoirs (ou *albraques*) n'est possible, en effet, que si on les a vidés, ce qui ne peut se faire que si on dispose d'un autre albraque, ou qu'on utilise momentanément le fond du puits comme réservoir. Pour permettre ces réparations, on divise parfois l'albraque en deux parties par un mur, de façon à pouvoir isoler et vider une moitié.

L'albraque doit être d'autant plus largement calculé que le nombre de pompes est plus faible ; si l'on n'en n'a qu'une, il faut prévoir qu'elle peut être arrêtée un ou deux jours pour une réparation.

On augmente la capacité en s'étendant en longueur plutôt qu'en choisissant une section trop grande qui serait coûteuse comme creusement et difficile à boiser.

§ 3. — SERREMENTS ET PLATES-CUVES.

8. Serrements. — Pour protéger les travaux contre une inondation, on est amené à fermer les galeries conduisant vers les zones dangereuses au moyen de barrages, soit définitifs, soit simplement préparés à l'avance et munis de portes étanches qu'on fermera si un coup d'eau oblige à abandonner le quartier ainsi isolé.

De tels ouvrages portent le nom de *serrements*. S'ils sont établis dans un puits, on les appelle *plates-cuves*.

L'établissement de serrements munis de portes est particulièrement indiqué dans les galeries qui sont poussées vers de vieux travaux ou vers une région inconnue dans laquelle on peut craindre de rencontrer des failles ou des cassures par lesquelles les eaux risqueraient de surgir.

La construction des serrements est un travail délicat, en raison de la pression considérable à laquelle ils sont soumis si les eaux s'accumulent derrière eux. Il ne peut être question de les placer que dans les parties solides des galeries ; il n'est utile d'en entreprendre l'établissement que si les terrains avoisinants sont imperméables et résistants, et que les eaux ne peuvent trouver aucune zone fissurée ou peu consistante pour contourner l'obstacle.

Une fois l'emplacement choisi, dans une roche étanche sous les fortes pressions à prévoir, il faut procéder avec prudence, pendant la construction, pour ne pas affaiblir le massif sur lequel s'appuiera l'ouvrage. On travaille uniquement à la pointerolle, en évitant l'emploi des explosifs ; on assure l'encastrement du serrement en entaillant largement la roche, et on donne au barrage une forme convenable pour lui permettre de résister à la pression.

9. Serrements en bois ou en maçonnerie. — Les serrements peuvent se faire en bois, en maçonnerie ou béton, ou en métal.

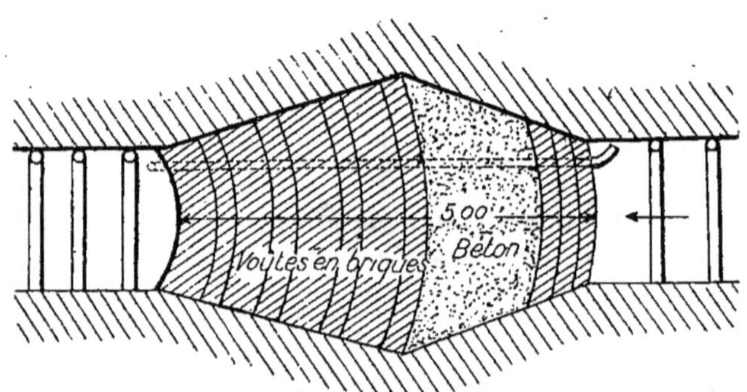

Fig. 2. — Serrement en maçonnerie.

Les ouvrages en bois sont moins résistants et moins durables ; il est difficile de les rendre parfaitement étanches. On préfère donc employer la maçonnerie ou le béton.

Les serrements en maçonnerie ne se font plans que si la pression est faible. Lorsque la poussée est forte, on leur donne une forme de voûtes à convexité tournée vers la partie immergée. L'épaisseur doit être calculée largement, surtout si des mouvements de terrains ultérieurs risquent de diminuer la résistance et de favoriser la dislocation.

La fig. 2 représente un serrement exécuté partie en briques, partie en béton, qui assure une meilleure étanchéité.

On remarquera qu'on a noyé, à la partie supérieure de l'ouvrage, un tuyau en fer qui débouche derrière le serrement au voisinage de la couronne. Il est essentiel, en effet, d'assurer l'évacuation complète de l'air qui serait emprisonné derrière la maçonnerie. La conservation de l'ouvrage est ainsi bien meilleure. On peut d'ailleurs utiliser ce tuyau pour installer un manomètre qui mesurera la pression de l'eau.

On complète souvent le serrement par un tuyau, qui le traverse à la base et permet de faire écouler l'eau. Ce tuyau sera utile, en particulier, si la masse d'eau n'est pas en communication avec une source ou une nappe qui lui donnent un débit trop considérable ; on peut espérer l'épuiser progressivement et rentrer dans le quartier abandonné, après avoir démoli le barrage.

Pour assurer une meilleure exécution de la maçonnerie, du côté de la venue d'eau, on ménage parfois, à travers le serrement, un trou d'homme, par lequel le maçon sortira après avoir achevé son travail, et qui sera fermé par un bouchon (à l'arrière) ; ce bouchon est maintenu serré par une tige prenant appui, à l'avant, par un fort boulon, sur une plaque appliquée sur l'ouverture.

10. Serrements métalliques. — Les serrements métalliques sont constitués par des cadres en fonte ou en acier, dont la convexité est tournée vers la masse d'eau, solidement appuyés contre des parements en maçonnerie ou en béton.

On a surtout recours à ce mode de construction lorsqu'on veut préparer un barrage dans une galerie, muni de portes laissées ouvertes tant qu'aucun danger ne se manifeste, et qu'il suffira de fermer pour obtenir rapidement un barrage étanche en cas de coup d'eau.

La fig. 3 montre, en coupes verticale et horizontale, la disposition d'un serrement de ce type. Les portes montées sur des gonds sont juste assez larges pour le passage d'une berline. Elles sont rabattues en cas d'inondation et serrées par de forts écrous, dont les emplacements ont été ménagés dans le cadre ; un calfatage est nécessaire pour assurer l'étanchéité.

Comme avec les serrements en maçonnerie, il est utile de prévoir un tuyau en couronne pour l'évacuation de l'air, et un autre près du sol, muni d'un robinet, pour l'évacuation des eaux. Ce dernier tuyau est indispensable, si on barre la galerie par plusieurs serrements successifs. Dans ce cas, on laisse l'eau monter derrière chacun d'eux, car si on se contentait de fermer les barrages et que le premier vienne à céder, le choc de la masse d'eau contre le suivant risquerait de le démolir, tandis qu'en laissant se remplir l'intervalle, on améliore grandement la résistance du premier.

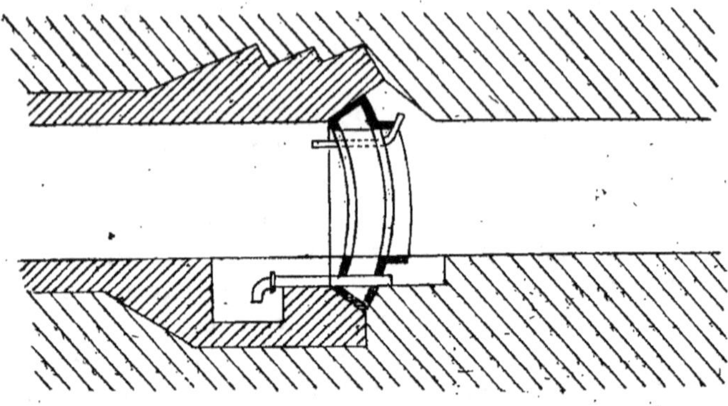

Coupe verticale.

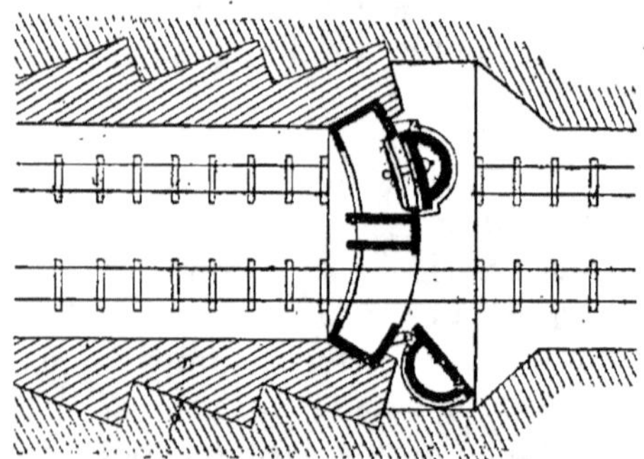

.Coupe horizontale.
Fig. 3. — Serrement métallique.

11. Plates-cuves. — Les barrages dans les puits, ou *plates-cuves*, ont à résister, soit aux eaux qui remontent depuis le fond (par exemple dans un puits en fonçage), soit au contraire aux eaux qui descendent de la partie supérieure. Dans le premier cas, la résistance est obtenue en surchargeant suffisamment les voûtes encastrées dans les parois, et en élargissant l'ouvrage de façon à ce que la pression le coince contre les terrains. Un tuyau, noyé dans la maçonnerie et les remblais, permet l'évacuation de l'air emprisonné au-dessous de la plate-cuve (*fig. 4*).

Les voûtes sont encastrées assez profondément pour atteindre les roches solides. On dispose souvent, alternativement, des assises en maçonnerie et des bourrages en argile, qui assurent l'étanchéité.

Si les parois ne sont pas imperméables, le remplissage d'argile au-dessus de l'ouvrage doit être poussé jusqu'au-dessus du niveau de la roche imperméable. Si la plate-cuve est destinée à supporter la masse d'eau qui descend du haut du puits, on lui donne aussi une forme assez élargie pour l'encastrer dans les terrains solides, mais rétrécie à la base pour que la pression assure un serrage énergique contre ces terrains.

Ici encore, le remplissage en argile qui surmonte la maçonnerie doit se continuer, si les terrains sont perméables, jusqu'à une couche imperméable, pour éviter les infiltrations qui finiraient par aboutir au-dessous de l'ouvrage.

Les plates-cuves se font presque toujours en maçonnerie ou béton, avec remplissage d'argile. On emploie cependant aussi les voûtes en fonte, plus étanches que la maçonnerie.

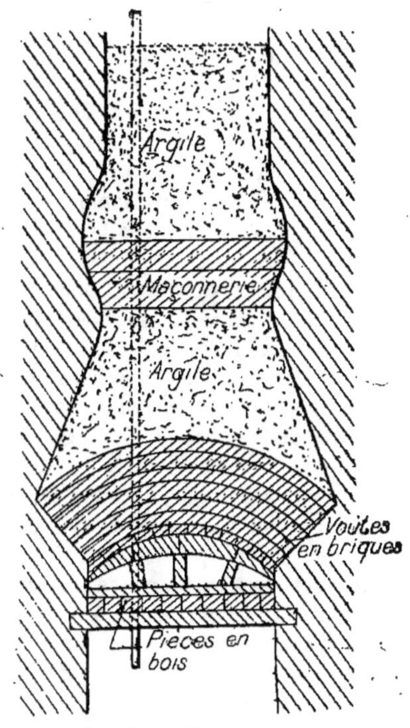

Fig. 4. — Plate-cuve.

12. Résumé. — Les venues d'eau descendent en général directement de la surface, après avoir traversé les terrains de recouvrement perméables ou fissurés, ou bien au contraire elles proviennent de sources ou de nappes emmagasinées depuis longtemps dans le sol.

Ces masses d'eau souterraines sont parfois extrêmement gênantes pour le fonçage des puits, en particulier lorsqu'elles imbibent des couches de sables peu consistants ; elles sont également dangereuses pour l'exploitation, car si un chantier vient à percer dans l'une d'elles, la mine risque d'être rapidement inondée.

Les vieux travaux non remblayés ou insuffisamment comblés constituent des réservoirs dont les travaux ne doivent s'approcher qu'avec prudence.

Les terrains, à partir d'une certaine profondeur (*niveau hydrostatique*), sont presque toujours aquifères. Si même une couche imperméable empêche les eaux de descendre plus bas, il est à craindre que les travaux qui se poursuivent à un niveau inférieur provoquent la formation de cassures ouvrant un passage aux eaux.

Les mines sèches sont donc très rares, et des installations sont à prévoir pour assurer le captage et l'évacuation des eaux.

L'importance des venues varie considérablement d'une mine à l'autre ; la quantité d'eau à évacuer dépasse souvent beaucoup le tonnage du minerai ou du charbon produit. Certaines mines métalliques ont ainsi à combattre des venues d'eau énormes, dont l'épuisement grève lourdement le prix de revient.

On cherche naturellement à se protéger contre l'envahissement des eaux en ménageant des massifs de protection au-dessous des rivières ou des nappes d'eau, et en exploitant au besoin par abandon de massifs. On conserve de même des *investisons* au voisinage des anciens travaux ; à la surface on détourne les ruisseaux, on remblaie les parties basses, on bouche les cassures par lesquelles les eaux pourraient descendre dans la mine.

Au fond, on donne aux galeries une pente convenable, de façon à réunir toutes les eaux en un point, d'où on les évacuera vers la surface. On cherche à reprendre les eaux d'un étage avant de les laisser descendre dans les étages inférieurs. Des réservoirs, ou *albraques* sont créés pour recevoir les eaux à évacuer par pompes. Le fond du puits est souvent utilisé comme réservoir, en particulier si l'épuisement se fait par bennes attachées aux câbles.

Les réservoirs doivent être calculés assez largement pour recueillir toutes les eaux pendant les arrêts de l'épuisement.

On est parfois amené à barrer une galerie pour protéger la mine contre l'envahissement des eaux. Dans ce but on construit un *serrement* ; dans certaines mines menacées d'inondations subites on établit à l'avance de semblables ouvrages, munis de portes, qu'il suffira de fermer, en cas de danger, pour obtenir un barrage étanche.

Ces serrements se font en bois, plus souvent en maçonnerie ou en béton ; ceux qui sont munis de portes sont souvent en métal ou en maçonnerie avec portes métalliques. Ils doivent être calculés largement, solidement encastrés dans une partie de la galerie formée de roches résistantes et imperméables. Leur construction demande des soins pour éviter d'affaiblir les roches encaissantes et pour obtenir un ouvrage durable et bien étanche.

Les barrages destinés à obstruer un puits portent le nom de plates-cuves.

CHAPITRE II

PROCÉDÉS D'ÉPUISEMENT

SOMMAIRE

§ 1. Galeries d'écoulement. — Principe. — Exemples.
§ 2. Epuisement par la machine d'extraction. — Caisses à eau. — Skips.
§ 3. Epuisement par pompes. — Conditions d'emploi. — Divers types de pompes.
§ 4. Organes des pompes. — Crépine. — Chapelle. — Soupapes. — Corps de pompe. —
Pistons. — Tuyaux. — Cloches d'air. — Résumé.

§ 1. Galeries d'écoulement.

13. Principe. — Les mines dont les travaux se développent dans un gisement situé en pays montagneux, au-dessus du niveau de base d'une vallée, n'ont pas besoin de recourir à des moyens mécaniques pour remonter à la surface les eaux à évacuer. Il suffit de percer, au niveau le plus bas des champs d'exploitation, une galerie débouchant dans la vallée. Les eaux s'écouleront naturellement par cette galerie.

Dans beaucoup de cas, le travers bancs de roulage jouera ainsi le rôle de galerie d'écoulement. Mais on a été souvent amené à creuser des galeries spéciales; en particulier, avant l'invention des machines à vapeur, les anciens mineurs ont trouvé avantage à entreprendre des ouvrages d'une longueur considérable et d'un prix de revient très élevé, qui leur permettaient de continuer l'exploitation en profondeur et qui justifiaient par conséquent l'engagement de dépenses qui ne paraîtraient plus acceptables aujourd'hui où nous disposons de moyens mécaniques perfectionnés et peu coûteux.

14. Exemples. — Les galeries des mines métalliques allemandes sont souvent citées comme exemples.

C'est ainsi que dans le Harz (1), on trouve plus de 77 kilomètres de galeries, dont certaines remontent au moyen-âge. L'une des plus

---

(1) Haton de la Goupillière et Bès de Berc, *Exploitation des Mines.*

anciennes (Oberer Wildemannerstollen), à la profondeur de 146 m., mesure 9.168 m. et a été creusée de 1533 à 1685.

La galerie Ernest-Auguste, à 408 m. de profondeur, mesure 23.638 m., sur $1^m,75$ de large, $2^m,60$ de haut et 1/2 milllimètre de pente par mètre. Elle a été attaquée par 18 chantiers, et son creusement a duré 13 ans (1851-1864).

A Freyberg (1), la galerie Rothschönberger, à 225 m. de profondeur mesure 47.504 m. de longueur ; sa section est de $1^m,50$ de large sur 3 m. de hauteur, sa pente de 1/2 millimètre par mètre. Elle a été achevée en 1876.

En France, la Société des charbonnages des Bouches-du-Rhône, qui exploitait près de Gardanne un gisement de lignites, dans lequel elle avait à épuiser des masses d'eau extrêmement gênantes, a creusé de 1891 à 1906, une galerie de 15 kilomètres aboutissant au nord du port de Marseille. Cet ouvrage, très remarquable (2) a permis d'assécher les travaux et de conduire directement à la mer les produits abattus. Dans ce but, la galerie, de forme ovale, et divisée en deux par un plancher étanche, se compose d'une cuvette centrale pour l'écoulement des eaux et d'un compartiment supérieur pour le roulage, de $2^m,20$ de largeur à mi-hauteur et $2^m,03$ à à $2^m,28$ de hauteur sous clef. Dans les calcaires, les dimensions sont de $2^m,40$ de largeur sur $2^m,20$ de hauteur. Il a fallu cuveler en plusieurs endroits pour étrangler les venues d'eau, qui ont atteint 50 mètres cubes par minute au contact des terrains tertiaire et secondaire.

Sauf dans des circonstances exceptionnelles, comme celles du gisement des Bouches-du-Rhône, de semblables galeries sont trop coûteuses pour qu'on puisse les considérer comme un moyen normal d'évacuation des eaux. Elles ont cependant des avantages qui doivent être mis en regard des frais qu'entraîne leur creusement ; elles assèchent tous les terrains au-dessus de leur niveau ; elles assurent un débit suffisant pour parer à toute venue imprévue ; elles procurent une économie notable de force motrice et peuvent même servir à alimenter des turbines ; enfin leurs frais d'entretien sont insignifiants.

§ 2. — ÉPUISEMENT PAR LA MACHINE D'EXTRACTION

15. Caisses à eau. — Dans la plupart des mines, la création de galeries d'écoulement n'est pas possible. Il faut donc reprendre les eaux accumulées dans un réservoir et les remonter à la surface,

---

(1) HATON DE LA GOUPILLÈRE et BÈS DE BERC, *Exploitation des Mines.*

(2) DOMAGE, notice sur la construction d'une galerie souterraine destinée à relier la concession des mines de lignite de Gardanne à la mer : *Annales des Mines*, 9ᵉ série, tome XVI.

où elles sont déversées dans un canal d'évacuation. Lorsqu'on utilise comme réservoir le fond du puits, il existe un moyen simple, et d'ailleurs fréquemment employé, pour remonter les eaux, c'est de faire descendre dans le puits de grandes bennes, attelées au câble à la place des cages, munies de soupapes à la base, et de les plonger dans l'eau jusqu'à ce qu'elles se remplissent, puis de les remonter et de les vider au jour.

Ces bennes se font en bois, ou plus souvent en tôle ; elles ont la même section horizontale que les cages et une hauteur variable suivant la force de la machine et la quantité d'eau à extraire à chaque cordée ; elles sont pourvues de main courantes comme les cages. Le fond est muni d'une ou plusieurs soupapes S qui s'ouvrent d'elles-mêmes de bas en haut, lorsque la benne plonge dans la masse d'eau et qui se referment au moment où l'ascension commence. Pour vider la benne, lorsqu'elle arrive à la recette supérieure, il faut au contraire, provoquer l'ouverture d'une soupape S' placée à la base d'une des faces latérales de la benne (*fig. 5*).

A cet effet, cette soupape S' est reliée par une chaîne à une tige verticale attelée, à la partie supé-

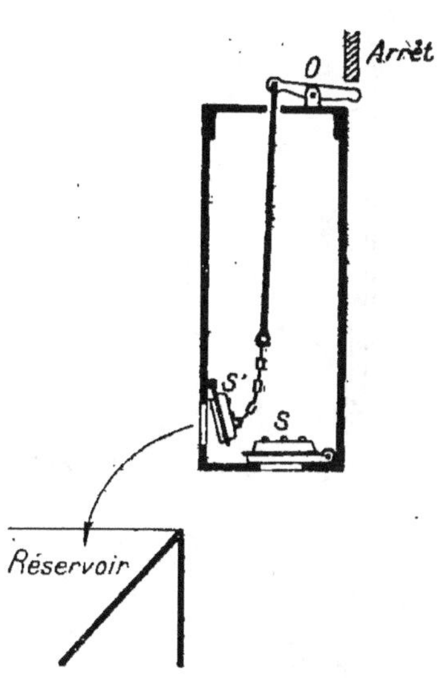

Fig. 5. — Caisse à eau.

rieure de la benne, à l'extrémité d'un levier mobile autour d'un axe o. Lorsque l'autre bout de ce levier vient buter contre un arrêt, la tige est soulevée, entraînant la chaîne et la soupape. L'eau s'écoule dans un réservoir ; au départ la soupape retombe ; pendant l'ascension de la benne, la pression de l'eau la maintient fermée. On peut se servir de la soupape S, mais il faut alors munir la benne d'un double fond pour que l'écoulement se fasse latéralement.

La recette où se fait la vidange des caisses à eau est au-dessous de la recette à charbon. Un réglage des câbles est nécessaire lorsqu'on remplace les cages par les caisses à eau.

La capacité des caisses à eau est de 4 à 6 mètres-cubes. Elles peuvent faire, à 500 m., une vingtaine de voyages au moins par heure. Avec des bennes de 6m³ on peut donc extraire 120 m³ à l'heure. Le remplissage et le vidage prennent un temps appréciable, ce qui explique le nombre relativement faible de voyages.

L'épuisement par caisses est donc insuffisant lorsque les venues d'eau sont importantes, à moins qu'on ne puisse consacrer un puits à ce travail pendant la plus grande partie de la journée.

16. Skips. — On augmente sensiblement le débit en remplaçant les caisses à soupapes par des bennes munies de roues latérales et attelées à l'aide d'un étrier fixé à la partie inférieure, à la façon des skips.

Ces bennes se remplissent par des soupapes au fond, mais elles se vident à la surface par basculage au-dessus d'un réservoir, comme le montre la fig. 6.

En Pensylvanie on donne à ces skips une capacité de 6 à 12 m³ ; grâce à la rapidité des manœuvres, on peut épuiser, à 500 m., environ 15000 m³ par 24 h. à condition de consacrer à ce service une machine d'extraction spéciale.

Nous reviendrons, dans le chapitre consacré à l'épuisement dans les puits en fonçage (chap. VII) sur le procédé d'épuisement par

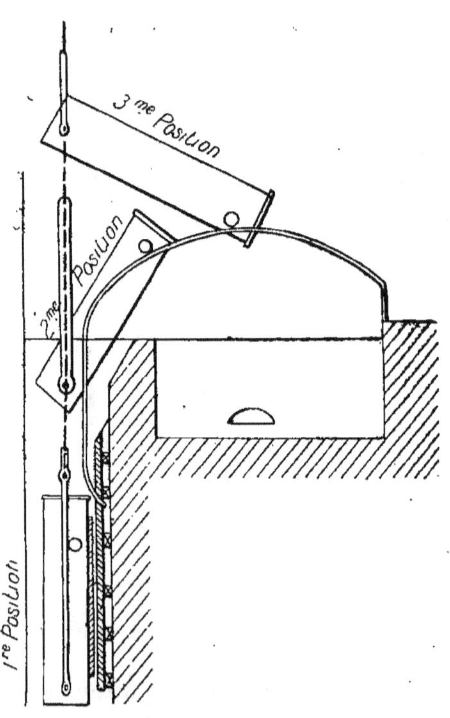

FIG. 6. — Epuisement par Skips.

caisses à eau ; perfectionné par Tomson, il permet de lutter contre des venues très considérables.

§ 3. — EPUISEMENT PAR POMPES.

17. Conditions d'emploi. — L'épuisement par pompes constitue la solution la plus généralement adoptée, et celle qui se prête aux débits les plus considérables.

On rencontre dans les exploitations minières un grand nombre de types de pompes, depuis les petits appareils destinés à assécher une galerie ou un quartier en vallée, en remontant simplement les eaux jusqu'à la galerie principale d'évacuation, jusqu'aux puissantes machines capables de refouler de grosses masses d'eau sur plusieurs centaines de mètres de hauteur.

Le mode de commande de ces pompes est également très varié. Sans parler des appareils mus à bras, on rencontre des moteurs à vapeur, à air comprimé, électriques ou hydrauliques. Nous aurons à passer rapidement en revue ces divers types de moteurs.

18. Divers types de pompes. — Une première classification permet de séparer les pompes en deux grands groupes : pompes à

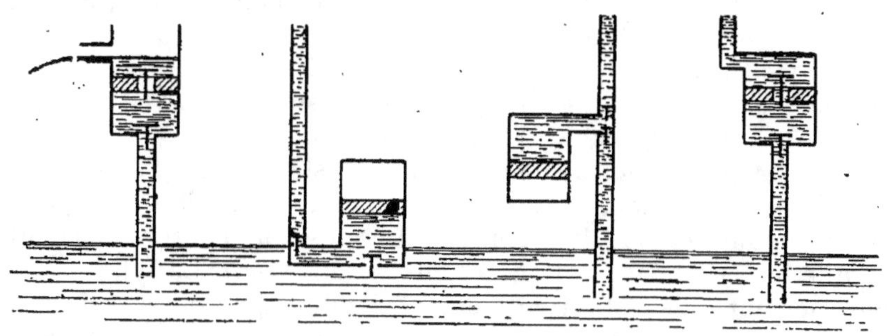

FIG. 7. — Divers types de pompes.

piston et pompes centrifuges. Ces dernières ont un grand développement depuis une trentaine d'années, en particulier depuis que les moteurs électriques ont pris une extension croissante dans les mines.

Les pompes à piston restent cependant encore les plus répandues, et nous les examinerons en premier. Nous commencerons par étudier les organes communs aux divers systèmes : crépines, soupapes et clapets, pistons, tuyaux, etc...

Nous décrirons ensuite les pompes à vapeur, avec moteurs à la surface ou au fond, puis les pompes électriques, enfin les appareils à commande hydraulique ou mus par l'air comprimé.

Quel que soit le mode de commande employé, les pompes à piston sont soit *aspirantes*, soit *foulantes*, soit *aspirantes et soulevantes* (à piston plein ou creux). La fig. 7 représente schématiquement ces diverses classes et permet d'en saisir le principe.

Leur importance pratique est très différente.

L'aspiration ne peut dépasser théoriquement 10 m, pratiquement 7 à 8 m, aussi les pompes *aspirantes* (I) sont-elles d'un emploi très restreint.

Les pompes *foulante* (II) ou *élévatoire* (III) sont à *piston plein*. La première aspire pendant la montée du piston et refoule pendant sa descente ; la seconde aspire au contraire pendant la descente du piston et refoule, en la soulevant, la colonne d'eau pendant la montée du piston ; elle est beaucoup moins employée.

On la désigne aussi sous le nom *d'aspirante et soulevante à piston plein*, qui montre bien que son fonctionnement se rapproche de celle figurée en IV.

Les pompes représentées sur la fig. 7 sont à *simple effet*, c'est-à-dire qu'elles ne produisent l'ascension de la colonne d'eau que dans un sens de marche du piston.

On peut également les construire à *double effet*, c'est-à-dire les disposer de telle sorte que la course du piston, quel que soit son sens, provoque l'ascension de la colonne d'eau.

La pompe *aspirante et soulevante* à piston creux (IV) est plus répandue que la pompe élévatoire à piston plein. Mais le type le plus répandu est celui des pompes foulantes, auquel se rattachent presque toutes les installations à moteur souterrain. Le cylindre est généralement disposé horizontalement, tandis qu'il est vertical dans les appareils commandés par un moteur à la surface. Ces derniers, les plus répandus autrefois (*pompes à maîtresse-tige*) sont devenus très rares.

Signalons encore la distinction qu'on peut établir entre les appareils dans lesquels le refoulement se fait en une fois depuis le fond jusqu'à la surface (c'est le cas général des pompes à moteur souterrain) et ceux dans lesquels le refoulement est obtenu au moyen d'une série de pompes superposées, soit indépendantes, soit commandées par une même maîtresse-tige.

§ 4. — ORGANES DES POMPES.

19. Crépine. — L'aspiration de la pompe se fait par un tuyau dont l'extrémité est renflée et percée de trous pour laisser passer l'eau tout en arrêtant les morceaux de bois et autres débris entraînés (*fig. 8*).

La crépine se bouche facilement. On doit donc la nettoyer souvent, ainsi que le puisard lorsque celui-ci est de petites dimensions.

On doit avoir soin de faire plonger entièrement la crépine dans l'eau pour éviter toute rentrée d'air par les trous.

20. Chapelle. — Le logement des soupapes ou clapets s'appelle la *chapelle*. Il est souvent de grandes dimensions pour permettre de sortir le clapet (*fig. 9*).

Les surfaces planes que présentent ces chapelles doivent être de

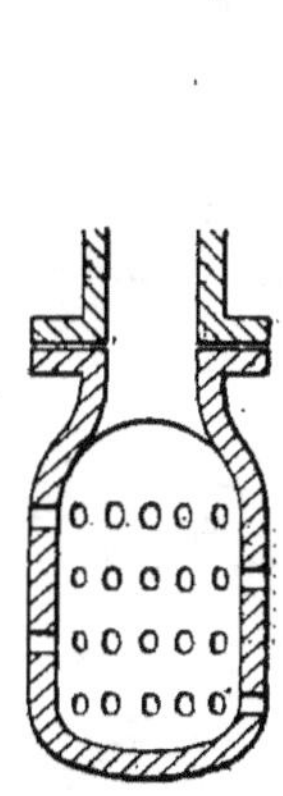

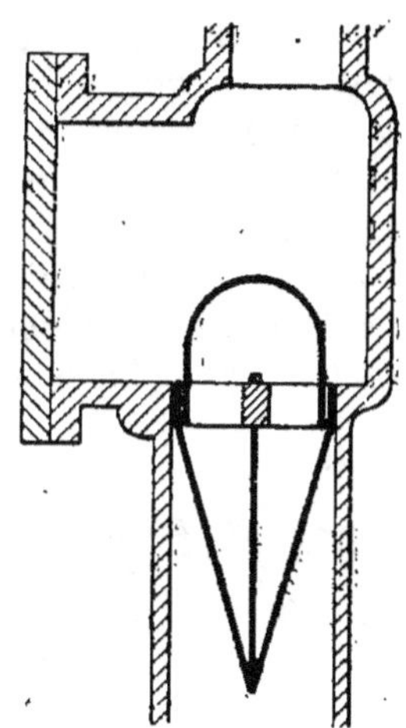

Fig. 8. — Crépine.   Fig. 9. — Chapelle.

plus grande épaisseur que les surfaces courbes des tuyaux, afin d'augmenter leur résistance.

Les chapelles constituent toujours une partie délicate de la pompe et demandent à être entretenues avec soin.

21. Soupapes. — Les soupapes, ou *clapets*, doivent s'ouvrir et se fermer rapidement, exactement au moment où le piston change de sens ; un retard dans leur fonctionnement entraînerait un certain refoulement par la soupape d'aspiration (d'où une diminution de rendement de la pompe) et un coup de bélier dans la colonne d'évacuation si la soupape de refoulement ne s'ouvre que lorsque le piston a déjà une certaine vitesse.

D'autre part, les soupapes doivent se fermer exactement et être assez solides pour fonctionner régulièrement.

Ces deux conditions sont contradictoires, car les mouvements d'ouverture et de fermeture ne seront rapides que si la soupape est légère.

La levée est faible, pour assurer une fermeture instantanée, mais alors il faut augmenter la surface pour que la section offerte au passage de l'eau soit suffisante.

Les soupapes sont de types plus ou moins compliqués suivant la rapidité de marche et le débit de la pompe.

Le clapet conique (*fig. 9*) est guidé par sa partie inférieure, qui est très allongée. A la partie supérieure une anse permet d'enlever le clapet de son siège,

Le *clapet plat* (*fig. 10*) se compose simplement d'un disque en caoutchouc ou en cuir qui repose exactement sur le siège et dont la rigidité est assurée au moyen de deux rondelles métalliques boulonnées de part et d'autre du disque. La levée doit rester faible ; elle est limitée par un arrêt fixe

C'est le cuir lui-même qui forme charnière.

Le cuir est meilleur marché et plus durable que le caoutchouc, mais moins étanche dans les eaux chargées de sable.

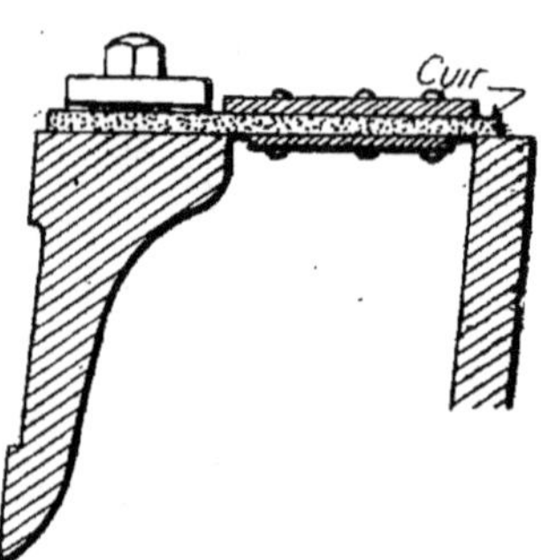

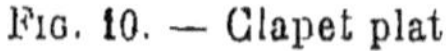
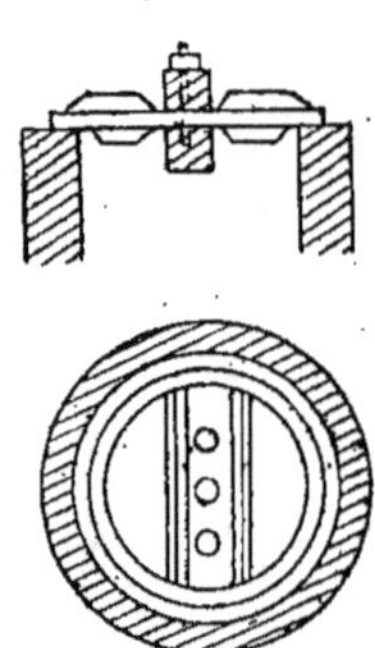

Fig. 10. — Clapet plat.   Fig. 11. — Clapet double,

Ces clapets plats ne se rencontrent que dans les petites pompes ; dans les appareils plus puissants, on place de préférence deux clapets accolés suivant un diamètre du tuyau d'arrivée, se soulevant par conséquent sur la périphérie (*fig. 11*).

Ce type de clapets présente l'inconvénient de ne pas offrir à l'eau un passage égal sur toute la section et d'occasionner par suite des irrégularités dans le courant d'aspiration. Il vaut mieux employer des soupapes qui se soulèvent en dégageant toute la section et retombent ensuite sur leur siège lorsque le piston change de sens.

Les soupapes libres suffisent tant que la vitesse du courant, et par suite sa pression, restent peu considérables. Dans le cas contraire, il faut ramener le disque sur son siège au moyen d'un ressort entourant la tige centrale qui guide la soupape dans son mouvement (*fig. 12*).

Quant à la soupape elle-même, elle a une forme plate ou conique.

Cette dernière disposition exige une levée plus forte pour que la section totale de passage soit la même qu'avec un disque plat.

Lorsque la vitesse de la pompe augmente, un ressort ne suffit plus pour assurer la fermeture immédiate de la soupape, qui est cependant plus importante encore que dans les appareils à marche lente. On commande donc la soupape au moyen d'un doigt ou d'une came mue par le moteur. La construction est plus compliquée, et

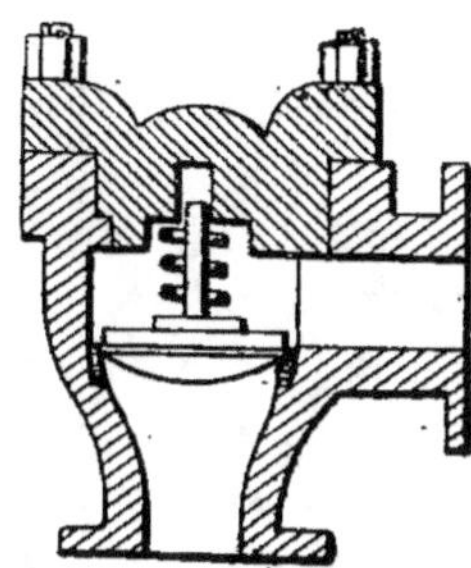

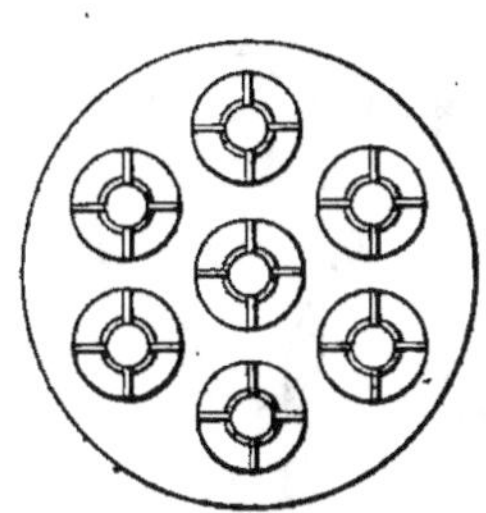

Fig. 12. — Soupape à ressort.   Fig. 13. — Soupapes multiples.

nécessite un réglage précis, mais il permet d'arriver à 100 coups de piston à la minute.

Lorsque les pompes ont un grand débit et qu'on ne veut pas exagérer la levée des clapets, on augmente le nombre de ceux-ci.

On peut, par exemple, les disposer en cercle, avec une soupape centrale (*fig. 13*).

La chapelle n'est pas beaucoup plus volumineuse, malgré le nombre de soupapes, car la place est bien utilisée. Sa surface est plus grande, mais sa hauteur peut être réduite, en raison de la faible levée des soupapes.

On peut également donner aux soupapes la forme d'anneaux concentriques situés soit dans le même plan, soit dans des plans différents,

Ce dernier système (*fig. 14*) exige

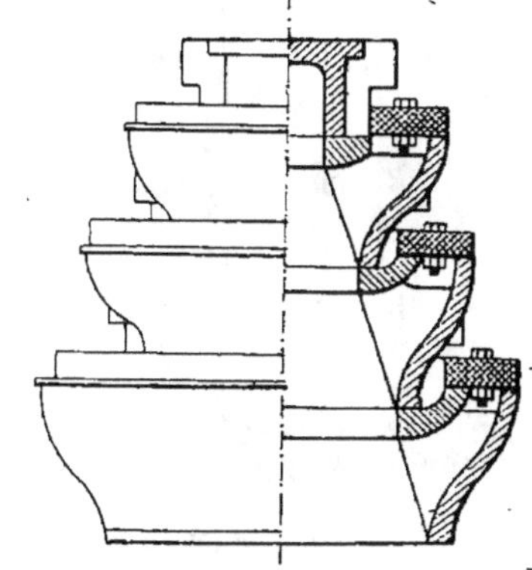

Fig. 14.
Soupapes annulaires étagées.

des chapelles élevées. Il est cependant fréquemment employé, notamment dans le pompes Rittinger, qui seront décrites au chapitre suivant, car il permet un grand débit et une vitesse considérable.

L'entretien de ces soupapes annulaires étagées est délicat.

22. Corps de pompe. — Ainsi qu'on le verra plus loin, la forme et les dimensions des corps de pompes sont très variables. Le diamètre dépasse parfois 1 m. avec une course de piston de 2 à 3 m. pour les pompes à maîtresse-tige, mues par un moteur à la surface.

Pour les pompes souterraines, dont la vitesse de marche est plus grande, le diamètre est plus faible et la course ne dépasse guère 1 m. à 1^m,20.

23. Pistons. — Les pistons pleins sont de forme cylindrique et leur adhérence contre les parois du corps de pompe est assurée par des garnitures en cuir, ou mieux par des anneaux en métal.

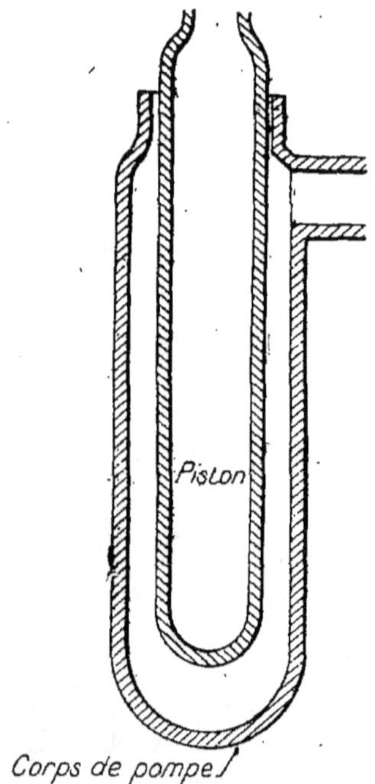

Fig. 15. — Piston plongeur.

Lorsque le piston est creux, c'est-à-dire qu'il doit être traversé par l'eau, il faut que les ouvertures dont il est percé soient assez larges pour que le passage de l'eau d'une face à l'autre du piston soit facile, ce qui conduit parfois à multiplier le nombre de clapets ; la solidité du piston doit cependant rester largement suffisante.

Les pistons pleins sont souvent des *pistons plongeurs (fig. 15)*, c'est-à-dire des cylindres de métal, de diamètre inférieur à celui du corps de pompe. A chaque coup de piston, une partie seulement de l'eau est refoulée, contrairement à ce qui se passe avec un piston ordinaire.

Les pistons plongeurs ont des avantages sérieux, entre autres celui de réduire considérablement les frottements, de ne pas nécessiter un bourrage soigné entre le piston et les parois, de ne pas demander beaucoup de réparations, et d'avoir une résistance considérable, qui permet d'obtenir des hauteurs de refoulement considérables.

Ils sont très employés dans les pompes foulantes souterraines.

Avant de mettre en marche la pompe, il faut l'amorcer en remplissant le cylindre ; à cet effet, elle est munie d'un robinet qui permet d'y laisser couler l'eau.

24. Tuyaux. — Les tuyauteries de refoulement se faisaient autrefois toujours en fonte, par tronçons de quelques mètres réunis par des brides avec joints d'étanchéité en tresse ou en caoutchouc.

Lorsque le débit est élevé et la hauteur de refoulement considérable (par conséquent la pression très forte), les tuyauteries en fonte deviennent très lourdes. En outre il devient nécessaire de n'employer que des fontes à grain très serré, car la fonte ordinaire est poreuse et donne lieu à des suintements.

On emploie de plus en plus des tuyaux en fer ou en acier, plus coûteux mais plus résistants aux chocs extérieurs et aux coups de bélier, et en même temps sensiblement plus légers ; la pose est plus rapide, et la longueur des tronçons peut être plus grande, ce qui diminue le nombre des joints.

Par contre, ces tuyaux sont plus sensibles à l'action des eaux acides que les tuyaux en fonte.

De distance en distance, la colonne est munie de joints de dilatation, formés de deux tronçons pouvant coulisser l'un dans l'autre, avec un bourrage serré pour empêcher les fuites.

La colonne est supportée par des moises encastrées dans la maçonnerie du puits.

25. Cloches d'air. — Pour parer aux coups de bélier qui se produisent au moment de la fermeture instantanée des soupapes, on munit la pompe d'une *cloche d'air*.

Le choc de l'eau, au lieu d'ébranler les parois des tuyaux, et souvent de les briser, comprime l'air dans la cloche. Cet air se détend ensuite et restitue à la colonne d'eau le travail mécanique que celle-ci vient de perdre, tandis que les parois des tuyaux ou du corps de pompe ne peuvent qu'absorber ce travail sans le restituer.

L'air contenu dans la cloche tend à se dissoudre dans l'eau. Pour le renouveler, on dispose sur les parois du corps de pompe de petites soupapes (*reniflards*) qui aspirent, à chaque coup de piston, un peu d'air qui vient se séparer de l'eau dans la cloche.

Il est à remarquer que les pompes centrifuges, dans lesquelles le débit est continu, n'ont pas besoin d'être munies de cloches d'air.

26. Résumé. — L'évacuation des eaux peut se faire par divers procédés : par galeries, par bennes mues par la machine d'extraction, ou au moyen de pompes.

Les *galeries* assurent un débit considérable, et ne consomment aucune force motrice. Mais elles ne sont utilisables que lorsque les travaux se trouvent au dessus du niveau d'une vallée. Un de leurs avantages principaux est d'assurer l'assèchement de tous les terrains au dessus de leur plan d'eau.

L'épuisement par *caisses à eau* est encore très répandu. Il permet de se passer de l'installation de moteurs spéciaux, et suffit pour épuiser des venues assez fortes, si l'on peut consacrer à ce travail une machine d'extraction. La durée de la vidange des caisses à la surface est réduite par l'emploi de skips que l'on bascule dans un réservoir.

Les *pompes* constituent l'appareil d'épuisement le plus généralement employé, soit qu'il s'agisse de refouler les eaux d'un quartier de la mine jusqu'à la galerie d'évacuation vers les albraques, soit qu'on reprenne les eaux dans ces derniers pour les envoyer à la surface.

Il existe un grand nombre de types de pompes, qui se distinguent d'abord par le moteur qui les actionne (à vapeur, à air comprimé, électrique, hydraulique), puis par le principe même de leur fonctionnement. Les pompes à piston, jadis seules employées, sont souvent remplacées actuellement par des pompes centrifuges.

On employait surtout autrefois des pompes aspirantes et élévatoires, avec moteur à la surface, transmettant son mouvement aux pistons par une *maîtresse-tige*. Ce type d'appareils est remplacé maintenant par des pompes à moteur souterrain, généralement foulantes, à piston plein.

Les *organes* des pompes, quel que soit le type de celles-ci, doivent être aussi simples et robustes que possible, pour assurer une marche régulière des appareils, et n'exiger que peu d'entretien.

Les soupapes, en particulier, doivent être à la fois légères et résistantes s'ouvrant et se fermant dès que la course du piston change de sens, et offrant au courant d'eau une section suffisante. Dans les pompes à grand débit et à grande vitesse, on est conduit à adopter des soupapes multiples, actionnées au besoin par des cames.

Les *tuyauteries* se font en fonte, en fer ou en acier ; la fonte se corrode moins, mais elle est plus lourde et moins résistante.

CHAPITRE III

POMPES A VAPEUR

SOMMAIRE

§ 1. **Généralités.** — Emplacement du moteur. — Classification des pompes.

§ 2. **Pompes aspirantes et soulevantes.** — Pompes à piston creux à simple effet. — Pompes à piston creux à double effet. — Pompes à piston plein.

§ 3. **Pompes foulantes (à piston plein).** — Pompes verticales à simple effet. — Pompes foulantes horizontales. — Pompes différentielles. — Pompes express. — Pompes Jandin.

§ 4. **Moteurs des pompes souterraines à vapeur.** — Pompes sans volant. — Pompes duplex ou triplex. — Pompes avec volant. — Turbo-pompes. — Avantages et inconvénients des pompes souterraines à vapeur. — Précautions contre l'inondation de la chambre des pompes.

§ 5. **Calcul des pompes.** — Puissance de l'installation. — Dimensions du corps de pompe. — Cylindres à vapeur. — **Résumé.**

§ 1. — GÉNÉRALITÉS.

27. Emplacement du moteur. — On a vu plus haut que le moteur d'une pompe à vapeur pouvait être, soit accolé à cette dernière au fond de la mine, soit au contraire disposé à la surface, près de l'entrée du puits. Le mouvement est transmis alors par une *maîtresse-tige* à la pompe du fond, ou aux différentes pompes étagées dans le puits.

Cette disposition, très générale autrefois, a pratiquement disparu. Nous n'étudierons donc pas pour le moment les moteurs de ce système, que nous décrirons rapidement avec les *moyens divers d'épuisement* (chapitre VI).

En passant en revue les différents types de pompes, nous signalerons d'ailleurs ceux qui sont plus particulièrement indiqués pour une commande par maîtresse-tige.

28. Classification des pompes. — Nous avons donné au chapitre précédent une énumération des principes différents sur lesquels reposent les pompes, nous les rappelerons ici pour indiquer l'ordre dans lequel nous les étudierons.

Nous renverrons au chapitre sur les pompes électriques l'étude des pompes rotatives, qui sont presque uniquement à moteur électrique. Le présent chapitre sera consacré aux appareils à mouvement alternatif.

Nous étudierons d'abord les pompes *aspirantes et soulevantes* dans lesquelles le mouvement d'ascension de la colonne d'eau est produit directement par la course de bas en haut du piston, tandis que l'aspiration a lieu pendant la course descendante de celui-ci. Ce sont les types III et IV de la fig. 7. Dans le dernier, le mouvement de l'eau conserve toujours le même sens, tandis que dans le précédent, l'eau accompagne dans le corps de pompe le mouvement alternatif du piston.

Ces deux systèmes peuvent être construits à simple effet ou à double effet.

Nous passerons ensuite à la description des pompes foulantes (type II de la fig. 7), à piston plein, généralement plongeur. A côté des types simples, à corps de pompe vertical ou plutôt horizontal, nous rencontrerons des appareils perfectionnés (pompes différentielles, pompes express) dont le rendement est très satisfaisant.

Après avoir étudié ainsi la pompe elle-même, nous donnerons un certain nombre d'exemples de moteurs employés pour les installations souterraines.

Le calcul des appareils d'épuisement, soit de la pompe elle-même, soit du moteur est assez compliqué, pour certains d'entre eux.

Nous nous bornerons à donner les grandes lignes de ce calcul dans le cas d'une pompe à simple effet, renvoyant aux traités spéciaux pour les détails relatifs aux pompes qui s'écartent des types classiques.

§ 2. — POMPES ASPIRANTES ET SOULEVANTES.

29. Pompes à piston creux à simple effet. — Ces pompes (*fig. 16*) sont en général longues et de faible diamètre pour réduire l'encombrement. Elles comportent, de bas en haut, la crépine A, la soupape d'aspiration (ou soupape *dormante*) B, placée dans la chapelle C, le corps de pompe D (ou *travaillante*) le piston P avec ses clapets, la colonne d'élévation E.

Cette dernière a un diamètre égal au corps de pompe, pour permettre de retirer le piston, sans démonter la colonne, lorsqu'il y a une réparation à faire.

La chapelle est percée, sur le côté, d'une ouverture fermée par un tampon, assez large pour qu'on puisse retirer la soupape dormante.

Celle-ci est munie d'un anneau à la partie supérieure, pour qu'on puisse l'enlever par la colonne d'élévation, lorsque la pompe est noyée. Avec une semblable pompe aspirante et soulevante, on peut élever l'eau à une cinquantaine de mètres. Au-delà, les résistances deviennent trop fortes, et le piston creux ne présente plus assez de solidité.

Nous verrons au chapitre VII les pompes de fonçage appartenant à ce type. La fig. 16 montre d'ailleurs le mode de suspension qui permet de les descendre au fur et à mesure de l'approfondissement du puits.

Le corps de pompe est généralement en fonte, le piston en fonte ou en bronze (si les eaux sont acides), à un ou deux clapets, garni d'un anneau de cuir embouti.

L'examen du courant d'eau dans la colonne d'élévation montre si la pompe fonctionne régulièrement ou si elle a besoin de réparations. Une avarie à la soupape dormante se traduit par une baisse du niveau dans la colonne lorsque le piston redescend ; une diminution de débit fera

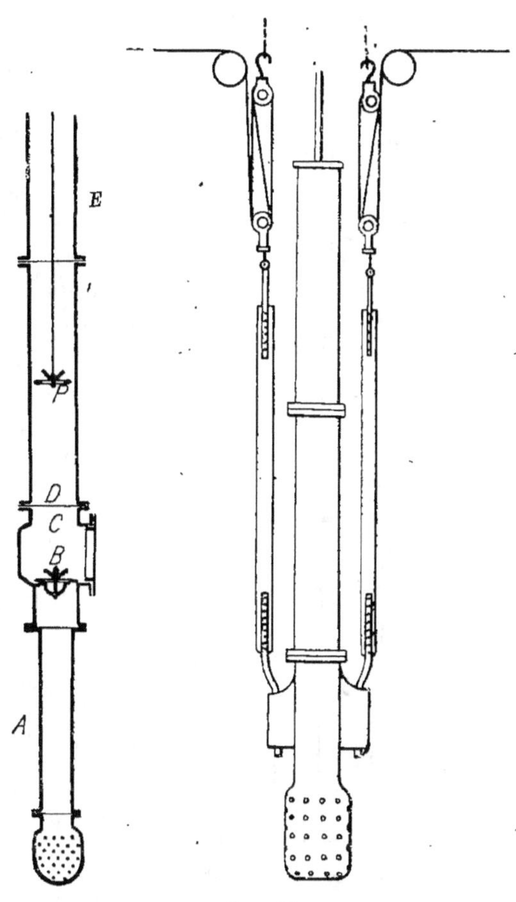

Fig. 16.
Pompe à piston creux à simple effet.

supposer que les clapets du piston ne fonctionnent pas bien. Enfin l'arrivée de bulles d'air au sommet de la colonne indique que l'air rentre par la crépine, par conséquent que le puisard est presque vide, ou la pompe insuffisamment descendue.

30. Pompe à piston creux à double effet. — Comme exemple de pompe à piston creux à double effet, on peut citer la pompe *Rittinger*, qui a été fréquemment employée dans les installations avec maîtresse-tige. La fig. 17 en fait comprendre la disposition.

Le corps de pompe mobile BB′, muni en son milieu d'une soupape S, coulisse autour du tuyau D, base de la colonne d'élévation, et à l'intérieur de la conduite C, au bas de laquelle est la soupape dormante A.

Quand la colonne mobile BB′ (mue par la maîtresse-tige attelée aux tourillons T, se soulève, l'eau envahit la conduite C en soulevant la soupape A. Quand la colonne mobile redescend, cette soupape se referme et l'eau passe au-dessus de la soupape S.

Soit h la course de BB′, a et b les sections de B et D. Quand B descend, le volume qui passe au-dessus de S est ah. Mais en même temps B abandonne le tube D ; tout se passe comme si B était fixe et qu'au contraire D sortait du corps de pompe, laissant un espace vide égal à bh, que remplit l'eau venant de C.

a étant plus grand que b, un volume $(a - b)h$ qui ne trouve pas de place doit s'en faire en refoulant un égal volume d'eau dans la colonne d'élévation, et par conséquent en provoquant à la surface le déversement d'une même quantité.

Lorsque la colonne B remonte, la soupape S se ferme et un volume bh est refoulé dans le tube D, donc aussi déversé à la surface.

Pendant un mouvement complet de va-et-vient, la pompe élève un volume :

$$(a - b)h + bh, \quad \text{c'est-à-dire} \quad ah.$$

On s'arrange parfois pour que les volumes élevés, à la montée et à la descente de la colonne B, soient les mêmes. Il faut pour cela avoir :

$$(a - b)h = bh$$
$$a = 2b$$

d'où

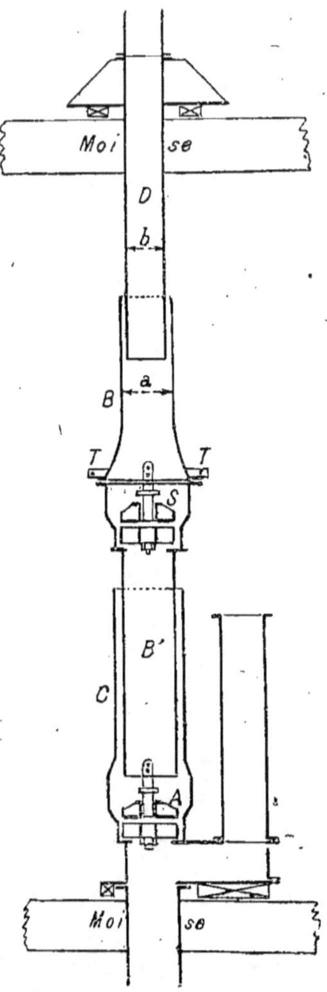

Fig. 17. — Pompe Rittinger.

La course sera par exemple de 150 cm. les deux sections 2206 cm² et 1105 cm² (diamètres correspondants 53 cm et 37 cm 5).

La pompe Rittinger permet un refoulement plus grand que le type décrit plus haut, car on n'a pas à craindre que le piston manque de solidité. On peut atteindre 100 m. de hauteur. L'encombrement est faible en largeur, la vitesse et le débit peuvent être plus grands, par conséquent le diamètre de la colonne de refoulement moindre que pour une pompe à simple effet. L'eau se déplaçant toujours dans le même sens, verticalement, les résistances sont plus petites.

Par contre la pompe Rittinger ne peut travailler noyée, et elle doit être rigoureusement verticale pour que la colonne BB' glisse bien dans la conduite C et autour du tuyau D. Son prix de revient est assez élevé.

31. Pompes à piston plein. — Les pompes aspirantes et foulantes à piston plein, (*élévatoires*) sont actuellement très rares. En effet les pompes souterraines, à piston plein, sont du type des pompes *foulantes*.

Avec les moteurs à maîtresse-tige, elles présentaient un avantage, car la tige du piston travaillait toujours à la traction, c'est-à-dire dans les meilleures conditions pour cet organe.

Pour que le piston ait une solidité insuffisante, on lui donne une forme cylindrique.

On peut employer un piston plongeur ordinaire, passant dans un presse-étoupes à la base du cylindre. Mais les sables qui s'accumulent peu à peu dans ce dernier amènent une usure rapide du piston.

M. Guinotte a imaginé (aux mines de Bascoup, en Belgique) de faire coulisser le piston à l'extérieur du corps de pompe, qui était traversé par l'extrémité de la maîtresse-tige. Ainsi qu'on le voit sur la fig. 18, il faut alors deux presse-étoupes, l'un pour le passage de la tige au haut du corps de pompe, l'autre entre ce dernier et le piston.

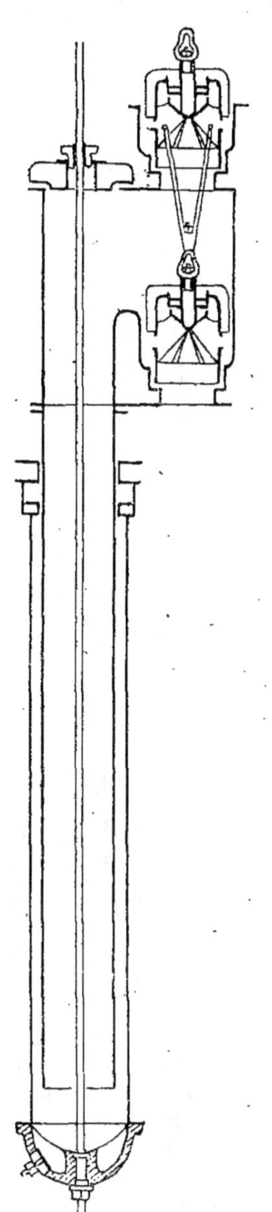

Fig. 18.
Pompe Guinotte.

Grâce à cette disposition, les boues qui s'accumulent au bas du corps de pompe ne gênent plus le fonctionnement du piston et n'usent pas les bourrages. Elles peuvent d'ailleurs être évacuées par un clapet au bas du piston.

Dans ces pompes élévatoires, les soupapes d'aspiration et de refoulement sont à la base de la colonne d'élévation, en dehors du corps de pompe. Il est facile de les visiter et de les enlever, si elles ont besoin de réparations.

Elles sont formées (1) d'une cloche guidée, qui vient reposer sur un siège métallique.

A Bascoup, leur diamètre est de $0^m,56$ et celui du siège supérieur est de $0^m,392$. Les sièges des deux soupapes sont réunis par des tringles, car ils sont soumis à des efforts en sens contraire.

§ 3. — POMPES FOULANTES (A PISTON PLEIN).

32. Pompes verticales à simple effet. — Les pompes foulantes étaient à cylindre vertical dans les installations avec maîtresse-tige.

Le piston plongeur pénétrait dans la partie supérieure du corps de pompe à travers un presse-étoupes E (*fig. 19*).

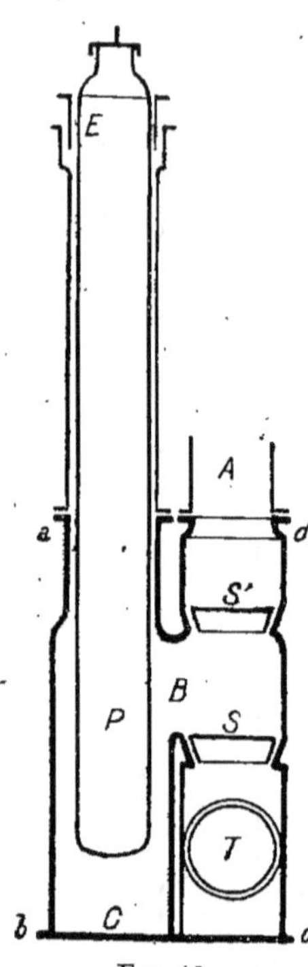

Fig. 19.
Pompe foulante verticale
à simple effet.

L'eau arrive par le tuyau T réunissant la pompe à la *colonne de redoublement*, qui termine la colonne de refoulement de la pompe inférieure. Lorsque le piston P monte, la soupape S se soulève et l'eau envahit le corps de pompe C. A la descente du piston, S se referme, S' s'ouvre et l'eau est refoulée dans la colonne d'élévation A.

La pièce de base $abcd$, qui porte l'entrée du tuyau, les deux soupapes et l'orifice de la colonne A, est fondue en un seul bloc tant que les dimensions de la pompe le permettent.

Pour éviter un laminage du courant d'eau dans le passage B, il faut que ce dernier ait une section sensiblement égale à celle du piston plongeur. Par contre la base du corps de pompe C a une section double pour que l'entrée et la sortie se fassent sans changement de vitesse.

Pour la même raison, la colonne A est de section égale à celle du piston, ainsi que la colonne de redoublement.

---

(1) HABETS, *Cours d'Exploitation des Mines*.

On peut remplacer les deux soupapes uniques S et S′ par une série de petites soupapes montées à la suite les unes des autres sur une conduite horizontale aboutissant en B, les soupapes S aspirant dans un tuyau collecteur placé au-dessous de la conduite, les soupapes S′ refoulant dans un autre tuyau collecteur placé au-dessus de la conduite et aboutissant à la base de la colonne A.

Une semblable disposition a été réalisée, au début du siècle, dans une installation par pompes à maîtresse-tige aux mines d'or de Tasmanie.

33. Pompes foulantes horizontales. — Les pompes foulantes horizontales ne peuvent être employées que dans les installations souterraines où elles ont remplacé les pompes verticales.

La hauteur de refoulement étant en général importante, la pompe a besoin d'avoir une résistance considérable, pour supporter les pressions très fortes qui entrent en jeu.

Le piston plongeur est pratiquement le seul employé ; on le termine par une partie effilée pour que l'eau suive mieux le mouvement du piston.

Pour que le mouvement de l'eau, dans la conduite de refoule-

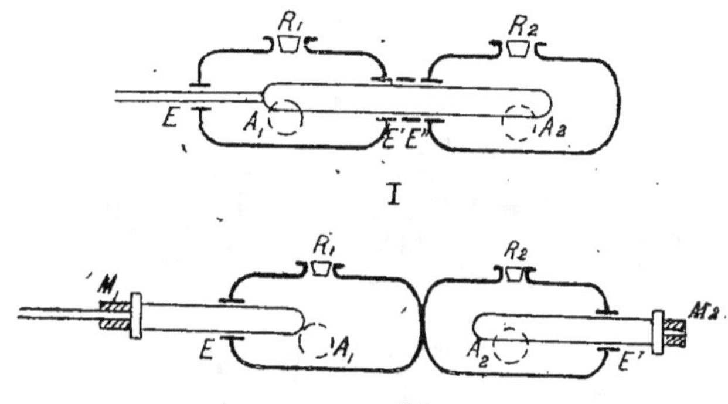

Fig. 20. — Schéma des pompes foulantes horizontales.

ment soit continu, on accole deux corps de pompe à simple effet ; l'aspiration se produit dans l'un des deux pendant que le refoulement se produit dans l'autre, et inversement.

Dans les dispositifs les plus anciens, un même piston plongeur dessert les deux pompes, ce qui nécessite trois presse-étoupes E′ E″ (*fig. 20* I). Les soupapes d'aspiration sont en A_1 A_2, les soupapes de refoulement en R_1 R_2 ; au dessus de ces dernières, la colonne de refoulement est munie d'une ou deux cloches d'air. Les corps de pompe

ont une forme ovoïde pour que la section varie proportionnellement
à la vitesse du piston. On dispose, au bas de la colonne de refoule-

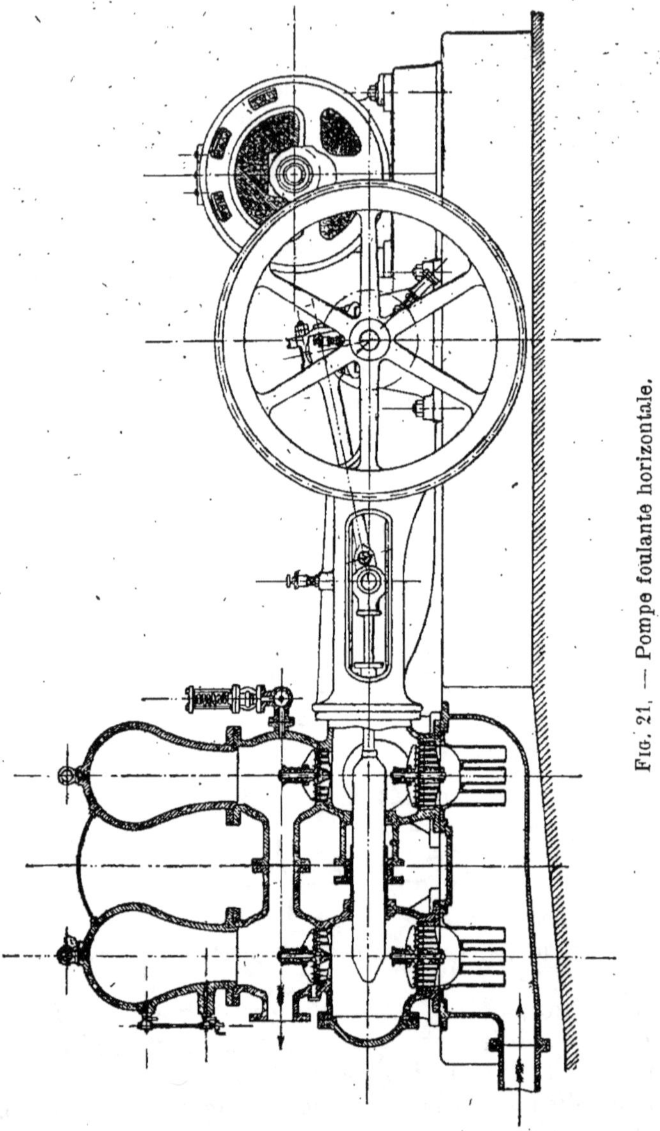

Fig. 21. — Pompe foulante horizontale.

ment, une soupape qui permet de l'isoler, afin qu'elle reste pleine
pendant les réparations de la pompe.

Pour réduire à deux le nombre des presse-étoupes, on adopte souvent la disposition figurée en II, qui comporte deux plongeurs rendus solidaires par un étrier B qui réunit les deux manchons M_1 et M_2. Les deux corps de pompe sont accolés par leurs fonds. Le fonctionnement de la pompe est le même, mais l'ensemble est plus stable ; on a de plus l'avantage de rendre plus aisées les réparations des presse-étoupes.

La fig. 21 montre le détail d'une pompe foulante du premier type.

Les pompes foulantes à piston plongeur sont d'un entretien peu coûteux, et les réparations sont faciles. Leur fonctionnement est sûr, et leur résistance permet de grandes hauteurs de refoulement. Leur rendement est excellent, surtout lorsqu'on a soin de calculer le profil et la section des corps de pompe de façon à obtenir une vitesse constante. De plus ce rendement se conserve mieux que pour les pompes à piston creux, dont les presse-étoupes s'usent plus rapidement.

Il y a avantage à employer les clapets présentant une grande section de passage avec une faible levée, et à disposer les cloches d'air au-dessus des soupapes comme dans la fig. 21. Si la hauteur de refoulement est considérable, il y a lieu d'alimenter ces cloches d'air au moyen d'un petit compresseur spécial.

Il est à remarquer que les chocs se produisent surtout aux soupapes d'aspiration, mais qu'ils sont d'autant moindres que la masse d'eau comprise entre les soupapes et les cloches d'air est plus faible.

34. Pompes différentielles. — Dans les pompes *différentielles*, le double effet est réalisé d'une façon différente.

Il y a encore deux corps de pompe C_1 C_2 en prolongement l'un de l'autre, mais l'un des deux seul porte les soupapes d'aspiration et de refoulement A et R (*fig. 22*).

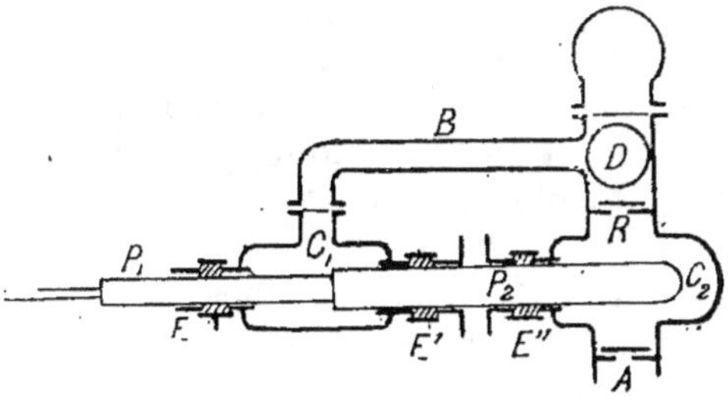

Un tuyau B réunit la colonne (située au-dessus de la soupape de refoulement) à l'autre corps de pompe.

Dans les corps de pompe circule un plongeur en deux parties (P_1 et P_2), dont les sections p_1 et p_2 sont différentes. Ainsi qu'on le voit sur la figure, le

Fig 22. — Pompe différentielle.

corps de pompe C_2 n'est parcouru que par le piston P_2, tandis que C_1 est occupé alternativement par P_2 lorsque le plongeur double est à la position extrême vers la gauche et par P_1 lorsque le plongeur est au contraire à l'extrémité droite de sa course. Soit h la course des pistons. Lorsque P_2 se retire vers la gauche, l'eau soulève la soupape A et remplit C_2. En même temps un volume $(p_2\text{-}p_1)\,h$ est chassé par B dans la colonne d'élévation D. La soupape R reste fermée.

Lorsque le piston revient de gauche à droite, la soupape A se referme, et un volume $p_2\,h$ est refoulé au-dessus de la soupape R. Mais, en même temps, un volume $(p_2\text{-}p_1)\,h$ revient, par le tuyau B dans le corps de pompe C_1.

Le volume refoulé dans la conduite D n'est donc que

$$p_2\,h - (p_2-p_1).\,h, \quad \text{c'est-à-dire} \quad .\,p_1\,h$$

On voit que ces formules sont semblables à celles du fonctionnement de la pompe Rittinger.

Pour que le débit, pour les deux courses, soit le même, il faut avoir

$$(p_2\text{-}p_1)\,h = p_1\,h$$

d'où
$$p_2 = 2\,p_1.$$

Dans cette disposition, il y a trois presse-étoupes E E′ E″. On peut réduire ce nombre à deux en adoptant, comme pour les pompes foulantes ordinaires, la disposition représentée sur la fig. 20-II, avec deux pistons plongeurs distincts et de sections différentes réunis par un étrier.

Ces pompes différentielles sont avantageuses par la diminution du nombre de soupapes, mais celles-ci doivent être plus grandes, ce qui est au détriment de leur solidité.

35. Pompes express. — On a cherché à diminuer l'encombrement des pompes souterraines et à augmenter leur débit, en adoptant une vitesse de marche plus grande ; au lieu d'une cinquantaine de coups (aller et retour) par minute, on a construit des pompes donnant plus de 100 coups par minute, avec soupapes commandées. La *pompe express Riedler* peut même atteindre 200 à 300 coups. Pour que ce résultat soit possible, il faut que le fonctionnement des soupapes soit extrêmement rapide.

La pompe Riedler est du type différentiel représenté par la fig. 22, mais avec une soupape d'aspiration particulière qui caractérise l'appareil.

Cette soupape S a une forme annulaire, concentrique au piston plongeur P_2 (fig. 23). Il faut donc que l'aspiration se fasse dans une enveloppe A qui entoure le piston, entre les deux corps de pompe.

La soupape est constituée par un anneau en cuir ou en caoutchouc dans une armature en bronze. Pendant le refoulement, la pression la maintient contre son siège, mais grâce à sa légèreté, elle s'ouvre dès le début de l'aspiration, guidée par une couronne qui glisse sur des tiges horizontales. Sa levée, limitée par un butoir annulaire, ne dépasse pas 10 à 15 $^m/_m$. A la fin de sa course d'aspiration, le piston, muni à cet effet d'une couronne, rapplique la soupape sur son siège.

Dans les appareils à grande vitesse (300 coups), la course du piston ne dépasse pas 15 cm.

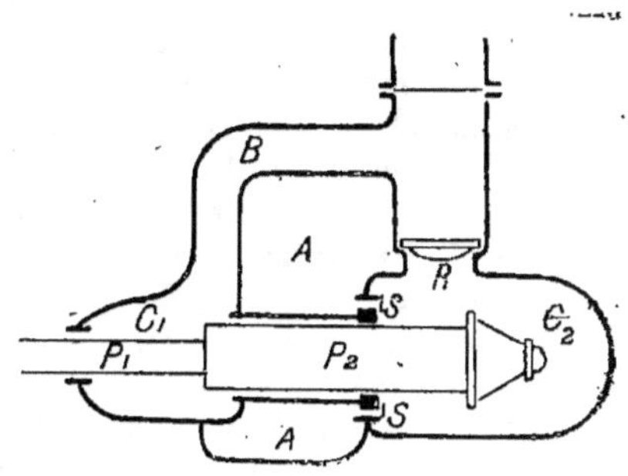

Fig. 23. — Pompe express Riedler.

La disposition de ces pompes express peut d'ailleurs être appliquée à des pompes foulantes ordinaires à simple effet.

L'emploi de ces grandes vitesses ne s'est d'ailleurs guère développé, et on a plutôt tendance actuellement à ne pas dépasser 120 coups à la minute, et à se limiter à 60 ou 80 pour les pompes à grand débit.

36. Pompe Jandin. — Signalons encore un type de pompe rapide dont le rendement est très satisfaisant et qui assure au courant de refoulement une régularité remarquable. C'est la pompe *Jandin* (fig. 24), qui comporte quatre corps de pompe C_1 C_2 C_3 C_4, répartis en deux groupes superposés formés chacun de deux corps accolés et parcouru par un piston plongeur. Ces corps de pompe sont mis en communication par six soupapes: deux d'aspiration (A_1 A_2), deux intermédiaires (I_1 I_2) et deux de refoulement (R_1 R_2). L'eau arrive au bas de la pompe par un tuyau B et sort de la partie supérieure par un tuyau D.

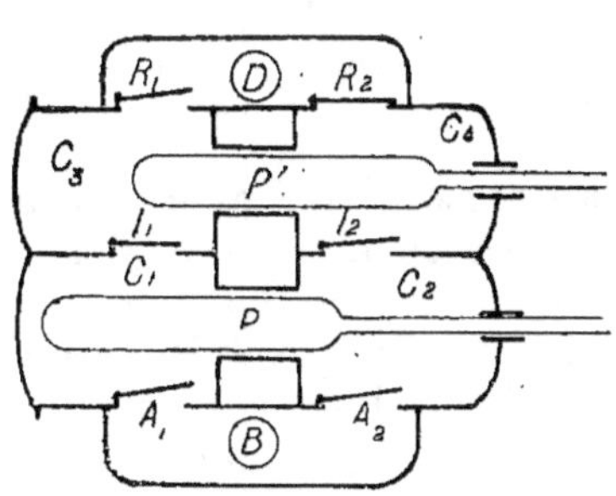

Fig. 24. — Pompe Jandin.

Les deux pistons P et P' sont de même section et sont commandés par le même arbre moteur, au moyen de manivelles calées à 120°.

Les vitesses des deux pistons sont donc différentes l'une par rapport à l'autre, et les déplacements se font tantôt dans le même sens, tantôt en sens contraire ; il n'y a qu'un moment où les deux vitesses sont égales : c'est lorsque les manivelles font le même angle avec l'axe de symétrie du système et sont du même côté de l'arbre moteur

Pour étudier ce qui se passe dans la pompe, il nous suffit d'examiner le groupe formé par les corps de pompe C_1 et C_3 ; les mêmes faits seraient constatés dans le groupe C_2 et C_4, mais avec un décalage égal à une rotation de 180° des manivelles (1).

Lorsque les deux pistons P et P' se déplacent tous deux de gauche à droite, il y a aspiration dans C_1 et C_3 et les effets s'ajoutent, un volume égal au total des volumes déplacés est aspiré à travers la soupape A_1.

La soupape R_1 reste fermée ; quant à I_1 elle est ouverte tant que la vitesse de P' est supérieure à celle de P pour laisser passer de C_1 en C_3 l'excédent du volume aspiré par P' sur celui aspiré par P.

Au contraire, si P et P' se déplacent tous deux de droite à gauche, le phénomène est exactement inverse : A_1 se ferme, R_1 s'ouvre, I_1 ne s'ouvre que tant que la vitesse de P est supérieure à celle de P', pour laissser passer de C_1 en C_3 l'excédent de volume déplacé en C_1. Le volume refoulé par R_1 est égal à la somme des volumes déplacés par les deux pistons.

Lorsque les deux pistons se meuvent en sens contraire, deux cas peuvent se produire :

Si P aspire et P' refoule, I_1 reste fermé et les deux corps C_1 et C_3 fonctionnent comme deux pompes indépendantes, C_1 aspirant par A_1 et C_3 refoulant par R_1 un volume égal au déplacement produit par le mouvement du piston.

Au contraire, si P refoule tandis que P' aspire, la soupape I_1 s'ouvre.

Suivant que le volume engendré par P est supérieur ou inférieur au volume engendré par P_1, il y aura refoulement par R ou aspiration par A de la différence entre ces deux volumes. Dans le premier cas le volume passant de C_1 en C_3 est égal à celui que refoule P ; dans le second cas, il est égal à celui qu'aspire P'.

La pompe Jandin, grâce à la vitesse presque constante du courant d'eau et à la marche en ligne droite de celui-ci à travers l'appareil, se prête facilement à une vitesse de 100 à 150 tours, qui convient très bien à l'emploi de moteurs électriques. Elle permet d'atteindre des hauteurs de refoulement considérables (plus de 600 m. aux mines de la Péronnière près de Saint-Etienne),

---

(1) On trouvera dans le *Cours d'Exploitation des Mines* de HATON DE LA GOUPILLIÈRE et Bès de Berc, III° volume, un exposé détaillé du fonctionnement de la pompe Jandin et du mouvement de l'eau dans la colonne de refoulement.

§ 4. — Moteurs des pompes souterraines a vapeur.

37. Pompes sans volant. — On distingue deùx grandes classes de pompes souterraines à vapeur : *sans volant* ou *avec volant*. Les premières sont désignées souvent sous le nom de pompes *américaines*, et ne conviennent guère qu'aux installations peu puissantes, pour lesquelles on recherche plutôt un appareil léger, maniable, peu encombrant, sans se préoccuper particulièrement de réduire la consommation de vapeur. Celle-ci est en effet presque toujours élevée, en raison de l'irrégularité de la marche et de l'importance relative des espaces nuisibles.

Dans ces machines, le moteur et la pompe sont en prolongement l'un de l'autre, en *tandem*, les deux pistons à vapeur et à eau étant montés aux deux extrémités d'un même arbre.

Le tiroir de la distribution est commandé mécaniquement par le piston à vapeur, en fin de course (pompe *Blake*), à moins qu'on n'emploie, pour actionner le tiroir, les différences de pression entre l'arrivée de vapeur et le condenseur (pompe *Tangye*). Dans ce dernier cas, le tiroir est compris entre deux pistons, auxiliaires, derrière lesquels arrive la vapeur, et des clapets, commandés par le piston en fin de course, établissent la communication nécessaire entre l'arrière de l'un de ces pistons auxiliaires et le condenseur. C'est là un système analogue à celui que nous avons eu à décrire en étudiant la distribution des perforatrices à air comprimé (IIIe partie du Cours).

Ces moteurs travaillent sans détente, ce qui explique leur forte consommation de vapeur. Etant donné la faiblesse des masses en mouvement et la constance de l'effort à vaincre, il est d'ailleurs nécessaire de maintenir la pleine pression jusqu'en fin de course.

Les pompes sans volant sont parfois à un seul cylindre à eau, plus souvent à deux ou même trois cylindres accolés (pompes *duplex* ou *triplex*).

38. Pompes Duplex ou Triplex. — Dans ces appareils, les groupes élémentaires moteur-pompe sont placés côte à côte sur le même bâti. Par un dispositif couramment employé, chaque cylindre à vapeur d'une pompe Duplex commande la distribution dans l'autre.

Grâce à cet accouplement, le mouvement de l'eau est plus régulier dans la colonne de refoulement, surtout si les pompes sont elles-mêmes à double effet.

L'examen de la fig. 25 fera comprendre de suite le fonctionnement de ces appareils, imaginés par *Worthington*.

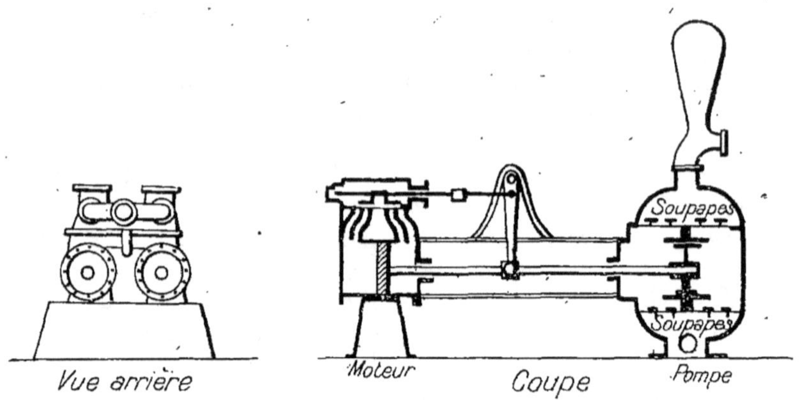

Fig. 25. — Pompe Duplex Worthington.

La fig. 26 représente une pompé Duplex, pour refouléments de faible hauteur.

Avec des diamètres de 190 $^m/_m$ pour les cylindres à vapeur et de 204 $^m/_m$ pour les cylindres à eau, une course de 178 $^m/_m$ et un nombre de coups de 100 par minute, le débit est de 1040 litres par minute ; la conduite de refoulement a un diamètre de 127 $^m/_m$.

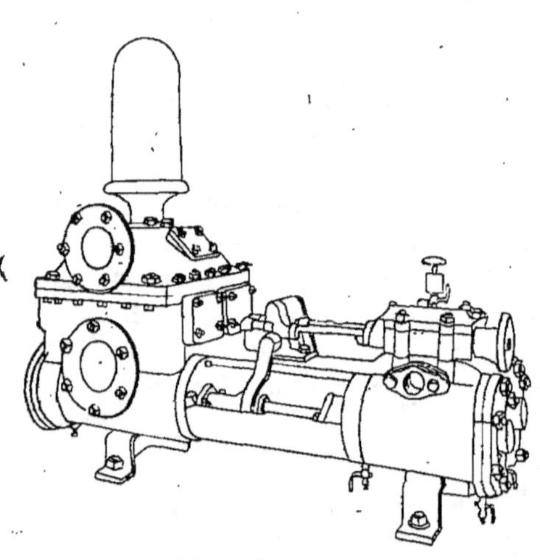

Fig. 26. — Pompe Duplex.

La fig. 27 représente un appareil plus puissant, établi pour dès refoulements pouvant atteindre 300 m.

Lorsqu'il s'agit de fortes pressions et de grands débits, le moteur devient plus compliqué, et se compose de deux couples de cylindres en tandem, à haute et basse pression ; les pistons à eau sont encore montés sur l'arbre commun des deux pistons à vapeur, soit du côté du piston à haute pression, soit du côté du piston à basse pression.

La fig. 28 représente une pompe Duplex compound appartenant

à cette catégorie, et prévue pour un grand débit, avec une hauteur de refoulement modérée.

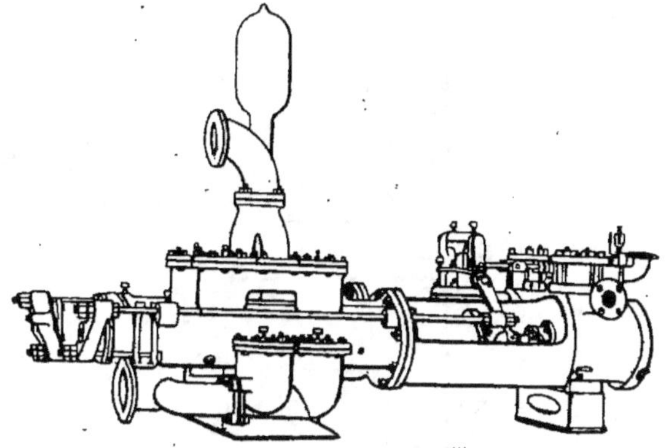

FIG. 27. — Pompe Duplex.

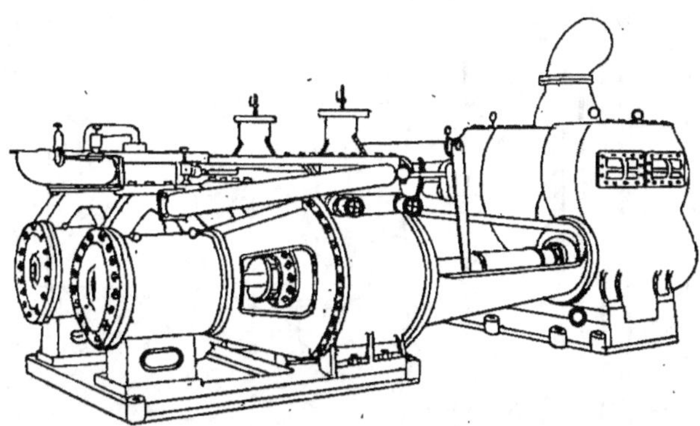

FIG. 28. — Pompe Duplex compound.

39. Pompes avec volant. — Les installations destinées à assurer un épuisement considérable nécessitent des machines puissantes, munies d'un volant, à un ou plusieurs cylindres à vapeur.

Si l'on n'a qu'un cylindre à vapeur, on adopte une pompe à double effet (ou mieux deux pompes à double effet montées sur le même arbre ou des pompes différentielles), de façon à régulariser le mouvement de l'eau dans la colonne de refoulement.

On préfère placer de chaque côté du volant un cylindre à vapeur.

Ces pompes souterraines atteignaient autrefois des dimensions énormes et nécessitaient des chambres de machines dont le creusement et l'entretien revenaient extrêmement cher. Comme exemple, nous citerons l'installation du puits Sainte-Marie, aux Mines de

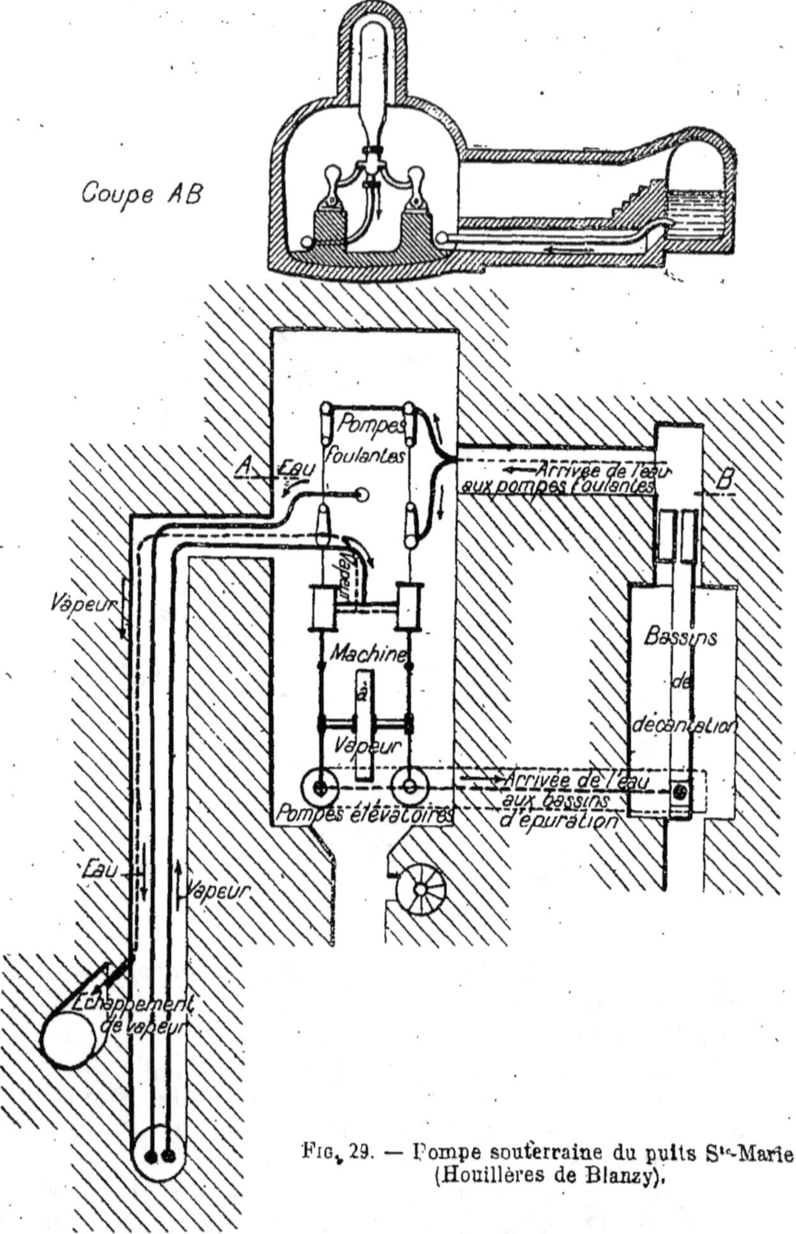

Fig. 29. — Pompe souterraine du puits Ste-Marie
(Houillères de Blanzy).

Blanzy, qui a été démontée au début du siècle, représentée schématiquement sur la fig. 29.

Elle était au niveau de 300 m. et élevait par jour 3.200 m³, en 20 heures de marche, sur une hauteur totale de 334 m. La vapeur descendait par une conduite de 0ᵐ,20 dans un puits spécial de 2 m. de diamètre, qui contenait en même temps la colonne de refoulement d'eau. L'échappement de vapeur se faisait dans une colonne placée dans un autre puits spécial semblable au premier. Il n'y avait pas de condensation. Les cylindres à vapeur avaient 0ᵐ,85 de diamètre, avec une course de 1ᵐ,10. Ils étaient munis de soupapes de sûreté pour éviter les accumulations d'eau susceptibles de produire l'enfoncement des cylindres.

Les manivelles étaient calées à 90°. La force de la machine était de 207 chevaux.

La chambre des pompes mesurait 20 m. de long sur 7ᵐ,50 de large et 6 m. de hauteur. Il avait fallu creuser au plafond un logement de 3ᵐ,50 de hauteur sur 2 m. de diamètre pour la cloche d'air.

A côté de la chambre se trouvaient deux bassins de décantation mesurant 2 m. sur 9 m.

Dans les installations plus modernes, on emploie des machines compound qui ne consomment que 7 à 8 kg. de vapeur par cheval utile et par heure, au lieu de 10 à 12 kg. avec les machines ordinaires.

Par exemple, dans l'installation du puits Gneisenau, en Westphalie, qui peut élever 25 m³ par minute de la profondeur de 500 m. le moteur est à triple expansion : un cylindre à haute pression (diam. 950 ᵐ/ₘ), un à moyenne pression (1ᵐ,15) deux à basse pression (1ᵐ,65). La course commune est de 1ᵐ,70, le nombre de tours par minute de 60. Les pompes, à double effet et à pistons plongeurs, sont montées à l'extrémité de l'arbre de chacun des deux groupes de cylindres à vapeur. La machine, à plein travail, développe 3150 chevaux indiqués, et environ 2800 chevaux utiles.

La salle des pompes a 37ᵐ,50 de long, 9 m. de large, et 7ᵐ,50 de hauteur au-dessus du plancher de la machine, ce qui ne serait évidemment pas possible dans des terrains peu solides.

La fig. 30 représente une machine plus simple, compound, à deux cylindres, avec détente et condensation.

Avec cylindres à vapeur de 325 ᵐ/ₘ et 500 ᵐ/ₘ, plongeurs de 155 ᵐ/ₘ et course commune de 500 ᵐ/ₘ, à raison de 65 tours à la minute, le débit est de 125 m³ à l'heure pour 100 m³ de refoulement.

Avec cylindres de 520 ᵐ/ₘ et 800 ᵐ/ₘ, plongeurs de 140 ᵐ/ₘ, course de 900 ᵐ/ₘ à raison de 50 coups à la minute, le débit est de 150 m³ à l'heure pour 300 m. de refoulement ; avec le même moteur, mais avec des plongeurs de 255 ᵐ/ₘ, on peut refouler 450 m³ à l'heure à 100 m. de hauteur.

40. Turbo-pompes. — Nous étudierons au chapitre IV les

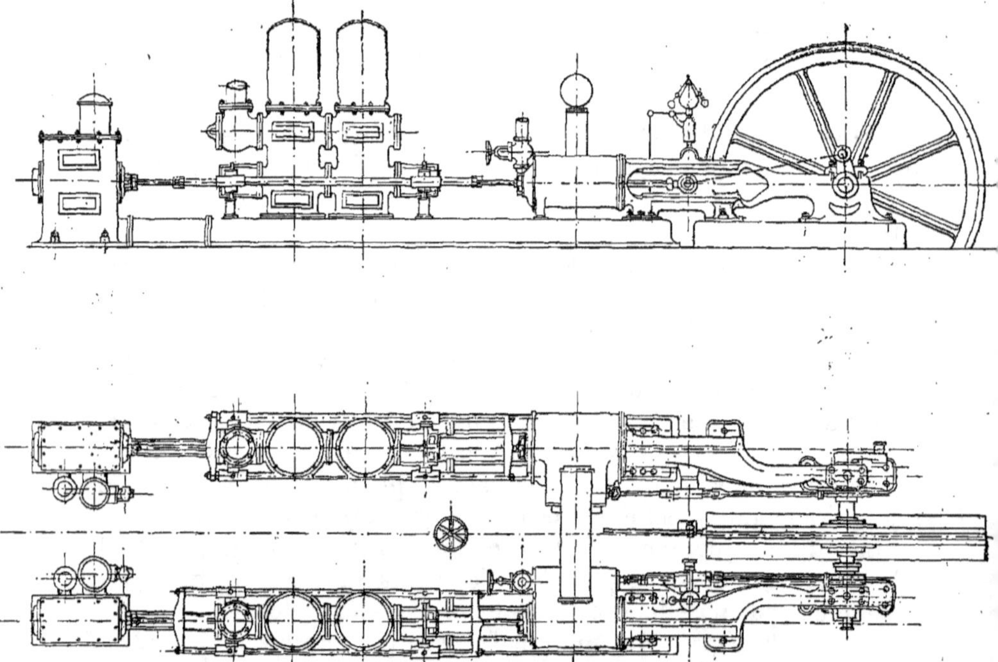

Fig. 30. — Pompe souterraine à vapeur, compound, avec détente et condensation.

pompes centrifuges, qui sont le plus souvent actionnées par un moteur électrique. Indiquons cependant, à propos des pompes souterraines à vapeur, que dans certaines installations on emploie comme moteur une turbine à vapeur, ou même deux turbines en tension.

On peut ainsi animer la pompe centrifuge d'une vitesse de rotation extrêmement considérable.

En 1900, M. Rateau a obtenu ainsi dans un groupe d'essai, avec une vitesse de rotation de 18.000 tours par minute, une hauteur de refoulement de 300 m.

Un certain nombre d'installations ont été réalisées sur ce principe.

Une des premières a été la turbo-pompe des mines de Bruay (Pas-de-Calais) étudiée pour élever 250 mètres cubes par heure, à la hauteur de 360 m.

La turbine multicellulaire reçoit la vapeur des chaudières à la pression absolue de 7 kg. par centimètre carré, la vitesse de rotation normale de la turbine est de 2.200 tours par minute.

L'arbre de la turbine actionne directement une pompe centrifuge à sept roues traversées en série par l'eau à élever. Les roues tournent à l'intérieur d'une enveloppe qui porte à ses deux extrémités les volutes d'aspiration et de refoulement.

L'équilibrage de la poussée longitudinale est obtenu par la différence de diamètre des joues qui limitent la roue à ailes.

La consommation de vapeur est de 10 kg. 3 par cheval heure utile en eau montée ; c'est un résultat comparable à ceux fournis par des pompes à piston de puissance analogue.

L'encombrement de la turbo-pompe est faible, comparativement à celui d'une machine à piston d'égale puissance.

Les dimensions à donner à la chambre sont :

		Pompe à piston	Turbo-pompe
Longueur	mètres	21	9,10
Largeur	«	7,50	3,30
Hauteur	«	6	4
Cube de maçonnerie : mètres cubes	. .	14,50	145

Dans une installation plus récente, aux mines de *Czeladz* (Pologne), refoulant 480 mètres cubes à l'heure à 210 mètres, la consommation de vapeur n'est que de 9 kg. 5 par cheval utile.

La pompe est à six roues, disposées en deux groupes de trois.

La fig. 31 représente une pompe centrifuge Rateau, capable d'élever 150 mètres cubes à l'heure à 144 m., avec une roue

Fig. 31. — Turbo-pompe Rateau.

hélico centrifuge spéciale pour aspiration à grande profondeur.

La vitesse normale est de 3.900 tours par minute, la puissance absorbée de 125 kg.

La petite pompe que l'on remarque en bout d'arbre est destinée au service de la condensation.

41. Avantages et inconvénients des pompes souterraines à vapeur. — Les anciennes machines d'épuisement avec moteur au jour et transmission du mouvement aux pompes par maîtresse-tige étaient très lourdes et encombrantes, coûteuses et de marche lente.

L'installation de moteurs souterrains accolés à la pompe à permis de réaliser une vitesse de marche bien plus considérable, par suite un débit plus grand avec des tuyauteries de refoulement de moindre diamètre.

Ce mode d'épuisement a donc supplanté complètement, en Europe, les machines à maîtresse-tige. On a vu plus haut, par l'exemple de la mine Gneisenau, qu'il permettait de faire face, à grande profondeur, à des venues d'eau considérables ; la consommation de vapeur ne dépasse pas 7 kg. dans les machines modernes.

La sécurité de fonctionnement est très satisfaisante.

En regard de ces avantages, les pompes souterraines à vapeur présentent un certain nombre d'inconvénients, qui expliquent le développement des moteurs électriques.

Tout d'abord, l'encombrement de ces machines, pour de grands débits, devient excessif. On a vu que la chambre des pompes, au puits Sainte-Marie (mines de Blanzy) mesurait 20 m. sur $7^m,50$, avec une hauteur de 6 m. sans compter le logement de la cloche d'air. A la mine Gneisenau la chambre a 37 m. $\times$ 9 m. $\times 7^m,50$. Si les terrains ne sont pas exceptionnellement solides, la création et le soutènement de semblables excavations sont extrêmement coûteux et risquent de devenir impossibles.

D'autre part, les pertes de vapeur par condensation dans la conduite d'arrivée qui descend dans le puits sont exagérées ; outre le gaspillage d'énergie qui en résulte, ces condensations risquent de provoquer des coups d'eau dans le moteur.

La consommation réelle de vapeur est encore augmentée par les condensations pendant les arrêts. Si ceux-ci sont de longue durée, il devient nécessaire de réchauffer les conduites d'arrivée, en y faisant circuler la vapeur, avant de mettre le moteur en marche.

La température des salles de pompes à vapeur est élevée ; l'aérage est difficile à assurer et les échappements de vapeur nuisent à l'entretien du soutènement.

Il existe encore un inconvénient qui tend à empêcher d'une façon absolue l'emploi de moteurs à vapeur lorsqu'on dépasse une certaine profondeur : c'est l'impossibilité d'assurer la condensation, pourtant indispensable car on ne peut plus évacuer les vapeurs d'échappement par un puits communiquant avec la surface.

La masse de vapeur à condenser devient de plus en plus grande avec la profondeur ; d'autre part la température de l'eau augmente, et la marge entre celle de l'eau qui entre au condenseur et celle qui en sort devient trop faible. Il arrive un moment où la quantité totale d'eau à épuiser est insuffisante pour assurer la condensation de la vapeur d'échappement. On a calculé que cette limite était atteinte avant 700 m. Au-delà de cette profondeur, on ne pourrait donc plus employer de moteurs à vapeur pour actionner les pompes.

En réalité, les ennuis qu'occasionnerait l'existence d'une conduite de vapeur dans un puits aussi profond, et les avantages que procure l'emploi de moteurs électriques au point de vue de l'encombrement justifient l'adoption de ces derniers bien avant que soit atteinte cette profondeur de 700 m.

42. Précautions contre l'inondation de la chambre des pompes. — Il faut prévoir le cas où une avarie immobiliserait la pompe souterraine pendant un temps assez long pour que les réservoirs ne suffisent pas à emmagasiner les venues d'eau. Si l'eau envahit la chambre des pompes, toute la mine risque d'être noyée. Il est donc nécessaire de calculer largement les réservoirs, et d'avoir des pompes de secours capables sinon d'assurer l'épuisement complet, tout au moins de ralentir suffisamment la montée des eaux dans les réservoirs.

Un moyen détourné consiste à installer les pompes principales au-dessus du niveau du quartier le plus profond. En cas d'avarie sérieuse, l'inondation de ce quartier prendra un temps assez long pour permettre la réparation.

Il faut, dans une installation semblable, prévoir un jeu de pompes pour élever les eaux du fond de la mine jusqu'aux réservoirs des pompes principales.

On peut enfin munir la chambre de pompes de portes étanches, que l'on ferme en cas d'inondation, tout en ménageant les passages nécessaires pour y descendre d'un étage supérieur et pour assurer l'aérage.

Mais le meilleur moyen est encore d'outiller la mine de façon que l'on dispose toujours d'un nombre de pompes suffisant pour lutter contre les venues d'eau.

§ 5. — Calcul des pompes

43. Puissance de l'installation. — Soit Q le nombre de mètres cubes à élever par jour, et n le nombre d'heures de fonctionnement prévu par 24 h. On a soin, naturellement, d'adopter pour ce nombre n une valeur assez faible, pour qu'on puisse l'augmenter en cas de venues exceptionnelles.

On doit élever par heure $\dfrac{Q}{n}$ mètres cubes, de la profondeur H

donc par seconde $\dfrac{1000}{3600}\dfrac{Q}{n} = \dfrac{5}{18}\dfrac{Q}{n}$ kilogrammes par seconde.

Le travail réel est $\dfrac{5}{18}\dfrac{QH}{n}$ et la puissance effective, en chevaux

$$f = \frac{5}{18}\frac{QH}{n} \times \frac{1}{75} = \frac{1}{270} \times \frac{QH}{n}$$

Si le rendement de l'ensemble moteur-pompe est a, le nombre de chevaux *indiqués*, autrement dit la *puissance nominale* de la machine, en chevaux est :

$$F = \frac{1}{270} \times \frac{QH}{na}$$

Connaissant cette puissance et le nombre m de coups par minute, on peut évaluer la quantité d'eau élevée par coup de piston (en supposant la pompe à simple effet et à un seul corps).

En une minute : $\dfrac{5}{18}\dfrac{Q}{n} \times 60 = \dfrac{50}{3}\dfrac{Q}{n}$ kg. d'eau.

A chaque coup de piston, elle sera : $\dfrac{50}{3} \times \dfrac{Q}{nm}$.

Bien entendu, ces chiffres sont à corriger si la pompe est à double effet, ou s'il s'agit de pompes duplex ou triplex.

Le travail nominal, par coup de piston sera $\dfrac{50}{3} \times \dfrac{QH}{nma}$.

Le rendement a peut être évalué à 0,70 ou même 0,75 dans les installations modernes.

Quant au nombre de coups par minute, on a vu qu'il variait grandement avec les types de pompes, depuis 45 à 50 dans les grosses machines à marche lente jusqu'à 100 ou 120 pour les machines à marche rapide. Dans les pompes express, on a atteint 200 et 300 tours; mais on préfère se limiter à une centaine de coups pour les pompes à grand débit.

44. Dimensions du corps de pompe. — A chaque coup de piston, la quantité d'eau élevée est $\dfrac{Q}{60\,mn}$ (si la pompe est à simple effet).

La pompe ne refoule pas un volume égal à celui du corps de pompe, mais une certaine fraction b de ce volume (*rendement géométrique*).

Le volume à donner au corps de pompe sera donc :

$$\frac{1}{60} \times \frac{Q}{m.n.b}.$$

Si la course du piston est l, la section sera :

$$\frac{1}{60} \times \frac{Q}{m.n.b.l}$$

et le diamètre :

$$d = \sqrt{\frac{Q}{15\pi m.n.b}}.$$

45. Cylindres à vapeur. — On connaît la puissance nominale F (n° 43) le nombre de coups par minute m les pressions p et p' à l'entrée du moteur et au condenseur (en kilogrammes par centimètre carré), et le degré de détente $\dfrac{1}{N}$ admis.

La formule suivante exprime la puissance en fonction de ces divers éléments :

$$F = 2,222\; m.p.\; V \left(1 + log.\ nép.\ N - \frac{N\,p'}{p}\right)$$

Si la machine est compound, à 2 cylindres, V désigne le volume du petit cylindre. Celui du grand cylindre sera égal à N V.

Si la course est égale à l, les sections des cylindres seront $\dfrac{V}{l}$ et $\dfrac{N\,V}{l}$

Les diamètres seront (en mètres) :

Pour le petit cylindre : $\quad d = 2\sqrt{\dfrac{V}{\pi l}}$

Pour le grand cylindre : $\quad D = 2\sqrt{\dfrac{N\,V}{\pi l}}$

Nous renvoyons aux cours de machines ou d'hydraulique pour l'étude plus détaillée des pompes et de leurs moteurs, ainsi que du mouvement de l'eau dans la colonne de refoulement.

46. Résumé. — Les pompes à vapeur avaient autrefois leur moteur placé à la surface, et le mouvement était transmis aux pistons des pompes, échelonnées dans le puits, au moyen d'une maîtresse-tige, lourde et **encom-brante**.

Ces installations ont été remplacées par des pompes dont le moteur est également souterrain.

Les *pompes* aspirantes et soulevantes, actionnées par une maîtresse-tige étaient soit à piston creux, soit à piston plein.

Les pompes à *piston creux* sont en général longues et de faible diamètre ; elles ne permettent qu'un refoulement d'une cinquantaine de mètres, car il est difficile de construire des pistons assez solides, et les résistances deviennent trop grandes. Les pompes de fonçage sont fréquemment construites sur ce modèle.

Pour régulariser le mouvement de l'eau dans la colonne de refoulement on construit des pompes à double effet. La pompe Rittinger est l'une des plus connues, et comporte une partie centrale mobile autour de la base du tuyau de refoulement et à l'intérieur de la partie supérieure de la colonne venant du puisard ou d'une pompe située à un niveau inférieur.

Les pompes *élévatoires, à piston plein*, avaient l'avantage de faire travailler toujours la maîtresse tige à la traction. Pour parer aux inconvénients que présente le dépôt de sable au fond du cylindre, M. *Guinotte* a eu l'idée de faire coulisser le piston plongeur, dont la tête est en bas, autour du corps de pompe.

Les pompes *foulantes* peuvent s'employer avec une commande par maîtresse-tige ; les pompes à moteur souterrain se rattachent toutes à ce type, et comportent presque toujours des cylindres horizontaux, parcourus par des pistons plongeurs.

Pour assurer la régularité du débit dans la colonne de refoulement, on accole deux corps de pompe par le fond, avec un seul plongeur ou deux plongeurs rendus solidaires par un étrier.

Les pompes foulantes sont d'un meilleur rendement et d'un entretien moins coûteux que les pompes à piston creux. On emploie de préférence des clapets présentant une grande section de passage avec une faible levée.

Dans les pompes *différentielles*, le double effet est obtenu au moyen d'un plongeur formé de deux parties successives, de diamètres différents ; le corps de pompe parcouru par les deux plongeurs inégaux est réuni par un tuyau à la conduite de refoulement, ce tuyau s'ouvrant dans celle-ci au-dessus de la soupape de refoulement. On n'a plus que deux soupapes au lieu de quatre.

A ce type de pompes se rattachent les pompes *express*, dont la vitesse atteint parfois 200 à 300 coups par minute, ce qui exige des soupapes fonctionnant très rapidement.

Dans la pompe *Riedler*, la soupape d'aspiration est annulaire, concentrique au piston plongeur, qui en assure la fermeture à chaque retour en arrière.

Dans les installations modernes, on préfère ne pas dépasser 120 à 140 coups par minute, au moins pour les pompes à vapeur. Les soupapes sont commandées au moyen de doigts ou de cames.

La pompe *Jandin*, à quatre corps de pompe accolés deux à deux par le fond, à deux plongeurs dont les manivelles sont calées à 120° et à six soupapes est également à marche rapide et assure un mouvement très régulier dans la colonne de refoulement. Elle se prête bien à l'adoption d'une vitesse de 100 à 150 coups par minute, ce qui explique qu'on la rencontre plutôt avec moteur électrique. Elle permet d'atteindre de grandes hauteurs de refoulement.

Les *moteurs* des pompes souterraines à vapeur sont *sans volant* ou *avec volant*.

Au premier de ces deux types se rattachent plutôt des pompes de puissance modérée, légères et peu encombrantes : pompes Tangye, Worthington, etc...

Le moteur et la pompe sont montés en tandem ; dans les pompes *duplex* ou *triplex*, deux ou trois groupes moteur-pompe sont accolés parallèlement sur le même bâti.

Ces machines travaillent sans détente et leur consommation de vapeur est donc relativement élevée pour de forts débits ; le moteur à vapeur est formé d'un ou plusieurs couples de cylindres compound, montés en tandem.

Les grosses installations d'épuisement, par pompes souterraines à vapeur comportent généralement des machines à volant, à double ou triple expansion, avec détente et condensation.

On arrive ainsi à assurer l'épuisement de venues considérables (25 mètres cubes à la minute au puits Gneisenau en Westphalie), mais l'encombrement de ces machines exige des chambres de dimensions énormes, dont le creusement et le maintien ne sont possibles que dans de bons terrains.

L'emploi de turbo pompes permet de réduire l'encombrement, qui est un des plus graves défauts des pompes souterraines à vapeur. Celles-ci tendent d'ailleurs à disparaître devant les pompes électriques, en raison des ennuis causés par l'existence des colonnes de vapeur dans les puits et de l'impossibilité d'assurer la condensation lorsque la profondeur dépasse 600 à 700 m.

Les chambres des pompes à vapeur sont chaudes et leur aérage souvent difficile, inconvénient qui ne se présente pas avec les moteurs électriques.

Les installations d'épuisement doivent être calculées largement, pour qu'un arrêt prolongé des pompes ne risque pas de provoquer l'envahissement de la chambre des machines.

Si l'on craint des venues contre lesquelles on ne disposerait pas de moyens suffisants, il est prudent d'installer les pompes principales au-dessus du niveau du quartier inférieur, qui formera un réservoir assez grand pour qu'on ait le temps d'effectuer les réparations de longue durée que réclamerait une avarie sérieuse.

CHAPITRE IV

POMPES ÉLECTRIQUES

SOMMAIRE

§ 1. **Pompes à mouvement alternatif** — Commande de la pompe. — Pompes à accouplement direct.

§ 2. **Pompes rotatives.** — Pompes volumogènes. — *Pompes centrifuges* : principe. — Pompes multicellulaires. — Disposition des roues. — Fonctionnement des pompes centrifuges. — Construction.

§ 3. **Comparaison des divers types de pompes.** — Pompes à piston et pompes centrifuges. — Choix d'une pompe. — **Résumé.**

§ 1. — POMPES A MOUVEMENT ALTERNATIF.

47. Commande de la pompe. — La pompe à mouvement alternatif peut marcher à raison de 100, 150 tours à la minute, exceptionnellement de 200-300 tours. Ces vitesses sont inférieures à celles de la plupart des moteurs électriques, aussi est-on amené à intercaler, entre le moteur et la pompe, un dispositif de réduction de vitesse.

Celui-ci peut être à *courroies*, mais on doit alors écarter le moteur de la pompe, et il en résulte le plus souvent un encombrement qui n'est guère inférieur à celui des machines à vapeur.

D'autre part, les courroies se détendent facilement, surtout dans l'air humide de la mine ; si on emploie des câbles souples en chanvre, les mêmes défauts subsistent, en particulier la difficulté de conserver une tension assez forte.

Un autre moyen consiste à adopter pour la réduction de vitesse un train d'engrenages, plus bruyant et moins élastique. Toutes les irrégularités dans le débit de la pompe se traduisent par des à-coups qui fatiguent les engrenages et tendent à les dérégler, et usent rapidement les dents.

Les moteurs électriques ne travaillent avec un rendement satisfaisant que si la vitesse est à peu près constante. Pour réaliser cette condition, les pompes mues électriquement seront donc à deux ou trois corps de pompe à double effet, les manivelles des pistons étant calées à 90° ou 120°.

La fig. 32 représente une pompe triplex commandée par l'intermédiaire d'un train d'engrenages double.

Ces pompes à engrenages ne sont pas, en général, destinées à de grands débits ; mais on peut les employer avec avantage pour de petites installations.

Fig. 32. — Pompe triplex à commande électrique.

48. Pompes à accouplement direct. — Il existe enfin un troisième système de commande par moteur électrique. Il consiste à accoupler directement ce moteur à la pompe, mais en choisissant un moteur à marche relativement lente ; avec une pompe express, le problème est plus facile à résoudre, car les moteurs marchant à moins de 100 tours par minute deviennent encombrants.

Il existait cependant, dès le début du 20ᵉ siècle, des pompes commandées directement, marchant à 60 tours à la minute. La fig. 33 représente l'une des premières, installée en Westphalie (mine Zollverein). Elle était établie pour refouler 3 mètres cubes à la minute, à 410 m. de hauteur.

Le moteur, à courant triphasé, était de 320 chevaux.

On voit que son diamètre oblige à creuser une chambre souterraine de grandes dimensions.

Fig. 33. — Pompe électrique à commande directe.

La fig. 34 montre bien que l'emploi de pompes express donne à l'installation un aspect beaucoup plus ramassé. Elle représente (1) une pompe marchant à 175 tours à la minute.

Le moteur, triphasé 750 volts, à rhéostat de démarrage liquide, mesure $2^m,300$ de diamètre extérieur pour le stator, $1^m,496$ de diamètre sur $450\ ^m/_m$ de largeur pour le rotor.

Ainsi que nous l'avons fait remarquer au chapitre précédent, les grandes vitesses provoquent une usure **exagérée** et on se limite le plus souvent à 120 ou 150 tours.

§ 2. — Pompes rotatives.

49. Pompes volumogènes. — Le mouvement alternatif des pompes à piston donne à la colonne d'eau un mouvement irrégulier, qui ne permet pas une vitesse considérable, même avec les appareils qui comportent plusieurs corps de pompe à double effet.

En remplaçant les pistons par des masses tournantes, qui impriment à l'eau un mouvement continu, on a cherché à augmenter

---

(1) Mine « Charlottengrube ». Pompe express Ehrhardt. et Sehmer, moteur triphasé Lahmeyer.

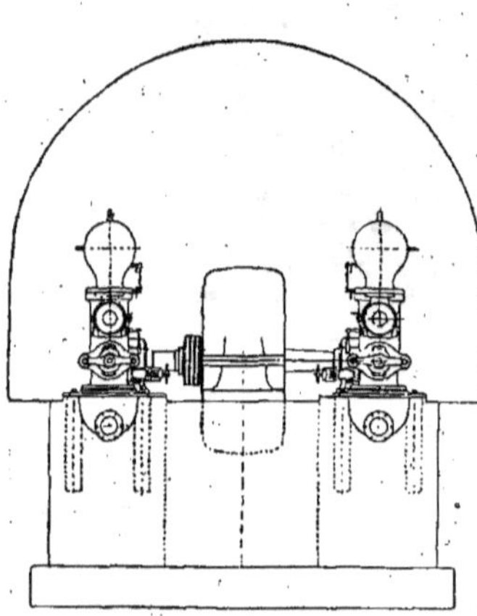

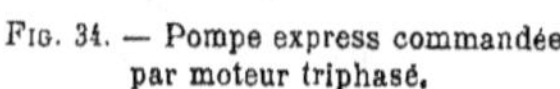

Fig. 34. — Pompe express commandée
par moteur triphasé.

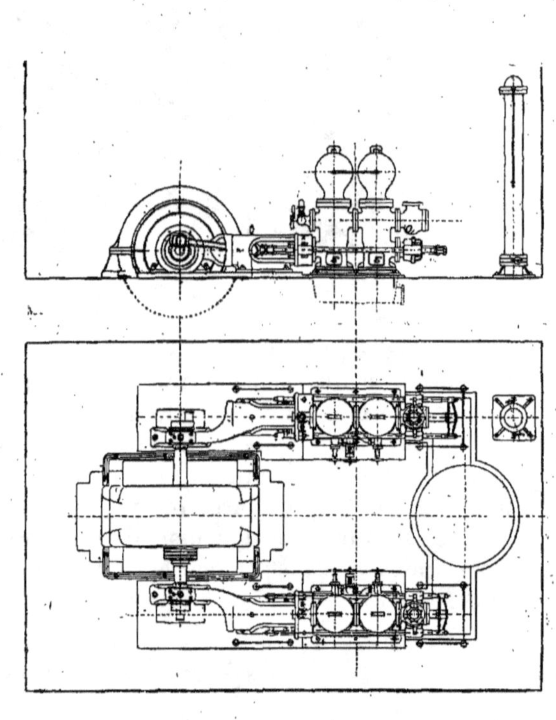

la vitesse, et par conséquent le débit, tout en diminuant l'encombrement des machines.

Les pompes *volumogènes* comportent des pièces, mobiles autour d'un axe ou de deux axes parallèles, qui agissent à la façon de pistons tournants, et chassent l'eau depuis l'orifice du tuyau d'aspiration dans les corps de pompe jusqu'à celui du tuyau de refoulement.

La fig. 35 représente une pompe rotative *Blackmer*, qui peut refouler jusqu'à une quarantaine de mètres.

Les pompes volumogènes peuvent atteindre des débits assez considérables, mais ne conviennent qu'à des hauteurs de refoulement modérées.

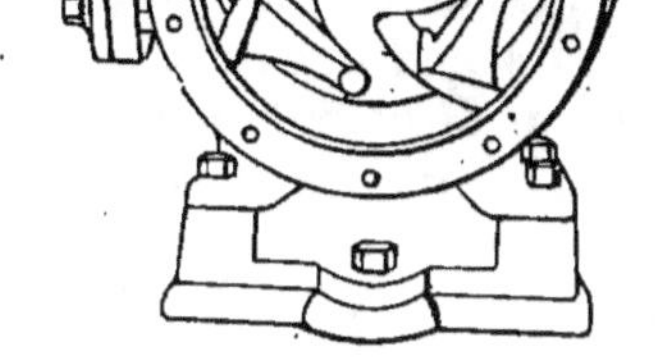

Fig. 35. — Pompe rotative.

L'usure des pièces, dans les eaux chargées de sables, amène peu à peu une diminution de rendement.

Ces appareils sont donc d'un emploi assez restreint.

50. Pompes centrifuges. Principe. — Les pompes centrifuges sont basées sur un principe tout différent : l'eau, arrivant au centre de l'appareil, est chassée par la force centrifuge vers la périphérie, où elle est recueillie par une couronne qui la dirige vers la conduite de refoulement, ou la ramène au centre, où elle pénètre dans une nouvelle série d'aubes.

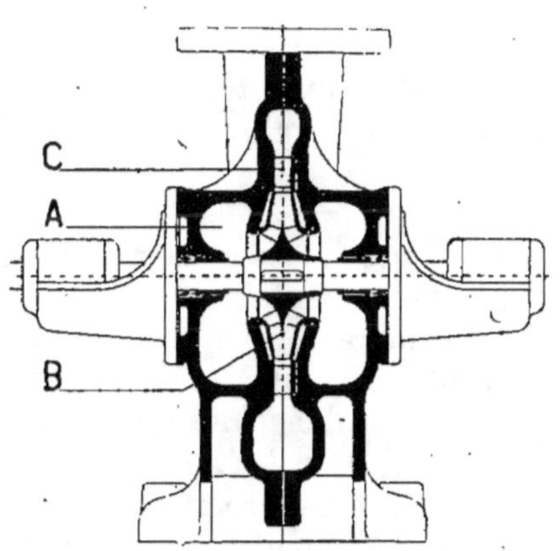

Fig. 36. — Pompe centrifuge simple.
A = Distributeur.
B = Turbine.
C = Diffuseur.

L'eau entre dans la pompe, soit d'un côté, soit des deux côtés, par le *distributeur*, généralement conique. Elle pénètre dans la *turbine* proprement dite, ou roue mobile, où elle est animée d'une vitesse croissante jusqu'à la sortie. Elle passe ensuite, avant d'arriver à la couronne qui la conduira à la base de la colonne de refoulement, par un organe appelé *diffuseur* (ou *amortisseur*) dont le but est de transformer la force vive de l'eau, qui sort à grande vitesse de la turbine, en pression permettant le refoulement jusqu'à la surface.

La fig. 36 montre, en coupe, ces trois parties d'une pompe centrifuge, dans laquelle l'eau entre des deux côtés de la turbine, ce qui équilibre mieux la poussée parallèle à l'axe.

La disposition des aubes de la turbine varie suivant les types de pompes ; la fig. 37 montre les différents types adoptés par M. Rateau : centrifuge, hélico-centrifuge et hélicoïde.

Les pompes de mine, à grand refoulement, se rattachent en général au premier type (centrifuge proprement dit). Les roues hélico-centrifuges conviennent surtout pour les grands débits, avec hauteur de refoulement faible. Elles permettent par contre une hauteur d'aspiration plus grande que les roues centrifuges.

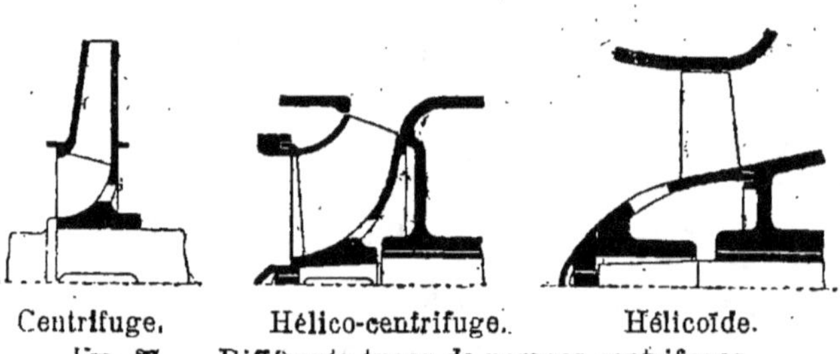

Fig. 37. — Différents types de pompes centrifuges.

Quant aux roues hélicoïdes, elles sont applicables aux pompes marchant à grande vitesse, mais ne refoulant qu'à très faible hauteur ; on ne les rencontre donc pas dans les installations d'épuisement des mines.

51. Pompes multicellulaires.

— Il est possible d'atteindre, avec une seule roue, un refoulement de plusieurs centaines de mètres, pourvu que la vitesse de rotation soit considérable. En pratique, on dépasse rarement 3000 tours à la minute. On est alors conduit à faire passer successivement le courant d'eau dans une série d'éléments semblables (montés sur le même axe) qu'il traverse toujours du centre vers la périphérie. La pression croît ainsi progressivement, et devient suffisante pour permettre un refoulement à grande hauteur. Ces pompes, imaginées par M. *Rateau*, ont reçu le nom de *multicellulaires*. Elles comportent, dans le corps de pompe, entre la sortie de chaque diffuseur et l'entrée de la roue suivante, un canal de retour vers l'axe.

Comme les diffuseurs, ces canaux sont munis d'ailettes pour mieux guider le courant d'eau.

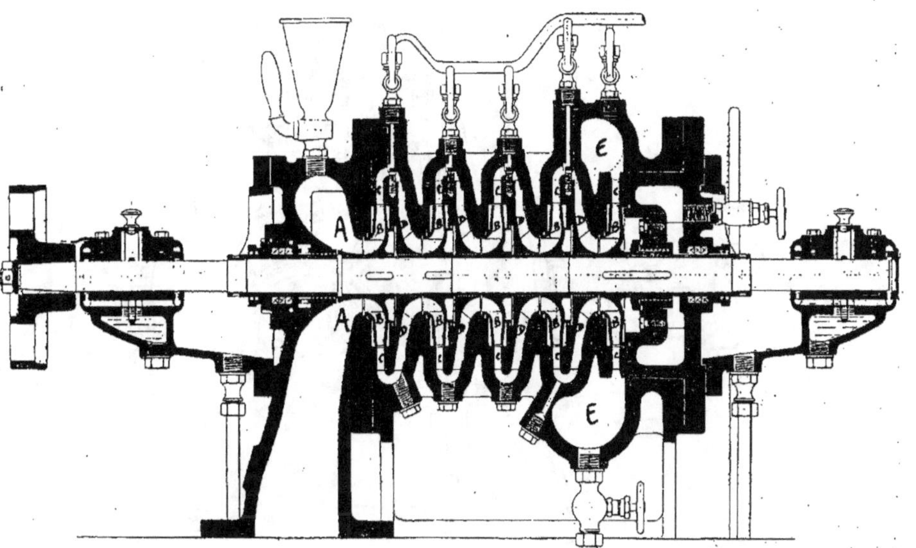

Fig. 38. — Pompe multicellulaire.

Les ailettes des diffuseurs sont portées par des disques, fixés sur des pièces étroites, appelées *diaphragmes*, qui laissent entre elles un espace suffisant pour le mouvement des roues, et contiennent à l'intérieur les canaux de retour.

La fig. 38 représente, en coupe, une pompe multicellulaire ; on y distingue le distributeur A, les cinq roues mobiles B, les diffuseurs C et les canaux de retour D qui sont compris dans le corps de pompe fixe, la volute E qui précède le tuyau de refoulement.

La fig. 39 représente la même pompe ouverte ; dans la partie

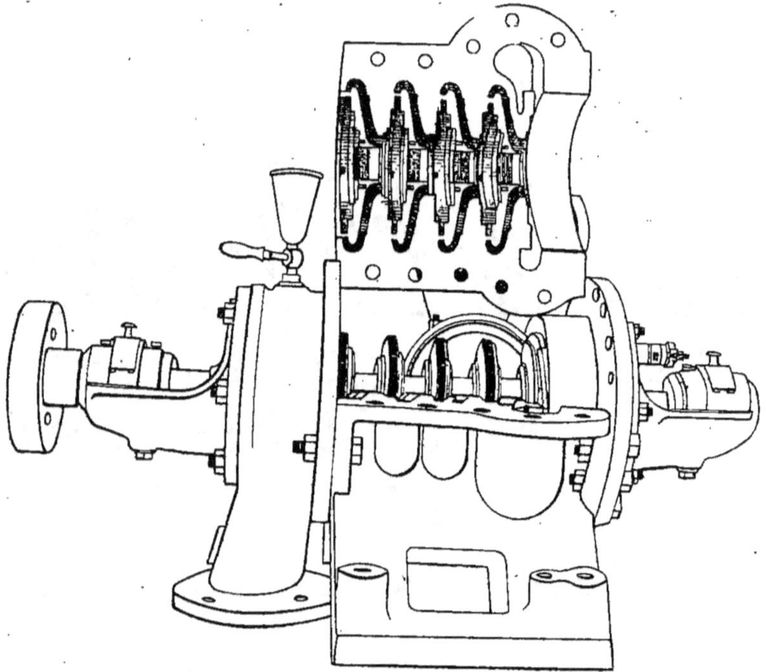

Fig. 39. — Pompe multicellulaire (ouverte).

supérieure relevée, on voit les diffuseurs et les canaux de retour ainsi que les logements de roues mobiles.

52. Disposition des roues. — Dans les modèles décrits jusqu'à présent, le courant d'eau se déplace toujours dans le même sens, de l'entrée à la sortie, tantôt presque normalement à l'axe, tantôt obliquement. Il en résulte une poussée parallèle à l'axe, qu'il faut supporter au moyen d'un palier de butée à billes ou équilibrer automatiquement au moyen d'un piston placé près de la dernière roue

et recevant l'eau sous pression d'une partie convenable de la pompe (système Rateau).

Certains constructeurs ont cherché à supprimer cette poussée axiale, en faisant entrer l'eau par les deux extrémités de la pompe et en la faisant ressortir par la partie centrale, après avoir parcouru des séries de roues symétriques et en nombre égal, montées sur le même arbre, de façon que les poussées de ces deux groupes s'annulent (*fig. 40*). Dans les pompes *Escher-Wyss* la sortie de

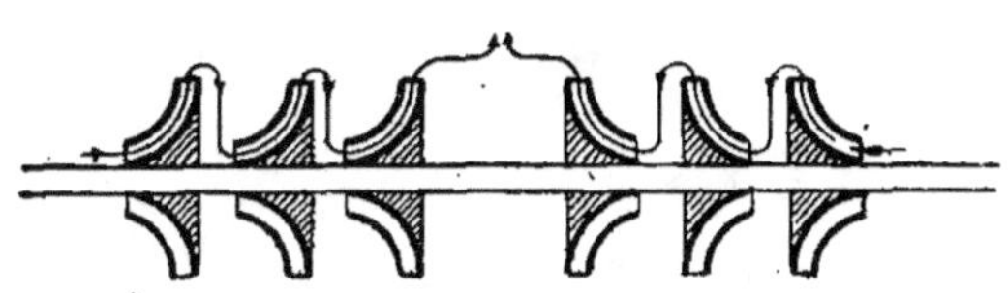

Fig. 40. — Equilibrage des poussées axiales.

l'eau, à la périphérie de roues, se faisait comme l'entrée, parallèlement à l'axe, et dans le même sens. Les poussées sur les parois de la roue se faisaient donc en sens contraire et s'annulaient.

Le système *Sulzer* (*fig. 41*) comportait des roues formées de deux parties symétriques, dans chacune desquelles le déplacement parallèle à l'axe est de sens contraire. Chaque roue double est donc équilibrée, au moins en théorie. Il suffit d'un palier de butée pour compenser la poussée due aux fuites ou à une usure inégale des turbines.

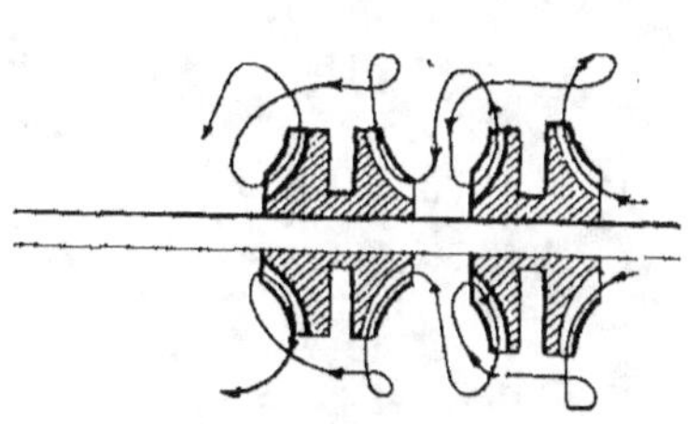

Fig. 41. — Système Sulzer primitif.

Mais le mouvement de l'eau dans le corps de pompe est beaucoup plus compliqué, aussi les pompes modernes de Sulzer comportent-elles un équilibrage par piston compensateur.

La fig. 42 représente une pompe multicellulaire (Rateau) refoulant 150 mètres cubes à l'heure à une hauteur de 327 mètres, avec une vitesse de 1480 tours à la minute. La puissance du moteur est de 275 HP.

53. Fonctionnement des pompes centrifuges. — Le fonctionnement des pompes centrifuges dépend beaucoup plus étroitement que pour les pompes à piston, des variations du débit ou de la hauteur de refoulement.

Pour les appareils à piston, le débit est constant pour une vitesse donnée. Quant à la pression, elle dépend des résistances à vaincre ; elle exige, pour chaque valeur du débit, une certaine puissance motrice, mais elle ne varie pas avec le débit. Le rendement

Fig. 42. — Pompe multicellulaire Rateau.

reste à peu près aussi satisfaisant à marche lente qu'à marche rapide ; la puissance varie proportionnellement avec la vitesse.

Au contraire, dans les pompes centrifuges, la pression et le débit ne sont pas indépendants l'un de l'autre.

Ils varient avec la vitesse, mais également avec les conditions d'utilisation de la pompe.

Si nous supposons que la vitesse est constante, et qu'on augmente le débit en partant de zéro, la pression augmente depuis une certaine valeur minima, jusqu'à un certain maximum P ; elle décroît ensuite de plus en plus rapidement.

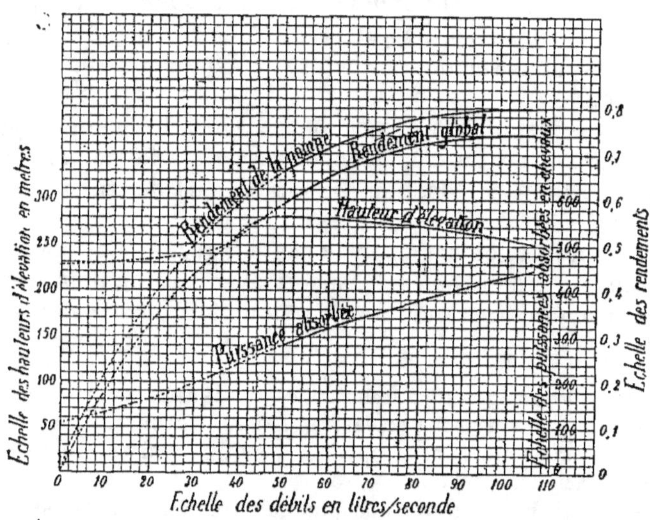

Fig. 43. — Courbes de fonctionnement d'une pompe multicellulaire Rateau.

Le rendement, nul pour un débit nul, augmente jusqu'au maximum et décroît ensuite.

Le maximum R correspond à une valeur de la pression un peu supérieure à P. Les deux variables deviennent nulles pour le même débit maximum de la pompe, réalisé si les tuyaux d'aspiration et de refoulement plongent dans le même réservoir.

On peut comparer le dernier mode de fonctionnement à celui d'une dynamo en court-circuit.

Le débit maximum est à peu près double de celui qui correspond à la valeur R du rendement.

Ce chiffre R caractérise le rendement de la pompe, et diffère naturellement suivant les caractéristiques de l'appareil. On peut tracer les courbes de rendement et de hauteur d'élévation, toutes deux paraboliques, ainsi que de la puissance absorbée, qui se rapproche d'une droite. La fig. 43 représente ainsi les courbes de fonctionnement d'une pompe Rateau, muticellulaire, prévue pour un débit de 300/360 mètres cubes à l'heure, avec une hauteur de refoulement de 250 m. tournant à 1460 tours.

Le rendement atteint 74 % pour les groupes moteurs-pompes, 80 % pour les pompes seules.

On voit, d'après les considérations précédentes, que si les pompes centrifuges ont un excellent rendement lorsqu'elles travaillent dans les conditions de vitesse et de débit pour lesquelles elles sont établies, elles sont beaucoup moins souples que les pompes à piston.

C'est là, en particulier, un inconvénient pour leur emploi dans les fonçages ; nous verrons au chapitre VII, comment on a pu résoudre cette difficulté.

Pour les installations fixes, au contraire, les pompes centrifuges constituent un moyen d'épuisement assez perfectionné maintenant pour donner toute satisfaction dans la plupart des cas.

54. Construction des pompes centrifuges. — Ces pompes devant fonctionner à grande vitesse, parfois avec des hauteurs de refoulement considérables, leur construction doit être particulièrement soignée.

Le *corps de pompe* est en fonte douce, quelquefois en acier si la pression est très forte. Dans les eaux acides, on le fait en bronze.

L'arbre est en acier, pas trop dur, mais très résistant ; on emploie fréquemment l'acier au nickel.

Les *roues* sont en bronze phosphoreux très dur, en une seule pièce, ou constituées par deux disques réunis par des ailettes.

Les *diffuseurs* sont également en bronze, les *diaphragmes* en fonte ou en fonte aciérée.

La pompe est munie en général d'un entonnoir avec robinet pour l'amorçage et de robinets de purge.

§ 3. — Comparaison des divers types de pompes.

55. Pompes à piston et pompes centrifuges. — Nous avons indiqué la différence considérable qui existait, au point de vue régime et rendement, entre les pompes à piston et les pompes centrifuges.

Si l'on se place uniquement au point de vue des services à attendre de ces deux types d'appareils, on peut faire les remarques suivantes :

Les pompes centrifuges se prêtent mieux à l'épuisement d'eaux chargées de boues ou de sables, qui provoqueraient des avaries dans les pompes à piston. De même, dans les eaux acides, à condition d'adopter des corps de pompes en bronze, elles sont beaucoup moins sujettes à se corroder.

Leur mécanisme est simple, leur fonctionnement demande peu de surveillance; elles comportent moins d'organes, et la suppression des soupapes fait disparaître une des causes principales d'usure et de réparations.

Leur encombrement est beaucoup moindre, et les frais de premier établissement plus réduits. C'est là un de leurs principaux avantages.

56. Choix d'une pompe. — Les divers éléments qui entrent en ligne de compte sont la sécurité de fonctionnement, les conditions locales, les frais de premier établissement, la dépense de force motrice, les frais d'entretien et de surveillance.

Les constructeurs sont arrivés à produire des machines, à piston ou centrifuges, mues par la vapeur ou l'électricité, qui sont d'une sécurité de fonctionnement presque absolue; quant aux frais d'entretien et de surveillance, ils présentent en général trop peu de différences pour influer sérieusement sur le choix du type à adopter.

Les *conditions locales* tendent de plus en plus, au fur et à mesure que les puits deviennent plus profonds, à faire écarter l'emploi de la vapeur, surtout si l'on dispose d'une centrale électrique puissante. La nécessité, dans certains terrains, d'éviter les chambres de pompes de dimensions exagérées, conduit à choisir les pompes centrifuges, ou tout au moins les pompes à commande électrique.

Dans les mines grisouteuses, on pourrait craindre la présence de moteurs électriques au fond. Mais il existe actuellement des moteurs protégés, qui ne donnent pas d'étincelles.

D'autre part, les chambres de pompes sont généralement établies à la base du puits d'entrée d'air.

Les *frais de premier établissement* sont sensiblement plus faibles pour les pompes centrifuges électriques. Pour les pompes à pistons, d'une certaine importance, ils sont moindres avec un moteur électrique qui exige, en particulier, une chambre moins grande. Par contre, les pompes à vapeur ordinaires sont souvent plus avantageuses que les pompes à commande électrique dans les petites installations. Il faut tenir compte, dans ce calcul, des chaudières et des machines destinées à produire le courant électrique à la centrale ; les conclusions seront différentes suivant qu'on dispose d'une réserve d'énergie disponible ou qu'il faut augmenter les installations existantes pour produire la vapeur ou l'électricité nécessaire.

La *dépense de force motrice* dépend du prix de revient du cheval-heure soit dans l'installation créée spécialement au voisinage du puits, soit dans la Centrale électrique. Suivant les prix des combustibles employés, les pertes par condensation à prévoir pendant les heures d'arrêt de l'épuisement (pour les pompes à vapeur), et suivant le rendement des appareils, on arrivera à des chiffres très différents.

D'une manière générale, on peut dire que les dépenses totales, y compris l'amortissement des frais de premier établissement, sont moindres, pour de très gros épuisements, avec les pompes à vapeur (dans les houillères) et les pompes centrifuges électriques. Pour des épuisements moyens, les pompes électriques à pistons plongeurs sont souvent avantageuses. Mais, pour les petits débits, la pompe centrifuge, commandée électriquement ou par un moteur à vapeur, est plus économique que la pompe à pistons.

57. Résumé. — Les pompes électriques sont soit à pistons, soit centrifuges.

La vitesse des moteurs électriques doit presque toujours être réduite, pour la commande d'une pompe à pistons, par une courroie ou par un jeu d'engrenages. Le premier moyen augmente l'encombrement, le second est bruyant et occasionne des frais d'entretien élevés. On cherche donc souvent à réaliser l'accouplement direct d'un moteur à marche ralentie (150 à 200 tours) avec une pompe express.

Les *pompes rotatives volumogènes*, dont les pièces agissent à l'intérieur d'un corps de pompe cylindrique, à la façon de pistons tournants, sont d'une application peu répandue.

Au contraire les *pompes centrifuges* se sont beaucoup développées depuis le début du siècle, et constituent une solution remarquable du problème de l'épuisement.

Dans ces appareils l'eau est reçue, dans la partie centrale de la pompe, par une turbine qui la chasse, sous l'effet de la force centrifuge, vers la périphérie, où elle est recueillie dans le diffuseur. Cet organe, par sa forme appropriée, transforme en énergie de pression la force vive dont l'eau est animée ; grâce à cette pression, les résistances provenant de la hauteur de refoulement et des frottements dans la conduite d'élévation sont surmontées. Au besoin, on fait passer l'eau dans une série de roues, montées sur le même arbre, qui augmentent progressivement la pression (pompes multicellulaires).

La disposition des roues sur l'axe, et le tracé des aubes varient suivant le débit et le refoulement prévus.

Le rendement de ces pompes est élevé, mais il change considérablement avec le débit et la pression. Ce sont des appareils dont la marche est très satisfaisante lorsqu'ils fonctionnent dans les conditions pour lesquelles ils sont calculés, mais qui sont peu économiques lorsqu'ils travaillent à charge réduite.

Malgré cet inconvénient, les pompes centrifuges sont d'un emploi de plus en plus courant; elles sont moins coûteuses, nécessitent peu de surveillance et d'entretien, et ont le grand avantage d'être peu encombrantes.

Elles se prêtent particulièrement bien à la commande directe par moteurs électriques et permettent une grande hauteur de refoulement.

L'examen des conditions locales et des prix de revient de l'énergie consommée permet seul de décider du choix à faire entre les pompes à pistons, commandées par la vapeur ou l'électricité, et les pompes centrifuges.

CHAPITRE V

POMPES A COMMANDE HYDRAULIQUE OU PAR L'AIR COMPRIMÉ

SOMMAIRE

§ 1. Pompes à commande hydraulique. — Machines à colonne d'eau. — Pompes modernes. — Pompe Kaselowsky. — Pompe Haniel et Lueg. — Turbines hydrauliques.

§ 2. Pompes à air comprimé. — Conditions d'emploi. — Types de pompes employés. — Autres modes d'utilisation de l'air comprimé. — **Résumé**.

§ 1. — POMPE A COMMANDE HYDRAULIQUE.

58. Machines à colonne d'eau. — Les moteurs hydrauliques étaient autrefois, avant l'invention de la machine à vapeur, les seuls dont disposaient les mineurs pour la commande des divers engins mécaniques. Il était donc naturel de chercher à les utiliser pour l'épuisement ; au début on s'en servait pour actionner une maîtresse-tige. Leur accouplement avec des pompes souterraines ne date que du siècle dernier.

La pression de l'eau provient de la différence de niveau entre la surface et l'emplacement de la pompe, ou bien elle est augmentée par compression à la surface. Les premières machines à colonne d'eau utilisaient seulement la pression naturelle.

Le cylindre à eau, dans lequel se meut un piston ordinaire ou un piston plongeur, est attelé en tandem avec la pompe à double effet, ou avec une pompe différentielle (systèmes *Davey* ou analogues).

Dans les machines modernes, la pression est augmentée à la surface au moyen d'accumulateurs.

L'eau motrice est parfois déversée, après son passage dans le moteur, dans l'eau à évacuer par la pompe. Mais on préfère souvent, lorsqu'on emploie un courant d'eau à haute pression, établir une canalisation de retour indépendante jusqu'à la surface. Le circuit de l'eau motrice est indépendant ; un des avantages de cette disposition est de permettre l'addition d'un lubréfiant dans cette eau, pour diminuer les résistances.

Dans certaines installations en pays montagneux, les pompes

souterraines refoulent les eaux de la mine jusqu'au niveau d'une galerie d'écoulement, par laquelle est évacuée en même temps l'eau motrice. C'était le cas, par exemple, des pompes installées dans une mine du Harz, en 1876, à 613 m. de profondeur (1). L'eau motrice descendait de la surface et était refoulée, avec les eaux d'épuisement, jusqu'à la galerie Ernest-Auguste, au niveau de 388 m.

59. Pompes modernes. — Les machines modernes, commandées par de l'eau comprimée à 200 ou 300 atmosphères, ont certains avantages qui expliquent le développement qu'elles ont pris, notamment en Allemagne, où ce mode d'épuisement a été très étudié.

Grâce à ces pressions élevées, les dimensions des conduites d'eau motrice et de la machine elle-même sont fortement réduites. Les quantités d'eau à employer sont moindres.

En outre, les pertes de charge diminuent, car elles varient proportionnellement à la surface intérieure des conduites, tandis qu'elles ne dépendent pas de la pression.

Il faut, pour éviter des ruptures de conduites, adopter des tuyaux en acier, épais d'un centimètre, d'un diamètre de 7 cm. environ ; la conduite du retour, de section un peu plus forte, peut être en fer.

Les joints sont particulièrement soignés. L'eau mélangée d'un peu de vaseline, ou d'un autre lubréfiant, doit être parfaitement pure.

Les organes de distribution constituent la partie délicate de l'installation, car leur étanchéité est difficile à assurer.

60. Pompe Kaselowsky. — L'un des appareils les plus connus est la pompe Kaselowsky, dont la fig. 44 représente schématiquement le fonctionnement.

Elle se compose de deux groupes semblables de deux pompes à simple effet. Les pompes de chaque groupe sont disposées de part et d'autre de l'appareil de distribution.

Celui-ci reçoit l'eau motrice par l'ouverture O et la renvoie par les ouvertures O' et O".

L'eau, entrant par O, passe par les tubes t_1 et t_2 qui servent alternativement à l'admission et au renvoi de l'eau sous pression. Cette dernière arrive dans les tubes fixes $A_1 A_2$ qui sont coiffés de cylindres mobiles $B_1 B_2$ fixés aux plongeurs $C_1 C_2$. Ces cylindres mobiles $B_1 B_2$ sont reliés entre eux par

---

(1) HABETS, *Cours d'Exploitation des Mines.*

des tringles, de manière que l'un d'eux soit d'une course en retard sur l'autre. Des leviers spéciaux G_i fixés sur ces tringles relient les organes distributeurs d'eau sous pression des deux groupes parallèles. Ainsi qu'on le voit sur la coupe, le levier G_i du 1er groupe agit sur la douille H'_i qui commande la distribution du 2e groupe et inversement. La douille H'_i suit le mouvement

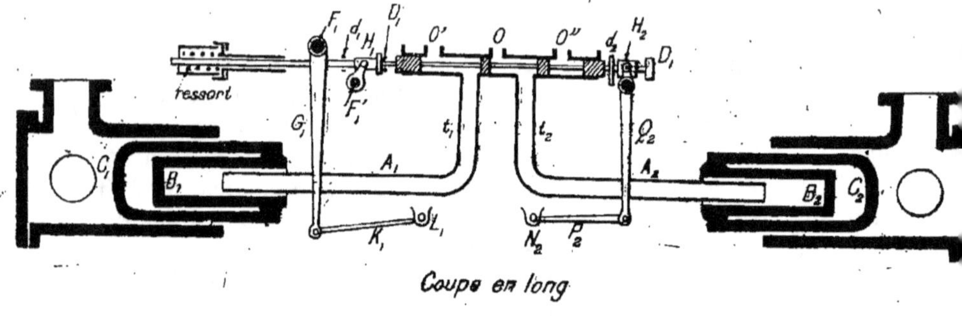

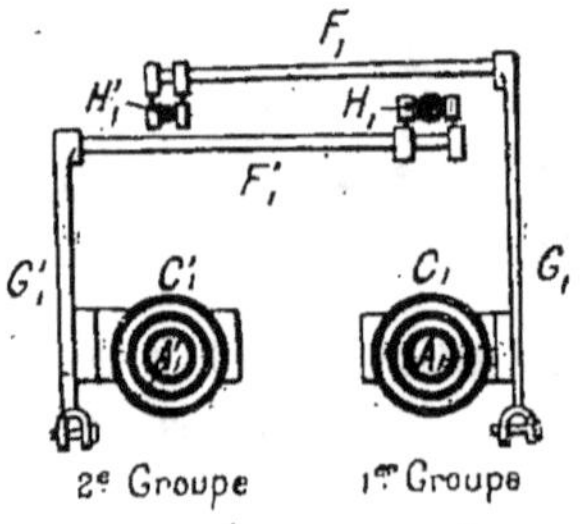

FIG. 44. — Pompe Kaselowsky.

de G_i mais H_i se meut en sens inverse de G'_i de sorte que les deux groupes sont décalés d'une demi-course.

Les douilles H_i H_2 sont mobiles entre des arrêts D_i et d_i, D_2 et d_2 fixés sur la tige des pistons distributeurs.

Au moyen des leviers Q_2, en fin de course, chaque groupe commande automatiquement l'ouverture et la fermeture de la distribution d'eau motrice.

Les quatre pompes sont donc décalées respectivement d'une demi-course. Malgré cette disposition, le débit ne serait pas encore assez régulier dans les colonnes d'eau motrice. On ajoute, sur le circuit, trois accumulateurs à air comprimé (pouvant atteindre 100 atm.) à l'entrée et à la sortie de la pompe, et à la base de la colonne de refoulement. L'air comprimé est fourni par un petit compresseur spécial, mû par la machine motrice.

Grâce à ces précautions, le courant d'eau motrice est bien régulier, et travaille dans de bonnes conditions.

Les pompes Kaselowsky marchent à raison d'environ 20 coups à la minute. Leur rendement mécanique atteint 75 %. Leur fonctionnement est économique. Elles permettent des épuisements considérables, à des profondeurs auxquelles les pompes souterraines à vapeur sont inutilisables. C'est ainsi qu'en Westphalie on en a installé à 775 m. de profondeur.

En France, une pompe de ce type (construite par Biétrix Leflaive et Cie) a été installée, au début du siècle, aux mines de Montrambert et la Béraudière, dans le bassin de Saint-Étienne.

Elle a été établie pour élever 3 mc. par minute de 455 m., profondeur qui sera portée ultérieurement à 653 m.

La puissance nécessaire devra passer de 300 chevaux environ à 400 chevaux ; on y arrivera en augmentant la pression de l'eau motrice de 190 atm. à 235 atm.

La conduite de descente est en acier (diamètre intérieur 70 $^m/_m$ épaisseur 11 $^m/_m$), la conduite de retour de l'eau motrice est en fer (diamètre intérieur 80 $^m/_m$, épaisseur 7 $^m/_m$).

Le diamètre des tubes fixes A est de 144 $^m/_m$, celui des pistons plongeurs 260 $^m/_m$. La course est de 800 $^m/_m$, le nombre de coups par minute de 20.

61. Pompe Haniel et Lueg. — Une autre pompe à commande hydraulique, répandue en Allemagne, est celle de *Haniel et Lueg*, qui est analogue à la pompe Kaselowsky mais s'en distingue par le fonctionnement de la distribution.

Celle-ci est réglée de telle sorte que le débit du moteur à eau n'est plus constant, mais varie au contraire pendant la moitié de la course environ. A cet effet, la commande des tiroirs de distribution d'un groupe, par les pistons plongeurs de l'autre, ne commence qu'après que ces derniers ont parcouru à peu près une demi course. En outre les ouvertures de distribution ont une forme en losange, ce qui rend le mouvement progressif et plus doux.

Dans un autre type du même constructeur, l'appareil comporte trois corps de pompe, avec manivelles à 120° ; l'arbre tournant est muni d'un volant.

Ces machines rotatives ont une distribution plus simple ; la vitesse peut être plus grande ; les cylindres sont plus petits, mais l'encombrement total est supérieur.

62. Turbines hydrauliques. — L'eau sous pression peut être utilisée pour actionner, non plus une machine à mouvement alternatif, mais une turbine hydraulique, accouplée à une pompe centrifuge.

C'est un mode de commande peu répandu, mais qui peut rendre

des services lorsque l'on ne dispose pas d'une station électrique.

Il en existe un exemple aux mines d'or de *Darien* (Amérique centrale), où l'une des premières pompes centrifuges Rateau est mue ainsi par une turbine hydraulique.

La pompe comprend quatre roues de 240 $^m/_m$ de diamètre. La turbine est du type centripète et à injection totale. La charge de l'eau motrice, à l'orifice du puits, est de 158 m.

La hauteur de refoulement est de 120 m. et le débit normal de la pompe est de 1$^{m^3}$,8 par minute.

Le rendement de l'installation, en marche normale, a été de 48 %. La marche est économique, et grâce à des dispositifs particuliers pour le graissage des paliers (les tubes de circulation d'huile aboutissent à un étage supérieur), la pompe peut marcher noyée.

<h3 style="text-align:center">§ 2. — POMPES A AIR COMPRIMÉ.</h3>

63. Conditions d'emploi. — L'emploi de l'air comprimé, pour actionner une puissante installation d'épuisement, ne serait pas économique, les compresseurs et les moteurs ne présentant qu'un rendement insuffisant ; les pertes de charge dans les conduites aggravent encore cet inconvénient. Mais on a souvent besoin, en certains points d'une mine, de refouler des quantités d'eau peu importantes, sur une faible hauteur. Pour ces épuisements secondaires, l'emploi de l'air comprimé est au contraire très commode, et il présente dans les mines grisouteuses une sécurité qu'on ne pourrait assurer avec des installations électriques d'un caractère aussi provisoire.

64. Types de pompes employés. — Les pompes le plus couramment employées sont les petites pompes à marche rapide, sans volant, telles que les pompes duplex du type Worthington ou Burton. Elles doivent être simples et robustes, car elles sont généralement rapidement installées, dans une chambre provisoire ou contre les parois d'une galerie et sont sujettes à de fréquents déplacements.

Elles sont confiées, pour la mise en marche et l'entretien courant, à des ouvriers peu expérimentés ; il est donc nécessaire qu'elles n'aient pas trop fréquemment besoin d'être vérifiées et réglées par des ajusteurs.

Les eaux qu'elles doivent évacuer n'ont pas pu, le plus souvent, être décantées dans des réservoirs. Il ne faut pas que la présence de boues ou de sables soit une cause d'arrêts ; on n'emploiera donc que des soupapes assez larges et facilement accesssibles.

65. Autres modes d'utilisation de l'air comprimé. — Au lieu d'utiliser l'air comprimé pour actionner le moteur d'une pompe à pistons, on peut le faire agir directement sur la surface de l'eau, pour en provoquer l'ascension dans une colonne de refoulement, sous l'action de la pression.

On a commencé par imaginer des appareils basés sur le principe

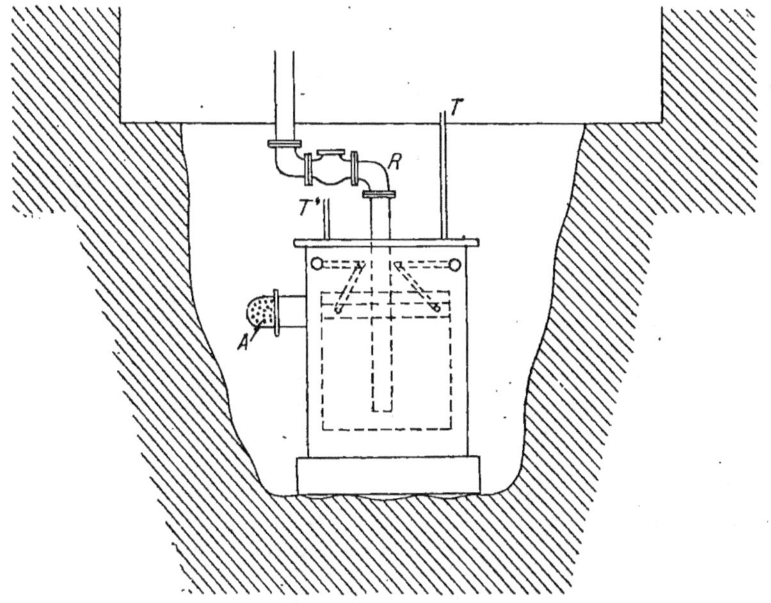

FIG. 45. — Pompe immergée à air comprimé.

de la fontaine de Héron, puis on a construit de véritables pompes sans piston, dans lesquelles un réservoir de grande capacité se remplit d'eau jusqu'au moment où il est vidé sous l'action de l'air comprimé, pour se remplir à nouveau d'eau, et ainsi de suite.

Pendant la première période, le clapet d'admission d'air comprimé est fermé, et celui d'entrée de l'eau ouvert ; un clapet spécial permet l'évacuation de l'air chassé du réservoir par l'eau qui y pénètre. Lorsque le réservoir est presque plein, un dispositif, automatique ou non, provoque l'ouverture de l'admission d'air comprimé et la fermeture du clapet de purge d'air.

Le pression refoule l'eau, qui force la levée de la soupape de retenue à la base de la colonne de refoulement, maintenue fermée jusque là par le poids de l'eau dans la colonne. Au moment où le réservoir est presque vide, on ferme l'admission d'air comprimé (à la main ou automatiquement) et on laisse de nouveau pénétrer l'eau.

Le mécanisme est simple, mais la hauteur de refoulement reste faible, puisqu'elle ne peut dépasser 10 m. par atmosphère de pression de l'air comprimé.

Différents types de pompes sans piston, fonctionnant automatiquement sur ce principe, ont été réalisées, mais ne se sont guère répandus.

Signalons cependant un appareil qui a été utilisé dans des travaux en vallée, aux charbonnages de Königsgrube (Prusse).

A l'intérieur d'un cylindre extérieur, qui mesure 1 m. de hauteur sur 56 cm. de diamètre, est un récipient intérieur, représenté en pointillé sur la fig. 45.

L'eau pénètre dans le cylindre extérieur par la tubulure A. La caisse intérieure flotte jusqu'au moment où l'eau, arrivant au niveau de son bord supérieur, la remplit. Elle descend alors et dans son mouvement ouvre le robinet d'admission de l'air comprimé (tuyau T) et ferme l'échappement d'air (tuyau T').

L'air est alors refoulé par la conduite du milieu R, tandis qu'un clapet ferme l'arrivée A. Aussitôt l'eau chassée, le flotteur remonte, ferme l'arrivée d'air, ouvre l'échappement, puis tout recommence.

La pompe doit être logée dans un puisard tel qu'il y ait au moins 50 centim. d'eau au-dessus du la tubulure A. Avec de l'air à 5 atmosphères, la pompe débite 350 litres à la minute.

66. Résumé. — Les pompes commandées *hydrauliquement* ont été employées autrefois, avant l'invention de la machine à vapeur et elles ont reçu des perfectionnements qui expliquent leur emploi dans les installations modernes.

La pression provenant de la différence de niveau entre la surface et la chambre des machines souterraines est augmentée au moyen d'accumulateurs ou de pompes de compression ; on arrive ainsi à des pressions de 200 à 300 atm. qui nécessitent des canalisations d'eau motrice particulièrement solides.

Les pompes (*Kaselowsky*, *Haniel et Lueg*, etc.), sont combinées de façon à assurer un débit régulier dans la conduite de refoulement ; elles sont d'un fonctionnement sûr et économique et permettent de grandes hauteurs de refoulement.

L'eau sous pression peut encore être utilisée pour actionner une pompe multicellaire, au moyen d'une turbine hydraulique.

L'air comprimé n'est employé que pour actionner des pompes de secours ou de petites pompes secondaires, notamment dans dés quartiers en vallée. Ces appareils doivent être simples et robustes, car elles sont souvent appelées à fonctionner dans des conditions défectueuses.

On a parfois utilisé l'air comprimé pour refouler directement l'eau par l'effet de sa pression ; sauf dans quelques emplois particuliers, ce mode d'action n'est pas à recommander.

CHAPITRE VI

MOYENS DIVERS D'ÉPUISEMENT

SOMMAIRE

§ 1. **Pompes à maîtresse-tige.** — Principes. — Pompes. — Maîtresse-tige. — Moteur. — Accélérateurs.

§ 2. **Appareils divers d'épuisement.** — Pulsomètre. — Ejecteurs. — Pompes Mammouth — Résumé.

§ 1. — POMPES A MAÎTRESSE-TIGE.

67. Principe. — Nous avons eu, à plusieurs reprises, l'occasion de signaler que les anciennes installations d'épuisement comportaient la commande des pompes souterraines au moyen d'un moteur placé à l'orifice du puits ; la transmission se faisait par une tige rigide, appelée *maîtresse-tige*, qui descendait dans un compartiment spécial du puits.

Les pompes sont à cylindre vertical, la maîtresse-tige est directement attelée aux pistons ; les pompes doivent donc être placées elles-même dans le puits.

Si la profondeur est faible, une seule pompe suffit, mais si la hauteur de refoulement dépasse une centaine de mètres, on a avantage, pour diminuer la puissance et le coût des pompes et de la colonne de refoulement, à fractionner cette hauteur en sections de 50 à 100 m., à la base desquelles est une pompe ; l'eau est refoulée par chacune d'elles dans le réservoir où plonge le tuyau d'aspiration de celle qui est placée à l'échelon supérieur (*fig. 46*).

Cette disposition, très généralement adoptée autrefois, augmente l'encombrement dans le puits. On a remédié à cet inconvénient en prolongeant chaque colonne ascensionnelle jusqu'à 2 ou 3 m. au-dessus de la base de la pompe supérieure ; cette dernière aspire dans cette *colonne de redoublement* (*fig. 47*). Mais cette solution augmente le nombre de presse-étoupes et complique l'installation, dont les causes d'usure sont ainsi rendues plus nombreuses.

Les pompes à maîtresse-tige étaient souvent assez encombrantes pour ne pouvoir être logées dans le puits d'extraction. On leur con-

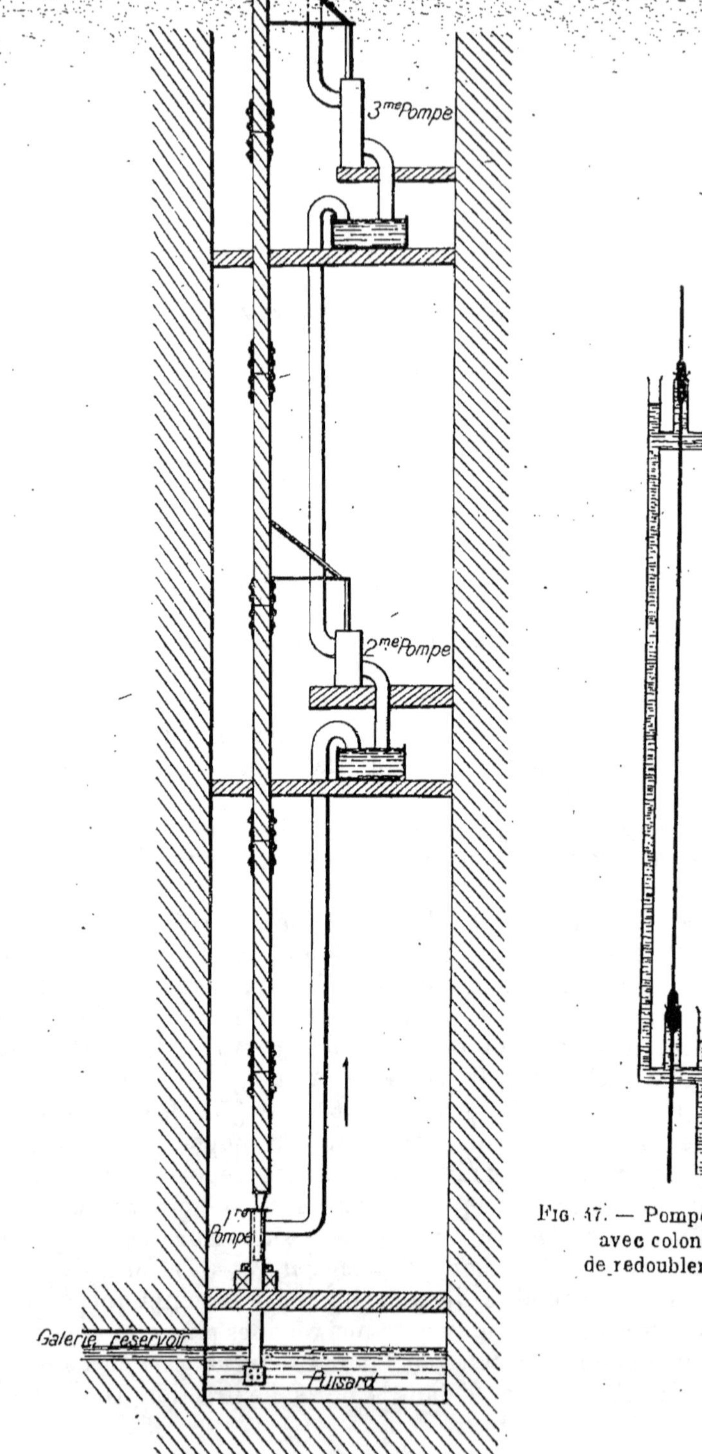

Fig. 46. — Pompes échelonnées.

Fig. 47. — Pompes étagées
avec colonnes
de redoublement.

sacrait un puits spécial, muni de planchers pour la visite et l'entretien des pompes, d'échelles et d'un cabestan pour le montage et le démontage de la maîtresse-tige.

Les pompes reposaient sur des madriers en bois ou des poutres métalliques solidement encastrées dans les parois du puits. La nécessité de trouver des bancs résistants pour y établir ces fondations conduisait dans certains cas à donner des hauteurs inégales aux sections successives.

Ainsi que nous l'avons dit, ces installations ont été remplacées par des machines souterraines à moteurs accolés à la pompe, et on n'en rencontre plus que très exceptionnellement. Toutefois, en raison de leur utilisation très générale au siècle dernier, il est intéressant de les étudier rapidement.

68. Pompes. — Les pompes, à corps vertical, peuvent être des divers types décrits au chapitre III : aspirantes et soulevantes à piston creux ou à piston plein.

Les pompes aspirantes et foulantes à piston plein sont peu employées. Nous avons décrit le système Guinotte qui corrigeait leur inconvénient principal, dû à la présence de boues sous le plongeur.

Les pompes foulantes, à piston plein, à simple effet, sont plus avantageuses, et c'est à ce type que se rattachent les appareils dont nous avons signalé l'installation aux mines d'or de Tasmanie.

Les pompes à piston creux, par exemple la pompe Rittinger, conviennent parfaitement à la commande par maîtresse-tige, car cette dernière ne travaille qu'à la traction. L'encombrement est réduit et les soupapes peuvent facilement être enlevées.

La course des pistons peut atteindre 3-4 mètres, mais la vitesse ne doit pas dépasser 2 m. (pour une course de 3 m.) à $2^m,30$ (course de 4 mètres).

69. Maîtresse-tige. — La maîtresse-tige est en bois ou en métal. Les *tiges en bois* s'usent plus vite et sont plus encombrantes, mais se prêtent mieux au travail alternatif à la traction et à la compression.

On les fait en sapin, pour les parties profondes, en chêne pour la partie voisine de la surface, par conséquent plus exposée aux effets des changements de température. Leur section est de 30 à 40 cm. de côté ; l'effort ne doit pas être de plus de 50 kg. par centimètre carré pour le sapin, et peut atteindre 60 kg. pour le chêne. Les tronçons successifs ont une douzaine de mètres, généralement moins pour le chêne, avec lequel il est difficile d'obtenir d'aussi longs madriers.

Les tronçons, assemblés bout à bout ou à trait de Jupiter, sont réunis par des éclisses fortement boulonnées (*fig. 48*) en bois ou en fer. La section des tiges décroît au fur et à mesure que la profondeur augmente, car le poids à supporter est moindre.

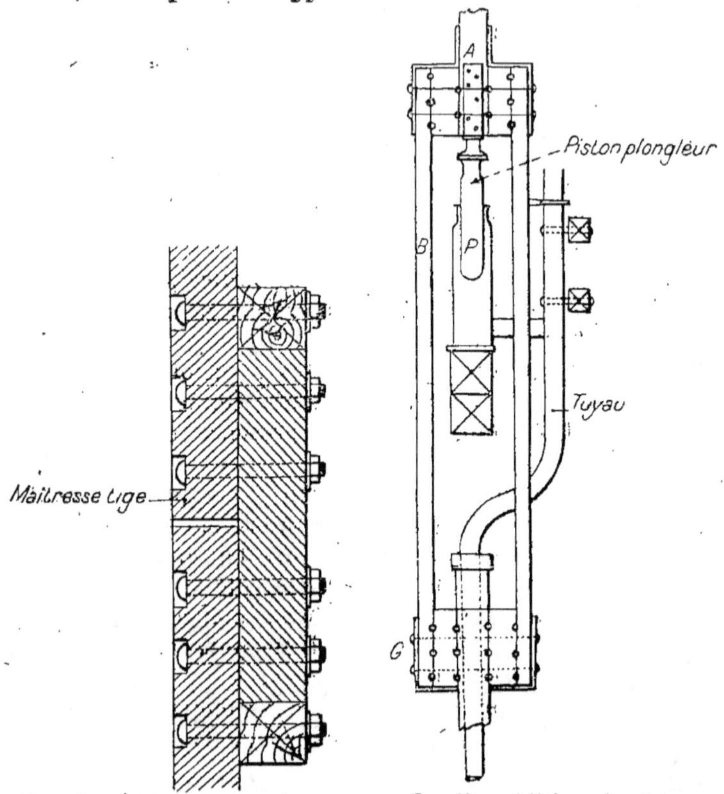

Fig. 48. — Assemblage de deux tronçons.   Fig. 49. — Attelage du piston.

Au besoin, on compose la tige de deux pièces parallèles si une seule ne suffit pas.

Les pistons sont attelés, soit au moyen d'une potence sur le côté, ce qui n'est admissible que pour de faibles efforts de refoulement, soit plutôt directement en prolongement de la maîtresse-tige, qui s'interrompt sur une hauteur suffisante pour loger la pompe et ses fondations et le plongeur en haut de sa course (*fig. 49*).

Les deux tronçons, au-dessus et au-dessous de la pompe, sont rendus solidaires par un étrier.

Si la maîtresse-tige est double, les pompes sont logées entre les deux tiges et les pistons sont fixés à des traverses qui les réunissent.

Les *tiges métalliques* sont plus durables et généralement moins encombrantes, mais elles sont moins souples et travaillent moins bien à la compression. Dans ce dernier cas, il faut leur donner une section horizontale assez grande, en les constituant par des fers assemblés en carré ou en croix, ou par un tube de large diamètre. Les tiges qui ne travaillent qu'à la traction peuvent avoir une section réduite, et se composer de fers ronds assemblés bout à bout.

Quelle que soit la constitution des tiges, en bois ou en fer, elles doivent être guidées et munies, de distance en distance, de pièces formant parachutes. En cas de rupture, la tige glisse entre ses guides et le parachute vient buter sur de forts madriers, solidement encastrés, qui l'empêchent de tomber plus bas.

70. Moteur. — Une des premières machines à vapeur utilisées pour la commande d'une maîtresse-tige à la fin du XVIIIe siècle, a été celle de *Watt*, à balancier, sans détente et à simple effet.

Ce moteur, encore rudimentaire, a été perfectionné par l'adoption de la détente, et d'une pression de vapeur plus élevée.

La détente peut en effet être adoptée, puisque la maîtresse-tige (d'ailleurs en partie équilibrée par un contrepoids), soulevée par la vapeur qui agit dans le piston, doit arriver sans vitesse à la fin de sa course.

Les machines de ce type se sont d'abord répandues en Angleterre, sous le nom de *machines de Cornouailles*, puis ont été adoptées dans les mines du continent. La fig. 50 montre schématiquement leur disposition. Elles constituaient un progrès sérieux, puisque la consommation de vapeur, par cheval-heure utile, est tombée à 8 — 10 kg. au lieu de 35 — 40 kg. avec la machine de Watt.

Par contre leurs dimensions étaient énormes si l'on voulait utiliser pleinement la détente (on a atteint des diamètres de 2^m,50 avec des courses de 4 m.), et le nombre de coups par minute ne dépassait pas 4 ou 5.

De plus, quand la détente ne fonctionnait pas, l'ascension de la tige se continuait sans ralentissement et on risquait d'enfoncer le fond du cylindre.

Dans les *machines à traction directe*, le cylindre moteur est directement au-dessus du puits, et la tige du piston moteur est en prolongement de la maîtresse-tige. D'abord établi sans condensation, et consommant par suite une grande quantité de vapeur, le moteur à traction directe a été perfectionné, par l'adoption de cylindres à double effet, puis de cylindres compound.

Les masses en mouvement et l'encombrement ont pu ainsi être sensiblement réduits.

On a également employé des *moteurs à rotation*, comportant un volant, que le moteur actionne directement, et un balancier transformant ce mouvement circulaire en mouvement alternatif. Le vo-

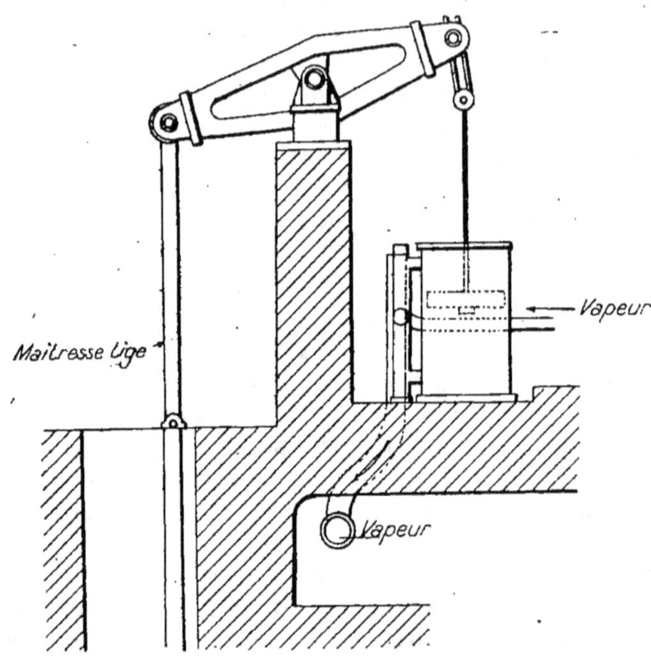

Fig. 50. — Machine de Cornouailles.

lant a l'avantage de permettre l'emploi d'une grande détente sans augmenter les masses en mouvement.

La sécurité est en outre augmentée du fait que le piston ne peut plus venir heurter le fond du cylindre. Le nombre de coups par minute peut être porté à 8 ou 10.

Le volant sert de régulateur, mais on le calcule assez léger pour qu'au moment du changement de sens la vitesse soit devenue faible, ce qui évite les chocs fatigants pour la tige et les pistons, ainsi que les coups de bélier dans les conduites de refoulement.

Signalons enfin qu'on a utilisé, pour la commande de la maîtresse-tige, des moteurs hydrauliques, à colonne d'eau ou à rotation (turbines ou roues hydrauliques).

71. Accélérateurs. — Les masses à mettre en mouvement étant considérables, il faut un effort puissant au départ, et il est au contraire difficile de les arrêter à la fin de la course. On adjoint au moteur, pour parer à cet inconvénient, un appareil appelé *accélérateur*, qui ajoute son action à celle du moteur au début de la course et qui augmente les résistances à la fin. L'action doit être la même pendant une course montante et une course descendante de la maîtresse-tige.

L'appareil *Bockholtz* appelé *régénérateur (fig. 51)* se compose d'un balancier AB (attelé à la maîtresse-tige par la barre AC et mobile autour d'un axe O), et d'un contrepoids P.

Si nous supposons la tige au point le plus bas, le balancier est dans la position O A, le contrepoids en P. Au début de la course, ce dernier descend de P en *q* et sa pesanteur facilite la mise en marche de la maîtresse-tige. Pendant la deuxième partie de la course, il remonte au contraire de *q* en P' et son poids s'ajoute à celui des masses en mouvement, dont il facilite le ralentissement. Lorsque la **tige** est au point le plus haut, le balancier est en

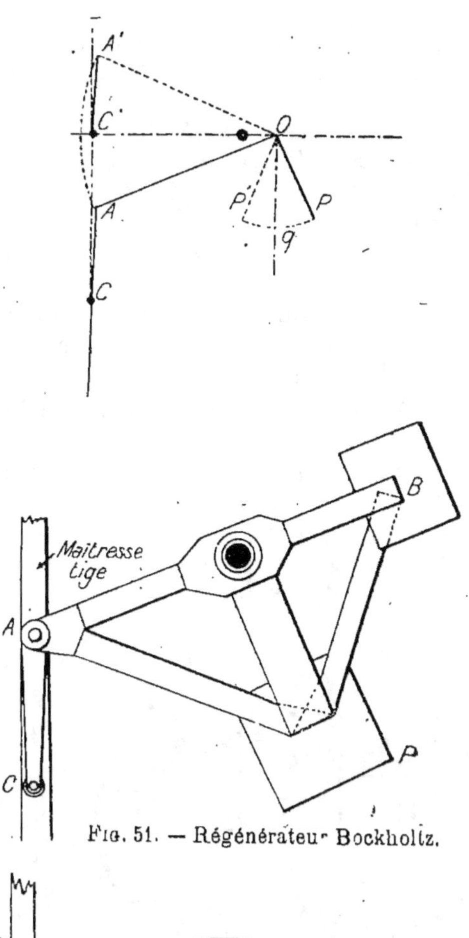

Fig. 51. — Régénérateur Bockholtz.

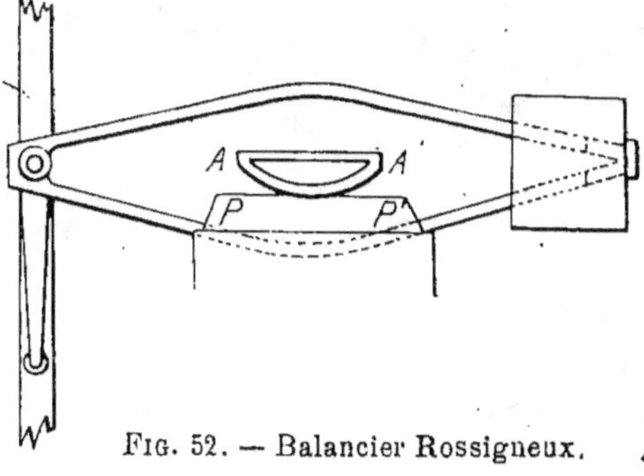

Fig. 52. — Balancier Rossigneux.

O A', le contrepoids en P'. Pendant la descente de la tige, le contrepoids agit exactement comme pendant la montée, en descendant d'abord de P' en q, puis en remontant de q en P.

Au lieu de faire tourner le balancier autour d'un axe, on peut le faire rouler sur un plan P P' (*fig. 52*), par l'intermédiaire de tourillons courbes A A'.

On donne à la courbe A A' une forme calculée pour rendre l'action du balancier aussi efficace que possible. C'est le système *Rossigneux*, qui agit de la même façon que le régénérateur Bockholtz, mais dont l'installation est plus simple.

§ 2. — APPAREILS DIVERS D'ÉPUISEMENT.

72. Pulsomètre. — Le pulsomètre est un appareil utilisant l'action directe de la vapeur sur l'eau. La fig. 53 permet d'en comprendre le mécanisme.

Il se compose d'un récipient en forme de poire divisé en deux cavités accolées et percées à la base d'une ouverture au-dessus de laquelle se trouve deux soupapes (dont les sièges sont figurés en S_1 et S_2), conduisant dans chacune des cavités.

De la base de chacune de celle-ci part une conduite de refoulement R_1 et R_2, fermée par un clapet.

A la partie supérieure, les deux cavités se réunissent, au dessous du tuyau d'arrivée de vapeur. Une petite valve V ferme soit l'une, soit l'autre des cavités. Si elle est à droite comme sur la figure, la vapeur entre dans la cavité (1) et agit sur l'eau en la refoulant dans la conduite R_1. Mais, au contact de l'eau, la vapeur se condense. Au bout d'un

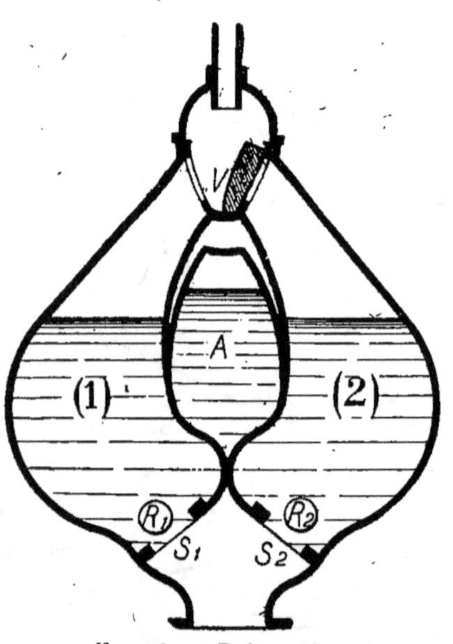

FIG. 53. — Pulsomètre.

moment, cette condensation a produit une dépression suffisante pour que la valve, attirée, change de place et vienne à gauche. La vapeur passe alors dans la cavité (2) dont elle refoule l'eau par la conduite R_2. Pendant ce temps, par suite du vide que la condensation a produite dans la cavité (1), la soupape S_1 se soulève et une quantité d'eau, égale à celle qui a été refoulée, passe dans la cavité.

Pour_éviter les chocs, un réservoir A est disposé à la base de la colonne de refoulement.

Cet appareil a un rendement faible, mais il a l'avantage d'être très léger, très vite placé, et il peut marcher noyé. Il permet de refouler l'eau jusqu'à 50 m. avec une aspiration de 3 à 8 m. Le débit peut atteindre plusieurs mètres cubes à la minute.

73. Éjecteurs. — On connaît le principe du fonctionnement des éjecteurs Giffard, dans lesquels le passage d'un jet de vapeur à travers un ajutage conique, placé en face d'un tuyau à entrée évasée, provoque l'aspiration de l'eau qui entoure l'ajutage et son entraînement dans le tuyau de refoulement.

On construit, pour l'épuisement, des éjecteurs dont le fluide moteur peut être de la vapeur, de l'air comprimé ou de l'eau sous pression. Les éjecteurs *Körting*, qui emploient l'eau sous pression, sont fréquemment adoptés en Allemagne pour l'évacuation de petites venues d'eau (jusqu'à 1 m³ à la minute) avec des hauteurs de refoulement faibles.

La fig. 54 montre la disposition des canalisations d'eau motrice et d'eau d'épuisement dans un éjecteur.

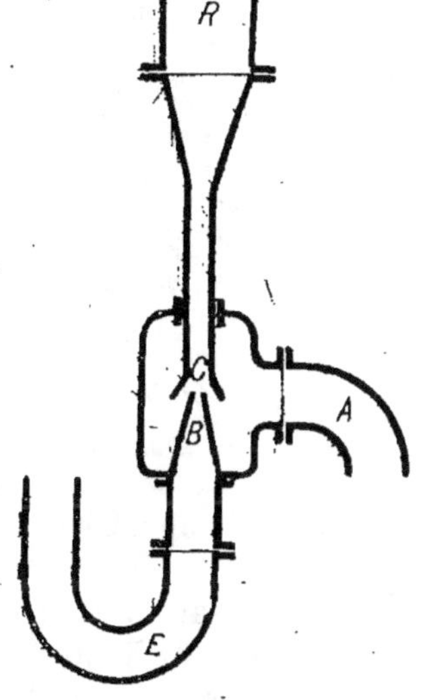

FIG. 54. — Éjecteur.

La première arrive par le tuyau E et passe à travers l'ajutage B, puis pénètre dans le tuyau de refoulement R par l'entrée évasée C. L'eau d'épuisement arrive par le tuyau A dans le corps de l'appareil qui entoure l'éjecteur. Elle est entraînée par le jet de fluide moteur dans la colonne R.

On règle le fonctionnement de l'appareil en ouvrant plus ou moins l'ajutage B, au moyen d'un pointeau manœuvré de l'extérieur.

Les éjecteurs n'ont qu'un faible rendement, mais ils sont très peu encombrants et permettent d'utiliser, pour élever une certaine masse d'eau, jusqu'au niveau des pompes principales, une venue captée à un niveau supérieur.

Les éjecteurs à air comprimé sont moins économiques.

74. Pompes Mammouth. — Nous avons signalé, en étudiant le fonçage des puits (V^e partie du Cours), l'emploi de pompes d'un type spécial, basées sur l'émulsion produite par l'injection d'air comprimé à la base d'une colonne d'eau.

Ces pompes *Mammouth* peuvent servir non seulement dans les fonçages, mais aussi pour les épuisements définitifs, au moins pour remonter les eaux d'un quartier en vallée jusqu'au niveau des pompes principales.

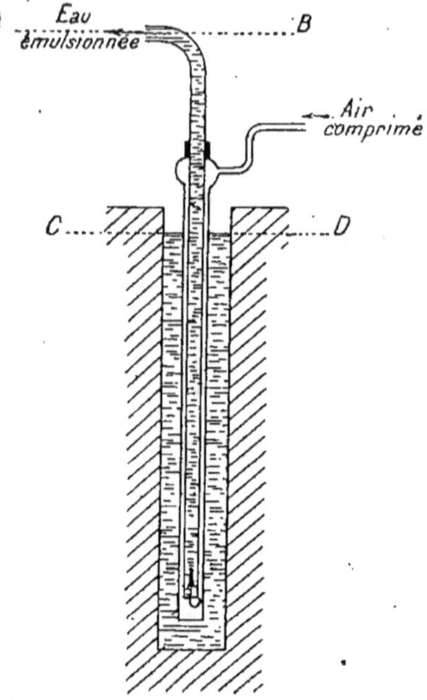

FIG. 55. — Pompe Mammouth.

La fig. 171, page 195 du livre II représentait schématiquement une des dispositions adoptées.

La fig. 55, ci-contre, en montre une autre, dans laquelle l'air comprimé descend dans un espace annulaire autour du tuyau de refoulement.

A la base du tuyau de refoulement, l'air comprimé s'engage dans ce dernier, en émulsionnant l'eau. Par suite de la différence de densité, cette eau émulsionnée s'élève dans le tuyau et peut atteindre un niveau AB supérieur à celui de l'eau dans le puisard.

La hauteur d'aspiration est très faible, et la hauteur de refoulement (différence entre les niveaux AB et CD) est d'autant plus grande que la pompe est plus profondément immergée. En pratique, comme la hauteur d'eau dans le puisard est rarement importante, on voit que la hauteur de refoulement restera insuffisante dans la plupart des cas. Au contraire, on a pu utiliser avec avantage ces appareils pour vider un puits noyé. Ainsi à la mine Waltrop (Westphalie), en 1911, une pompe Mammouth a atteint un débit de 20 mètres cubes à la minute pour une hauteur de refoulement de 175 m.

Le principal avantage de ces pompes est d'être extrêmement simple, et de convenir pour l'évacuation des eaux boueuses, c'est pourquoi on les emploie pour enlever les boues de forage dans les procédés de fonçage à niveau plein.

75. Résumé. — Les pompes commandées depuis la surface au moyen d'une maîtresse-tige étaient d'un emploi très général autrefois, et ont donné lieu à des installations très étudiées. Elles ont constitué une des premières applications des machines à vapeur et c'est en étudiant l'amélioration de leurs moteurs que les inventeurs ont réalisé plusieurs des perfectionnements qui ont rendu pratique l'emploi de la vapeur comme source d'énergie.

Elles exigeaient des installations lourdes, coûteuses et très encombrantes qui ont disparu presque totalement, depuis que les pompes souterraines se sont perfectionnées au point de permettre les grandes hauteurs de refoulement.

La maîtresse-tige actionnait une série de pompes étagées dans le puits, de façon à réduire les hauteurs de refoulement de chacune d'elles. Les eaux élevées par une des pompes se déversaient dans un réservoir où puisait le tuyau d'aspiration de la pompe supérieure, à moins qu'on adoptât les *colonnes de redoublement* qui rendaient l'installation moins encombrante, mais plus compliquée.

Les *pompes* employées sont à corps vertical, aspirantes et foulantes ou foulantes à piston plein, ou aspirantes et foulantes à piston creux. Ces dernières ont l'avantage de ne faire travailler la tige qu'à la traction. La course atteint parfois 3 ou 4 m.

La *maîtresse-tige* est constituée de tronçons successifs en bois ou en métal solidement boulonnés bout à bout. Le bois est moins durable, mais plus souple et se prête mieux au travail par compression.

Le *moteur* à vapeur est placé soit à côté de l'orifice du puits, transmettant son mouvement à la tige par l'intermédiaire d'un balancier, soit directement au-dessus du puits, la tige du piston à vapeur étant en prolongem·nt de la maîtresse-tige.

La machine à balancier, dite de *Cornouailles*, était d'un rendement excellent, grâce à l'emploi de la détente particulièrement indiqué pour la commande d'une maîtresse-tige, mais elle était lente et encombrante.

Dans des installations plus modernes, on a fait usage de machines directes compound, ou de machines horizontales munies d'un volant qui transformait le mouvement de rotation en mouvement alternatif au moyen d'un balancier.

Le poids de la maîtresse-tige est en grande partie équilibré par un balancier à contrepoids (systèmes *Bockholtz ou Rossigneux*), qui agit aussi bien à la montée qu'à la descente de la tige, pour faciliter sa mise en marche et son ralentissement en fin de course.

A côté des pompes proprement dites il existe divers procédés d'épuisement, qui rendent des services dans certains cas, où l'on a besoin d'un appareil léger ou rapidement mis en place.

Le *pulsomètre* est basé sur l'action dynamique de la vapeur sur l'eau contenue dans un récipient ; sous l'effet de la pression, l'eau est refoulée dans la conduite d'élévation ; mais la condensation arrête bientôt cette action et provoque une dépression qui amène la fermeture de la valve d'admission et le remplissage du récipient par les eaux à épuiser. La hauteur de refoulement d'un pulsomètre peut atteindre 50 m., le débit plusieurs mètres cubes par minute.

Les *éjecteurs* à vapeur ou à eau sous pression sont d'un rendement faible, mais ils sont peu encombrants et peu coûteux.

Les *pompes Mammouth*, utilisées surtout dans les fonçages ou les dénoyages de puits, sont basées sur l'émulsion produite par l'introduction d'air comprimé à la base d'une conduite pleine d'eau. Elles doivent être profondément immergées, la hauteur de refoulement n'ayant une valeur intéressante que s'il y a une grande différence entre le niveau de l'eau dans le puisard et la base de la colonne, où se produit l'introduction de l'air comprimé.

CHAPITRE VII

EPUISEMENT DES PUITS EN FONÇAGE

§ 1. — GÉNÉRALITÉS.

76. Particularités de l'épuisement dans les fonçages. — Le problème de l'épuisement des puits en fonçage (ou *avaleresses*), présente un certain nombre de particularités, qui exigent l'adoption de solutions différentes de celles qui conviennent pour l'épuisement pendant l'exploitation souterraine.

Tout d'abord, la hauteur de refoulement varie constamment, au fur et à mesure des progrès de fonçage. Il faut donc que les pompes puissent être déplacées facilement, car la hauteur d'aspiration ne peut dépasser quelques mètres. Il faut de plus que le rendement de la pompe reste satisfaisant malgré ces changements de régime. C'est là une des difficultés qui a nécessité des dispositions spéciales pour les pompes centrifuges.

L'emplacement disponible pour loger les pompes étant faible, celles-ci doivent être peu encombrantes comme section horizontale, ce qui est difficile à réaliser lorsque les venues d'eau sont considérables et que la profondeur augmente.

Pour que les mineurs puissent continuer leur travail de creusement, le puisard n'a que de faibles dimensions ; enfin, les eaux sont souvent boueuses.

Il est désirable d'éviter l'installation de pompes successives ; on adoptera de préférence des appareils permettant le refoulement d'un seul jet, quelle que soit la profondeur.

77. Importance des venues d'eau. — Les venues d'eau sont quelquefois trop fortes pour être épuisées, même par les procédés modernes les plus perfectionnés. Nous avons signalé (Livre II page 174) qu'une fosse des mines de l'Escarpelle (Nord) avait donné 3600 mètres cubes à l'heure et qu'on avait dû abandonner le fonçage à niveau vide; au contraire à la fosse Thiers (Cie d'Anzin, Nord) on a pu foncer en épuisant 2700 m³ à l'heure à 65 m de profondeur.

Actuellement, lorsque les venues sont aussi considérables, on cherche plutôt à éviter leur épuisement, en adoptant les procédés par congélation ou par cimentation. Mais on dispose de pompes capables d'assurer l'évacuation de débits de 2000 ou 3000 m³ à l'heure qui heureusement se rencontrent rarement.

La quantité d'eau à épuiser ne caractérise pas exactement la difficulté du problème à résoudre, car la profondeur à laquelle se rencontrent les venues d'eau influe considérablement sur la possibilité de lutter contre elles. Les niveaux aquifères sont fréquemment voisins de la surface, mais lorsqu'ils se poursuivent jusqu'à grande profondeur, comme dans la Campine belge, il deviendrait impossible de les traverser à niveau bas, et il faut avoir recours à la cimentation ou aux procédés à niveau plein.

§ 2. — PROCÉDÉS D'ÉPUISEMENT.

78. Pompes fixes. — Les pompes à maîtresse-tige ne sont plus employées. Lorsque les venues sont faibles, on se contente d'installer sur un plancher une petite pompe à vapeur, à air comprimé, ou mieux électrique, que l'on déplace au fur et à mesure de l'approfondissement. Le tuyau d'aspiration est allongé progressivement jusqu'à 7 ou 8 m, puis il devient nécessaire d'installer la pompe à un niveau inférieur. Comme on ne peut la rapprocher trop du fond, pour qu'elle ne soit pas noyée en cas d'arrêt un peu prolongé, et pour qu'elle ne soit pas démolie, malgré les moyens de protection employés, par les projections au moment du tir des coups de mine, on voit que les déplacements doivent être fréquents.

On a tourné la difficulté en imaginant de suspendre la pompe à un câble, ce qui permet de suivre l'approfondissement, tout en remontant l'appareil lorsqu'on tire les coups de mine.

79. Pompes suspendues. — Les pompes suspendues sont hautes et de faible diamètre, pour ne pas être encombrantes (voir la *fig. 16*). Lorsqu'on emploie la vapeur comme fluide moteur, une conduite de retour de la vapeur d'échappement est nécessaire. Les pompes à air comprimé ne nécessitent pas cette complication, mais elles sont bruyantes et d'un faible rendement. Les pompes électriques sont donc très généralement adoptées. La fig. 56 représente une pompe de fonçage jumelle, à double effet, commandée par un moteur électrique triphasé 500 volts d'une puissance de 300 chevaux ; le débit prévu est de 3.000 litres à la minute, pour 136 coups avec une course de 400 $^m/_m$.

L'ensemble est monté sur un châssis en fers cornières que l'on suspend à un câble en acier. Le moteur est cuirassé, pour être à l'abri des projections d'eau.

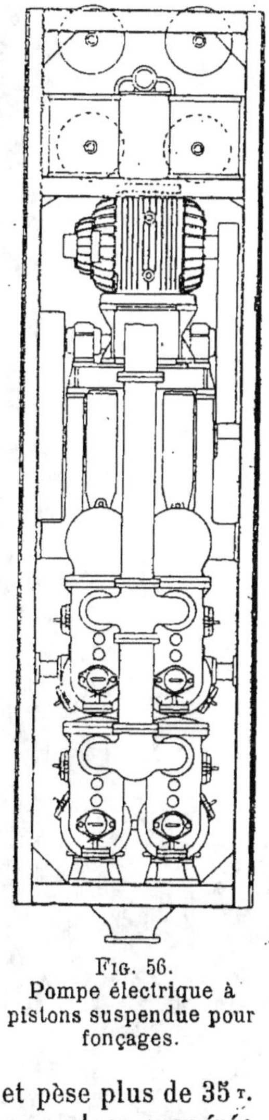

80. Pompes centrifuges. — La meilleure solution, au point de vue encombrement, est fournie par les pompes centrifuges électriques, en particulier par les pompes multicellulaires qui permettent de grandes hauteurs de refoulement. C'est ainsi que différents constructeurs livrent actuellement des pompes capables de refouler plus de 4,5 mètres cubes par minute, d'une profondeur de 350 m. La puissance du moteur électrique atteint 600 chevaux. La pompe multicellulaire est à axe vertical, attaquée directement par le moteur placé au-dessus.

L'ensemble de l'installation, montée sur un même châssis, comporte, de bas en haut : la crépine, le tuyau d'aspiration, la pompe, le moteur, la plate-forme du mécanicien portant les organes de manœuvre ou de réglage : robinets de graissage sous pression, volant de la vanne de réglage du refoulement, interrupteur disjoncteur, etc... plus un petit groupe moteur-pompe à vide pour l'amorçage de la pompe, un groupe pompe à huile pour la circulation d'huile dans les paliers et un petit transformateur pour l'alimentation des moteurs auxiliaires.

L'ensemble (*fig. 57*) supporté par des poulies mouflées suspendues à un câble de 50 $^m/_m$ en acier mesure plus de 12 m. de hauteur totale et pèse plus de 35 ᵀ.

Des appareils aussi encombrants prennent une place exagérée dans un puits en fonçage, mais ils rendent de grands services pour le dénoyage des puits.

C'est ainsi qu'on les a employés en 1920-1921, dans les mines

Fig. 56.
Pompe électrique à pistons suspendue pour fonçages.

Fig. 57. — Pompe multicellulaire électrique de fonçage.

du Nord et du Pas-de-Calais inondées par suite de la destruction des cuvelages par les Allemands.

Après cimentation des terrains aquifères, derrière les cuvelages crevés, il restait à évacuer les masses d'eau qui avaient rempli les travaux souterrains, et qui représentaient environ 100 millions de mètres cubes (1). On a employé pour ce travail 42 pompes, dont les moteurs ont au total une puissance de plus de 23.000 chevaux.

L'une des principales difficultés à surmonter, dans l'emploi des pompes centrifuges, provenait de la difficulté d'assurer un rendement satisfaisant malgré la variation des hauteurs de refoulement. On y est arrivé en modifiant le régime de fonctionnement des roues constituant la turbine.

C'est ainsi que la pompe établie par M. Rateau comporte 4 roues, susceptibles de donner chacune le quart de la pression manométrique totale, soit $87^m,50$; chacune refoule dans une volute indépendante, le passage d'une roue à l'autre se faisant par des tuyauteries extérieures démontables. Grâce à ces tuyauteries on peut grouper les roues de trois façons différentes, correspondant chacune aux hauteurs de refoulement suivantes :

$$\begin{array}{lll}
1^{er}\ stade : & 30^m & \text{à} \quad 87^m,50 \\
2^e \quad - & 87^m,50 & \text{à} \quad 175^m \\
3^e \quad - & 175^m & \text{à} \quad 350^m
\end{array}$$

Dans le *1er stade* les 4 roues fonctionnent en parallèle, réunies deux à deux sur chacune des deux tuyauteries d'aspiration. Le débit par seconde décroit de 540^l à la seconde (à 30 m.) à 300 litres (à $78^m,50$) ; le rendement croît pendant ce temps de 37,5 % à 74,5 %.

Pendant le *2e stade* les quatre roues sont divisées en deux groupes de deux, dans chacun desquels les deux roues fonctionnent en parallèle, les deux groupes étant montés en série.

A $87^m,50$ débit 255 litres par seconde, rendement 52 %.
A 175 m. débit 150 — — rendement 74,5 %.

Pendant le *3e stade* les quatre roues fonctionnent en série.

A 175 m. débit 128 litres par seconde, rendement 52 %.
A 350 m. débit 75 litres par seconde, rendement 74 %.

Ainsi qu'on le voit, de 30 m. à 350 m. le débit diminue de 540 litres par seconde (1944 m³ à l'heure) à 75 litres par seconde (270 m³ à l'heure).

---

(1) C'est le débit de la Seine, à son étiage normal, pendant trois semaines.

81. Epuisement par bennes système Tomson. — L'épuisement par bennes guidées, dans les puits en fonçage, a été rendu pratique par M. Tomson, qui l'a appliqué, à la fin du siècle dernier, dans une mine de Westphalie. Il a été adopté depuis à plusieurs reprises et permet d'envisager le fonçage à niveau vide jusqu'à de grandes profondeurs, en présence de venues d'eau considérables. C'est ainsi qu'on pourrait épuiser par ce procédé 5 m³ à la minute, à 600 m. de profondeur, avec une vitesse de circulation de 8-10 m. à la seconde pour des bennes de 10 m³; on pourrait même envisager l'épuisement d'une quantité double (10 m³ à la minute) en installant simultanément deux jeux de bennes. C'est là un chiffre irréalisable, à cette profondeur, avec des pompes suspendues.

La disposition générale de l'installation est représentée sur la fig. 58. Comme on ne peut constituer, au fond du puits, un puisard assez profond pour y remplir les bennes, on installe, à une certaine hauteur (15 ou 20 m.), deux réservoirs cylindriques en tôle, hauts de 8 à 10 m., avec un diamètre de 1ᵐ,50 à 1ᵐ,75 environ, pouvant contenir par conséquent 18 à 20 mètres cubes chacun. Ils sont suspendus à des câbles, enroulés à la surface sur des treuils, et descendus au fur et à mesure des progrès du fonçage.

Au-dessous de ces réservoirs, suspendues aux poutrelles qui supportent les réservoirs, sont placées des pompes, destinées à aspirer les eaux dans le puisard et à les déverser dans les réservoirs. Ce sont en général des pompes à air comprimé, du type Duplex, parfois des pompes centrifuges ou des pulsomètres. La hauteur de refoulement étant faible, elles peuvent avoir un gros débit (7 à 8 m³ chacune) tout en restant peu encombrantes.

Les bennes, qui viennent se remplir dans les réservoirs et sont déversées au jour mesurent 6 à 9 m. de hauteur, sur 1ᵐ,30 à 1ᵐ,40 de diamètre. Leur contenance est donc de 10 à 12 m³. Leur vitesse de circulation, avec câbles-guides, peut atteindre 7 à 8 m. Dans le calcul du débit de l'installation, il faut tenir compte de la durée des manœuvres de remplissage au fond et de vidange au jour, qu'on cherche à rendre automatique et aussi rapide que possible au moyen de clapets de grandes dimensions.

Le système Tomson est plus cher que l'épuisement par pompes, jusqu'à 300 m. environ, et présente certains dangers pour les ouvriers qui travaillent au fond du puits. Mais pour de grandes profondeurs et de fortes venues d'eau, il constitue au contraire une solution remarquable du problème de l'épuisement dans les fonçages à niveau vide.

82. Résumé. — Le fonçage des puits, par les procédés à niveau vide

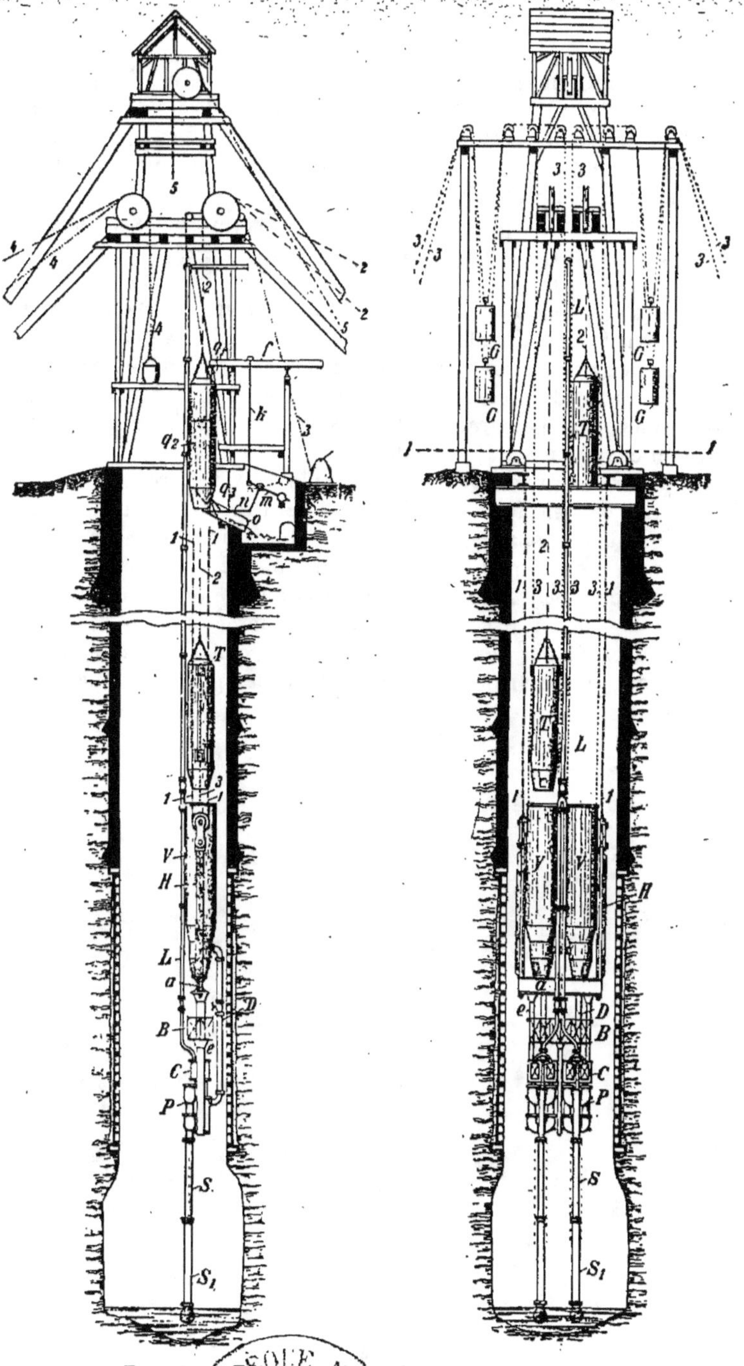

Fig. 58. — Épuisement par le système Tomson.
(Installation Grossmann, de Dortmund).

exige parfois l'épuisement de masses d'eau considérables. Ce problème est d'autant plus difficile à résoudre que la hauteur de refoulement augmente continuellement et nécessite le déplacement fréquent de la pompe. Ce puisard ne peut avoir que des dimensions très réduites, et l'installation doit être à l'abri d'une inondation subite du fond du puits.

Les *pompes fixes*, disposées sur des planchers, ne suffisent que pour de faibles venues, et leurs déplacements sont une cause de retards et de difficultés.

Les *pompes suspendues* à un câble peuvent suivre constamment les progrès de l'approfondissement et sont moins encombrantes. On construit actuellement des *pompes centrifuges* à axe vertical, actionnées par un moteur électrique, qui sont d'un emploi très pratique — tout l'ensemble formé par la pompe, son tuyau d'aspiration, le moteur et ses organes accessoires est porté par un cadre suspendu au câble.

En modifiant convenablement l'accouplement des roues de la pompe multicellulaire, on peut faire travailler celle-ci dans des conditions satisfaisantes, malgré les variations de la hauteur de refoulement.

Les pompes de ce type ont été adoptées pour le dénoyage des puits du Nord et du Pas-de-Calais, inondés pendant la guerre de 1914-1918.

Le *système Tomson*, par bennes guidées plongeant dans des réservoirs suspendus alimentés par des pompes auxiliaires, constitue un moyen d'épuisement puissant, à des profondeurs auxquelles les pompes actuelles cessent d'être utilisables.

DIXIÈME PARTIE

AÉRAGE ET ÉCLAIRAGE

CHAPITRE I

L'ATMOSPHÈRE DES MINES

SOMMAIRE

§ 1. **Conditions physiques.** — Température. — Degré géothermique. — Inconvénients d'une température élevée. — Humidité. — Poussières.
§ 2. **Composition chimique.** — Causes d'altération de l'air entrant dans la mine. — Oxygène. — Azote. — Vapeur d'eau. — Acide carbonique. — Oxyde de carbone. — Autres gaz. — Volume d'air nécessaire. — **Résumé.**

§ 1. — CONDITIONS PHYSIQUES.

1. Température. — L'influence des variations de température à la surface s'atténue très rapidement dès qu'on pénètre à une certaine profondeur dans le sol. A partir de 10 ou 15 m., les roches ont une température constante, égale en France à environ 10° centigrades. Ce chiffre varie avec les régions du globe et représente, à peu de chose près, la température moyenne à la surface.

A partir du niveau où cessent de se faire sentir les variations atmosphériques, la température augmente au fur et à mesure que les travaux s'approfondissent.

Sans importance dans les anciennes exploitations, qui ne descendaient pas à plus de quelques centaines de mètres, cet échauffement devient très gênant lorsqu'on dépasse, comme maintenant, 1.000 m. au-dessous de la surface. Il est donc important de rechercher si l'élévation de température suit une loi régulière.

2. Degré géothermique. — De très nombreuses observations ont été faites, dans des régions très diverses, depuis une profondeur de quelques mètres, jusqu'à plus de 1500 m. dans les mines, et au-delà de 2000 m. dans les sondages. On n'a pas tardé à s'apercevoir que l'échauffement, dans la plupart des cas, semblait être proportionnel à la profondeur. On a donné le nom de *degré géothermique* au nombre de mètres dont il fallait s'enfoncer pour observer une augmentation de température de 1°.

La valeur moyenne du degré géothermique est de 30 à 35 m. Mais, en comparant les mesures prises en différents pays, on s'est rendu compte que ce chiffre est loin d'être constant; il dépend très nettement de la composition géologique des terrains. Il semble plus faible dans les terrains sédimentaires (où l'échauffement est par conséquent plus rapide) que dans les terrains primitifs, où se rencontrent en général les filons métallifères.

Dans les houillères, il est fréquemment inférieur à 30 m. A Ronchamp, des mesures prises dans le puits de 1000 m. ont donné une température de 10°,5 à 10 m. de profondeur, 47°,4 à 1009 m., soit un degré géothermique de 27^m,3. Les variations, pour les sections successives mesurées, ont été très faibles (maximum 29^m,11, minimum 26^m,9). Dans le Pas-de-Calais on a noté des moyennes variant de 33 m. à 37^m,50. Au sondage de Vimy (sud du Pas-de-Calais), on a constaté 29 à 37 m. dans le crétacé, 28 à 40 m. dans le houiller, 56 m. dans le silurien et le dévonien (1), ce qui confirme bien la remarque faite plus haut au sujet des terrains sédimentaires et primitifs. Dans la Sarre on évalue le degré géothermique à 22 m. seulement, dans la Ruhr à 35 m. Dans les mines métalliques de Saxe, il serait de 42 m., dans les mines d'or du Transvaal les mesures prises ont donné le chiffre anormal de 114 m.

D'autres anomalies ont été constatées dans les gisements de lignite de Würtemberg et de Styrie, où l'échauffement est beaucoup plus rapide, surtout à l'approche de la couche.

Enfin, il est à remarquer que la présence d'une masse de recouvrement considérable, une haute montagne par exemple, amène un échauffement qui rend très pénible le creusement des grands tunnels en pays montagneux.

Au Saint-Gothard on a noté 29°,5 sous le point le plus élevé (hauteur du recouvrement 1609 m.), au Simplon 54° (recouvrement 2100 m.).

3.- Inconvénients d'une température élevée. — Les inconvénients d'une température élevée, dans les travaux souterrains, sont beaucoup plus sensibles pour les mineurs lorsque l'air est humide. Dans l'air très sec, l'homme peut résister à 50°; au contraire, si l'at-

____

(1) Haton de la Goupillère et Bès de Berc, *Cours d'Exploitation des Mines.*

mosphère est chargée d'humidité, le travail devient pénible dès 25°
et le séjour dans la mine dangereux dès 35°.

La respiration devient difficile, rapide et oppressée, le risque
de congestion empêche tout travail, rendu d'ailleurs pénible par une
transpiration abondante et une fatigue générale. Le rendement des
ouvriers baisse considérablement, et leur santé se ressent bientôt de
ces conditions anormales, sans parler des risques de refroidissement
au moment du retour à la surface, surtout en hiver.

Il est donc essentiel de faire passer dans les chantiers un volume
d'air suffisant pour les refroidir et rendre le travail possible. C'est là
un des buts de l'aérage, dont l'importance augmente avec l'approfondissement des travaux ; il est souvent difficile à réaliser, dans
les gisements profonds et de peu d'épaisseur.

En tous cas, lorsque la température des chantiers dépasse 25°,
il peut devenir nécessaire de réduire la durée du travail, pour que
les hommes ne s'affaiblissent pas.

Quant aux chevaux, ils sont plus sensibles encore à l'échauffement et ne peuvent résister, dans une atmosphère humide, lorsque
la température dépasse 30°.

Nous verrons, dans la XI° partie du Cours, que la chaleur humide contribue à développer chez les mineurs une maladie spéciale,
l'*ankylostamiase*, due à la présence de petits vers intestinaux (anky-
lostomes).

Enfin, signalons que l'élévation de température, dans les mines
de charbon, contribue à rendre plus fréquents les incendies sponta-
nés. Mais ces échauffements sont dus à une action d'oxydation spon-
tanée, et s'ils sont rendus plus faciles par une température plus élevée, ils se produisent souvent dans des mines où les conditions, à
cet égard, n'ont rien d'anormal. Avant de provoquer une inflammation, ils amènent un échauffement de l'air du chantier et y rendent
le séjour plus pénible.

4. Humidité. — Certaines mines sont très sèches, d'autres au
contraire donnent lieu à des venues d'eau importantes, que l'on
recueille dans des rigoles le long des galeries.

En passant sur ces ruisseaux souterrains, l'air se charge d'humidité. Peu importante lorsque les chantiers sont à faible profondeur, cette augmentation de la teneur en vapeur d'eau contribue à
rendre plus pénible le séjour dans les mines profondes. Nous avons
vu plus haut qu'on atteignait beaucoup plus rapidement, dans l'air
humide, le moment où tout travail devenait impossible.

C'est pourquoi on recommande d'interdire le travail, si la tem-

pérature atteint 30° au *thermomètre mouillé*, (35° au *thermomètre sec*) ;
à partir de 25° au thermomètre mouillé on réduit la durée du travail.

5. Poussières. — L'atmosphère, au moins dans les chantiers d'abatage, est toujours chargée d'une quantité plus ou moins grande de poussières en suspension. Leurs inconvénients sont différents, suivant la nature des roches abattues.

Les *poussières de charbon* n'ont pas, en général, un effet nuisible sur la santé des mineurs. La plupart des piqueurs supportent bien le séjour dans une atmosphère poussiéreuse ; il arrive cependant que l'introduction de ces pellicules charbonneuses dans les poumons finisse par en provoquer l'inflammation, et par causer une sorte d'emphysème. C'est heureusement un cas assez rare.

Les poussières provenant de l'abatage au pic des roches encaissantes ne sont pas non plus dangereuses ; de même dans les mines métalliques. Mais le travail avec les marteaux pneumatiques, surtout dans les *roches siliceuses*, donne au contraire des poussières abondantes fines, à arêtes tranchantes, qui déchirent les muqueuses des poumons et provoquent même des crachements de sang. On recommande donc de munir les marteaux de dispositifs destinés à capter les poussières ou à les abattre, ou mieux de donner aux mineurs des masques respiratoires qui arrêtent les poussières au moyen d'un tampon humide. Les ouvriers répugnent malheureusement à porter ces masques qui les gênent dans leur travail.

Certains *minerais métalliques*, comme les minerais d'arsenic, de plomb, de mercure, donnent des poussières dont l'absorption est dangereuse ; ces derniers dégagent même des vapeurs mercurielles toxiques.

Le principal danger des *poussières de charbon* réside dans les explosions qu'elles peuvent provoquer, et dont les effets sont parfois terribles. Nous y reviendrons plus en détail dans la XIe partie du Cours.

§ 2. — COMPOSITION CHIMIQUE.

6. Causes d'altération de l'air entrant dans la mine. — L'air envoyé dans une mine ne contient, en dehors de l'oxygène et de l'azote, que des quantités très faibles d'acide carbonique, des traces de divers gaz (hydrogène, oxyde de carbone, etc...) et une teneur en vapeur d'eau variable suivant l'état hygrométrique de l'atmosphère.

Après avoir passé dans la mine, cet air s'est appauvri en oxygène, par suite de la consommation des hommes et des animaux présents dans les travaux, parfois de l'oxydation des minerais, notamment du charbon, et s'est chargé au contraire de gaz divers : acide carbonique, oxyde de carbone, hydrogène sulfuré, etc. Dans les mines métalliques, en dehors de dégagements exceptionnels, comme les vapeurs mercurielles dont nous avons parlé plus haut, les principales modifications viennent de la respiration des hommes et des animaux et des fumées des coups de mine.

Au contraire, dans les mines de charbon, l'air se charge d'acide carbonique, d'oxyde de carbone, et le plus souvent de *grisou*. Ce dernier gaz présente une importance toute particulière, en raison des risques d'explosion qui le caractérisent. Nous lui consacrerons donc un chapitre entier (chap. II).

Pour commencer, nous étudierons les autres gaz contenus dans l'air : oxygène, azote, vapeur d'eau, acide carbonique, oxyde de carbone et divers.

7. **Oxygène.** — L'air atmosphérique contient 21 volumes d'oxygène et 79 d'azote (en comptant avec l'azote les gaz tels que l'argon, le métargon, l'hélium, etc...). Rappelons qu'à 0° et 760 $^m/_m$ un mètre cube d'air pèse 1293 grammes.

L'oxygène a un poids spécifique de 1,1 (1 mètre cube = 1 kg. 42). En s'unissant aux autres corps, il produit une combinaison lente (oxydation) ou au contraire rapide, avec flamme (combustion ou explosion).

C'est l'élément actif, nécessaire à la respiration. Dans les poumons, il se fixe sur les globules rouges du sang en mettant en liberté l'acide carbonique qui est rejeté.

Un homme adulte au repos aspire, par minute, une dizaine de litres d'air, mais ne retient que 0^{l}400 d'oxygène (sur 2^l environ) en rejetant une quantité presque égale d'acide carbonique.

La teneur en oxygène de l'air expiré est encore de 17 % au lieu de 21 °/°, celle de l'acide carbonique 4 °/° au lieu 0,04.

La marche ou un travail actif augmentent sensiblement les quantités d'air passant par les poumons, mais n'influent pas sur la composition de l'air expiré.

Lorsque la teneur en oxygène n'est plus que de 17 ou 18 %, le séjour dans cet air vicié devient très pénible, et à la longue anémiant. Si elle tombe à 15 °/°, l'homme est rapidement asphyxié.

Avant que l'air soit arrivé à un tel appauvrissement en oxygène, les lampes ne peuvent plus brûler ; il leur faut au moins 16 à 17 °/° d'oxygène. Leur extinction est, pour les mineurs qui circulent dans des chantiers ou des galeries mal aérées, un indice qu'il leur serait impossible de résister longtemps eux-mêmes au manque d'oxygène.

En dehors de la respiration des hommes ou des animaux, et

de la combustion des lampes, il existe d'autres causes qui contribuent à diminuer la teneur en oxygène.

Les bois de soutènement, en pourrissant, absorbent de l'oxygène et dégagent de l'acide carbonique et de la vapeur d'eau. Dans les mines humides, c'est là une cause d'absorption importante.

La fermentation des fumiers dans les écuries consomme aussi de l'oxygène.

Dans les houillères, la principale raison de la diminution de la teneur en oxygène est l'oxydation du charbon, qui absorbe un volume bien plus considérable que les autres causes énumérées jusqu'à présent.

Tous les charbons s'oxydent sous l'action de l'air ; une expérience classique de M. Mahler a montré que le poids d'une houille grasse, exposée à l'air, augmentait de 10 °/$_0$ en une semaine par suite de ce phénomène. Avec l'anthracite, l'augmentation ne serait que de 2 °/$_0$ environ.

Tant que le charbon ne présente au courant d'air qu'un front de taille compact et sans fissures, cette oxydation n'a pas grand inconvénient. Mais les mouvements provoqués par l'exploitation amènent la formation de cassures, dans lesquels l'air pénètre. Les surfaces exposées à l'oxydation augmentent beaucoup, et la masse s'échauffe peu à peu, ce qui contribue encore à activer la réaction, qui peut se transformer en combustion.

Le poussier abattu, restant dans les chantiers ou le long des galeries s'oxyde facilement. La présence de pyrites dans le charbon accroît le danger, car elles se transforment en sulfate de fer, en augmentant de volume, ce qui provoque la formation de nouvelles fissures dans la masse charbonneuse.

L'oxydation de la houille donne naissance à des dégagements d'acide carbonique et d'oxyde de carbone.

Dans les mines métalliques, il y a également perte d'oxygène s'il peut se combiner facilement avec le minerai, par exemple si celui-ci est un sulfure ou un carbonate. Mais le phénomène est moins intense que dans les houillères et n'a pas des conséquences aussi graves.

Pour toutes les raisons indiquées ci-dessus, le courant d'air qui circule dans la mine s'appauvrit constamment en oxygène. A la sortie, il n'en contiendra plus que 19 à 20 °/$_0$ au lieu de 21 °/$_0$. Si la teneur, dans le retour d'air, tombait à 17 ou 18 °/$_0$, il deviendrait nécessaire de prendre des mesures immédiates pour renforcer l'aérage.

Il est d'ailleurs à remarquer que, dans les mines grisouteuses, les dégagements souterrains ont pour résultat que l'on tire de la mine un volume d'air plus fort que celui qu'on y envoie. La présence de ces gaz étrangers contribue à diminuer la proportion de l'oxygène contenu.

8. Azote. — L'azote est l'élément neutre de l'air, qui traverse la mine sans former aucune combinaison.

Les variations de sa teneur ne proviennent donc, le plus souvent, que des modifications survenues dans les proportions des autres constituants de l'air : oxygène, vapeur d'eau, acide carbonique, etc...

Il arrive cependant que l'air se charge d'azote dans les travaux souterrains, en particulier dans les houillères.

Les soufflards de grisou en contiennent toujours une certaine quantité, parfois très faible, parfois notable, ainsi qu'on le verra au chapitre suivant.

Dans certains cas, on a même observé des dégagements d'azote presque pur dans les roches encaissantes. Ainsi on a signalé, en 1894, aux mines de Lens, dans une galerie creusée au milieu de grès, un véritable soufflard d'azote (Az. 98,55 % O 1,45 %) qui a débité 200 mètres cubes par jour pendant plusieurs mois.

9. Vapeur d'eau. — Tandis que les teneurs en oxygène et azote, dans l'air atmosphérique, sont constantes, la teneur en vapeur d'eau est au contraire extrêmement variable, suivant l'*état hygrométrique* de l'air.

On sait que lorsque l'air est saturé d'humidité, il contient une quantité de vapeur d'eau variable avec la température : $2^{gr},2$ (par mètre cube) à —10°,

$4^{gr},7$ à 0°, $12^{gr},5$ à 15°, $22^{gr},5$ à 25°, $38^{gr},9$ à 35°.

Mais l'air atmosphérique ne contient, le plus souvent, qu'une partie de la vapeur d'eau dont il pourrait être chargé, pour une température donnée. L'*état hygrométrique* indique le pourcentage de cette teneur par rapport à l'état de saturation.

Pour évaluer cet état hygrométrique, on compare les indications d'un thermomètre sec et d'un thermomètre mouillé (enveloppé d'un chiffon imbibé d'eau). Par suite de l'évaporation, ce dernier se refroidit et marque une température plus basse. Plus l'air est sec, plus l'évaporation sera rapide et par conséquent plus grande sera la différence entre les indications des deux thermomètres ; au contraire, dans un air saturé d'humidité, l'évaporation sera nulle et les indications des deux appareils concorderont.

Des tables ont été dressées, qui donnent pour chaque température indiquée par le thermomètre sec l'état hygrométrique correspondant à une différence de 0, 1°, 2° etc... entre les deux thermomètres. Par exemple si le thermomètre sec marque 20° et le thermomètre mouillé 17°, l'état hygrométrique est de 75 % environ ; une lecture de 30° sur le thermomètre sec et 27° sur le thermomètre mouillé correspond à un état hygrométrique de 80 %.

La plupart des mines sont humides, et il semblerait donc, à priori, qu'on doive s'attendre à une augmentation de l'état hygrométrique. Il n'en est pas forcément ainsi, car l'élévation de température tend au contraire à amener la diminution de cet état. Dans les mines profondes, très chaudes, l'air ne sera donc plus voisin de la saturation que si les chantiers sont très humides.

Il est à noter que, dans le puits de retour d'air, l'air se refroidit notablement, au moins en hiver. Par suite de cet abaissement de la température, on arrive à dépasser l'état correspondant à la saturation, et il se produit une condensation, qui se manifeste par la production de brouillard, ou même de pluie. C'est ce changement de température qui explique pourquoi, dans les retours d'air et en particulier aux recettes des puits de sortie d'air, on ressent toujours en hiver une impression d'humidité, et on constate un brouillard qui rend l'éclairage beaucoup plus difficile.

La circulation d'air dans la mine produit en général un assèchement des travaux beaucoup plus notable en hiver. Si l'air entre à 0°, avec un degré hygrométrique de 65 %, il ne contient que 3 gr. d'eau par mètre cube ; s'il sort à 15°, saturé il en contient 12 gr. 5 soit une augmentation de 9 gr. 5. S'il passe 4.000 m³ par minute, la quantité d'eau enlevée par le courant d'air est donc de 38 kg. par minute, c'est-à-dire près de 55 tonnes par jour.

En été, ce chiffre serait naturellement beaucoup moindre, sauf les jours de grande sécheresse de l'atmosphère.

Il peut même arriver, pendant les périodes chaudes et humides, que l'air entrant dans la mine soit presque saturé et qu'une condensation se produise dans les galeries d'entrée d'air.

Nous avons déjà signalé plus haut les inconvénients de l'humidité de l'air, lorsque la température des chantiers est élevée : travail pénible, développement de l'ankylostomiase, risques de refroidissements pour les ouvriers remontant à la surface. On se rappellera aussi que les bois pourrissent rapidement dans l'humidité, et se couvrent de champignons.

10. Acide carbonique. — L'air atmosphérique ne contient que 0,04 % d'acide carbonique.

C'est un gaz incolore, sans odeur, mais d'une saveur un peu

acide qui devient très nette lorsque la quantité contenue dans l'air
est notable. En très forte proportion, il est même vénéneux. L'asphyxie par l'acide carbonique, lorsqu'on en est sauvé à temps, peut
laisser des traces durables pendant plusieurs jours, contrairement
à celle par l'azote, qui ne produit qu'un étouffement sans conséquences organiques.

La présence de 2 °/₀ d'acide carbonique dans l'air rend déjà le
travail pénible. L'asphyxie se produit rapidement à 8 °/₀, mais les
lampes tenues à la main s'éteignent déjà à 5 ou 6 °/₀, prévenant ainsi
le mineur du danger.

On sait que sa densité est de 1,52. Il a donc tendance à s'accumuler sur le sol ; dans une atmosphère calme, la séparation est très
nette. Il en résulte que l'extinction de la lampe, portée à la main, à
faible hauteur du sol, avertit le mineur de l'existence d'une nappe
de CO^2, alors qu'il n'est pas gêné dans sa respiration. Par contre, cette
accumulation du gaz sur le sol rend très dangereuse la situation d'un
homme qui tombe par suite d'un commencement d'asphyxie.

Diverses causes amènent *l'augmentation de la teneur en acide
carbonique* dans la mine.

La respiration des hommes ou des animaux et la combustion
des lampes ne produisent que de faibles quantités d'acide carbonique.

Un homme ne produit que 21 l. à 22 l. de CO^2 par heure, un cheval 80 à 90 litres, une lampe 20 litres. On voit qu'il faudrait un grand
nombre d'ouvriers, dans un chantier très mal aéré, pour rendre l'air
irrespirable. Les explosifs, au moment de leur détonation, mettent
toujours en liberté de l'acide carbonique (environ 250 litres pour
1 kg. de dynamite) ; mais c'est encore là une cause de dégagement
dont l'influence est insignifiante.

L'oxydation des bois ou du charbon dégage des quantités beaucoup plus grandes d'acide carbonique, notamment dans les vieux
travaux, mal aérés, et par conséquent chauds et humides. Les mouvements de terrains, l'aspiration produite par la ventilation, à travers les cassures, chassent dans les travaux cet air vicié et riche en
CO^2, que les mineurs de certaines régions appellent du nom caractéristique de *la touffe*.

Les retours d'air, dans les houillères, contiennent parfois plus
de 1 °/₀ d'acide carbonique ; cette teneur devient plus forte lorsqu'il
se produit des échauffements dans la masse charbonneuse.

Dans certaines mines métalliques, on observe également des
productions d'acide carbonique ; de même dans les mines de sel ou
de potasse.

Nous parlerons plus loin des *dégagements instantanés* d'acide carbonique, qui se manifestent dans quelques houillères, et risquent de provoquer des catastrophes si l'on ne prend pas les mesures de précaution nécessaires.

11. Oxyde de carbone. — L'oxyde de carbone ne se trouve, dans l'atmosphère, qu'à l'état de traces infinitésimales. C'est un gaz incolore, inodore, un peu plus léger que l'air (poids spécifique 0,97), qui constitue un poison des plus dangereux, par suite de son action sur le sang.

Il est, en effet, fixé par les globules rouges plus facilement que l'oxygène, et les rend incapables de se charger d'oxygène. Ses effets sont donc durables, et lorsque le sang a fixé ainsi environ 1/2 litre d'oxyde de carbone, une syncope se produit ; les troubles résultant de l'appauvrissement en globules rouges sont très longs à guérir. Si la saturation du sang a été poussée jusqu'aux trois quarts (environ 0 litre 85 de CO pour un adulte), la mort est inévitable.

Les effets de l'empoisonnement se font sentir plus ou moins rapidement, suivant la teneur en CO.

Si celle-ci est de 0,1 %, la syncope survient au bout de deux ou trois heures. Déjà à 0,05 % on ressent des vertiges au bout d'une demi-heure, avec de violents maux de tête. A 0,2 %, l'évanouissement survient au bout d'une heure ou une heure et demie ; à 1 % en moins d'un quart d'heure.

Comme traitement, on recommande des inhalations d'oxygène pur, l'application de la respiration artificielle, le réchauffement du corps au moyen de couvertures et de bouillottes.

Le danger de l'oxyde de carbone est d'autant plus grave que ses effets sont souvent lents à se manifester, et que la présence de ce gaz n'empêche nullement les lampes de brûler.

On préconise, comme moyen d'avertissement, d'emporter avec soi, lorsqu'on craint la présence d'oxyde de carbone, de petits animaux à sang chaud, des souris blanches en particulier, qui sont beaucoup plus sensibles que l'homme à l'action de ce gaz. Ainsi, dans une atmosphère contenant 0,4 — 0,5 % CO, un homme ne tombe en syncope qu'après une demi-heure, tandis qu'une souris s'évanouit déjà au bout de trois minutes. Ce procédé est souvent adopté dans les Stations de Sauvetage.

Les principales *causes de dégagement* de l'oxyde de carbone sont les feux souterrains ou les explosions de poussières, en un mot tous les phénomènes qui produisent une combustion en présence d'une quantité d'air insuffisante. De même la détonation des explosifs donne de l'oxyde de carbone, surtout lorsqu'elle est incomplète ou qu'il y a déflagration. Il y a lieu de se préoccuper, dans l'établissement d'une formule nouvelle, de ce danger, et il faut proscrire tous les types d'explosifs qui produisent des gaz contenant une proportion notable d'oxyde de carbone.

En tous cas, il est prudent d'attendre, pour pénétrer dans le chantier, après un coup de mine, que les fumées aient été diluées par le courant d'air.

12. Autres gaz. — Les autres gaz qui peuvent se trouver dans l'atmosphère des mines sont moins importants, soit que leur action soit insignifiante, soit qu'ils ne se rencontrent qu'exceptionnellement.

L'*hydrogène*, très rare dans les houillères, se dégage parfois dans les mines de sel ou de potassse, où il donne lieu à de véritables soufflards. Il est sans action sur la respiration, mais très explosible, et plus inflammable que le grisou. Dans les mines où l'on observe des soufflards d'hydrogène, des précautions, analogues à celles qu'on adopte contre le grisou, doivent être prises, notamment au point de vue de l'éclairage.

L'*hydrogène sulfuré* ne se rencontre qu'exceptionnellement dans les houillères, sauf en dissolution dans les eaux des vieux travaux ; mais il se trouve dans les mines de sel, de potasse, et surtout de soufre.

Sa densité est égale à 1,2. Il est très soluble dans l'eau. Son odeur caractéristique d'œufs pourris permet de déceler sa présence même s'il n'existe qu'à l'état de traces dans l'air. C'est une circonstance heureuse, car il est encore plus toxique que l'oxyde de carbone. Une teneur de 0,01 % provoque déjà des troubles graves, suivis rapidement d'un évanouissement mortel.

D'autres gaz sont plus rares encore ; *sulfhydrate d'ammoniaque* ou *sulfocarbures* dans les mines de soufre, *hydrocarbures* dans les gisements pétrolifères (Pechelbronn par exemple) *carbonate d'ammoniaque* à la houillère de Decazeville, etc...

Une dernière catégorie de gaz est celle des produits de la détonation des explosifs.

En principe, ces gaz doivent être inoffensifs. Mais il arrive que l'explosion soit incomplète, ou qu'il y ait déflagration. Dans ce cas, à côté d'une proportion exagérée d'oxyde de carbone, il se dégage le plus souvent des *vapeurs nitreuses*, en particulier du protoxyde ou du peroxyde d'azote.

Ces vapeurs nitreuses ont une coloration rouge jaunâtre et une odeur désagréable.

Elles sont toxiques et attaquent les muqueuses. Il faut une action prolongée pour qu'elles provoquent des accidents mortels, mais elles occasionnent des malaises, maux de tête et vomissements, qui ne se manifestent souvent qu'au bout de quelques heures.

Il est donc prudent, ainsi que nous l'avons déjà fait remarquer à propos de l'oxyde de carbone, de ne pénétrer dans un chantier où a eu lieu une déflagration que lorsque la ventilation aura chassé les fumées.

13. Volume d'air nécessaire. — En résumé, la ventilation doit donc assurer trois buts principaux:

Fournir aux hommes et aux animaux, ainsi qu'aux lampes, un volume d'oxygène suffisant ;

Diluer et entraîner les gaz nuisibles ;

Rafraîchir la température dans les mines profondes.

Il est assez facile de calculer le volume à faire passer dans la mine pour remplir le premier de ces buts ; il est plus difficile de donner des chiffres précis lorsqu'on doit en outre satisfaire aux deux autres conditions. La première, en particulier, constitue toujours une source d'incertitude, lorsqu'il s'agit d'un gisement nouveau.

On a vu plus haut qu'un homme au repos aspirait, par minute, une dizaine de litres d'air ; s'il travaille, ce chiffre atteint facilement 20 litres et dépasse parfois 30 litres. Ce sont encore là des chiffres faibles, puisqu'un trentième de mètre cube d'air frais par minute suffirait ; mais il faut prévoir que l'air expiré reste mélangé à l'air frais ; il est donc nécessaire d'augmenter sensiblement le cube d'air théoriquement suffisant. On adopte généralement 2 à 3 mètres cubes par homme et par minute, en se basant naturellement sur le poste le plus nombreux.

On compte un cheval pour 4 ou 5 hommes.

Dans les mines dégageant des gaz nuisibles, notamment dans les houillères grisouteuses, l'envoi de 2 à 3 mètres cubes par homme et par minute assure déjà un assainissement des chantiers au point de vue de leur teneur en gaz. Mais, si la mine est franchement grisouteuse, il faut augmenter fortement ces chiffres.

On se base, pour calculer le volume d'air nécessaire, sur la teneur en grisou dans les divers points de la mine et dans les retours d'air. Ceux-ci ne doivent pas en renfermer plus de 1 % ; le règlement français porte que *le retour d'air d'aucun chantier ne doit tenir plus de 1 1/2 % du grisou pour les courants exclusivement affectés à l'aérage de travaux de traçage et 1 % pour tous autres courants d'air.*

Les volumes d'air envoyés dans une houillère atteignent en conséquence, dans certains cas, des valeurs énormes, dépassant parfois 100 mètres cubes *par seconde*.

On peut rapporter le volume d'air au tonnage de charbon extrait. Il sera en général, en mètres cubes par seconde, de 1/20 à 1/10 du tonnage de charbon, c'est-à-dire 50 à 100 litres par seconde, par tonne extraite.

Dans l'évaluation du volume d'air à envoyer dans la mine, on doit se préoccuper de la vitesse du courant d'air. Celle-ci ne doit pas dépasser (d'après le règlement français) 8 m. par seconde, sauf dans les puits et travers bancs ou dans les retours d'air principaux qui ne servent pas normalement au transport des produits ou à la circulation du personnel.

Si les conditions de la mine exigent un aérage puissant, il faut donc prévoir, pour les puits et galeries, des sections suffisamment larges pour que la vitesse reste dans les limites indiquées.

14. Résumé. — L'aérage d'une mine répond à trois buts essentiels :

Fournir l'oxygène nécessaire aux ouvriers et aux animaux pour leur respiration, aux lampes pour leur combustion.

Diluer et entraîner les gaz nuisibles.

Rafraîchir la température dans les mines profondes.

Cette dernière préoccupation devient de plus en plus importante au fur et à mesure que les mines s'approfondissent.

La température des roches est, en effet, constante à 10 ou 15 m. du sol, mais s'accroît ensuite constamment avec la profondeur.

On appelle *degré géothermique* le nombre de mètres dont il faut s'enfoncer pour que la température augmente de 1°.

En moyenne la valeur du degré géothermique est de 30 à 35 m. mais il est variable suivant les terrains, généralement inférieur à 30 m. dans les houillères.

Aux profondeurs de 800 et 1000 m. couramment atteintes dans les mines à notre époque, la température des chantiers rendrait impossible tout travail utile, surtout lorsque l'atmosphère souterraine est chargée de vapeur d'eau. A 25°, dans un air humide, un effort prolongé devient toujours pénible, alors qu'il est encore possible à 35 et même 40° dans un air sec.

La présence des *poussières* de charbon constitue un grave danger d'explosion, mais n'est pas nuisible pour la santé, comme les poussières siliceuses, qui attaquent les muqueuses des poumons.

L'air introduit dans la mine se vicie peu à peu par perte d'oxygène et par augmentation de la teneur en acide carbonique ou en gaz étrangers dégagés dans les chantiers.

L'oxygène est absorbé par la respiration des hommes et des animaux, qui produit de l'acide carbonique, par la combustion des lampes, mais surtout par les phénomènes d'oxydation des bois ou du charbon.

Si la teneur en oxygène descend à 17 ou 18 % (au lieu de 21 %) le sé-jour dans cet air vicié devient très pénible ; si elle n'est plus que de 15 %, les hommes tombent asphyxiés.

L'azote ne joue qu'un rôle neutre ; on n'a observé que très exceptionnellement des dégagements souterrains de ce gaz.

La teneur en *vapeur d'eau* augmente généralement par suite de l'humidité et de la température élevée des mines. Les retours d'air sont toujours saturés d'humidité en hiver. En été, par les journées chaudes et humides à l'extérieur, il peut au contraire se produire une condensation dans le puits d'entrée d'air ou dans les travers bancs à la base de ce puits.

L'acide carbonique rend l'air dangereux à respirer, si sa teneur dépasse 2 % ; grâce à son poids spécifique élevé, il a tendance à s'accumuler dans les points bas de la mine.

La respiration des hommes ou la combustion des lampes augmentent la proportion de CO_2 dans l'atmosphère des mines, mais la cause principale de son dégagement réside dans les phénomèmes d'oxydation signalés plus haut. Dans certaines mines, on doit prendre des précautions spéciales contre les dégagements brusques, parfois même instantanés, de masses importantes de ce gaz.

L'oxyde de carbone, produit de la combustion incomplète des matières contenant du carbone, est dangereux par son action énergique sur le sang. Une teneur de 0,1 % est déjà dangereuse au bout de deux ou trois heures, une teneur de 1 % est mortelle en moins d'un quart d'heure.

Il est inodore et l'on n'est prévenu de sa présence que par les malaises qu'il provoque et dont les suites sont parfois longues à guérir.

Les *autres gaz* (hydrogène, hydrogène sulfuré, vapeurs nitreuses, etc.) ne se rencontrent qu'exceptionnellement.

Au contraire, dans les houillères, le *grisou* est très fréquent et constitue, par le risque d'explosion qu'il présente, un des plus graves dangers contre lesquels le mineur ait à lutter.

Le *volume d'air nécessaire* pour répondre aux trois buts indiqués plus haut est très variable suivant les cas. Il dépasse, dans certaines houillères importantes 100 mètres cubes par seconde. On considère, en règle générale, qu'il faut au moins 2 à 3 m^3 par minute et par ouvrier présent dans la mine ; dans les houillères grisouteuses il faut en outre que la teneur en grisou, dans le retour d'air, soit inférieure à 1 %.

CHAPITRE II

LE GRISOU

§ 1. — PROPRIÉTÉS DU GRISOU.

15. Composition. — L'élément essentiel du grisou est le *méthane* (CH^4) ou formène, gaz des marais, protocarbure d'hydrogène.

Parfois le méthane est presque pur, plus souvent il est mélangé de gaz différents, tout en représentant 90 ou 95 °/₀ du volume. Exceptionnellement, la proportion de CH^4 descend au-dessous de 80 °/₀.

Le méthane pur a un poids spécifique de 0,56. Celui du grisou varie suivant la teneur en gaz étrangers ; couramment, il est voisin de 0,70.

Les gaz, autres que le méthane, que l'on rencontre le plus souvent sont : l'azote, l'acide carbonique et l'oxygène.

L'*azote* existe presque toujours, parfois en proportion très faible (moins de 1 °/₀) ou faible (2 à 5 °/₀). Exceptionnellement, la teneur atteint 15 à 20 %. On a même observé à Blanzy (Saône-et-Loire) un soufflard contenant 39,8 % d'azote ; le méthane ne représentait alors que 55,6 % du mélange.

La présence de l'azote s'explique peut-être par un mélange ancien du grisou pur avec de l'air qui se serait progressivement désoxydé par le charbon. Nous avons d'ailleurs signalé qu'il pouvait se produire de véritables soufflards d'azote.

Enfin, surtout lorsqu'il existe concurremment avec de l'oxygène il provient peut-être de communications récentes avec l'air du chantier dans lequel on capte le soufflard.

Une forte proportion d'azote augmente naturellement la densité du grisou.

L'*oxygène* n'existe en général qu'à très faible teneur : moins de 1 % ; parfois même l'analyse n'en décèle pas.

L'*acide carbonique* est compris, le plus souvent, entre 0 et 3 %, et ne dépasse qu'exceptionnellement ce dernier chiffre.

On a signalé, dans certaines analyses, un peu d'*hydrogène* ou d'*éthane* (C^2H^6). L'existence de ce dernier n'est pas toujours bien prouvée, mais il semble cependant qu'elle soit réelle dans certains cas, d'ailleurs très rares, et en très faibles proportions.

Pratiquement, l'élément actif du grisou est uniquement le méthane ; il est seulement plus ou moins dilué par un peu d'azote, d'oxygène ou d'acide carbonique.

16. Propriétés physiques. — Le grisou est un gaz incolore et inodore. On lui reconnaît parfois une certaine odeur et un peu de saveur, mais qui sont dues à la présence de gaz étrangers, comme l'ammoniac ou l'hydrogène sulfuré.

Il n'est pas toxique ; les syncopes qu'il provoque, dues à un phénomène d'asphyxie, sont moins graves qu'avec l'acide carbonique car, en tombant, l'homme se trouve, au voisinage du sol, dans un air plus pur.

Nous avons signalé, en effet, sa grande légèreté, qui fait qu'il a tendance à s'accumuler dans les parties hautes des chantiers, notamment dans les cloches ou dans les angles qui ne sont pas balayés par le courant d'air.

En atmosphère calme, il forme d'abord une nappe sous la couronne du chantier ; si la présence d'une flamme provoque sa combustion dans ces conditions, il peut arriver que l'inflammation se propage sans conséquence grave pour les mineurs qui occupent le chantier, et se limite ensuite à l'orifice de la cassure par laquelle se dégage le grisou.

Si l'atmosphère est tout à fait calme, sans courant d'air, le gaz se diffuse peu à peu dans toute la masse d'air et on obtient ainsi, au bout de quelques heures, un mélange explosif tandis qu'un renouvellement de l'air par un courant trop faible pour agiter l'atmosphère laisse subsister une nappe concentrée en couronne, au-dessus d'un air sans grisou.

Un brassage de l'atmosphère, par une ventilation énergique ou par le travail des ouvriers du chantier produit le mélange du grisou et de l'air et risque de provoquer la formation d'un mélange explosible.

17. Combustion du grisou. — La combustion du grisou donne de l'eau et de l'acide carbonique :

$$CH^4 + 2\,O^2 = CO^2 + 2\,H^2 O$$

En pratique, dans les mines, cette combustion (lente, ou prenant la forme d'une explosion) se fait toujours en présence d'un excès d'air. Il n'y aura donc pas formation d'oxyde de carbone. On en observe presque toujours à la suite d'une explosion, mais il est dû à la présence des poussières de charbon.

D'après les expériences de Mallard et Le Chatelier, la combustion, suivant la formule ci-dessus, donne une température de 2150° à volume constant en vase clos, et 1850° à pression constante.

18. Limites d'inflammabilité. — La combustion d'un volume de CH^4 exige donc, pour être complète, 2 volumes d'oxygène, ce qui correspond à une proportion de 9,5 °/₀ de méthane pur dans l'air. L'inflammation se produit, aux températures habituelles de l'atmosphère des mines, avant que la teneur de grisou ait atteint ce chiffre de 9,5 °/₀.

Dès 6 °/₀ environ, la combustion se propage dans toute la masse.

Cette propagation a lieu également pour des teneurs supérieures au chiffre théoriquement le plus favorable, de 9,5 °/₀. Mais si la proportion de grisou dépasse 16 °/₀, l'inflammation s'éteint sans allumer la masse environnante.

On peut donc dire qu'à la température ordinaire sont seuls inflammables les mélanges d'air et de grisou contenant de 6 à 16 °/₀ de ce dernier gaz.

Si la température du mélange s'élève, ces limites d'inflammabilité sont plus étendues.

Vers 650°, la combustion se propage quelle que soit la teneur.

19. Température d'inflammation. — Ce chiffre de 650° représente la *température d'inflammation* du mélange grisouteux, quelle que soit d'ailleurs sa teneur entre 6 et 16 %.

Mais, théoriquement tout au moins, il n'y a pas là une limite parfaitement définie. Au-dessous de 650° il y a combustion lente, sans flamme, qui échauffe peu à peu le mélange *s'il n'y a pas déperdition de chaleur par les parois du récipient dans lequel on fait l expérience*. Peu à peu, par suite de cet échauffement, la combustion s'accélère, pour se transformer finalement en inflammation.

20. Retard à l'inflammation. — En maintenant pendant un temps suffisant, dans un récipient clos, un mélange d'air et de grisou en proportions convenables, à une température supérieure à 500°, on finirait par provoquer son inflammation, si *l'on pouvait supprimer toute perte de chaleur par les parois*.

La durée de cette incubation, pendant laquelle on peut dire que le feu couve, serait de plusieurs heures à 500°, et elle se réduit si la température à laquelle est maintenue le mélange est plus élevée. Vers 600°, elle ne serait plus que de quelques minutes. A 650°, l'inflammation se produirait au bout de dix secondes environ ; à 1000° elle serait pratiquement instantanée.

En réalité, il est impossible d'éviter les pertes à travers les parois du récipient ; lorsque la température est telle que la durée d'échauffement qui précède l'inflammation soit considérable, ces pertes empêchent la température de la masse de s'élever : la combustion restera limitée et s'arrêtera lorsque la présence d'une certaine proportion de produits de la combustion aura rendu le mélange incombustible ; au contraire, si l'on fait l'expérience à une température telle que l'incubation (en vase clos) serait très courte, l'échauffement de la masse n'est plus arrêtée par les parois, dont l'action devient négligeable.

On comprend donc qu'il existe une certaine température, un peu variable suivant le rapport entre la masse du gaz renfermé et celle du récipient, à partir de laquelle la combustion lente peut se transformer en inflammation. Pour le grisou elle est de 650° environ.

Mais le phénomène de *retard à l'inflammation*, que nous avons signalé, subsiste. Il ne présente une intensité aussi marquée pour aucun des gaz combustibles connus et constitue une propriété essentielle du grisou. Nous verrons que les lampes dites de sûreté et les explosifs utilisables dans une atmosphère grisouteuse explosible sont basés sur le retard à l'inflammation qui pourtant est extrêmement faible au dessus de 1000°.

Signalons, avant de continuer, que les chiffres de température d'inflammation, ou de vitesse de combustion, indiqués dans cet exposé se rapportent à du grisou pur, et sont modifiés par la présence de gaz étrangers, en particulier des produits de la combustion. Mais, en pratique, c'est la température d'inflammation initiale et la vitesse de propagation dans un mélange normal qui importent.

21. Vitesse de propagation de l'inflammation. — L'inflammation d'un mélange grisouteux peut se propager suivant plusieurs modes très différents, dans leur vitesse et surtout dans leurs conséquences. Il peut y avoir simple flambée, comme dans le cas d'une accumulation de grisou non diffusé dans l'air, en couronne d'un chantier.

Cette flambée peut se transformer en explosion plus ou moins violente.

La vitesse de propagation dans un mélange au repos est lente, si la teneur en grisou est voisine des limites de 6 °/₀ ou de 16 °/₀. D'après les expériences de la Commission française du grisou (1) elle n'est que de $0^m,04$ par seconde pour une teneur de 6 °/₀, atteint un maximum de $0^m,60$ pour 12 °/₀ et décroît ensuite, pour n'être plus que de $0^m,08$ à 16 °/₀.

Le brassage du mélange accroît considérablement cette vitesse. Or il est très rare que la combustion se produise dans un mélange au repos. D'autre part, lorsque les gaz brûlés ne peuvent plus s'écouler librement, il se produit une compression du mélange, qui transforme la combustion en explosion, dans laquelle la vitesse peut atteindre plusieurs dizaines de mètres par seconde, produisant ainsi des effets mécaniques importants.

C'est ainsi qu'en allumant, à l'orifice, un mélange grisouteux contenu dans un tube de verre de 5 centimètres de diamètre, on voit la flamme se propager vers le fond, avec une vitesse uniforme, plus ou moins grande suivant la composition du mélange. Assez rapidement d'ailleurs cette vitesse devient moins régulière, et prend une allure *vibratoire*, qui se continue jusqu'au fond, en s'accroissant progressivement, mais en restant modérée.

Remarquons que si le tube a moins de 0^m05 de diamètre, l'influence refroidissante de parois s'exerce et peut même arrêter la propagation.

Nous verrons plus loin que l'influence de ces *parois* froides est utilisée, dans les tamis métalliques, pour la construction des lampes de sûreté.

Avec certains gaz le mouvement vibratoire peut se transformer

---

(1) Le Chatelier, *Le grisou*.

en *onde explosive*, de propagation presque instantanée. Le grisou ne présente jamais ce mode de combustion. Quelle que soit la vitesse de la flamme, il ne s'agit jamais d'un phénomène de détonation, mais d'une propagation extrêmement accélérée, qu'on a désignée sous le nom d'*explosion de second ordre*.

Si l'on allume le mélange au fond du tube d'essai, les gaz produits ne peuvent plus se dégager librement comme dans la première expérience ; ils refoulent la flamme devant eux, accélérant ainsi sa propagation et provoquant une agitation du mélange en avant de la zone qui brûle. L'inflammation ne tarde pas à se transformer en explosion dont la vitesse de propagation peut atteindre plusieurs dizaines de mètres, en particulier si l'explosion se produit dans une longue galerie en cul de sac.

22. Inflammation d'un mélange grisouteux dans la mine. — Les expériences de laboratoire ont permis d'analyser les conditions dans lesquelles se propagent les inflammations d'un mélange de grisou et d'air. Dans la mine, les circonstances sont moins simples, aussi les phénomènes observés sont-ils souvent plus complexes.

Tout d'abord, le mélange est moins pur, soit qu'il y ait une plus forte proportion d'azote, soit que l'acide carbonique présente une teneur notable. L'influence de ces gaz étrangers est pratiquement négligeable, bien que l'acide carbonique ralentisse, dans une certaine proportion, la vitesse de propagation.

L'agitation de l'air due à la ventilation, aux mouvements des ouvriers ou des machines, à la circulation des berlines, a une influence beaucoup plus considérable. En dehors du brassage du mélange qu'elle produit, elle augmente la vitesse de propagation et transforme en explosion une flambée qui se continuerait sans conséquences graves dans une atmosphère calme.

Le déplacement d'air qui suit le tirage d'un coup de mine est particulièrement énergique. Il peut même produire un échauffement préalable du mélange grisouteux, par un effet analogue à celui du briquet d'air.

Si la teneur est un peu inférieure à 6 %, il peut arriver que cet échauffement rende le mélange inflammable ; un coup débourrant risquera d'amener une brusque flambée, analogue à une explosion, mais dont la propagation restera limitée si la teneur moyenne du gaz dans l'air est inférieure à 6%.

Les conséquences d'une inflammation sont très différentes suivant que les gaz produits peuvent se dégager facilement ou sont au contraire gênés dans leur expansion.

Une inflammation commençant à l'entrée d'une galerie en cul de sac a des chances de se propager lentement jusqu'au fond de celle-ci. Au contraire, si une flambée, due à une cause quelconque, se produit au fond du cul de sac, l'inflammation se transformera rapidement en explosion.

Il en est souvent de même dans une galerie parcourue par un courant d'air, lorsque le volume de gaz produits par l'inflammation est trop grand pour qu'ils puissent s'évacuer sans amener une compression dangereuse.

Le sens et la vitesse du courant d'air sont négligeables dans le cas d'une explosion, dont la vitesse de propagation est considérable.

Au contraire, s'il s'agit d'une flambée qui ne se propage que lentement, il peut arriver qu'elle soit refoulée par le courant d'air ; les gaz brûlés précéderont la flamme dans son déplacement absolu, car le déplacement relatif de celle-ci par rapport au courant d'air est inférieur au mouvement de ce dernier.

Le plus souvent, par suite de l'agitation de l'air, la flamme se déplacera rapidement, même s'il n'y a pas explosion ; mais la propagation peut se faire soit dans le même sens que le courant d'air, soit en sens contraire, soit dans les deux sens, notamment s'il y a explosion.

Lorsque le mélange explosible ne remplit pas la galerie avant d'être allumé, mais qu'il est au contraire apporté par le courant d'air jusqu'au contact d'une flamme, la combustion se propagera forcément en remontant le courant, seule direction dans laquelle elle trouve un milieu favorable. C'est ce qui explique qu'on ait attribué aux explosions de grisou la tendance à se propager plutôt en sens contraire du courant d'air, alors qu'il paraît difficile d'admettre une telle influence de la ventilation en présence des vitesses énormes avec lesquelles se déplace la flamme d'une explosion.

Ce n'est que dans le cas d'une galerie parcourue par un courant d'air rapide, et d'une explosion se propageant avec une vitesse relativement faible, qu'on peut admettre que la compression produite par la propagation en sens contraire de la ventilation puisse avoir pour résultat d'augmenter la violence de l'explosion.

23. Causes d'inflammation du grisou. — Une source de chaleur quelconque dont la température est égale ou supérieure à 650° peut provoquer l'inflammation du grisou, mais à une condition, c'est que les molécules du mélange échauffées restent en contact avec cette source pendant un temps égal à la durée du retard à l'inflammation.

Ce phénomène, que nous avons expliqué plus haut, permet de

comprendre pourquoi un filament incandescent peut ne pas allumer le mélange explosible, si les molécules échauffées sont rapidement écartées par le courant d'air ou simplement si leur dilatation, en les rendant plus légères, amène leur ascension dans l'air avoisinant.

La sécurité, due au retard à l'inflammation, diminue avec la température de la source de chaleur. C'est pourquoi les *étincelles électriques*, qui ne durent qu'un instant, sont cependant dangereuses.

De nombreuses expériences ont été faites, en particulier par MM. Couriot et Meunier, pour rechercher dans quelles conditions les étincelles risquent, ou non, d'enflammer le grisou (1).

Ces conditions sont si complexes qu'il est prudent de considérer qu'une étincelle peut toujours être dangereuse, qu'elle soit produite par les collecteurs d'un moteur, par la rupture du filament incandescent d'une lampe, par un court circuit quelconque. On est arrivé à construire des moteurs électriques dans lesquels le danger est réduit au minimum, et dont on peut envisager l'emploi dans les milieux grisouteux.

Il ne semble pas que les étincelles produites par le choc d'un outil en acier sur une roche puissent enflammer le grisou, à moins que celui-ci ne contienne des gaz étrangers, de l'hydrogène par exemple, qui s'allument et rendent ainsi illusoire la sécurité due au retard à l'inflammation. Parfois cependant, une gerbe d'étincelles peut provoquer un accident ; mais c'est là un cas exceptionnel. Les véritables causes d'inflammation sont : la présence d'une lampe à feu nu ou d'une lampe de sûreté en mauvais état, et le tirage aux explosifs.

Les accidents dus aux coups de mine chargés avec des explosifs déflagrants, ou avec des explosifs de sûreté qui déflagrent, sont particulièrement graves, en raison de la chasse d'air violente qui facilite la propagation de l'inflammation et qui soulève les poussières de charbon.

Beaucoup d'explosions dues à des lampes n'ont que des conséquences limitées ; quelques-unes des catastrophes les plus meurtrières qui aient été enregistrées proviennent toutefois de cette cause.

D'autres imprudences telles que l'usage d'allumettes ou briquets, l'emploi de lumières ou de foyers à l'orifice d'un puits de sortie d'air, expliquent bien des accidents. Une autre cause, qu'il n'est malheureusement pas toujours possible d'éviter, est l'échauffement

---

(1) Couriot et Meunier. *Génie Civil*, 1906.

spontané du charbon dans la mine, lorsqu'il se transforme en incendie souterrain.

Grâce aux mesures de sécurité de plus en plus strictes adoptées dans les houillères grisouteuses, les accidents sont bien moins fréquents qu'autrefois. Mais des exemples récents montrent qu'il s'en produit encore dont les conséquences, terriblement aggravées par la présence des poussières de charbon, peuvent prendre une extension désastreuse.

24. Effets mécaniques. — Les allures très différentes que peuvent présenter les inflammations de grisou expliquent les variations considérables constatées dans les effets mécaniques produits.

Tantôt, après le passage de la flamme, on n'observera que des dégâts insignifiants, bien qu'un grand nombre d'ouvriers aient succombé par brûlures ou par asphyxie. Tantôt au contraire les effets mécaniques seront très importants : soutènement renversé, éboulements des terrains, berlines écrasées et transportées à une distance notable, rails arrachés, corps déchiquetés.

Mais il est rare qu'une explosion de grisou ne soit pas compliquée et aggravée par celle des poussières de charbon ; il est difficile de distinguer, si les résultats constatés sont dus à l'une ou à l'autre de ces causes.

Quant aux gaz produits par la combustion du grisou, ils sont irrespirables, en raison de leur forte teneur en acide carbonique. Nous avons fait remarquer plus haut que la présence de l'oxyde de carbone était due à la combustion des poussières de charbon.

§ 2. — Dégagement du grisou.

25. Origine du grisou. — Le grisou provient, comme la houille elle-même, de la décomposition des matières végétales lorsque celle-ci se poursuit à l'abri de l'air.

On observe d'ailleurs, dans les décompositions de végétaux au fond d'un marais, la formation de grisou, qui vient se dégager, sous forme de bulles, à la surface de l'eau.

Ainsi que le fait remarquer M. Le Chatelier dans son ouvrage classique sur le grisou, la décomposition des végétaux à l'abri de l'air est une réaction chimique normale, qui tend vers un équilibre atteint seulement lorsque tout l'oxygène contenu est revenu à l'état de CO^2 et tout l'hydrogène à l'état de CH^4.

26. Gisement du grisou. — On trouve surtout le grisou dans la houille, mais parfois aussi dans d'autres terrains géologiques, lorsque ceux-ci ont contenu des débris végétaux au moment de leur recouvrement.

On admet généralement que le gaz, de formation contemporaine à celle du milieu d'où il se dégage, s'y trouve renfermé, sous une pression considérable, à la façon d'un liquide dans un corps poreux. Le dégagement se produirait lorsqu'une différence de pression existerait entre l'intérieur de la masse de charbon et l'extérieur.

Ce sont, en particulier, les expériences de *Lindsay-Wood* en Angleterre (1879-1881) et les études théoriques de *Mallard* qui ont fait admettre cette théorie.

On a constaté, en forant des trous de sonde profonds dans une couche de charbon grisouteux, que la pression croît avec la profondeur, et qu'elle est d'autant plus grande que le charbon est moins poreux.

On a mesuré ainsi des pressions dépassant 30 atm., à 10 m dans une des mines où se sont poursuivies les expériences, à 16 m. dans une autre. En Belgique un trou de sonde perçant dans une couche vierge a donné 42,5 atm. Il n'y a d'ailleurs pas de règle générale, puisque la nature du charbon joue un rôle considérable. Dans certains gisements, la pression ne dépassait pas 18 atm. à 15 m., dans d'autres elle n'était que de quelques centimètres de mercure.

On a présenté, contre cette théorie de l'existence du grisou préformé dans les couches, certaines objections qui tendent à montrer qu'elle n'explique pas la possibilité de dégagements instantanés d'un grand volume de grisou, alors qu'il n'existait aucune poche où le gaz aurait pu s'accumuler.

On en a déduit qu'il paraissait plus rationnel d'admettre que le grisou n'existe pas, à l'avance, dans la masse du charbon, mais qu'il se forme, ultérieurement, par dissociation.

Cette hypothèse n'est pas généralement admise, mais on reconnaît maintenant que l'augmentation de la pression dans la masse du charbon ne suit pas une loi rigoureuse. Il n'y aurait pas imprégnation par le gaz accumulé dans les pores du charbon, mais une sorte de dissolution dans le solide lui-même, sans qu'on puisse expliquer, à l'heure actuelle, sous quelle forme se produit cette incorporation dans la masse charbonneuse, pas plus que le processus de mise en liberté du gaz.

Quel que soit son mode de formation, le grisou est irrégulièrement distribué dans la masse du charbon. Des zones très voisines peuvent donner naissance à des dégagements très différents. De même, des charbons de composition semblable sont grisouteux ou non suivant les régions, parfois même dans une même mine.

Sous réserve de la remarque ci-dessus, on peut cependant donner quelques règles, résultant d'observations très nombreuses, qui indiqueront les probabilités d'existence du grisou.

La *nature du charbon* joue un rôle incontestable : les charbons maigres et anthraciteux sont moins grisouteux que les charbons à gaz, et ceux-ci le sont généralement moins que les charbons gras. Les lignites dégagent rarement du grisou.

On a cependant constaté que les charbons à gaz de Westphalie sont beaucoup moins grisouteux que ceux de la Sarre ; les anthracites de Pensylvanie, de même que les charbons maigres du bassin de la Wurm (près Aix-la-Chapelle) sont grisouteux.

La *profondeur* du gisement et l'épaisseur des terrains de recouvrement influent nettement, dans la plupart des cas, sur l'importance des dégagements. Les affleurements, qui ont subi un drainage naturel, ne contiennent pas de gaz. A mesure qu'on s'approfondit, on voit celui-ci apparaître, et devenir de plus en plus abondant.

La *perméabilité* différente des terrains de recouvrement explique souvent pourquoi une même couche est plus grisouteuse sous un toit compact que sous un toit fissuré.

Enfin le *temps* depuis lequel la surface du charbon est exposée à l'air influe sur les quantités de grisou qui se dégagent. Le drainage, très actif au début, finit par ne plus avoir d'action sensible sur la masse découverte.

27. Modes de dégagement. — Le dégagement du grisou peut se faire sous plusieurs formes : lent et continu sur toute la surface du charbon (*dégagement normal*), rapide et intense par une cassure (*soufflard*), extrêmement brusque et abondant offrant les apparences d'une sorte d'explosion de la masse de charbon (*dégagement instantané*).

28. Dégagement normal. — Dès qu'un charbon grisouteux est mis à nu sur une certaine surface, si petite soit-elle, par un trou de sonde, une galerie, ou l'ouverture d'un chantier, le gaz commence à se dégager sur toute cette surface, en quantités plus ou moins grandes, qui peuvent d'ailleurs être différentes d'un point à l'autre. Le dégagement se manifeste souvent en même temps dans les bancs du mur et du toit, parfois même avec une intensité particulière.

Lorsque la pression du gaz est élevée, la mise en liberté de ce dernier est accompagnée d'un léger bruit analogue à celui de l'ébullition de l'eau. On peut même constater que des parcelles se détachent du front de taille, produisant un bruit de crépitement caractéristique.

Mais le plus souvent, ces signes avertisseurs ne sont pas perceptibles et le mineur n'est pas prévenu d'un dégagement dont l'intensité peut rendre rapidement dangereuse l'atmosphère du chantier, si celui-ci est mal ventilé.

Le drainage du gaz est plus rapide lorsque le charbon est fraîchement découvert, mais les variations de débit ne se font sentir que très lentement. Un trou de sonde continue souvent à fournir du grisou sans variation notable de pression pendant des semaines. De même, le drainage par une galerie qui recoupe une veine de charbon est en général constant pendant assez longtemps.

L'abatage en chantier donne des quantités plus considérables de gaz, d'abord en raison de la grandeur des surfaces mises à nu, et surtout par suite des cassures qui s'ouvrent dans la masse du charbon.

Malgré cela, lorsqu'une période de chômage se produit dans une mine, ce n'est qu'après un temps prolongé qu'on observe une diminution de la teneur du gaz dans le retour d'air. Les dislocations dans les terrains encaissants, si elles se propagent jusqu'à une couche voisine, ouvrent aussi des fissures qui la drainent.

Le dégagement du grisou amène parfois un durcissement du front de taille ; au contraire il facilite souvent l'abatage ; on constate même assez fréquemment qu'après un arrêt de travail d'un jour ou deux, le front de taille s'est avancé légèrement.

29. Importance des dégagements. — On a cherché, dans beaucoup de mines, à évaluer l'importance des dégagements de grisou. On constate qu'ils représentent parfois un volume très considérable.

Les quantités totales mesurées n'ont qu'un intérêt secondaire, si l'on n'indique pas en même temps l'importance des surfaces de charbon découvertes et le tonnage abattu. Les analyses poursuivies pendant des périodes prolongées ont cependant confirmé que les variations dans l'intensité de l'abatage ou les interruptions de travail de peu de durée n'ont qu'une influence négligeable sur les quantités de grisou dégagées.

Il est plus intéressant de comparer ces quantités et les tonnages de charbon extraits de la mine pendant une même période. On a constaté ainsi que le volume de grisou pouvait s'élever à 60 m³ par tonne extraite en Westphalie, 67 m³ dans la région d'Aix-la-Chapelle — on peut citer également les chiffres de 6,5 à 45 m³ à Ronchamp (d'après M. Poussigue), 39 m³ à Anzin (d'après M. Chesneau).

À la mine de Louisenthal près Sarrebrück on a même noté

248 mètres cubes par tonne pendant la période de préparation (1).

30. Causes influant sur les dégagements. — En dehors des causes dont nous avons déjà parlé (nature du charbon, temps écoulé depuis sa mise à nu) il en existe d'autres qui influent sur les dégagements et expliquent leurs variations.

On a, par exemple, fait remarquer que pendant la période de traçage, le drainage est plus actif, en raison du renouvellement rapide des surfaces mises à nu. Lorsque le dépilage commence, une partie du gaz a déjà été évacué, et le déplacement des fronts de taille est plus lent, aussi le volume de grisou dégagé, par mètre carré de charbon découvert, est-il moindre.

Toutefois, dans une mine en pleine exploitation, la proportion des surfaces fraîches, par rapport à toutes celles qui dégagent du gaz est très faible, et comme on l'a vu plus haut l'activité plus grande du drainage sur les premières n'a plus qu'une influence peu sensible, car cette activité ne décroît qu'assez lentement ; on comprend donc que la teneur, dans les retours d'air, varie peu, et qu'elle reste même constante pendant les arrêts peu prolongés.

Les *dislocations* produites par les mouvements de terrains, en ouvrant des cassures nouvelles dans le charbon ou dans les roches encaissantes, peuvent amener des afflux nouveaux de gaz.

Les coups de charge des terrains ont pour effet, en augmentant brusquement la pression, d'accentuer les dégagements.

La pression, par elle-même, explique la continuation du drainage des surfaces non travaillées depuis longtemps, ainsi que des roches encaissantes.

On a donc été amené à se demander si les *mouvements sismiques*, en particulier les tremblements de terre importants n'avaient pas une influence directe sur les dégagements.

Des observations ont été poursuivies dans divers pays, mais les conclusions qu'on en a tirées ne sont pas nettes.

Il y a peut-être une certaine concordance entre ces mouvements et les maxima et minima de la teneur en grisou dans les mines observées, mais on ne peut affirmer que la question soit tranchée, ni surtout que cette influence ait une importance notable.

Un problème plus étudié est celui de savoir quelle pouvait être l'influence des *variations barométriques*. On a affirmé pendant quelque temps que celles ci pouvaient agir même sur le dégagement du grisou existant dans le charbon. Pourtant les pressions sous lesquelles

---

(1) HEISE ET HERBST : *Exploitation des mines.*

le gaz est emmagasiné sont telles qu'une variation de quelques millimètres de mercure est pratiquement négligeable. Des observations poursuivies en Autriche ont permis de conclure que la relation cherchée n'existait pas. Par contre, il est incontestable qu'une baisse barométrique fait sortir des vieux travaux les gaz qui s'y étaient accumulés. Plus le remblayage est soigné, moins ce danger est à craindre. Mais dans les anciennes mines exploitées par foudroyage ou mal remblayées, les vides existants représentent un volume considérable. Il est donc explicable que l'on ait pu constater une concordance, dans un certain nombre de cas, entre les baisses barométriques brusques et les accroissements de teneur en grisou, suivis ou non d'un accident.

Les mines modernes sont aérées au moyen de ventilateurs qui créent une dépression sensible dans la mine, et diminuent l'influence des variations barométriques. Il n'en était pas de même dans les anciennes exploitations où l'aérage était *naturel*, sans intervention d'appareils mécaniques.

Dans ces mines, les changements de *température*, en troublant l'aérage, facilitaient les accumulations de gaz. Avec les ventilateurs cette cause de danger n'existe plus.

31. Accumulation du grisou dans les vieux travaux. — On a vu qu'à côté des dégagements normaux du grisou, il fallait citer ceux qui viennent d'accumulations de gaz dans les vides formés par l'exploitation d'où ils sortent sous l'influence de la ventilation, d'un affaissement du toit, d'une baisse barométrique, ou simplement de l'établissement d'une communication nouvelle avec les chantiers.

Dans ces vieux travaux, lorsqu'ils présentent encore des surfaces où le charbon ou un banc contenant du grisou sont à nu, les dégagements continuent longtemps après leur abandon ; dans certaines mines les quantités ainsi produites entrent pour une proportion notable dans le volume total de gaz qu'on extrait par le puits de sortie d'air.

Si le remblayage a été soigné, et que les pressions des terrains ont amené son adhérence contre la couronne; les dégagements sont très diminués.

Tant qu'ils contiennent des vides importants, les vieux travaux constituent un danger sérieux, car ils forment de vastes réservoirs où le gaz peut s'accumuler peu à peu. Le courant d'air ne les parcourt pas, ou les traverse simplement par quelques passages plus largement ouverts. Sous l'une des causes énumérées plus haut, le gri sou. peut refluer dans la mine, en quantités considérables et y former une atmosphère explosible.

Parmi les raisons déterminantes de ces invasions des chantiers par les gaz des vieux travaux, une des plus dangereuses réside dans les affaissements subits du toit, resté en place sur une grande étendue dans les quartiers abandonnés. Nous avons dit, en décrivant les méthodes d'exploitation par foudroyage, que ces éboulements sur de trop grandes étendues amenaient des mouvements de terrains qui risquaient de renverser le soutènement des chantiers; dans les mines grisouteuses, le danger d'une chasse d'air qui expulse les gaz accumulés est plus redoutable encore. C'est pourquoi l'on préfère un toit qui s'éboule en suivant de moins loin le front de taille et qu'on s'efforce même d'en provoquer la chute par un déboisage systématique.

Les vieux travaux ne contiennent pas forcément du grisou, soit que le drainage des terrains encaissants soit achevé, soit que les gaz renfermés se soient peu à peu oxydés.

32. Dégagements exceptionnels. Soufflards. — A côté des suintements réguliers, par la surface du charbon mis à nu ou des roches encaissantes, le grisou présente d'autres modes de dégagement plus irréguliers et plus soudains. Parmi ces derniers, les *soufflards* sont les plus fréquents. On désigne sous ce nom de véritables sources de gaz qui s'échappent par une cassure du terrain et qui fournissent parfois des volumes très abondants, d'autant plus dangereux qu'au voisinage de leur orifice l'atmosphère présente souvent une teneur comprise dans les limites d'inflammabilité.

Ces soufflards proviennent de la mise en communication des travaux, par ces cassures, avec des poches où le gaz est emmagasiné.

Tantôt ces poches ont une étendue limitée, qui peut d'ailleurs être importante comme volume, tantôt elles sont constituées par un réseau de cassures de peu d'ouverture, mais s'étendant très loin. Le grisou y est enfermé sous une pression plus ou moins grande qui atteint parfois plusieurs atmosphères.

Au moment où le gaz trouve une issue, il se répand dans le chantier avec d'autant plus de rapidité que sa circulation dans la cavité est plus facile.

Au début d'un soufflard, l'irruption du grisou est donc brusque et le volume dégagé considérable.

Lorsqu'un équilibre de pression s'est établi entre le chantier et l'intérieur de la poche, l'écoulement se ralentit, mais il peut se poursuivre longtemps, alimenté par les dégagements sur les surfaces formant les parois du réservoir ainsi mis en communication avec les travaux souterrains.

L'importance relative de ces deux manifestations successives varie suivant la forme de la cavité. Si celle-ci est limitée par des parois sans fissures, le premier dégagement sera intense, mais la surface de la poche étant faible, le soufflard ne donnera plus, ensuite, qu'un dégagement très faible. Au contraire, une cavité formée d'un réseau étendu de minces fissures ne donnera qu'un écoulement immédiat peu considérable, mais qui se continuera longtemps.

Les soufflards sont en réalité très fréquents, puisque la masse du charbon présente de nombreuses fissures, qui donneront chacune un petit soufflard lorsqu'elles seront atteintes par les travaux de dépilage. Même en négligeant ces manifestations élémentaires du phénomène de dégagement brusque, on observe des soufflards dans la plupart des mines grisouteuses.

Certains d'entre eux ont fourni des quantités de gaz suffisantes pour constituer une source de gaz naturel utilisable, pendant des années, pour l'éclairage à la surface.

On a cité de nombreux exemples de soufflards dégageant plusieurs mètres cubes par minute, les uns pendant très longtemps, les autres au contraire diminuant très vite d'importance. Ce dernier cas est le plus général.

Le grisou provenant des soufflards contient quelquefois une forte proportion d'azote. Nous avons cité le cas exceptionnel constaté, aux mines de Blanzy, où ce gaz atteignait une teneur de 39,8 °/₀ ; des proportions de 15 à 20 °/₀ ont été mesurées à plusieurs reprises.

De même, la teneur en CO_2 est fréquemment plus élevée que dans les dégagements normaux, et peut atteindre 5 °/₀.

L'existence d'un soufflard se manifeste souvent, pendant la première période de son dégagement, par un sifflement analogue à celui d'une fuite de gaz ; mais dès que sa pression a baissé, ce qui arrive très vite si la cassure est large, aucun bruit ne décèle la présence du danger, à moins que le dégagement ne se fasse au sol de la galerie, sous une couche d'eau ; dans ce cas, on voit les bulles de gaz venir crever à la surface.

En approchant une lampe de sûreté de la cassure, on provoque une petite explosion à l'intérieur des tamis, qui ne se propage pas à l'extérieur si la lampe est en bon état ; si celle-ci est défectueuse, l'explosion se transmet à l'air environnant, et les conséquences peuvent être très graves.

Nous verrons dans les paragraphes suivants de ce chapitre les moyens de reconnaître les points dangereux de la mine et de se protéger contre les dangers d'un dégagement intense de grisou.

Indiquons seulement qu'on cherche parfois à capter un soufflard, comme on le ferait d'une source, pour empêcher le gaz de se répandre dans les travaux, ou pour l'utiliser à la surface pour des expériences sur les lampes de sûreté ou les explosifs. Les grandes Stations de Sauvetage, qui comportent un laboratoire d'études, sont établies au voisinage de puits grisouteux, où de tels captages fournissent les gaz nécessaires aux expériences. Mais la durée des dégagements est très irrégulière; les travaux de captage exécutés ont parfois coûté très cher, et sont devenus improductifs au bout de peu de mois.

33. Autres dégagements exceptionnels. — Les soufflards sont très fréquents en Angleterre, mais on rencontre aussi dans ce pays un mode de dégagement exceptionnel qui en diffère sensiblement. Les couches exploitées dans certaines mines sont doublées, à faible distance dans le toit, par d'autres couches minces et très grisouteuses. Ces dernières ne sont pas exploitées, mais les dislocations produites par les travaux amènent la formation de cassures permettant au grisou accumulé dans ces petites couches d'envahir brusquement les chantiers. Le phénomène se distingue donc d'un soufflard en ce que les cassures par lesquelles se produit l'écoulement ne préexistent pas, mais sont ouvertes par les travaux eux-mêmes. On lui donne le nom de *sudden outburst* ; ses effets sont analogues à ceux d'un soufflard. Ces dégagements brusques sont d'autant plus fréquents en Angleterre que les exploitations par foudroyage sont encore très répandues. Les progrès des méthodes par remblayage tendent à les rendre plus rares, ou tout au moins à en diminuer la violence.

34. Dégagements instantanés. — Il existe enfin un mode de dégagement, heureusement limité à certains gisements, qui donne lieu à l'envahissement des travaux par un grand volume de grisou, avec une soudaineté analogue à celle d'une explosion.

Dans ces *dégagements instantanés*, la masse de grisou accumulée fait céder brutalement la paroi de charbon qui la sépare des chantiers et se détend en projetant, avec un bruit violent, une masse considérable de charbon broyé.

C'est surtout en Belgique, près de Mons, et en France, dans le bassin du Gard (notamment à Bessèges), que l'on a observé ces dégagements.

Aux mines de l'Agrappe (près Mons) le 17 avril 1879, un volume de grisou, estimé à près de 500.000 mètres cubes, projeta ainsi 420 tonnes de charbon menu, et vint s'allumer à l'orifice du puits d'extraction, produisant une flamme de 10 m. de hauteur pendant plus de 2 heures. Lorsque le dégagement se ralentit, la flamme redescendit dans la mine et y provoqua plusieurs explosions ; 121 mineurs furent tués dans cet accident.

Dans la même mine, en 1886, une projection de 500 tonnes a été constatée, heureusement sans conséquences aussi graves. A Bessiges, en 1909 on a évalué à 310 ^{T} la quantité de charbon projetée, qui a entraîné la mort par asphyxie de 5 ouvriers.

Le danger des dégagements instantanés réside donc non seulement dans l'envahissement de l'atmosphère souterraine par une masse de grisou portant la teneur en gaz combustible à un degré rendu plus critique encore par la violence du courant d'air, mais surtout dans la projection d'une quantité de charbons menus sous lesquels les mineurs risquent d'être ensevelis. De plus, même s'ils ne sont pas atteints par les projections, les hommes se trouvent dans une atmosphère où la proportion d'oxygène est trop faible, et où ils peuvent être asphyxiés.

Pour produire des effets aussi intenses, il faut que le grisou soit accumulé sous une pression formidable. La comparaison des quantités de gaz dégagées avec le volume laissé vide par le charbon projeté a conduit à calculer, dans certains cas, des pressions de plus de 100 atmosphères ; il est difficile de trouver une explication satisfaisante de la forme sous laquelle le gaz peut ainsi être accumulé dans la masse charbonneuse, d'autant plus que les zones sujettes à donner naissance à de semblables dégagements sont souvent très limitées. On doit donc penser que, par places, le charbon a une consistance particulière, susceptible de s'imprégner de gaz à un degré beaucoup plus grand que la masse environnante.

La mise en liberté de ce gaz est assez instantanée pour que l'on ait pu dire qu'un tel charbon est explosif. Sa transformation brusque en menus n'est sans doute pas étrangère à la rapidité avec laquelle il se débarrasse du grisou qu'il contient.

On a parfois remarqué que les couches sujettes à des dégagements instantanés contenaient des amas de charbon tendre (*fusain*), qui serait du charbon de bois provenant de certaines fougères ou autres plantes fossiles.

Les zones à dégagements instantanés, ainsi que nous l'avons dit, sont parfois très restreintes et entourées de charbon très dur. Jusqu'au moment où la planche de charbon qui sépare l'une d'elles du chantier aura gardé une épaisseur suffisante, aucun phénomène ne décèlera, dans bien des cas, la présence du danger. Dans certains cas, les charbons environnants sont friables et un pilier très mince n'est pas emporté, même après l'ébranlement causé au voisinage par des coups de mine violents, tandis qu'une projection a lieu par la suite dans une direction en apparence plus solide.

Le phénomène de mise en liberté du grisou inclus dans le charbon est donc plus compliqué que s'il s'agissait simplement d'une accumulation, sous très forte pression, dans un réservoir vide entouré d'une paroi solide. Tantôt il n'est précédé d'aucun dégagement qui attire l'attention, et ressemble bien à une explosion imprévue; tantôt, au contraire, il se manifeste par des indices qui permettent aux ouvriers de se mettre à l'abri avant la projection du charbon.

Dans ce dernier cas, on observe par exemple (à Bessèges) des craquements dans les bois, des crépitements dans le charbon, accompagnés souvent d'un dégagement intense qui produit, dans les galeries aboutissant au chantier, un coup de vent très sensible.

Les mineurs, ainsi prévenus, doivent prendre immédiatement la fuite, mais en se baissant et en se bouchant le nez et la bouche pour éviter de respirer l'air rendu irrespirable par sa forte teneur en grisou.

Le dégagement n'est parfois pas suivi de projection de menus; en revenant au chantier, on constate seulement un charriage de la masse de charbon, sur plusieurs mètres. S'il y a projection, celle-ci n'est pas toujours limitée au charbon, mais peut affecter les bancs du mur ou du toit.

Il semble que les dégagements instantanés, dans les mines où il s'en produit, ne commencent guère qu'à une profondeur assez grande, mais sont de plus en plus fréquents avec l'approfondissement des travaux. Les zones tourmentées des couches sont les plus dangereuses, et c'est surtout pendant les travaux de traçage qu'ils se manifestent.

Nous verrons au § 4 les mesures recommandées pour se protéger contre ce danger.

35. Dégagements de grisou dans les mines autres que les houillères. — L'existence du grisou est rare dans les mines métalliques, mais il en existe cependant des exemples. C'est ainsi qu'on en a observé dans les gisements de Pontpéan, en Ille-et-Vilaine (plomb, zinc et cuivre), dans des mines d'or au Brésil, dans quelques gisement ferrugineux.

Son origine a été attribuée dans certains cas à des fissures faisant communiquer les filons avec des terrains plus profonds. Dans d'autres cas, la présence de veinules carbonifères dans les terrains encaissants suffit à expliquer sa présence, ou encore la décomposition de bois abandonnés dans d'anciens chantiers (par exemple dans les carrières d'argile des environs de Paris).

Certains gisements, comme ceux de sel ou de soufre sont grisouteux ; l'existence du gaz semble due à une affinité entre ces corps et le grisou analogue à celle qui l'unit au charbon ; mais les quantités dégagées sont rarement comparables à celles qu'on observe dans les houillères.

§ 3. — Grisoumétrie

36. Nécessité de la grisoumétrie. — Le grisou ne manifestant sa présence par aucune odeur caractéristique, ni par des malaises semblables à ceux qu'occasionnent d'autres gaz, il est indispensable de rechercher des moyens spéciaux de déceler son existence et de mesurer sa teneur dans l'atmosphère de la mine, particulièrement dans les zones mal ventilées où il a tendance à s'accumuler.

Il faut que ces moyens soient d'un emploi facile et sans danger, et fournissent rapidement le renseignement désiré. L'analyse d'une prise d'air effectuée soit dans les galeries de retour d'air, soit dans un chantier quelconque, donne des résultats précis, mais qui ne sont obtenus qu'après un délai assez long. Il est d'autre part impossible d'effectuer par ce procédé un grand nombre d'investigations, et le danger risque de n'être reconnu que trop tardivement.

Parmi les moyens les plus employés, l'observation de la flamme d'une lampe brûlant dans une atmosphère grisouteuse donne les indications les plus immédiates, avec une exactitude satisfaisante lorsqu'on se sert de lampes spéciales.

On a imaginé des appareils permettant une analyse rapide de l'air *(grisoumètres)* ; des prises d'essai, analysées dans le laboratoire à la surface, donnent un contrôle des mesures faites au fond. Nous allons examiner successivement ces divers procédés.

37. Examen avec une lampe ordinaire. — Les lampes de sûreté, qui seront étudiées en détail au chapitre VIII, sont à huile ou à essence (1), et la flamme est protégée par des tamis métalliques, au dessus d'une couronne en verre épais.

Lorsque la lampe se trouve dans une atmosphère grisouteuse,

---

(1) Nous ne parlons pas pour le moment des lampes électriques, qui ne peuvent servir à la recherche du grisou.

elle s'allonge et s'entoure d'une auréole bleuâtre, allongée en forme de cône. Ces deux phénomènes sont de plus en plus nets, jusqu'au moment où la teneur approchant de 6 %, il se produit une petite explosion à l'intérieur des tamis.

L'allongement ne permet pas de constatations assez nettes ; au contraire, avec un peu d'habitude, l'examen de l'auréole donne des indications précieuses, particulièrement avec les lampes à essence. Pour rendre bien visible l'auréole (qui est due à la combustion du grisou), on baisse la flamme jusqu'à ce qu'elle ne contienne plus de partie blanche. On distingue alors l'auréole, dont la hauteur croît avec la teneur du grisou.

Avec une lampe à huile, on ne peut guère déceler ainsi moins de 1 % de gaz, tandis qu'une lampe à essence donne déjà une auréole nette à 0,2 ou 0,3 %.

Fig. 59. — Auréoles autour de la flamme d'une lampe à essence dans une atmosphère grisouteuse.

La fig. 59 montre l'aspect de la flamme d'une lampe à essence, du type Wolff, pour des teneurs de 1 %, 2 % et 4 %.

Vers 0,5 % on ne distingue l'auréole qu'au-dessus de la flamme.

A 1 % elle est nette et entoure la flamme, à 2 % elle mesure environ 1 cm. de hauteur, à 3 % elle atteint le haut du cylindre de verre, à 4 % elle a déjà 4 à 5 cm. ; à 5 % elle remplit presque tout le tamis.

Ainsi qu'on le voit, ces indications sont précieuses, mais elles ne peuvent être interprétées que par un mineur·expérimenté.

On a cherché à construire des lampes spéciales, où l'auréole est plus grande, et munies d'une graduation précise donnant, par une simple lecture, la teneur en grisou.

38. Lampes grisoumétriques. — Pour avoir une flamme non éclairante, on a d'abord cherché à utiliser l'hydrogène comprimé (lampe *Clowes*), mais le réglage est peu précis.

La lampe *Pieler*, encore employée dans beaucoup de houillères à l'étranger, est basée sur l'emploi de l'alcool comme combustible.

C'est une lampe à un tamis (ou mieux à double tamis comme dans le modèle perfectionné par M. Dinoire, des mines de Lens), avec cuirasse protectrice (*fig. 60*). La flamme elle-même est cachée par un cylindre en fer blanc ; on règle la lampe dans l'air pur, avant de descendre, de façon que le haut de la flamme affleure au haut de ce cylindre.

Une graduation, marquée sur le revers du volet, qu'on ouvre pour faire l'observation, permet de lire, d'après la hauteur de l'auréole, la teneur en grisou. Les indications deviennent nettes dès 0,25 % de grisou ; à 2,25 %, la flamme atteint le haut du tamis.

Si la teneur atteint 3 %, la lampe s'échauffe et l'alcool se met à distiller. D'autre part, dans un courant d'air, on risque de voir la flamme sortir du tamis.

En France et en Belgique, cette lampe est remplacée actuellement par la lampe *Chesneau*.

Cette dernière, représentée sur la fig. 61, comporte un tamis protégé par une cuirasse ; l'entrée d'air se fait à la base, par un anneau fermé par un double tamis

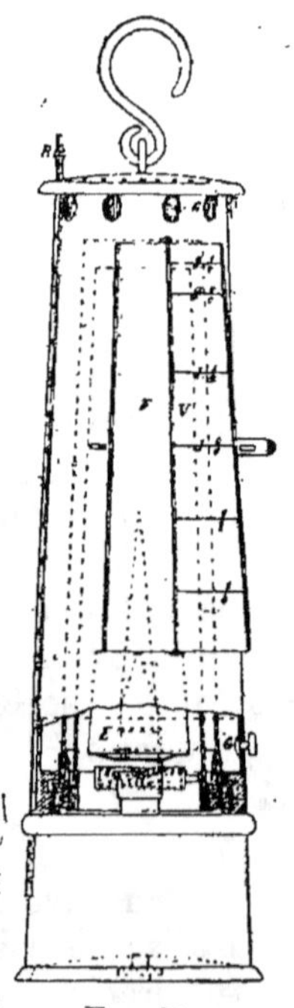

Fig. 60. — Lampe Pieler.

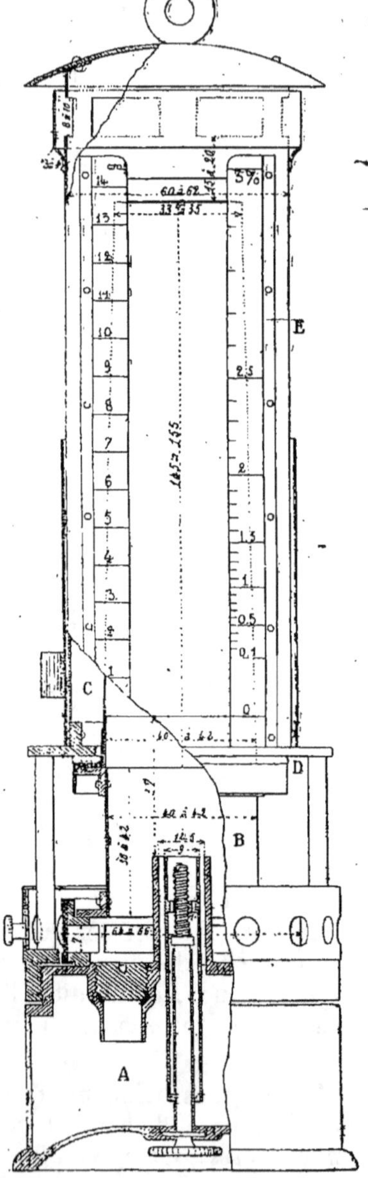

Fig. 61. — Lampe Chesneau.

métallique ; pour arriver à ce dernier, l'air pénètre par des fenêtres placées sur une couronne métallique.

La flamme est entourée par un manchon cylindrique en tôle B, de 40 à 42 $^m/_m$ de diamètre. La base du tamis porte un collet formant le sommet de l'écran qui cache la flamme.

La hauteur du collet doit être réglée de telle sorte que son sommet dépasse de 37 $^m/_m$ le tube entourant la mèche.

Le tamis (à 144 ou 196 mailles par centimètre carré, en fils de fer ou de laiton) est entouré par la cuirasse en tôle, percée d'une longue fenêtre rectangulaire en mica, fermée par un volet, et sur les bords de laquelle sont gravées les graduations. Le combustible est de l'alcool méthylique à 92°5 B auquel on a ajouté (pour 1 litre d'alcool) :

1 gr. d'azotate de cuivre ;
1 gr. de liqueur des Hollandais (bichlorure d'éthylène : $C^2H^4Cl^2$).

Grâce à la transformation de l'azotate en chlorure de cuivre par l'acide chlorhydrique dégagé, l'auréole a une couleur bleu verdâtre très distincte.

Une fois la lampe réglée dans l'air pur de façon que la flamme atteigne le haut du collet, on descend dans la mine pour faire les observations.

L'auréole est visible depuis 0,1 °/₀ de grisou. La hauteur est la suivante :

Teneur en grisou	Hauteur
0,1 °/₀	15 $^m/_m$
0,5	24
1	34
1,5	46
2	64
2,5	90
3	140

Les indications fournies par la lampe sont exactes pendant 4 heures à partir de l'allumage.

Avec une lampe bien contruite et bien réglée, et un combustible soigneusement dosé, on obtient avec cet appareil des résultats très précis, sur lesquels la température de l'air n'a pas d'influence sensible.

Cependant, comme la hauteur de la lampe, au-dessus de l'entrée d'air, est de 25 centimètres environ, on ne peut explorer la couronne des chantiers, d'autant plus que la lampe s'éteint si on l'inclin...

39. Autres grisoumètres. — On a imaginé divers appareils reposant, non plus sur l'observation d'une flamme, mais sur les modifications apportées par la présence du grisou aux propriétés physiques de l'air.

L'une de ces modifications les plus nettes est la diminution de la densité.

Dans le *formènophone Hardy*, on utilise la différence de hauteur des sons produits par le passage de l'air pur et de l'air grisouteux dans deux tuyaux sonores. Cette différence est rendue sensible à l'oreille par des *battements* dont la fréquence est proportionnelle à la teneur en grisou, au moins tant que celle-ci reste faible. On décèle ainsi des proportions très minimes de gaz ; malheureusement l'appareil est coûteux et très délicat, ce qui le rend inutilisable dans la pratique courante des vérifications d'aérage.

Dans le *grisoumètre Forbes*, on mesure la longueur de la colonne d'air de la mine, comprise dans un tube, qui vibre à l'unisson d'un diapason. La température et la pression influent sur les indications de façon à rendre les mesures très incertaines. Pour tous les appareils basés sur la différence de densité, il faut éliminer l'influence des gaz étrangers : vapeur d'eau ou acide carbonique, et celle de la température. Ils ne se sont donc pas répandus.

Certains grisoumètres sont basés sur l'emploi de l'électricité. Ils ont un certain intérêt, car les lampes électriques, fréquemment utilisées actuellement dans les mines grisouteuses, ont le grave inconvénient de ne pas permettre l'observation du grisou comme les lampes à essence ou à huile.

On mesure, dans ces appareils, la différence d'éclat de deux fils incandescents placés l'un dans l'air pur, l'autre dans l'air grisouteux (grisoumètre *Liveing*), ou mieux la différence de résistance au passage du courant (grisoumètre *Léon*). Malgré les perfectionnements apportés aux appareils basés sur l'emploi de l'électricité, on ne peut les considérer comme suffisamment précis.

Citons enfin le *grisoumètre portatif Coquillion*, dans lequel le mélange grisouteux est introduit dans une éprouvette avec un excès d'oxygène. Une spirale de palladium, portée à l'incandescence, provoque la combustion sans explosion du grisou, avec un volume double d'oxygène. On mesure la diminution de volume dans l'éprouvette.

Ce grisoumètre a été modifié par M. Le Chatelier, qui a remplacé le palladium par du platine ; il n'est pas assez exact, ni assez commode pour les observations dans les travaux souterrains. Nous verrons un peu plus bas l'appareil, perfectionné par M. Le Chatelier, qui sert dans les Laboratoires.

40. Prises d'essai. — Les mesures faites dans les chantiers doivent être contrôlées et complétées par des analyses faites à la surface.

La première opération consiste à prélever un certain volume de l'air à analyser.

On peut se contenter de descendre dans la mine une bouteille pleine d'eau qu'on vide et qu'on rebouche soigneusement lorsqu'elle s'est remplie d'air. Pour assurer une meilleure étanchéité, on se sert parfois d'un récipient cylindrique en laiton, de capacité connue (un litre par exemple), muni à chaque extrémité d'une tubulure fermée par un robinet. On ouvre les deux robinets à la fois, et on les referme quand l'eau s'est écoulée. Grâce à la tubulure supérieure,

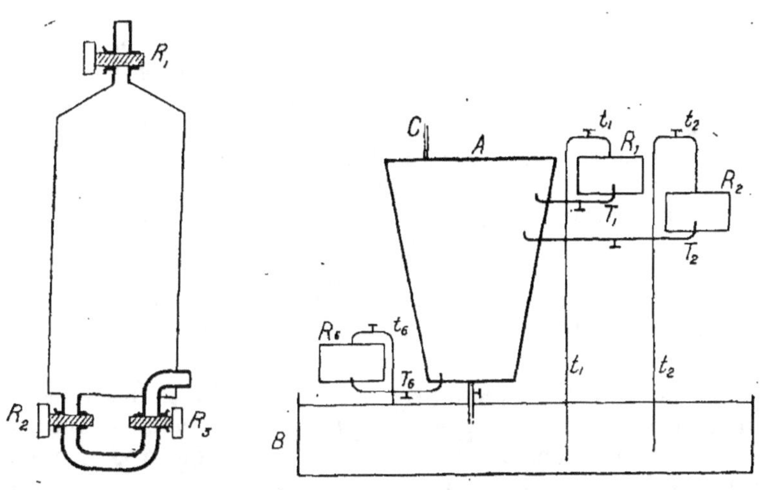

Fig. 62. — Récipient de prise
d'essai des mines de Liévin.

Fig. 63.
Schéma de l'Autocapteur Petit.

on peut faire un prélèvement au sommet d'une cloche ou tout contre la couronne d'un chantier.

Dans le récipient des mines de *Liévin (fig. 62)*, la tubulure inférieure est coudée et porte deux robinets. On les ouvre, ainsi que le robinet supérieur, pour faire la prise, puis on les referme et on retourne l'appareil pour le porter par la tubulure inférieure qui forme poignée. Il reste toujours un peu d'eau qui forme joint hydraulique au-dessus des deux robinets R_1 et R_2.

Pour obtenir des échantillons moyens, pendant une durée suffisamment longue, il faut employer des appareils plus compliqués. L'un des plus ingénieux est l'*Autocapteur Petit (fig. 63)*.

Il comporte six récipients (de 250 cmc.) $R_1 R_2 \dots R_6$ disposés, à des hauteurs différentes autour d'un vase central A (de forme conique) placé au dessus d'un réservoir B ; ce vase est fermé et ne communique avec l'atmosphère que par un tube capillaire C.

Chaque récipient est muni de deux tubes. L'un ($T_1 T_2 \dots T_6$) part du fond et débouche dans le cône A ; ses deux extrémités sont recourbées en U. L'autre ($t_1 t_2 \dots t_6$) part du sommet et se termine dans le récipient B.

Les fonds des récipients et les orifices des tubes $T_1 T_2 \dots T_6$ dans le cône sont échelonnés de manière à être espacés de 1/6 de la hauteur de A. De même, les extrémités inférieures des tubes $t_1 t_2 \dots t_6$ sont, au-dessus du fond du réservoir B, à des hauteurs égales à 1/6, 2/6... de celle qu'occupera l'eau qui remplit, au début de l'opération, le cône A et les récipients.

Lorsqu'on ouvre tous les robinets, l'eau commence à s'écouler de A et des récipients vers B. Grâce à la forme du vase A, cet écoulement sera régulier ; le fond de chaque récipient étant à hauteur du sommet du suivant, on voit que si l'appareil est réglé de façon à se vider en six heures, chaque récipient mettra une heure à se remplir, et qu'on aura six échantillons représentant chacun la composition moyenne de l'air pendant l'une de ces six heures successives.

L'aspiration d'air se fait par les tubes $t_1 t_2 \dots t_6$. En montant dans le réservoir B, l'eau forme joint hydraulique fermant chaque entrée d'air au moment précis où le récipient correspondant a laissé écouler l'eau qu'il contenait.

Quand l'opération est terminée, on referme tous les robinets, et on remonte l'appareil (qui ne pèse qu'une douzaine de kilogs) pour procéder aux analyses des échantillons ainsi prélevés.

41. Analyses grisoumétriques. — L'analyse grisoumétrique peut se faire par divers procédés dont les plus répandus sont la méthode eudiométrique imaginée par M. Coquillion et perfectionnée par M. Le Chatelier et surtout la méthode basée sur la limite d'inflammabilité (appareils Le Chatelier, Lebreton, Rateau, etc...).

La *méthode eudiométrique* consiste, ainsi qu'on l'a vu plus haut (n° 39), à faire brûler le grisou contenu dans l'air, au moyen d'un fil incandescent, et à mesurer la diminution de volume qui en résulte.

M. Le Chatelier a modifié l'appareil primitif pour supprimer les erreurs dues en particulier aux variations de température.

Il a remplacé le palladium par le platine ; on emploie de préférence un fil de platine à 3 °/₀ de cuivre, de $0^m/_m,3$ de diamètre, avec lequel on obtient une combustion plus rapide en raison de la température à laquelle on peut le porter. L'opération se fait au-dessus du mercure qui ne dissout pas les gaz comme l'eau. Enfin on entoure l'eudiomètre A B d'un récipient plein d'eau R, pour supprimer les variations de température (*fig. 64*).

Au lieu de mesurer les différences de volume, à pression constante, il est préférable de ramener le niveau du mercure dans l'eudiomètre à sa position primitive (par conséquent le volume du gaz à sa valeur initiale) et de lire les différences de pression sur le tube T. La variation de pression est d'environ 15 $^m/_m$ de mercure pour 1 °/₀ de grisou dans l'air soumis à l'expérience.

Avant d'aborder les procédés basés sur la limite d'inflammabilité, signalons la *méthode des liqueurs titrées de Winckler* parfois utilisée en Allemagne. Elle consiste à faire passer l'air grisouteux, débarrassé de CO_2 par de la potasse, sur de l'oxyde de cuivre chauffé au rouge. Le grisou brûle et se transforme en CO_2 et vapeur d'eau.

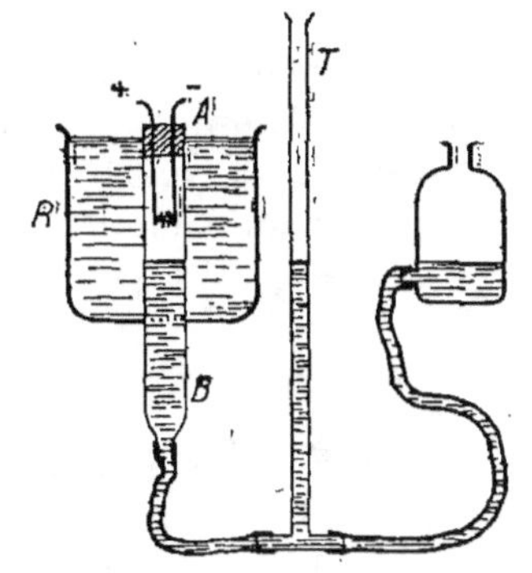

Fig. 64.
Appareil Coquillion-Le Chatelier.

On fait passer ces gaz dans une solution titrée d'eau de baryte, où CO_2 est précipité sous forme de carbonate de baryte ; on mesure la baryte qui reste au moyen de l'acide oxalique et on en déduit la teneur en grisou de l'air analysé.

42. Méthode des limites d'inflammabilité. — La méthode des limites d'inflammabilité, très répandue en France, a été imaginée, en Amérique, par M. Shaw.

Elle consiste à rechercher combien il faut ajouter de gaz combustible (gaz d'éclairage par exemple, de limite d'inflammabilité déterminée préalablement) à l'air grisouteux à analyser, pour atteindre la limite d'inflammabilité du mélange.

Cette quantité à ajouter est d'autant moindre que la teneur du grisou dans l'air à analyser est plus voisine de la limite d'inflammabilité de 6°/₀, mais on sait que chacun des deux gaz combustibles se comporte comme s'il était seul ; l'inflammation de leur mélange a lieu lorsque leurs proportions sont telles que l'on ait :

$$\frac{n}{N} + \frac{n'}{N'} = 1.$$

En désignant par n le volume du gaz ajouté contenu dans 100 parties du mélange total

n' celui du grisou ajouté contenu dans 100 parties du mélange total par N la limite d'inflammabilité (en centièmes) du gaz ajouté

N' la limite d'inflammabilité du grisou (N' = 6).

La teneur du grisou intéressante à connaître est celle relative à $(100 - n)$ volumes de l'air enflammé, car c'est celle de l'air de la mine soumis à l'expérience.

La formule donnant cette teneur x est :

$$x = \left(1 - \frac{n}{N}\right)\frac{600}{100 - n}$$

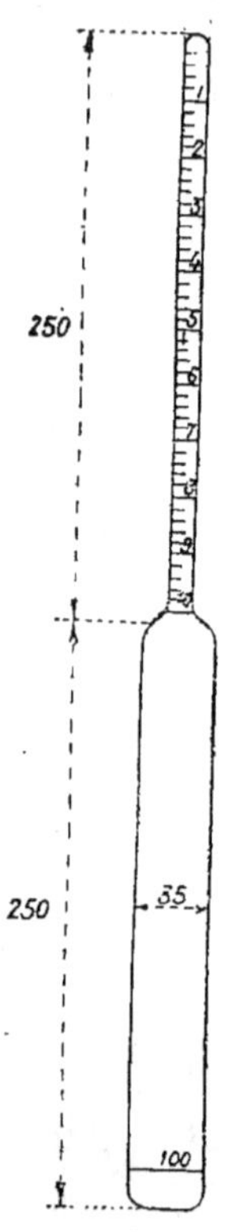

Fig 65.—Burette Le Chatelier.

Pour procéder aux essais, on peut se servir simplement de la *burette Le Chatelier* (*fig. 65*), constituée par un tube en verre de 35 $^{m}/_{m}$ de diamètre continué par un tube de 10 $^{m}/_{m}$ de diamètre, gradué en millièmes et centièmes du volume compris jusqu'à un trait voisin de l'orifice de la burette.

On commence par rechercher, par tâtonnements successifs, le volume N du gaz combustible à ajouter à de l'air pur pour obtenir l'inflammabilité (N est voisin de 8°/₀ pour le gaz d'éclairage).

Pour cela, on introduit d'abord le gaz, dans la burette maintenue sur une cuve à eau, on complète avec de l'air jusqu'au trait 100, on ferme l'orifice avec le pouce et on agite pour brasser le mélange, puis on y introduit une allumette. Une fois connue exactement la valeur de N, on refait l'expérience en remplaçant l'air pur par de l'air grisouteux et on détermine ainsi, par des tâtonnements successifs, le volume n du gaz combustible à ajouter. Connaissant N et n, on calcule x par la formule indiquée ci-dessus.

M. *Lebreton* a imaginé une burette spéciale qui permet de lire directement la teneur en grisou. Elle porte, dans la partie renflée, un trait correspondant à 1000 volumes. Le tube étroit de la partie supérieure porte les graduations de 0 à 300 de ce volume total. Une graduation supplémentaire, sur ce tube, porte les chiffres 79 à 83.

[Ces chiffres se trouvent en face des divisions, comprises entre 241 et 277, qui correspondent aux valeurs de la différence 1000 — V, si l'on remplace successivement N par 79, 80, 81, 82 et 83 dans la formule $V = \dfrac{60.000}{N}$].

Dans une première série d'essais, on mesure la limite d'inflammabilité N du gaz d'éclairage employé comme combustible auxiliaire. On trouve par exemple N = 82.

On introduit d'abord un volume n de gaz d'éclairage, inférieur à 82 volumes (lus sur la graduation générale), puis on complète par de l'air pur jusqu'au trait 82 de la graduation supplémentaire et on complète jusqu'au trait 1000 avec l'air grisouteux ; on a donc introduit un volume d'air grisouteux V correspondant, d'après la formule indiquée plus haut $\left(V = \dfrac{60.000}{N} \right)$ à la valeur N = 82.

Lorsque le volume n est tel qu'on obtienne l'inflammation du mélange, la teneur x est donnée par la différence $x = 82 - n$.

En effet sur 1000 volumes du total on a n volumes de gaz d'éclairage, V d'air grisouteux, $(1000 - V - n)$ d'air pur. Le volume de grisou est

$$x \times \frac{V}{1000}.$$

L'équation indiquant les proportions des deux gaz combustibles au moment où leur mélange sera à la limite d'inflammabilité est ici :

$$\frac{x \dfrac{V}{1000}}{60} + \frac{n}{N} = 1$$

d'où
$$x = \frac{60\,000}{N\,V} (N - n).$$

Comme on l'a vu plus haut $V = \dfrac{60.000}{N}$.

En portant cette valeur dans la formule précédente, on a :

$$x = N - n.$$

Les opérations sont un peu plus longues qu'avec la burette Le Chatelier, mais on remplace le calcul nécessaire avec cette dernière par une simple soustraction.

M. Lebreton a d'ailleurs construit un appareil qui permet de procéder rapidement à l'introduction successive du gaz, de l'air grisouteux et de l'air pur dans la burette.

D'autres types de burettes ont été imaginés pour simplifier les opérations. En particulier, M. Rateau en a proposé une qui donne directement, par une seule lecture, la teneur en grisou. Mais sa fabrication est plus compliquée, ce qui la rend coûteuse.

43. Surveillance des travaux dans les mines grisouteuses. —

Les moyens dont on dispose pour déceler la présence du grisou et pour mesurer sa teneur sont assez simples dans leur emploi et assez précis pour que l'on puisse contrôler si l'aérage des travaux est satisfaisant. Mais la sécurité que procure ce contrôle n'est réelle que s'il s'exerce avec une vigilance constante. La plupart des mines grisouteuses, en Europe, ont des règlements et une organisation de la surveillance qui devraient rendre impossibles les accidents causés par des accumulations de grisou non constatées. Pourtant certains exemples ont montré qu'il avait suffi d'un relâchement du zèle des agents chargés des observations grisoumétriques pour qu'une catastrophe se produise.

Il faut toujours admettre que des dégagements imprévus peuvent, en très peu de temps, rendre dangereuse l'atmosphère d'un chantier ; d'autre part on ne sera jamais sûr, malgré toutes les précautions, qu'un coup de mine ne fera pas explosion dans des conditions anormales, ou qu'un ouvrier ne commettra pas une imprudence. Il faut donc s'attacher à supprimer le danger provenant de ces incidents, et pour cela, il est indispensable d'être prévenu immédiatement de l'apparition du grisou à une teneur anormale.

Les mineurs doivent vérifier de temps en temps, au moyen de leur lampe, si la teneur dépasse les limites acceptables (1 %, environ) et ils doivent attirer l'attention des surveillants, dès qu'ils constatent une élévation de la teneur habituelle.

Les surveillants de tout grade s'attachent à multiplier les observations, notamment dans les retours d'air ou les chantiers dangereux ainsi que dans les cloches, les culs de sacs et les points mal aérés ; ils font au besoin modifier l'ouverture des guichets d'aérage, ou tendre des toiles pour faire passer le courant d'air dans les zones où se forment des accumulations. Tout chantier où la teneur en grisou atteint 2 %, (ou mieux 1 1/2 %,) sera évacué.

Les contrôleurs spéciaux d'aérage font, à intervalles réguliers, des tournées avec une lampe grisoumétrique et notent sur un registre les teneurs constatées. On s'assure, au besoin par des appareils de contrôle, que ces visites ont bien été faites suivant les consignes données, et de temps à autre il est bon que les ingénieurs contrôlent les observations faites par les surveillants au cours d'une tournée.

Les retours d'air sont régulièrement analysés ; des prises sont faites de même en divers points de la mine pour être essayées au laboratoire.

Une des prescriptions essentielles est de ne pas laisser descendre les ouvriers dans les chantiers avant une tournée complète par des surveillants spéciaux.

Mais il est surtout important de ne confier ce service de grisoumétrie qu'à des agents intelligents et consciencieux, et de s'assurer,
par un contrôle incessant, qu'ils s'acquittent de leur tâche sans
aucune négligence.

§ 4. — PRÉCAUTIONS A PRENDRE CONTRE LE GRISOU.

44. Nécessité de multiplier les précautions. — La grisoumétrie
n'est qu'un moyen de contrôle, et non une protection par elle-même
contre les dangers du grisou. Elle permet de vérifier si la mine est
ventilée de façon à ne pas présenter d'accumulations dangereuses ;
mais ce sont les mesures prises pour conduire l'exploitation et pour
répartir le courant d'air qui empêchent, en réalité, la formation de
ces accumulations.

Cette précaution, ainsi que nous l'avons fait remarquer, est
essentielle. Mais il faut en outre s'efforcer de supprimer toutes les
causes d'inflammation qui provoqueraient une catastrophe, si par négligence ou par suite d'un événement imprévu comme un dégagement anormal, il existait des points où la teneur en grisou dépas-
serait 6 %.

Il y a là deux ordres différents de précautions aussi indispensables l'un que l'autre. Ainsi que l'a fait remarquer M. Le Chatelier
dans son ouvrage sur le grisou, les chances d'accident ne seront
réellement minimes que si la probabilité de coexistence, dans la
mine, d'un mélange grisouteux et d'une cause d'inflammation est
devenue extrêmement rare. Il en sera d'ailleurs ainsi, si chacune de
ces causes est réduite au minimum.

M. Le Chatelier en donne une démonstration très probante dans sa simplicité : si l'on suppose que la fréquence des accumulations de grisou soit
équivalente à une accumulation dangereuse, dans toute la mine, pendant une
journée entière sur 1.000, et que d'autre part la fréquence des causes d'inflammation soit équivalente à l'emploi de lampes à feu nu pendant une journée
entière sur 1.000, la probabilité de coexistence de ces deux causes est de
1 sur 1.000.000, c'est-à-dire qu'il y a une chance d'accident tous les 3.000
ans. La sécurité est pratiquement complète, tandis qu'en négligeant complète-
ments l'une des deux causes, c'est-à-dire en travaillant toujours dans le grisou, ou en employant des lampes ou des explosifs qui ne sont pas de sûreté,
il se produira en moyenne un accident tout les 3 ans ; c'est là une fréquence
qui rendrait toute exploitation impossible.

En passant en revue les protections contre le grisou, il faut
donc se rappeler qu'aucune d'elles n'est suffisante par elle-même et
qu'elles doivent être *toutes* observées avec le même soin.

Nous supposerons d'abord que la mine n'est pas sujette à des dégagements instantanés ; nous indiquerons ensuite les mesures spéciales adoptées dans ce dernier cas.

45. Mesures à prendre pour éviter les accumulations de grisou. — Le chapitre IV sera consacré à l'aménagement général du courant d'air ; nous aurons naturellement l'occasion d'y faire allusion aux précautions à observer pour que ce courant vienne bien balayer les points où des accumulations de gaz peuvent se produire. Mais il est intéressant d'étudier d'abord quels sont les points où le grisou a tendance à se rassembler, soit dans les chantiers, soit dans les galeries, et quelles sont les mesures à prendre, dans la conduite de l'exploitation, pour éviter que de tels points existent.

46. Accumulations dans les chantiers. — Par suite de sa faible densité, le grisou se rassemble dans les parties élevées des vides ouverts par l'exploitation. La couronne d'un chantier, ou d'une galerie, si elle est horizontale, est donc plus grisouteuse que le sol.

Si cette couronne est lisse, le courant d'air en balayera le gaz. Mais il est rare que cette condition soit réalisée. Très souvent, le soutènement du chantier est complété par un garnissage, qui empêche l'air de venir lécher le charbon ou la roche.

En outre, le toit n'est jamais uni ; s'il est peu solide, il présente des irrégularités sensibles. Plus le toit est friable, plus le garnissage est serré, et par conséquent plus le courant d'air a de peine à venir balayer les gaz restant en couronne.

L'enlèvement du charbon, en disloquant le toit, y produit des cassures où le grisou s'accumule. Tant qu'une dépression ne provoque pas la sortie du gaz, le danger peut subsister longtemps sans se manifester ; une flambée peut même se produire à l'orifice des cassures sans entraîner de catastrophe. Mais si une brusque variation de l'aérage, un déplacement d'air dû à un coup de charge, ou encore le passage d'une flambée de poussières (qui est suivie d'une dépression) font sortir des masses importantes de grisou de ces cavités, un accident est à craindre.

En dehors de ce risque d'accumulation derrière le garnissage ou dans les cassures du toit, particulièrement grave dans les chantiers horizontaux, tels que ceux d'un gisement épais pris par tranches horizontales, signalons le danger des cloches provenant d'un éboulement local. Il est indispensable de procéder, aussitôt que possible, au remblayage complet de ces vides, avec de la terre argileuse bien

damée, soutenue par un plancher assez serré pour ne pas laisser la
cloche se vider peu à peu de son contenu.

Les vides au toit d'un chantier ne sont pas les seuls points dangereux. Même si la couronne reste lisse, il peut exister, au moins temporairement, des angles que le courant d'air ne vient pas lécher.

C'est ainsi que dans les dressants, pris par *gradins renversés*

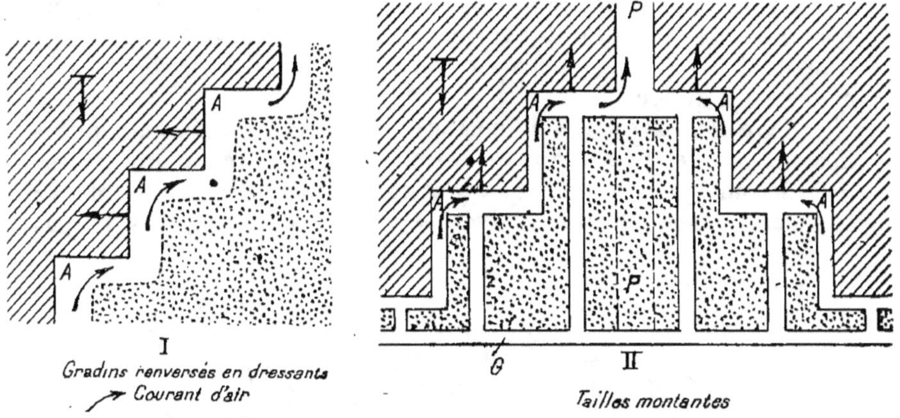

FIG. 66. — Points dangereux au point de vue des accumulations de grisou.

(fig. 66-I), il risque de se produire des accumulations aux points désignés par la lettre A.

De même au haut des tailles chassantes.

En *tailles montantes* (*fig. 66-II*), ce sera dans les angles rentrants A.

Bien entendu, dans cette dernière méthode, il serait imprudent de faire redescendre le courant d'air, et les tailles doivent se développer des deux côtés d'une recoupe d'aérage P dont on peut remblayer la base au fur et à mesure des progrès du dépilage.

Dans la conduite des dépilages, on facilite souvent l'abatage en pratiquant des *havages* ou des *rouillures* (*fig. 67*) qui constituent des culs-de-sac où l'air ne pénètre pas. Il est important, lorsqu'on abandonne un chantier, ne fût-ce que pour quelques heures, de ne pas laisser subsister de telles cavités.

De même, lorsque le dépilage comporte l'abatage d'un faux toit, il faut mener cet enlèvement à bout avant de quitter le chantier.

On voit que la nécessité d'éviter les angles que le courant d'air ne peut balayer empêche l'adoption de certaines méthodes d'exploitation, telles que les tailles montantes lorsqu'elles ne se développent pas des deux côtés d'une cheminée d'aérage, les tailles chassantes avec remblais ne suivant le front de taille que de loin, les chambres ou les recoupes en cul de sac.

La méthode appliquée doit satisfaire aux deux conditions suivantes : assurer un aérage *ascendant* le long du front de taille, ne pas laisser de vides non remblayés. Le foudroyage est donc à écarter. Nous verrons d'ailleurs, au chapitre IV, qu'il occasionne des pertes d'aérage importantes.

Les chantiers terminés doivent être soigneusement remblayés. Les vieux travaux, dans les anciennes exploitations par foudroyage, constituaient des réservoirs où pouvaient s'accumuler des masses énormes de grisou.

Le *remblayage* doit d'ailleurs être fait avec des matériaux qui ne laissent pas de vides et qui se tassent bien, en formant une masse impénétrable à l'air lorsque la pression des terrains encaissants se fera sentir. Les remblais doivent être disposés de façon à ne pas

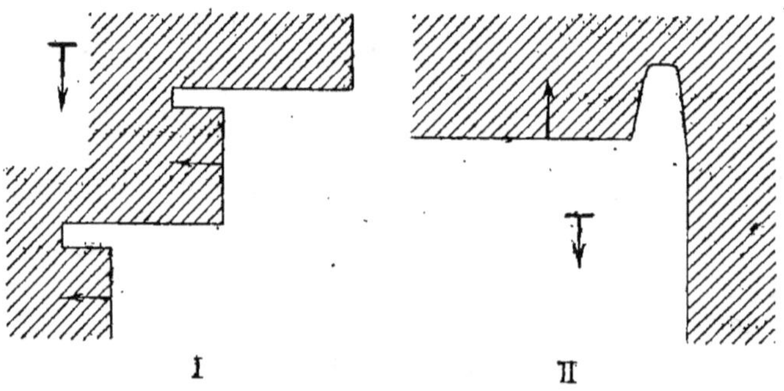

Havages en gradins-renversés.   Rouillure en taille montante.

FIG. 67.

empêcher le toit de s'affaisser sur toute la surface des zones abandonnées, et à ne pas provoquer la formation de cassures importantes. Les murs en pierres sèches destinés à soutenir les matériaux doivent céder sous la pression et suivre le tassement général de la masse des remblais.

Un des points les plus difficiles à réaliser est d'obtenir un bon serrage des terres sous le toit et d'empêcher que, sous l'effet du tassement de ces terres, il se produise un vide en couronne ; celui-ci durerait longtemps, si le toit est solide.

Le décollement des remblais sous le toit est inévitable dans la plupart des cas ; l'essentiel est que les vides ainsi ouverts ne soient pas durables et qu'il ne se forme pas dans les vieux travaux des réserves importantes de grisou. Au besoin, avant de remblayer, on supprimera une partie des bois de soutènement.

47. Accumulations dans les galeries. — Les galeries présentent les mêmes inconvénients que les chantiers au point de vue de l'accumulation possible du gaz en couronne, soit au-dessus du garnissage, soit dans les cloches non remblayées.

Les chapeaux des cadres de boisage constituent des obstacles au passage du courant d'air. Derrière chacun d'eux il restera un peu de grisou, difficile à déceler à la lampe ; nous avons vu en effet que par ce moyen on ne pouvait pousser les observations à moins de 25 cm. du toit.

Une galerie en terrain solide ne peut donner lieu à des accumulations importantes, si elle est régulièrement parcourue par un courant d'air suffisant.

Il en est autrement si l'on doit procéder à la réfection d'une galerie devenue trop basse, par suite de l'affaissement du toit. Au cours de ce travail de *relevage*, il se forme en A un angle que le courant d'air ne peut atteindre, notamment si le travail progresse en sens contraire du courant d'air (*fig. 68*). L'inconvénient est particulièrement sérieux si le relevage est fait au charbon, ou si la galerie est une voie de retour d'air, dont la teneur en grisou est normalement de 1/2 ou 1 °/₀.

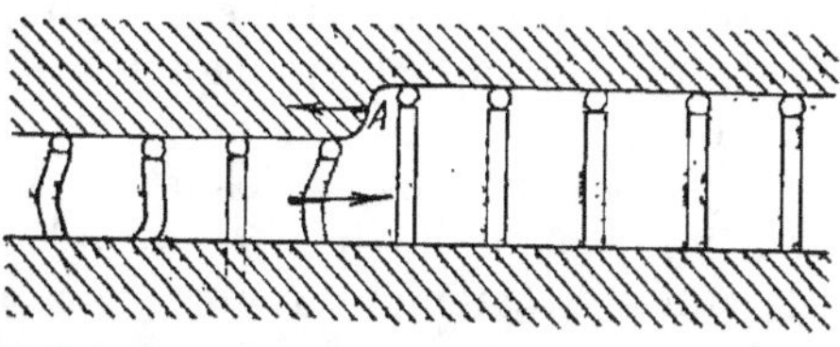

FIG. 68. — Relevage d'une galerie écrasée.

Pendant le travail, on aura soin de n'employer les explosifs qu'avec prudence, et si on l'interrompt, on raccordera la section relevée et la section à reprendre par une couronne en pente douce.

Les *galeries de traçage* dans un massif vierge, étant en cul de sac, seront aérées au moyen d'un ventilateur secondaire et de canars d'aérage. Les inspections des surveillants y seront répétées ; en particulier on vérifiera l'état de l'atmosphère à chaque changement de de poste.

Les *galeries de traçage en tranche supérieure*, dans les dépilages par tranches successives, constituent des cloches difficiles à aérer, d'autant plus qu'elles longent souvent les galeries en tranche inférieure.

Dans tous les traçages, on réduit au minimum la longueur des parties en cul de sac en perçant de distance en distance des recoupes entre deux galeries voisines. Au besoin, on pousse le traçage au moyen de deux galeries parallèles et peu éloignées, ou d'un chantier qu'on remblaye de façon à laisser subsister une galerie et une gaîne d'aérage.

Ces précautions sont surtout importantes dans les travaux au charbon, où l'on n'a pas à craindre seulement les accumulations provenant d'une insuffisance de ventilation, mais les dégagements continus de grisou.

48. Emploi des explosifs. — Nous abordons maintenant les mesures de protection contre les *causes d'inflammation*. Deux sources de dangers sont surtout à retenir : l'emploi des explosifs pour l'abatage et les moyens d'éclairage.

Les explosifs dégagent des gaz à une température tellement supérieure à la température d'inflammation du grisou que leur emploi semble, à première vue, inadmissible. Mais la propriété du retard à l'inflammation, que présente le grisou, permet de se servir sans danger de certains d'entre eux, qui ont reçu le nom d'*explosifs de sûreté*. Nous avons exposé dans la III⁰ partie du Cours (chapitre III) la théorie de ces explosifs et indiqué leur composition. Nous ne reviendrons pas en détail sur cette question, et nous nous bornerons à rappeler en quelques mots les principes qui entrent en jeu.

On sait que les explosifs *brisants* présentent un mode de combustion particulier (la *détonation*), presque instantané, suivi d'une détente extrêmement rapide. La chaleur se transforme en travail mécanique, avec un refroidissement qui ramène en une faible fraction de seconde la température des gaz au-dessous de celle d'inflammation du grisou. Le mélange des produits de la combustion avec l'air du chantier contribue d'ailleurs à accélérer le refroidissement. C'est ainsi que pour la nitroglycérine, la température tombe, en un temps extrêmement court, de 3290° à 978°, pour un mélange de 40 °/₀ de coton nitrique et 60 °/₀ d'azotate d'ammoniaque de 2450° à 502°. On conçoit dès lors que si le temps pendant lequel se produit le refroidissement (jusqu'au dessous de 650°) est supérieur au retard à l'inflammation du grisou, ce dernier ne s'allumera pas.

Une première remarque essentielle est que seuls les explosifs brisants peuvent être de sûreté. Les explosifs déflagrants (comme la poudre noire) sont à rejeter.

La plupart des explosifs brisants déflagrent dans certaines conditions. Il faut donc que le mode d'allumage et les conditions d'emploi, en particulier le bourrage du coup de mine, soit tels qu'on ne risque pas de voir se produire une déflagration. L'amorçage doit être sans danger et ne pas projeter d'étincelles ni de gaz enflammés. Les mèches sont interdites.

Il faut en outre que les produits de la combustion ne soient pas combustibles (ni d'ailleurs nocifs), et que la quantité d'explosif détonant à la fois ne dépasse pas une certaine limite.

Les formules proposées pour la constitution des explosifs de sûreté sont nombreuses ; la plupart reposent sur l'emploi d'une certaine proportion d'azotate d'ammoniaque.

En France, on pose comme conditions essentielles pour qu'un explosif de sûreté puisse être agréé par l'administration :

1° Qu'il soit détonant.

2° Que les produits de détonation soient incombustibles.

3° Que la température de détonation soit inférieure à 1500° pour les travaux au charbon, et 1900° pour les travaux au rocher.

On soumet d'ailleurs les explosifs à de nombreux essais pratiques pour vérifier qu'ils ne présentent pas de dangers, et pour rechercher la *charge-limite* admissible.

48 *bis*. Cartouches Lemaire. — On a proposé, depuis quelques années, d'entourer les cartouches d'explosifs d'une gaîne, formée de matières spéciales, dont le rôle est d'augmenter la sécurité vis-à-vis des poussières et du grisou.

En particulier, la cartouche *Lemaire* peut rendre des services intéressants. Son diamètre total est de 35 $^m/_m$, et l'épaisseur de la gaîne est de 4 à 5 $^m/_m$.

On a essayé diverses matières :

1° Matières inertes (poussières de schistes, sable fin, sulfate de baryum ou de calcium).

2° Sels renfermant de l'eau de cristallisation (carbonate ou sulfate de sodium, sulfate de magnésium ou de fer, borax, alun, alun ammoniacal, phosphate bisodique).

3° Des corps volatilisables ou décomposables par la chaleur (chlorure de sodium, fluorure de calcium, chlorure de potassium ou d'ammonium ou de manganèse).

Le corps ou le mélange donnant les meilleurs résultats varie avec la nature de l'explosif.

Le fluorure de calcium réussit très bien avec la dynamite gomme n° 1 : la charge limite a pu être portée de 100 gr. à 800 gr. (expériences faites en 1914 à Frameries). Les résultats ont été meilleurs encore avec un mélange à 50°/₀ de fluorure de calcium et chlorure de sodium.

Le poids de matières employées dans la gaîne est de 100 gr. (pour la dynamite).

La perte de puissance occasionnée par l'emploi de la cartouche de sécurité est d'environ 4 °/₀.

Des essais ont été faits en France en 1921 avec des cartouches Lemaire contenant 150 gr. de grisou naphtalite couche. Tandis que les cartouches essayées en 1914 à Frameries étaient à fond nu, elles étaient munies d'une enveloppe périphérique de 3 $^m/_m$ et de fonds mesurant 3 $^m/_m$ à l'avant (côté du détonateur) et 10 $^m/_m$ à l'arrière. On ne peut mettre qu'une cartouche par trou, l'explosion ne se transmettant pas d'une cartouche à la suivante.

Les résultats ont été favorables, à condition que le bourrage ait $0^m,50$.

Les *avantages* sont : l'isolement de l'explosif et de la poussière de charbon dans le trou de mine, la limitation automatique de la charge. Ce dernier avantage est important.

Par contre l'emploi de la cartouche oblige à forer un trou de plus grand diamètre. Le prix de l'explosif ainsi préparé augmente de 20 à 25 °/₀.

Il faut remarquer que la sécurité n'est accrue que si la cartouche est en bon état. Il est à craindre que dans les couches minces, où son transport n'est pas très facile, la cartouche soit quelquefois brisée.

Dans ce cas, l'amélioration prévue n'est pas réalisée, et il peut être dangereux de l'escompter. Quoi qu'il en soit, si les précautions nécessaires sont prises, l'emploi de ces cartouches est susceptible d'apporter un supplément de sécurité intéressant dans le tir au charbon.

49. Eclairage. — L'emploi de lampes à feu nu est absolument interdit dans les mines grisouteuses. Cette défense ne se rapporte pas seulement à l'éclairage portatif des mineurs, mais également aux lampes fixes établies aux recettes des puits ou dans les chambres de machines, même au bas du puits d'entrée d'air, et loin de la couche de charbon. Quelques faibles que soient les dégagements constatés, l'apparition du grisou doit faire proscrire l'éclairage à feu nu dans toute l'étendue de la mine. Il faut, en effet, toujours prévoir le cas où les dégagements s'accentueraient et où un incident quelconque amènerait le reflux de l'air contaminé vers le puits d'entrée.

Lorsque l'exploitation se poursuit dans une zone tout à fait exempte de grisou, il est cependant nécessaire de vérifier soigneusement l'atmosphère des travaux de traçage ou des galeries mal ventilées. Au fur et à mesure de l'approfondissement des travaux, les chances de rencontrer du grisou augmentent. Les zones tourmentées, les passages de failles seront surveillées de plus près, car ce sont en général celles où se produisent les premiers dégagements.

Nous décrirons au chapitre VIII les *lampes de sûreté* avec lesquelles on peut travailler dans une atmosphère grisouteuse. Ainsi que nous le verrons, elles sont basées sur le principe de l'extinction de la flamme au passage d'un tamis métallique ; si le mélange grisouteux qui remplit la lampe vient à s'allumer au contact de la flamme, la propagation vers l'atmosphère environnante sera arrêtée par le tamis.

Pour que la lampe soit réellement de sûreté, elle doit répondre à un certain nombre de conditions, auxquelles nous ne nous arrêterons pas pour le moment ; il importe de se rappeler que la sécurité n'est jamais *absolue*, même avec une lampe en bon état ; les perfectionnements apportés au type primitif à un seul tamis l'ont rendu beaucoup moins dangereux ; mais il serait de la dernière imprudence de travailler avec une lampe de sûreté dans un air contenant une proportion de gaz voisine de la limite d'inflammabilité. Un aérage assez intense pour diluer et entraîner le grisou reste la précaution fondamentale à observer.

Les *lampes électriques,* qui sont complètement fermées, sont moins dangereuses ; il faut cependant craindre, en cas de rupture de de l'ampoule, une étincelle qui allumerait le mélange grisouteux. Ce risque est d'ailleurs faible, car l'ampoule est toujours protégée par un grillage ou par un verre épais. Le principal inconvénient de ces lampes est de ne pas déceler la présence du grisou.

Les *installations d'éclairage électrique,* par des lampes fixes, exigent des précautions spéciales pour éviter les courts-circuits et les étincelles de rupture (dans les commutateurs ou les ampoules). Elles ne peuvent être adoptées qu'avec l'autorisation de l'administration.

On éclaire parfois à l'électricité les recettes d'un puits de sortie d'air servant à l'extraction ; ainsi qu'on le sait, l'orifice est entouré d'un sas à air, où l'atmosphère est chargée de brouillard. Parfois d'ailleurs la recette est souterraine, si le puits sert à la descente des remblais.

Les lampes électriques sont placées dans une cage en verre très épais qui ne communique pas avec l'air de la mine. C'est par l'extérieur qu'on change les ampoules usées ou brûlées.

50. Précautions diverses. — A côté des précautions relatives à l'emploi des explosifs et à l'éclairage, on doit rechercher toutes les causes d'inflammation possibles pour les écarter par des prescriptions rigoureuses.

L'introduction dans la mine de tabac, d'allumettes, de briquets est formellement interdite et des inspections doivent être faites fréquemment au moment de l'entrée des hommes, pour s'assurer que cette défense est respectée. Une première faute doit être sévèrement punie ; une récidive doit entraîner le renvoi immédiat, quels que soient le grade ou l'ancienneté du coupable.

Les *moteurs électriques* (treuils, ventilateurs, pompes, locomotives, etc...) sont munis de dispositifs de protection contre les étincelles. On n'a pas à craindre d'inflammations par le choc des outils en fer contre des pierres siliceuses, mais il existe d'autres causes de danger contre lesquelles on ne prend pas toujours les précautions voulues : échauffement des poulies de frein pouvant aller jusqu'à l'allumage de poussières de bois ou de charbon, inflammation des produits de graissage sur les paliers des machines ou sur les guidages, etc...

Les *incendies* qui se développent spontanément dans la masse disloquée du charbon constituent un danger très grave, mais qui passe rarement inaperçu, en raison de l'odeur caractéristique des produits de la distillation. L'attention est généralement attirée avant que le charbon échauffé soit incandescent, et on peut prendre des mesures pour améliorer l'aérage et pour suivre de près les variations de teneur en gaz combustibles. Nous verrons dans la XI⁰ partie du Cours les procédés employés pour la lutte contre les feux, en particulier dans les mines grisouteuses.

51. Évacuation d'une accumulation de grisou. — Lorsqu'on a constaté, en un point quelconque de la mine, la présence d'une accumulation de grisou, il faut chercher à la faire disparaître, en augmentant le volume d'air qui passe par ce point, et en dirigeant le courant d'air de façon à balayer tous les recoins où le gaz a tendance à se maintenir.

Si la quantité de grisou est faible et localisée dans un angle du chantier, une cloche, un cul de sac, il suffit souvent de disposer des toiles qui forcent le courant d'air à passer dans la zone où s'est produite l'accumulation.

Il est imprudent de chercher à expulser le gaz en agitant des vêtements, car on produit, au voisinage des lampes, des chasses d'air qui risquent de faire sortir la flamme à travers les tamis.

Dans les culs de sac prononcés, comme les galeries ou les cheminées en traçage, on place des canars d'aérage dans lesquels l'air est forcé de passer au moyen de portes ou d'un ventilateur secondaire.

On a soin de n'évacuer le mélange grisouteux que progressivement, en le diluant suffisamment ; il serait dangereux de chasser une masse d'air, riche en gaz, qui parcourrait les galeries à la façon d'un piston et risquerait de passer plus loin sur une lampe défectueuse. Cette précaution est particulièrement importante lorsqu'on reprend l'aérage d'un cul de sac où l'air s'est peu à peu chargé de grisou par suite d'un arrêt du ventilateur secondaire.

52. Division de la mine en quartiers indépendants. — Une dernière mesure consiste à limiter les conséquences possibles d'une explosion en divisant la mine, au point de vue de l'aérage, en quartiers indépendants. On a des chances de voir l'accident n'affecter que celui des quartiers où s'est produite l'inflammation. Même si les effets mécaniques ont été limités, la contamination de l'air par les produits de la combustion risque d'être mortelle pour les hommes qui se trouvent entre le point où a eu lieu l'accident et le puits de sortie d'air.

L'aggravation des coups de grisou par l'explosion des poussières de charbon soulevées rend plus indispensable encore cette mesure de précaution (1).

53. Précautions contre les dégagements instantanés de grisou. — L'exploitation des mines à dégagements instantanés nécessite des mesures spéciales, car la soudaineté de l'apparition du gaz en masses énormes rend illusoire l'espérance de le diluer par les procédés habituels. De plus, les projections de charbon pulvérisé risquent d'ensevelir les mineurs.

On cherche d'abord à drainer le massif de charbon en y pratiquant de nombreux trous de sonde, poussés à 6 ou 7 m. en avant du front de taille.

Cette précaution n'est malheureusement pas d'une efficacité certaine. Nous avons vu plus haut que les nids de charbon susceptibles de dégager une grande masse de grisou sont souvent très limités et répartis irrégulièrement. La pression ne s'accroît pas régulièrement dans le massif, comme on le croyait autrefois.

De nombreux exemples prouvent que deux sondages rapprochés peuvent n'indiquer que des pressions très normales, et qu'on peut cependant être surpris par un dégagement instantané en dépi-

---

(1) Voir XIe Partie du Cours.

lant le charbon ainsi sondé. De même, les traçages ne produisent pas un drainage aussi important qu'on le croyait autrefois.

Un moyen plus sûr consiste à provoquer la fissuration du massif en adoptant des méthodes de dépilage par grandes tailles qui donnent naissance à des mouvements de terrains dont l'effet de drainage est efficace.

A *Bessèges* on disloque en outre le charbon par de violents coups de mine, percés dans la couche, ou dans le mur et le toit.

Le forage au charbon est peu dangereux, car on travaille dans un massif déjà ébranlé fortement par les coups précédents. Le travail au pic est supprimé ; les mineurs se bornent à charger le charbon abattu et à préparer de nouveaux coups de mine.

Les explosifs employés sont les *explosifs-couche*, qui doivent être d'aussi bonne qualité que possible, pour éviter les déflagrations qui enflammeraient le grisou.

Le tir se fait toujours à l'électricité, après évacuation du quartier par les mineurs. On ne retourne au chantier qu'après un laps de temps suffisant pour que tous les effets des dégagements éventuels se soient fait sentir (vingt minutes au moins).

L'*aérage* dans ces mines doit être particulièrement soigné, avec de larges retours d'air, des quartiers indépendants, des portes solides permettant l'isolement d'une zone où s'est manifesté un dégagement.

Les traçages et les galeries importantes doivent être doubles, et la circulation des ouvriers doit se faire uniquement par celle des deux voies qui sert d'entrée d'air. Dans les galeries ou les montages uniques munis d'une gaîne d'aérage, celle-ci doit être très solide pour résister à une explosion et rester étanche.

Les abords des chantiers doivent permettre la fuite rapide des ouvriers lorsqu'ils perçoivent les indices d'un danger imminent. Dans une étude sur les dégagements instantanés M. Laligant (1) énumère les prescriptions suivantes :

Tenir les remblais éloignés du front de taille.

Donner aux galeries une hauteur suffisante, et veiller à ce qu'elles ne soient pas encombrées.

Éviter les portes, ou s'arranger pour qu'elles s'ouvrent dans le sens de la fuite.

Installer des lampes électriques de sûreté, à demeure, en arrière du chantier.

Disposer dans les voies très en flèche, où les mineurs n'auraient pas le

---

(1) M. G. LALIGANT, gisement et dégagement du grisou, *Bulletin de la Société de l'Industrie minérale*, septembre 1913.

temps de se sauver, des refuges en cul de sac, bien étanches, munis si possible d'une petite arrivée d'air comprimé.

Veiller à ce que les lampes employées soient toujours en parfait état, susceptibles de déceler le grisou, et sans rallumage.

54. Résumé. Le grisou est du méthane (CH^4) ou formène, généralement mélangé d'un peu d'azote et d'acide carbonique, exceptionnellement d'oxygène. C'est un gaz incolore, inodore, plus léger que l'air. Sa combustion donne de l'acide carbonique et de la vapeur d'eau.

A la température ordinaire, un mélange d'air et de grisou est combustible, si la teneur de ce dernier gaz est comprise entre 6 % et 16 %. Au dessous de 6 % la combustion reste limitée au voisinage de la source de chaleur sans se propager dans la masse d'air.

Ces *limites d'inflammabilité* sont de plus en plus étendues au fur et à mesure que la température s'élève ; à 650°, le grisou est combustible, quelle que soit sa teneur dans l'air.

L'*inflammation* du grisou présente la propriété, inconnue pour les autres hydrocarbures, au moins avec une telle intensité, de se faire avec un *retard* sensible. A 650°, elle ne se propage que si le mélange grisouteux reste pendant 10 secondes à cette température. Le retard diminue avec la température et n'est plus que d'une fraction de seconde à 1000°.

La *propagation*, en atmosphère calme, est lente et sa vitesse ne dépasse guère 0^{m}60 par seconde pour la teneur optima de 12 %. Le brassage augmente cette vitesse, de même que la compression par les gaz brûlés lorsque ces derniers ne peuvent s'échapper librement.

Sans pouvoir se transformer en onde explosive, la combustion du mélange peut atteindre une vitesse de plusieurs dizaines de mètres par seconde.

Les causes principales d'inflammation dans la mine sont l'emploi des explosifs et la présence de lampes défectueuses.

Le *dégagement du grisou* présente plusieurs modes différents : suintement lent et continu sur toute la surface du charbon mis à nu, ou des roches encaissantes, écoulement rapide par une cassure (*soufflard*), dégagement instantané accompagné de projection de charbon pulvérisé. Le grisou s'accumule dans les fissures du massif, peut-être dans les pores entre les molécules charbonneuses. L'énormité des pressions sous lesquelles il serait emmagasiné, en certains cas, dans un volume de charbon relativement restreint, conduit à penser qu'il est incorporé, sous une forme mal connue, dans le solide lui-même et s'en dégage lorsque l'équilibre des pressions est rompu.

Les houilles maigres, les anthracites, les lignites sont moins fréquemment grisouteuses que les charbons gras et surtout que les charbons à gaz. La teneur augmente généralement avec la profondeur.

La mise à nu de surfaces charbonneuses provoque un drainage du massif, trop lent d'ailleurs pour qu'on puisse espérer purger par un traçage préalable la partie de la couche où l'on doit pousser l'exploitation.

La dislocation des terrains par les travaux accélère les dégagements ; les variations de la pression barométrique ont peu d'influence, sauf sur les masses de gaz accumulées dans les vides laissés par l'exploitation et mal remblayés.

Les *soufflards* constituent de véritables sources de gaz, qui apparaissent lorsque les travaux recoupent une cassure du terrain; leur intensité décroît en général au bout d'un certain temps, mais leur durée est parfois de plusieurs années.

Au contraire les *dégagements instantanés* présentent les caractères de soudaineté d'une explosion ; une augmentation de la teneur en grisou dans le chantier, des craquements ou crépitements permettent parfois aux ouvriers expérimentés de s'apercevoir de l'imminence du danger.

La *recherche du grisou* dans la mine et la mesure de sa teneur en un point quelconque se font au moyen de *grisoumètres portatifs* ou de prises d'essai analysées dans un laboratoire à la surface.

L'examen de l'auréole qui entoure la flamme d'une lampe de sûreté, dans une atmosphère grisouteuse, donne déjà des indications précieuses. Des lampes spéciales, comme la *lampe Chesneau* permettent des mesures précises.

Les analyses de laboratoire se font le plus souvent par la recherche des limites d'inflammabilité, en déterminant la quantité de gaz d'éclairage à ajouter à l'air grisouteux pour obtenir l'inflammabilité du mélange.

La *surveillance* des travaux souterrains, au point de vue grisoumétrique, est une des tâches essentielles des agents de tous grades ; des employés spécialisés sont chargés de tournées régulières, notamment dans les zones où existent des soufflards, dans les traçages et dans les retours d'air.

Les *mesures de précaution* contre les dangers du grisou sont de deux sortes : les unes tendent à empêcher la formation d'accumulations de gaz, les autres à supprimer les causes d'inflammation.

Les premières sont surtout basées sur le fait que le grisou tend à s'accumuler dans les parties hautes des vides ; on conduit l'exploitation de façon à éviter les culs de sac en cloche, à remblayer les vides, à assurer partout un aérage suffisant qui ne laisse en dehors du courant aucun espace où le gaz séjournerait.

Les explosifs utilisent la propriété du retard à l'inflammation ; ils doivent être brisants, donner des produits incombustibles et avoir une température de détonation qui ne dépasse pas certaines limites (en France 1500° au charbon, 1900° au rocher).

Les lampes de sûreté sont basées sur la propriété de l'arrêt de la propagation de la flamme par les toiles métalliques, et sur une combustion à tirage réduit qui étouffe la flamme par le CO^2 produit, si la teneur en grisou est importante.

D'autres mesures de précaution sont nécessaires pour empêcher les causes accidentelles d'inflammation : étincelles électriques, imprudence des ouvriers qui introduisent des allumettes dans la mine, incendies souterrains, etc...

Dans les gisements à dégagements instantanés, on cherche à provoquer un drainage énergique du charbon par une méthode d'exploitation qui amène des mouvements de terrains importants, et en ébranlant le massif par de violents coups de mine.

CHAPITRE III

THÉORIE DE LA VENTILATION

SOMMAIRE

§ 1. **Dépression, vitesse et débit du courant d'air.** — Cause de la circulation de l'air. — Pression statique et pression dynamique. — Théorème de Bernouilli. — Perte de charge. — Valeur de la perte de charge dans une galerie. — Tempérament. — Résistance. — Orifice équivalent. — Orifice équivalent de divers types de galeries. — Orifice équivalent d'un réseau de galeries. — Division du courant d'air. — Galeries en série ou en parallèle. — Calcul d'une porte à guichet. — Emploi des toiles d'aérage. — Causes diverses de pertes de charge — Travail nécessaire pour la ventilation. — Vitesse du courant d'air. — Inconvénients d'un courant d'air trop rapide.

§ 2. **Contrôle de l'aérage.** — Appareils de mesure. — Anémomètres. — Tarage des anémomètres. — Anémomètres manométriques. — Manomètres. — Registres et plans d'aérage. — **Résumé.**

§ 1. — DÉPRESSION, VITESSE ET DÉBIT DU COURANT D'AIR.

55. Cause de la circulation de l'air. — La circulation de l'air dans les travaux souterrains est due à la différence de pression existant entre l'entrée et la sortie de la mine, que cette différence soit d'ailleurs produite par *compression* à l'entrée ou au contraire par *aspiration* à la sortie. La théorie est tout à fait analogue dans les deux cas, aussi n'examinerons-nous que le cas, le plus général, d'une aspiration par le puits de sortie.

Le mouvement de l'air est provoqué par la *dépression* qui doit être assez grande pour assurer le passage du volume d'air reconnu indispensable, tout en surmontant les résistances opposées par les frottements contre les parois des chantiers et galeries, ainsi que par les autres causes perturbatrices : étranglements, coudes, etc.

La dépression résulte parfois d'une différence d'altitude entre les orifices d'entrée et de sortie (*aérage naturel*); plus souvent elle est entretenue par des moyens artificiels, en particulier à l'aide de ventilateurs.

Laissant de côté, pour l'instant, cette question de production du courant d'air, nous étudierons les lois qui gouvernent la circulation dans la mine.

56. Pression statique et pression dynamique. — En un point quelconque de la mine, l'air (supposé en repos) est à une pression, dépendant de son altitude, que l'on appelle *pression statique*.

D'autre part, si la masse d'air considérée est animée d'une vitesse V, elle exerce une *pression vive* mesurée, en hauteur d'eau, par l'expression $\dfrac{d\,V^2}{2g}$, d étant la densité de l'air par rapport à l'eau.

La somme de ces deux pressions $\left(p + \dfrac{d\,V^2}{2g}\right)$ mesure la *pression* (ou *charge*) *dynamique* de cette masse d'air de densité d de pression p et animée de la vitesse V.

57. Théorème de Bernouilli. — Ceci posé, appliquons à la circulation d'un volume d'air (égal à l'unité) entre deux points 1 et 2, le théorème d'hydrodynamique de Bernouilli.

Nous pouvons en effet admettre que les variations de pression, entre points rapprochés, sont négligeables dans la mine ; la densité de l'air peut être considérée comme constante.

Si l'air était un fluide parfait, circulant contre des parois qui n'offrent aucune résistance, ce théorème se traduirait par la formule

$$p + \frac{d\,V^2}{2g} = \text{constante},$$

et la différence des pressions dynamiques $\left(p_1 + d\,\dfrac{V_1^2}{2g}\right)$ et $\left(p_2 + d\,\dfrac{V_2^2}{2g}\right)$ aux deux points considérés serait nulle.

58. Perte de charge. — En réalité, il n'en est pas ainsi, et la mesure de ces pressions dynamiques, au moyen de *tubes de Darcy* montre que de l'un à l'autre de ces points il s'est produit une diminution de pression, due au frottement des parois.

On donne à cette diminution le nom de *Perte de charge*.

Rappelons que le tube de Darcy (*fig. 69*) est un tube en cuivre, de 3-4mm. de diam., doublement recourbé, de telle façon qu'un des orifices o soit parallèle au courant, l'autre o' tourné vers le courant et taillé en biseau pour éviter les remous.

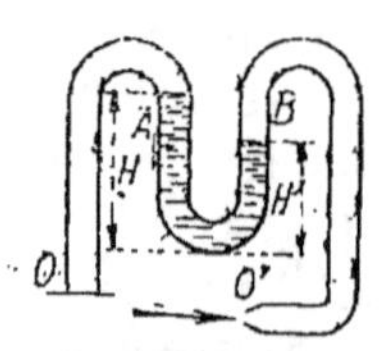

Fig. 69.
Tube de Darcy.

Dans la colonne A du côté de o, l'eau contenue dans le coude s'élève à une certaine hauteur H qui ne dépend que de la pression statique, tandis que dans la colonne B, du côté de o', elle s'élève à une hauteur H' plus faible puisque la pression vive du fluide, entrant dans l'orifice o', se fait sentir en plus de la pression statique. La différence $h = \mathrm{H} - \mathrm{H}'$ mesure la pression $\dfrac{d v^2}{2g}$.

La comparaison des indications h_1 et h_2 de deux appareils placés aux points 1 et 2 donne la *perte de charge* entre ces deux points.

La relation entre la vitesse et la dépression est donc $v = \sqrt{\dfrac{2gh}{d}}$. Nous aurons à l'utiliser lorsque nous expliquerons, ce qu'on entend par *orifice équivalent* (n° 62).

59. Valeur de la perte de charge dans une galerie. — Si nous désignons par S la section de la galerie, par L la longueur entre les deux points considérés, par M le périmètre, l'expérience montre que la perte de charge h est donnée par la relation

$$h = \mathrm{K}\,\frac{\mathrm{L\,M}}{\mathrm{S}}\,\frac{d\,\mathrm{V}^2}{2g}$$

à laquelle on donne généralement la forme $h = \mathrm{K}'\dfrac{\mathrm{L\,M}}{\mathrm{S}}\mathrm{V}^2$, K (ou K') étant un coefficient qui dépend de la nature des parois.

On voit que *la perte de charge est proportionnelle au carré de la vitesse.* Les éléments L, M, S sont faciles à déterminer. Il n'en est pas de même du coefficient K', pour lequel on a trouvé des valeurs très inégales suivant qu'on a recherché sa valeur dans des conduits ou des galeries de différentes natures.

M. Murgue a fait une série d'expériences qui ont donné les résultats suivants :

Nature du revêtement	Section de la galerie m²	Parcours	Valeur de K'
Parois nues	3,60 à 5,80	Rectiligne. . . .	0 00094
Maçonnerie voûte en plein cintre	3,50	Rectiligne. . . .	0,00033
Maçonnerie voûte en plein cintre	3,50	Courbe continue .	0,00062
Cadres en bois espacés de	3,00	Rectiligne. . . .	0,00156
1^m20.	2,00	Légèrement sinueux.	0,00238

Le coefficient K' augmente donc rapidement lorsque la section diminue. Dans les *puits*, M. Petit a trouvé des valeurs de 0,0001 (puits d'entrée d'air, sec, de 3^m,75 de diamètre, revêtu en béton) à 0,0023 (puits d'entrée d'air, humide, de 3^m,92 de diamètre, parois nues).

Dans des *canars d'aérage*, en tôle, elliptiques, usagés, mesurant 0^m,65 $\times$ 0,35, M. Petit a trouvé 0,00033.

Si l'on veut prendre une valeur *moyenne*, pour les conditions habituelles des mines en France, on peut admettre, comme chiffre très approximatif, 0,002.

60. Tempérament. — Au lieu de considérer la vitesse V du courant d'air, faisons entrer dans la formule donnant la perte de charge le volume d'air Q qui passe dans la mine. La relation entre Q et V, dans une galerie de section S est évidemment Q $=$ V $\times$ S.

La formule devient :

$$h = K' \, L \, M \, \frac{Q^2}{S^3}$$

qui contient des éléments (K, L, M, S) dépendant de la mine et d'autres (Q, h) qui dépendent du courant d'air qu'on y fait circuler.

D'après cette égalité, *la dépression h à produire est proportionnelle au carré du volume que l'on veut faire circuler dans la mine.*

Pour doubler le volume, il faut quadrupler la dépression.

Le rapport $\dfrac{Q^2}{h} = \dfrac{S^3}{K'LM}$ est donc constant pour une section de galerie donnée.

M. Guibal lui a donné le nom de *tempérament de la mine*. Cette notion exprime le plus ou moins de facilité avec laquelle le courant circule dans une galerie ou un conduit. On réserve actuellement plutôt ce nom de tempérament au rapport $\dfrac{Q}{\sqrt{h}}$.

On préfère en général exprimer la *résistance* opposée au passage de l'air.

61. Résistance. — Revenons à l'équation fondamentale.

$$h = K \, \frac{LM}{S} \, \frac{d\,V^2}{2g},$$

En remplaçant $\dfrac{KLM}{S}$ par R, on obtient :

$$h = R \, d \, \frac{V^2}{2g}$$

d'où
$$\frac{1}{R} \, \frac{2g\,h}{d} = V^2 = \frac{Q^2}{S^2}$$

Le coefficient R permet de calculer la réduction de vitesse ou de débit occasionnée par la galerie considérée. On l'appelle la *résistance de la galerie*, et on a proposé, pour la mesure de cette résistance, différentes unités.

M. Rateau appelle *guibal* l'unité de mesure caractérisée par le rapport $\gamma = \dfrac{gh}{Q^2}$. C'est la résistance d'une galerie dans laquelle un débit d'un mètre cube par seconde correspond à une dépression $\dfrac{1}{g}$ mesurée en mètres de colonne d'air.

Signalons en passant que M. Rateau utilise une autre notion, celle d'*ouverture* d'une mine $\left(\text{caractérisée par le rapport } \dfrac{1}{\sqrt{\gamma}}\right)$ qui se rapproche beaucoup de l'*orifice équivalent* de M. Murgue dont il sera question plus loin.

On adopte plutôt, comme unité de mesure des résistances, celle qui a été proposée par M. Petit, et à laquelle il a donné le nom de *murgue*. C'est la résistance d'une conduite qui, pour qu'il y passe un mètre cube d'air en une seconde, nécessite une dépression de un millième de millimètre d'eau (c'est-à-dire de 1 gramme par mètre carré).

C'est à peu près la résistance de 10 m. de travers bancs à parois lisses, sans cadres de boisage.

On se sert parfois, dans les calculs, du *kilomurgue* (1000 murgues).

La *relation entre la résistance, le débit et la dépression*, avec une unité ainsi définie, est très simple.

Elle est donnée par la formule $h = R\,Q^2$

où h est la dépression en millimètres d'eau;

R la résistance en kilomurgues;

Q le débit en mètres cubes par seconde.

La *relation entre la résistance R et le tempérament* θ est

$$\left(\text{puisque } \theta = \dfrac{Q}{\sqrt{h}}\right): \qquad R\,\theta^2 = 1.$$

Cette formule permet de remplacer facilement la résistance par le tempérament et inversement.

62. Orifice équivalent. — Nous avons dit plus haut que le tempérament exprime le plus ou moins de facilité avec laquelle le courant d'air circule dans une galerie ou un conduit.

Cette facilité est habituellement exprimée par une notion un peu différente imaginée par M. Murgue, et désignée sous le nom d'*orifice équivalent*. On appelle ainsi l'orifice *en mince paroi* qui donnerait le même débit que la galerie considérée, sous la même charge.

Pour l'ensemble de la mine, l'orifice équivalent serait la section, en mètres carrés, d'un orifice tel que la même dépression y fasse passer, pendant le même temps, le même volume que dans la mine.

On sait que le passage d'un fluide à travers un orifice en mince paroi produit une contraction de la veine gazeuse, que l'on peut estimer à 65 °/₀ de la surface de cet orifice *a*. Dans cette section contractée le débit est encore égal à celui de la galerie. Or ce débit est mesuré par le produit de la section contractée 0,65 *a* par la vitesse V de l'air en ce point. On a donc :

$$Q = 0,65\, a\, \text{V} = 0,65\, a\, \sqrt{\frac{2\,g\,h}{d}}$$

En pratique, la densité *d* de l'air des mines, dont la température est supérieure à 0° et qui est humide, peut être prise à 1,2. En remplaçant *g* et *d* par leur valeur, on peut écrire

$$Q = 2,63\, a\, \sqrt{h}$$

ou
$$h = 0,145\, \frac{Q^2}{a^2}$$

ou encore
$$a = 0,38\, \frac{Q}{\sqrt{h}}$$

On voit que cette expression de l'orifice équivalent repose sur

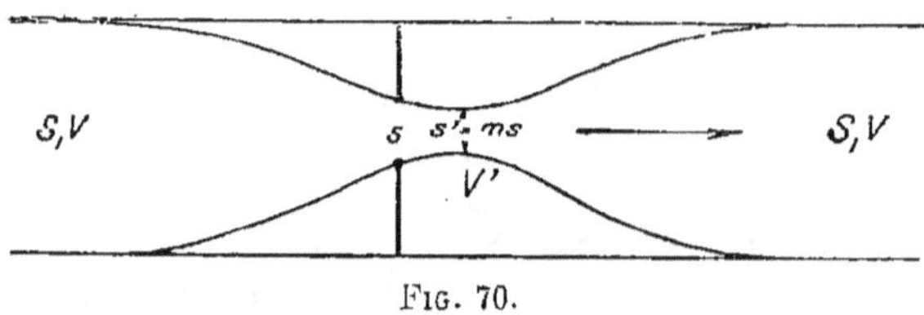

Fig. 70.

deux hypothèses. L'une $d = 1,2$ est admissible, en raison même de l'impossibilité de connaître la valeur exacte de la densité, qui change constamment avec la température et l'état hygrométrique de l'air.

L'autre (coefficient de contraction : 0,65) est plus contestable. Ce coefficient varie avec la forme de l'orifice. M. Petit a cherché à le mesurer expérimentalement.

Soit S la section de la galerie, V la vitesse de l'air, V' la vitesse dans la section contractée $s' = ms$. A une distance suffisante avant et après le diaphragme (*fig. 70*) on a : $SV = s'V' = msV'$.

En mesurant la différence de pression en deux points avant et après le diaphragme, et connaissant la relation entre cette différence et les vitesses aux deux points observés, on peut déterminer la valeur du coefficient m.

M. Petit a trouvé ainsi :

Pour un diaphragme circulaire $m = 0,6372$
—   —   carré $m = 0,6412$
—   —   rectangulaire $m = 0,6525$

Le chiffre 0,65 est donc très rapproché, mais non absolu.

La formule qui donne l'orifice équivalent en fonction de Q et h n'est pas tout à fait rigoureuse, mais très suffisante en pratique.

On peut d'ailleurs remplacer la notion d'orifice équivalent en mince paroi par celui d'orifice *équivalent parfaitement évasé* ω tel que $Q = \omega V$.

On voit que $\omega = 0,65\,a$
ou $a = 1,54\,\omega$.

Cette notion d'orifice parfaitement évasé découle de l'équation

$$\frac{1}{R}\,\frac{2gh}{d} = \frac{Q^2}{S^2}$$

établie plus haut.

On a en effet :

$$Q = S\sqrt{\frac{1}{R}}\sqrt{\frac{2gh}{d}} = S\sqrt{\frac{1}{R}}\,V$$

$\dfrac{1}{R}$ est un coefficient numérique

$\omega = S\sqrt{\dfrac{1}{R}}$ est l'orifice parfaitement évasé dont le débit est le même que celui de la galerie.

La comparaison entre ω et l'*ouverture* $\gamma = \dfrac{Q}{\sqrt{gh}}$ (voir n° 61) montre que

$$\omega = \frac{\gamma}{\sqrt{2}} = 0,707\,\gamma \qquad \text{et que} \quad \gamma = 1,41\,\omega.$$

Bien que les notions d'*orifice parfaitement évasé* ou de *tempérament* puissent être considérées comme moins arbitraires que celle d'*orifice équivalent en mince paroi*, cette dernière est encore la plus généralement utilisée.

La *relation entre le tempérament et l'orifice équivalent* (en mince paroi) est simple.

On a vu que

$$a = 0,38 \frac{Q}{\sqrt{h}}$$

Or

$$\theta = \frac{Q}{\sqrt{h}}$$

On a donc

$$a = 0,38\,\theta$$

Ou

$$\theta = 2,63\,a$$

Le rapport entre l'orifice et le tempérament est sensiblement égal à $\frac{2}{5}$. Dire qu'une mine a un orifice équivalent égal à 2 mètres carrés ou qu'elle a un tempérament de 5, c'est exprimer la même idée. Il est donc aussi facile de comprendre une étude d'aérage où il est fait usage de la notion de tempérament qu'une autre où l'auteur parle d'orifice équivalent. Il n'y a là qu'un changement d'unité.

Remarquons toutefois qu'avec l'ancienne définition du tempérament lorsqu'on appelait ainsi le rapport $\frac{Q^2}{h}$, la relation était plus compliquée, puisqu'on avait $a = 0,38\sqrt{\theta}$ et . . . . . $\theta = 6,92\,a^2$.

L'*orifice équivalent d'une mine* est parfois inférieur à 1^{m2} parfois supérieur.

On dit la mine *large* si son orifice équivalent est supérieur à 1^{m2}, *étroite* s'il est inférieur à cette valeur.

Les mines étroites tendent à disparaître et on atteint, dans les exploitations actuelles, avec puits à grande section et galeries de sections suffisantes, des orifices équivalents de 2 ou 3^{m2}, parfois même davantage. En recherchant le travail nécessaire pour assurer la ventilation d'une mine, nous verrons en effet que, pour un même débit, ce travail est inversement proportionnel au carré de l'orifice équivalent.

63. Orifice équivalent de divers types de galeries. — On a vu au n° 59 que les galeries étaient caractérisées, au point de vue de la résistance qu'elles offraient au passage du courant d'air, par un coefficient K', que des expériences de M. Murgue ont permis de déterminer dans un grand nombre de cas.

En introduisant, dans l'expression de l'orifice équivalent, $a = 0,38\,\dfrac{Q}{\sqrt{h}}$ ce coefficient K' d'après la formule

$$\frac{Q}{\sqrt{h}} = \sqrt{\frac{S^3}{K'LM}}$$

on peut calculer l'orifice équivalent des divers types de galeries.

Voici (d'après *Haton de la Goupillière et Bès de Berc*) un certain nombre de résultats :

Nature du revêtement	Tracé	Dimensions de la section				Orifice équivalent calculé pour 100^m de longueur $\dfrac{a\sqrt{l}}{10}$
		Largeur	Hauteur	Périmètre	Surface	
Cadres de bois es-pacés de 1^m,20	Légèrement sinueux	1^m,25	1^m,60	5^m,70	2$^{m^2}$,00	0$^{m^3}$,9228
»	Rectiligne	2 ,00	2 ,00	8 ,00	4 ,00	2 ,7212
»	»	3 ,00	2 ,00	10 ,00	6 ,00	4 ,4714
Parois nues .	»	1 ,25	1 ,60	5 ,70	2 ,00	1 ,2889
»	»	2 ,00	2 ,00	8 ,00	4 ,00	3 ,5056
»	»	4 ,00	2 ,50	13 ,00	10 ,00	10 ,8704
Maçonnerie voû-tée en plein cintre . . .	»	2 ,00	2 ,00	7 ,14	3 ,57	5 ,2805
»	»	3 ,00	2 ,50	9 ,71	6 ,53	11 ,2018

64. Orifice équivalent d'un réseau de galeries. — Si le courant d'air parcourt une série de galeries qui se font suite (galeries en *série*), il est aisé de trouver la formule reliant le débit Q, qui reste le même, aux orifices équivalents $a_1 \ldots a_n$ de chacune d'entre elles et à la dépression totale h.

Cette formule est :

$$h = 0{,}145\,Q^2 \left(\frac{1}{a_1^2} + \frac{1}{a_2^2} + \ldots + \frac{1}{a_n^2} \right)$$

Si les n galeries ont même orifice équivalent, on a :

$$h = 0{,}145\,\frac{n\,Q^2}{a^2}$$

On donne à cette expression la forme :

$$h = 0{,}145 \left(\frac{Q}{\dfrac{a}{\sqrt{n}}} \right)^2$$

qui montre que *l'orifice équivalent d'une série de* n *galeries d'orifice équivalent a disposées à la suite les unes des autres est égal à* $\dfrac{a}{\sqrt{n}}$

Si les n galeries sont en *parallèle*, c'est-à-dire ayant même origine et même fin, la dépression h est la même pour chacune d'elles, et leurs débits $q_1 = 2,63\, a_1 \sqrt{h}$ $q_2 = 2,63\, a_2 \sqrt{h}$ . . . s'ajoutent pour donner le débit total Q.

On a donc $Q = 2,63 \sqrt{h}\, (a_1 + a_2 + \ldots + a_n)$.

Si les orifices équivalents sont les mêmes, on a :

$$Q = 2,63 \sqrt{h}\, n\, a$$

L'ensemble des n galeries en parallèle, d'orifices équivalent a est donc équivalent à une seule galerie d'orifice n a.

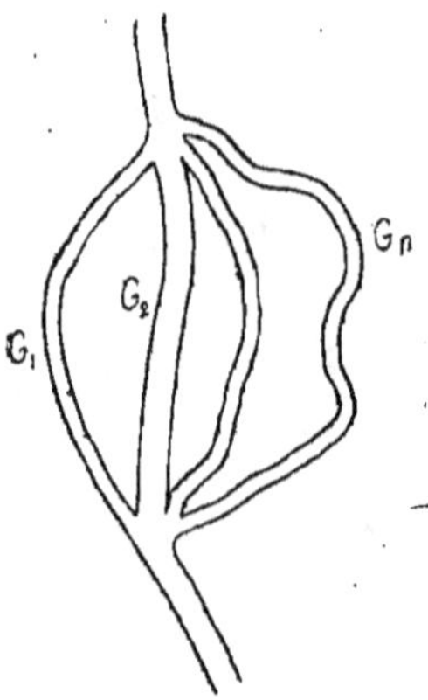

Fig. 71.
Galeries en parallèle.

65. Division du courant d'air. — Il reste à déterminer les débits $q_1\, q_2 \ldots q_n$ dans chacune des galeries en parallèle $G_1\, G_2 \ldots G_n$, lorsque celles-ci ont des orifices équivalents différents (*fig. 71*).

On a vu que :

$$Q = 2,63 \sqrt{h}\, (a_1 + a_2 \ldots + a_n)$$
$$\text{et} \quad q_1 = 2,63 \sqrt{h}\, a_1$$
$$\cdots \cdots \cdots \cdots$$
$$q_n = 2,63 \sqrt{h}\, a_n$$

On a donc :

$$\frac{q_1}{a_1} = \frac{q_2}{a_2} = \ldots = \frac{q_n}{a_n} = \frac{Q}{a_1 + a_2 + \ldots + a_n} = 2,63 \sqrt{h}$$

Par exemple, si l'on a deux galeries, les débits qui passeront par chacune d'elles sont :

$$q_1 = Q\, \frac{a_1}{a_1 + a_2}$$
$$q_2 = Q\, \frac{a_2}{a_1 + a_2}$$

Si l'une des deux galeries a une section beaucoup plus grande, ou un parcours beaucoup plus court que l'autre, le courant d'air aura tendance à passer presqu'entièrement par la première. Pour le forcer à se diviser suivant les besoins, il faudra diminuer artificiellement l'orifice équivalent par une porte à guichet ou par une toile.

66. Comparaison des galeries en série ou en parallèle. — Revenons aux formules relatives à n galeries d'orifices équivalents égaux, pour comparer les deux modes d'aérage d'un tel réseau, soit en *série*, soit en *parallèle (fig. 72)*, lorsqu'on a le choix entre les deux

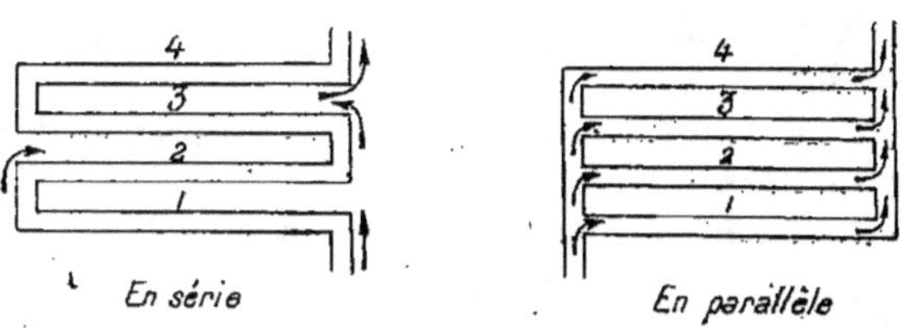

Fig. 72.

systèmes, ce qui suppose que les tronçons joignant les extrémités des galeries sont négligeables par rapport aux longueurs de celles-ci et qu'on peut considérer les formules précédentes comme applicables.

Soit A_s et A_p les orifices équivalents de l'un ou l'autre groupe.

On a
$$A_s = \frac{a}{\sqrt{n}} \qquad A_p = n\,a$$

Si l'on comparait les résistances R_s et R_p, évaluées en murgues, $\left(\text{en partant de la formule } R = \frac{h}{Q^2}\right)$, on trouverait :

$$R_s = n\,R \qquad \text{et} \qquad R_p = \frac{R}{n^2}$$

On voit donc que les résistances s'ajoutent pour les galeries en série et que, pour les galeries en parallèle, la résistance totale est égale à la résistance de chacun des tronçons divisée par n^2.

L'orifice équivalent A_p est $n\sqrt{n}$ fois plus grand que A_s et la résistance R_p est n^3 fois plus petite que R_1.

Il y a donc grand avantage à aérer le réseau des galeries en parallèle. Pour faire passer un même volume d'air, il suffit d'une dépression beaucoup plus faible, par conséquent d'un ventilateur beaucoup moins puissant. De plus, il est évident qu'il est bien préférable de diviser le courant d'air pour qu'un éboulement dans l'une des galeries ne supprime pas l'aérage dans toutes les autres.

67. Calcul d'une porte à guichet. — Le calcul d'une porte à guichet se fait (1) en partant de la formule donnant la perte de charge due au guichet, d'après le théorème de Bélanger.

$$r_i = \frac{d}{2g}\,(V' - V)^2$$

où d est la densité de l'air ;
    $g = 9,8088$;
    $V =$ vitesse de l'air dans la galerie après établissement du guichet ;
    $V' =$ vitesse de l'air dans la section contractée.

D'autre part $SV = 0,65\,sV'$

S étant la section de la galerie
s la section du guichet
0,65 le coefficient de contraction.

On a donc $r_i = \dfrac{d}{2g}\,V^2 \left(\dfrac{1}{0,65}\,\dfrac{S}{s} - 1 \right)^2$

Le problème consiste à réduire le débit Q qui circulait primitivement dans la galerie (de section S et d'orifice équivalent a) à la fraction $\dfrac{1}{n}$, la dépression motrice h restant la même.

En se basant sur les formules des pages précédentes, appliquées aux deux tronçons de galerie en série, ainsi que sur celles qui relient le débit, l'orifice équivalent et la dépression et sur celles qui donnent la vitesse en fonction du débit, on arrive finalement à la formule :

$$\frac{s}{S} = \frac{1}{0,65 + \sqrt{n^2 - 1}\,\dfrac{S}{a}}$$

qui est indépendante de h.

Le rapport $\dfrac{S}{a}$ est facile à calculer approximativement, si l'on se reporte aux valeurs moyennes de l'orifice équivalent, d'après le type de galerie envisagé, dont nous avons donné au n° 63 quelques exemples, rapportés à une longueur de 100 m. de galerie $\left(\text{c'est-à-}\right.$

dire la valeur de $a\,\dfrac{\sqrt{l}}{10}\Big)$.

La valeur de $\dfrac{s}{S}$ étant en raison inverse de $\dfrac{S}{a}$, il en résulte que, pour une galerie donnée, la section du guichet doit être d'autant plus petite que la longueur de la galerie est plus grande.

Il est à remarquer que le rapport des sections $\dfrac{s}{S}$ est toujours beaucoup plus petit que le rapport $\dfrac{1}{n}$ des débits. Pour une réduction donnée du débit, il faut une réduction beaucoup plus forte de la section.

Par exemple, pour une galerie de longueur 400 m., de section $S = 4\,m^2$ et d'orifice équivalent, pour 100 m., de section : 1,2889.

On a :
$$\frac{S}{a} = 3,1.$$

Si l'on veut réduire le débit au $\dfrac{1}{4}$ de sa valeur,

On a :
$$\frac{s}{S} = \frac{1}{0,65 + \sqrt{16-1} \times 3,1}$$

ce qui donne sensiblement $\dfrac{s}{S} = 0,08$.

Le guichet devra donc mesurer $0^{m2}32$. S'il est carré, il mesurera un peu moins de 58 cm. de côté.

68. Emploi de toiles d'aérage. — On cherche, dans certains cas, à modifier la répartition du courant d'air pendant un temps assez court, ou dans un emplacement qui ne permet pas l'installation d'une porte à guichet.

On se sert alors de *toiles* pendues à la couronne de la galerie, qui laissent passer l'air à la partie inférieure.

Le calcul se fait comme pour une porte à guichet, mais on admet que le coefficient de contraction n'est que de 0,80.

Il montre que les toiles ne peuvent être utilisées que pour réaliser de faibles réductions de débit, et dans les galeries qui n'ont qu'une résistance peu considérable.

69. Causes diverses de pertes de charge. — Si l'on voulait calculer en détail les pertes de charge dans toutes les parties de la mine, il faudrait tenir compte de bien des éléments difficiles à évaluer avec précision, notamment des pertes dues aux coudes et aux changements de section.

Signalons seulement que les coudes brusques sont une cause de pertes très sérieuse (1), et que celles qui sont dues aux changements de section (diminution ou augmentation) sont considérablement réduites, si ces changements se font par des racccordements qui les rendent progressifs.

70. Travail nécessaire pour la ventilation. — Le travail utile nécessaire pour faire passer dans la mine un volume d'air Q (en mètres cubes par seconde) est mesuré par l'expression

$$T_u = h\,Q \quad (h \text{ exprimé en millimètres d'eau}).$$

La puissance, en chevaux, est $\dfrac{h\,Q}{75}$, c'est-à-dire $0,0133\,h\,Q$.

Or, on sait que le rapport $\dfrac{Q^2}{h}$ est constant pour une mine donnée

donc $\qquad Q = m\sqrt{h}$, (m étant une constante)

Il en résulte que *le travail utile est proportionnel au cube du débit*. Pour doubler ce dernier, il faut multiplier le travail par 8.

Notons également que le travail est proportionnel à $h^{\frac{3}{2}}$.

71. Vitesse du courant d'air. — La vitesse du courant d'air est fonction du débit et de la section de la galerie, d'après la formule $V = \dfrac{Q}{S}$.

Mais cette vitesse n'est nullement constante sur toute la section.

Des mesures précises ont permis de constater qu'elle est très irrégulièrement répartie. La figure 73 donne une idée de variations que l'on a constatées dans diverses galeries.

Lorsque le débit augmente, les vitesses augmentent proportionnellement dans toute la section, à condition naturellement qu'il n'existe pas d'obstacles susceptibles de produire des remous.

L'irrégularité de la vitesse oblige, lorsqu'on fait un jaugeage du courant d'air, à multiplier les observations de vitesses dans la section, ou tout au moins à promener l'anémomètre d'un

---

(1) M. Petit a établi, avec des tuyaux en bois mesurant $1^m,50 \times 0^m,75$ qu'un coude à 45° offre la même résistance que $162^m,30$ de tuyaux rectilignes ; un coude à 90° équivaut à $82^m,30$ de longueur, un coude à 135° à 23^m30 de longueur.

point à l'autre pour obtenir autant que possible un chiffre moyen exact.

Il ne faut pas perdre de vue que si la vitesse moyenne est sensible, il existera des zones où le courant d'air sera très vif. Il peut en résulter des dangers au point de vue de la sûreté des lampes, dont les flammes risquent d'être chassées contre les tamis qu'elles rougiront. Il importe en outre de se rappeler que la présence d'un obstacle quelconque : homme, cheval, berlines, blocs tombés de la couronne, crée un étranglement qui augmente la vitesse. Il est donc nécessaire de donner une section suffisante aux retours d'air des mines grisouteuses, où le courant d'air est toujours assez vif et où l'existence des remous ou des filets d'air animés d'un mouvement trop rapide serait dangereuse.

72. Inconvénients d'un courant d'air trop rapide. —

En dehors de cet inconvénient, une vitesse exagérée du courant d'air en présente d'autres. En soulevant les poussières, elle rend l'atmosphère désagréable.

D'autre part, elle risque d'occasionner des refroidissements pour les ouvriers.

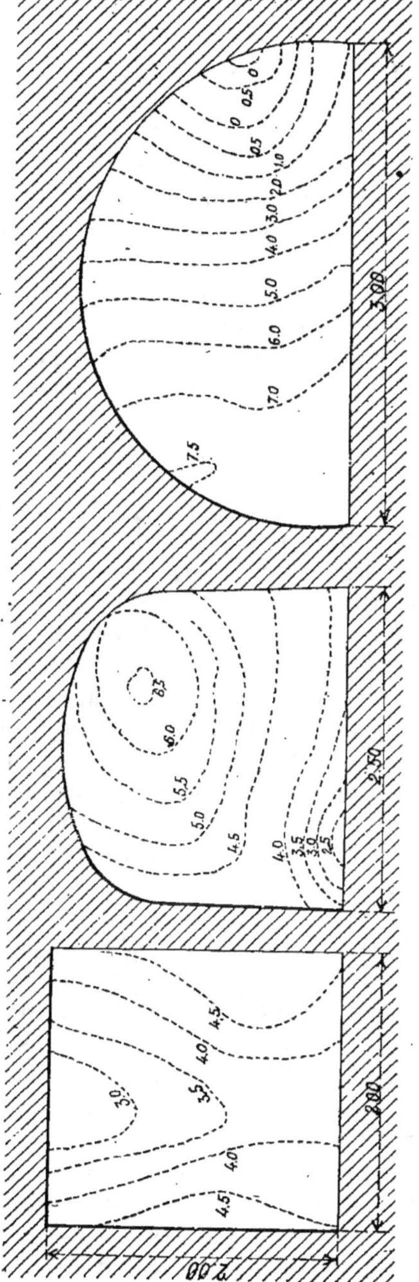

Fig. 73. — Courbes d'égale vitesse dans différentes galeries

Pour produire un courant d'air assez rapide, il faut augmenter la dépression. Celle-ci risque d'amener la circulation de l'air dans les cassures du charbon, dans les vieux travaux, d'activer par conséquent les dégagements de grisou et les échauffements.

Dans beaucoup de mines où l'on a remplacé les anciens ventilateurs à marche lente et à dépression faible par de nouveaux appareils à forte dépression, on a observé une activité nouvelle des feux qui couvaient et semblaient à peu près éteints.

Malgré tout, un aérage intense étant le seul moyen de combattre efficacement le grisou, il faut prendre les mesures nécessaires pour faire passer dans la mine le volume d'air reconnu indispensable, et s'arranger pour augmenter l'orifice équivalent des travaux souterrains en augmentant le nombre et la section des galeries, au besoin des puits d'entrée et de sortie d'air.

§ 2. — CONTRÔLE DE L'AÉRAGE.

73. Appareils de mesure. — Les mesures effectuées dans la mine concernent d'une part la vitesse, d'autre part la dépression. De la connaissance de la première, on déduira celle du volume qui circule dans la galerie considérée.

Nous avons fait remarquer (au n° 71) que la répartition des vitesses était très inégale dans la section de la galerie. Le procédé qui consiste à mesurer en combien de temps une substance odorante (éther, poudre, etc...) dégagée en un premier point arrive à un autre ne donne par conséquent qu'une indication trop sommaire.

On doit avoir recours à des appareils (*anémomètres*) que l'on promène dans toute la section pour obtenir soit une valeur moyenne, soit une série d'observations distinctes.

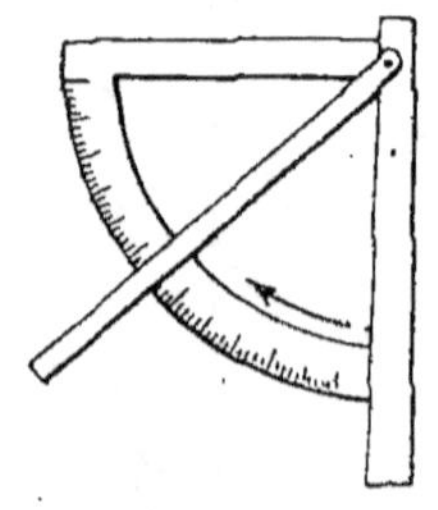

Fig. 74.
Anémomètre Dickinson

74. Anémomètres. — Les anémomètres sont de divers types, soit que le courant d'air soulève une planchette ou un petit pendule, soit qu'il fasse tourner une roue à ailettes.

Dans l'*anémomètre Dickinson* (*fig. 74*) un petit volet très léger, ou un fil soutenant une balle de sureau se déplacent le long d'un secteur gradué; taré par des expériences préliminaires. Pour donner des indications exactes, le pendule doit être très léger, il est alors trop sensible aux variations de vitesse et se déplace continuellement, rendant la lecture difficile.

On emploie de préférence les appareils à ailettes : l'un des plus connus est *l'anémomètre Casartelli* (*fig. 75*).

Les ailettes sont plates, en aluminium, inclinées légèrement sur l'axe de l'appareil.

Un compteur donne le nombre de tours.

La vitesse est donnée par la formule

$$v = a + bn$$

a et b étant des constantes qui dépendent de l'appareil et sont données par un tarage préalable.

Lorsqu'on veut faire une lecture avec l'anémomètre, il faut attendre que l'appareil ait pris sa vitesse normale ; c'est à ce moment seulement que l'on met le compteur en marche.

Les anémomètres à ailettes ne permettent de mesurer qu'une

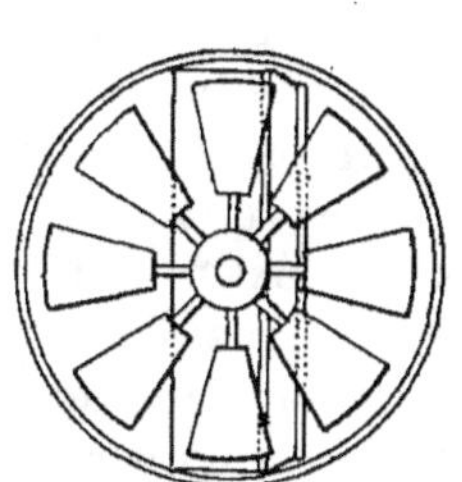
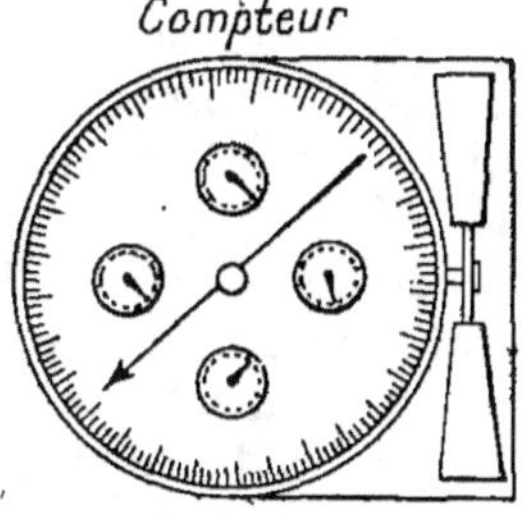

Fig. 75. — Anémomètre Casartelli.

vitesse moyenne pendant un certain temps, car ils ne sont pas sensibles aux faibles variations de cette vitesse. Ils ne donnent d'ailleurs pas d'indications précises si cette dernière est trop faible.

Il est préférable de disposer l'appareil de façon à reporter le compteur sur le côté, pour laisser libre toute la surface des ailettes, masquée dans les appareils du type Casartelli.

Pour faire une expérience dans une galerie, on promène l'appareil pendant une dizaine de secondes au moins, ou mieux pendant 40 ou 50 secondes, dans toute la section, en le portant au bout d'une tige pour l'écarter du corps de l'expérimentateur. Pour des mesures précises, il est préférable de diviser la section par une sorte de grillage en fils très fins, et de noter la vitesse dans chacune des parties ainsi définies. L'observation est longue, mais beaucoup plus exacte.

Lorsqu'on a ainsi déterminé avec précision la répartition du courant d'air dans une galerie, il ne sera pas nécessaire de refaire l'expérience lorsque la vitesse aura changé. On sait en effet que celle-ci augmente proportionnellement dans toutes les parties de la section ; il suffira donc de la mesurer chaque fois en un point bien défini. On désire parfois faire des expériences de durée plus longue, ou répétées à des intervalles réguliers, sans immobiliser un homme à côté de l'anémomètre. On munit alors les appareils de dispositifs d'horlogerie qui déclenchent le mécanisme et l'arrêtent.

On a même imaginé un appareil (*anémographe Schondorff*) qui enregistre continuellement la vitesse. La partie tournante est formée de quatre calottes demi-sphériques montées au bout de quatre bras horizontaux et présentant leur ouverture en sens contraire du courant d'air. Tous les 1000 tours un contact électrique s'établit, provoquant l'inscription d'un trait de crayon sur un enregistreur placé à la surface.

75. Tarage des anémomètres. — Le tarage des anémomètres se faisait autrefois par déplacement de l'appareil, à vitesse connue, dans une atmosphère au repos. Mais, par suite de la différence entre les remous qui se forment devant l'appareil lorsqu'il est fixe dans un air en mouvement et lorsqu'il est en mouvement dans un air au repos, ce procédé de tarage n'est pas très exact. Un anémomètre rotatif tourne plus vite dans le premier cas que dans le second. Il en résulte que les indications lues dans la mine donneront des chiffres trop élevés. On doit donc multiplier par un certain coefficient (0,88 environ) les indications obtenues.

76. Anémomètres manométriques. — On peut également se servir, pour la mesure de la vitesse en un point, de la relation entre celle-ci et la dépression, par exemple en employant un tube de Darcy (voir n° 58).

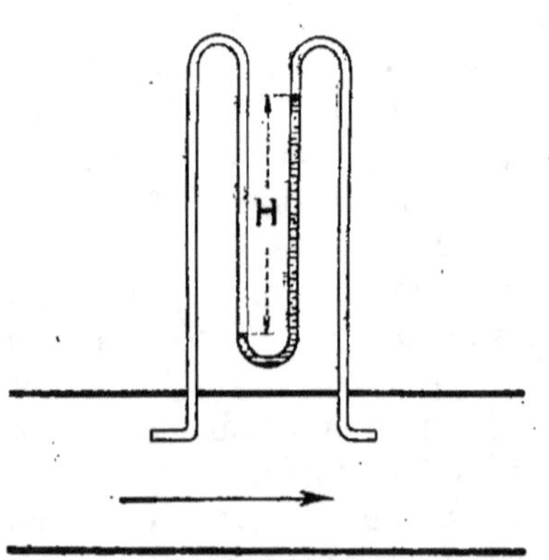

Fig. 76. — Volumètre.

Pour calculer le débit qui passe dans un *canar d'aérage* de section connue, on peut employer (*fig. 76*) un tube à double courbure terminé, dans le canar, par deux orifices, l'un en sens contraire du courant, l'autre dans le même sens. La différence de hauteur H entre les niveaux de l'eau dans les deux branches centrales est proportionnelle au carré de la vitesse. Pour une section connue du canar, l'appareil peut être gradué directement en volumes, d'où son nom de *volumètre*.

On peut d'ailleurs le rendre enregistreur.

Ainsi dans *l'enregistreur de débit de Bruyn* un cylindre flottant sur un bain de glycérine ou d'huile de pétrole reçoit sur sa partie supérieure et sur sa partie inférieure les pressions provenant des deux tubes tournés, le premier contre le courant, le second parallèlement à celui-ci. Une tige équilibrée transmet à un levier muni d'une plume, qui se déplace devant le tambour enregistreur, les mouvements du plongeur, proportionnels au carré de la vitesse.

On utilise enfin les *ajutages convergents divergents*, dans la partie étranglée desquels se produit une dépression proportionnelle au carré de la vitesse.

En emboîtant l'un dans l'autre plusieurs ajutages disposés de telle façon que chacun d'eux se termine dans la partie étranglée du suivant (*fig. 77*), on multiplie considérablement la dépression, ce qui permet une observation beaucoup plus précise.

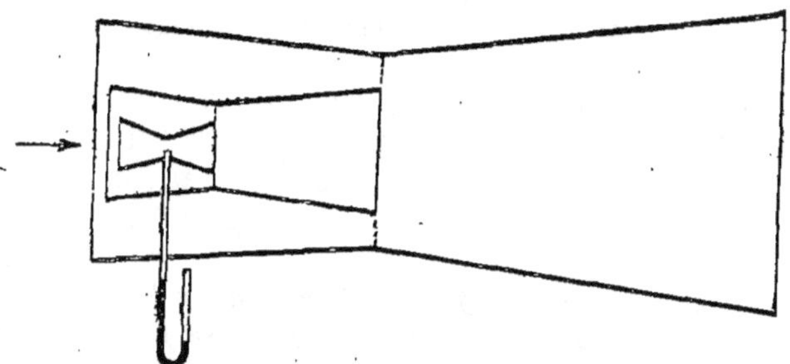

FIG. 77. — Ajutages convergents-divergents de Bourdon.

77. Manomètres. — La mesure de la dépression se fait au moyen de *manomètres*, formés simplement d'un tube en U dont l'une des branches est en communication avec l'air de la mine, l'autre avec l'atmosphère extérieure (*fig. 78*).

On lit directement la différence de pression sur la planchette graduée, placée derrière le manomètre.

Pour simplifier cette lecture, on peut fixer la planchette sur une vis, de telle sorte qu'on puisse amener le zéro en face du niveau de l'eau dans le tube communiquant avec l'air libre.

Les indications de cet appareil ne sont pas très précises. On construit des manomètres dans lesquels la lecture se fait, au microscope, le long d'un tube très étroit, ou basés sur la formation d'un ménisque au moment du contact de la surface de l'eau avec un repère très fin (appareil Le Chatelier).

Plus simplement, on peut augmenter beaucoup la précision d'un manomètre en augmentant la longueur des divisions corres-

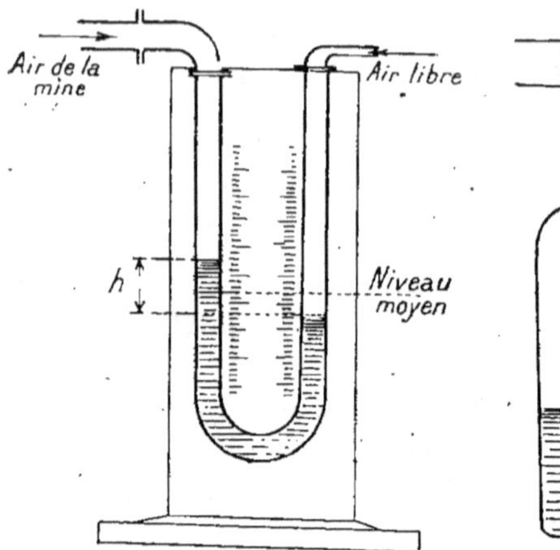

Fig. 78. — Manomètre.

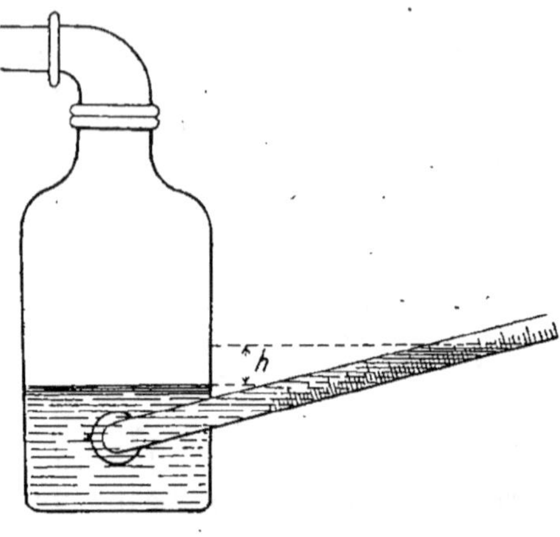

Fig. 79. — Manomètre à tube incliné.

pondant à une certaine dépression. On remplace pour cela l'un des tubes par un large flacon, l'autre par un tube étroit et incliné (*fig. 79*).

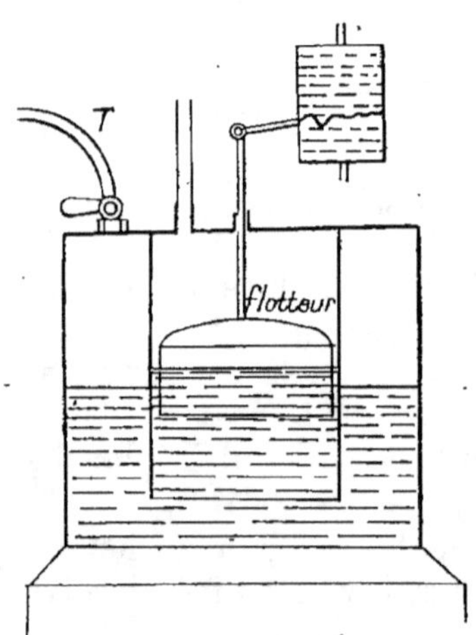

Fig. 80. — Manomètre enregistreur.

Les indications sont d'autant plus exactes que le tube est plus incliné.

Les *manomètres enregistreurs* sont basés sur l'emploi d'un flotteur surmonté d'une tige articulée avec un levier (*fig. 80*).

La pression de l'air extérieur est transmise à la surface libre de l'eau, par un tube T. Celle de l'air de la mine s'exerce dans le compartiment central qui contient le flotteur.

La tige est reliée par un levier amplificateur à la plume qui trace la courbe des variations manométriques sur un cylindre qui fait un tour en 24 h.

Le même appareil peut d'ailleurs servir à indiquer simplement la dépression, sans l'enregistrer, par le déplacement d'une aiguille autour d'un cadran.

78. Registres et plans d'aérage. — Le contrôleur d'aérage fait des tournées à intervalles réguliers (par ex. tous les mois) dans les travaux souterrains et note les vitesses, débits, températures. Dans les mines grisouteuses il procède en même temps à des lectures avec un grisoumètre.

Entre ces tournées des inspections spéciales sont faites chaque fois qu'une modification importante est apportée à l'aérage.

Les observations sont reportées sur un *registre* qui permet de suivre de mois en mois les variations de l'aérage. Les stations auxquelles sont faites les mesures doivent autant que possible rester les mêmes : entrée et sortie de la mine et de chaque quartier, galeries principales. On recherche par endroits les pertes par les remblais et les vieux travaux en mesurant le débit avant et après les chantiers.

Dans les mines grisouteuses, les surveillants ont la consigne de faire fréquemment des vérifications ; ils modifient au besoin les ouvertures des guichets ou font poser des toiles pour assurer une répartition convenable du courant d'air.

Au registre est annexé un *plan d'aérage* sur lequel sont portées les galeries, avec l'indication des ventilateurs, des canars d'aérage, des portes ou des toiles ; des flèches montrent le parcours du courant d'air ; les stations où des observations ont été faites sont marquées, et on inscrit les vitesses et les débits constatés, ainsi que les sections des galeries.

Il est bon de distinguer sur ce plan les parties au rocher ou au charbon, les travaux remblayés ou abandonnés sans remblais, et d'y porter les barrages établis contre les feux, ainsi que toutes les observations utiles relatives au grisou : zones à dégagements notables, soufflards, etc... Une précaution utile est d'y marquer également l'emplacement des postes de rallumage des lampes.

On trouvera page 178 la disposition d'un registre d'aérage, qui montrera tous les renseignements qu'il est utile d'y mentionner.

79. Résumé. — La circulation de l'air dans les travaux souterrains est produite par aspiration sur le puits de sortie d'air ou, plus rarement, par compression sur le puits d'entrée d'air. Dans les deux cas l'air subit, de l'entrée à la sortie, une *dépression*. Celle-ci résulte parfois d'un aérage naturel ; plus souvent elle est produite artificiellement au moyen d'un ventilateur.

La théorie de la ventilation repose sur les théorèmes qui donnent les lois de circulation d'un fluide sous l'action de la dépression. Cette dernière diminue, par suite des frottements contre les obstacles et contre les parois des galeries, qui occasionnent une *perte de charge*.

La perte de charge est proportionnelle au carré de la vitesse. Le coefficient de proportionnalité contient certains éléments géométriques (longueur,

EXPLOITATION DES MINES

Puits ....   Date ....

Ventilateur = ... { nombre de tours.....   Anémomètre employé................
                        { dépression...........   Formule.........................

Pression barométrique....   Température extérieure.........

Nᵒˢ des Stations	DIVISION DES SUBDIVISIONS D'AÉRAGE	Vitesse de l'air par seconde.	Section de la galerie.	Volume d'air par seconde.	Volume d'air par minute.		Température	Indication de la lampe Chesneau.	Extraction en tonnes pendant le poste du matin.	Se trouvaient dans la mine.			L'exploitation comprenait chantiers		Longueur maxima parcourue par l'air.	Dégagement de grisou en m³ pendant le poste.			OBSERVATIONS
					Par tonne extraite	Par ouvrier présent				Hommes	Chevaux	Total	au massif	au dépilage		au total	par tonne extraite	par 1000 m³ de couche.	
		m.	m²	m³															
1	Entrée d'air par le puits.	1,87	3,47	6,488			17°	0,0											
2	Galerie	0,50	2,48	1,240			19	0,0											
..	.																		
5	Etage... Entrée d'air du quartier	1,23	3,07	3,776			19	0,0											
6	Ventilateur.Extrémité du canar.	1,79	0,07	0,123			26 ½	0,1											
8	Etage ., Sortie d'air	2,88	3,45	9 936	0,071 m³	0,087 m³	22 ½	0,0	139ᵀ	96	6	114	3	22	2 215				
21	Etage... Sortie d'air	2,82	3,30	9,306	0,044	0,058	22	0,1	211ᵀ	145	5	150	5	38	2 057	268 m³	1,270 m³	62 m³	

périmètre, section de la galerie) et un élément, caractéristique de la nature des parois, que l'on peut déterminer approximativement par des expériences.

Si l'on cherche la relation entre la dépression et le volume circulant dans une galerie, on constate que la dépression est proportionnelle au carré du volume que l'on veut faire circuler dans la mine.

Le rapport $\dfrac{Q'}{h}$ $\left(\text{ou } \dfrac{Q}{\sqrt{h}}\right)$, qui est constant, porte le nom de *tempérament* de la galerie, ou de la mine. Cette expression indique le plus ou moins de facilité avec laquelle l'air circule.

Inversement, on peut exprimer la *résistance* opposée par une galerie à cette circulation de l'air.

On caractérise souvent une galerie (ou l'ensemble d'une mine) par l'*orifice équivalent*, en mince paroi, qui donnerait le même débit que cette galerie (ou cette mine) sous la même dépression.

On passe d'ailleurs facilement de la notion de tempérament à celle d'orifice équivalent, ces deux quantités étant proportionnelles $\left(\text{si l'on convient}\right.$

d'appeler tempérament le rapport $\dfrac{Q}{\sqrt{h}}\left.\vphantom{\dfrac{Q}{\sqrt{h}}}\right)$.

L'ensemble de n galeries semblables, d'orifice équivalent a, placées en série, équivaut à une galerie d'orifice $\dfrac{a}{\sqrt{n}}$.

L'ensemble de n galeries semblables, d'orifice équivalent a, placées en parallèle, équivaut à une galerie d'orifice $n\,a$.

Cette notion d'orifice équivalent est d'un emploi courant et servira par exemple à calculer la section à donner au guichet d'une porte.

Les coudes, les changements de section, les obstacles qui encombrent les galeries occasionnent des pertes de charge qu'il est souvent difficile d'évaluer.

Le *travail utile* nécessaire pour faire passer un certain volume d'air dans la mine est mesuré par $Tu = h\,Q$.

Ce travail est proportionnel au cube du débit.

La *vitesse* du courant d'air, dans les divers points de la section d'une galerie, est très irrégulièrement répartie. Il est donc nécessaire, lorsqu'on mesure cette vitesse, de faire l'expérience sur toute la section.

Il est désirable que la vitesse moyenne ne soit pas trop élevée, 1 ou 2 m. par exemple. Dans les galeries d'entrée et de sortie d'air elle est souvent de plusieurs mètres par seconde.

Le *contrôle de l'aérage* se fait au moyen de divers appareils avec lesquels on mesure la vitesse ou la dépression.

Les *anémomètres* les plus employés sont à ailettes, assez légers, pour prendre rapidement leur vitesse de régime. Un tarage préalable permet de déduire du nombre de tours marqués par le compteur, en un temps donné, la vitesse du courant d'air. On en déduit facilement le volume de l'air qui circule dans la galerie.

D'autres appareils sont basés sur la dépression produite par la force vive du courant d'air.

La dépression est mesurée au moyen de *manomètres*, que l'on cherche à rendre aussi sensibles que possible.

Les observations faites au cours d'une tournée de contrôle de l'aérage sont reportées sur des registres et des plans, qui permettent de suivre les variations de l'aérage pendant l'exploitation de la mine.

CHAPITRE IV

AMÉNAGEMENT DU COURANT D'AIR

SOMMAIRE

§ 1 **Répartition du courant d'air.** — Conditions du problème. — Règles à suivre pour l'aérage des galeries. — Galeries de traçage. — Galeries uniques. — Aérage par tuyaux. — Aérage soufflant ou aspirant. — Disposition des portes et tuyaux. — Aérage des chantiers. — Isolement des quartiers. — Plan général d'aérage de la mine. — Aérage en boucle ou diagonal. — Courts-circuits. — Aérage ascendant ou descendant. — Précautions spéciales pour l'aérage des mines grisouteuses. — Aérage des vieux travaux. — Subdivision du courant d'air. — Modifications de la répartition. — Défauts d'aérage de certaines galeries.

§ 2. **Installations pour la répartition du courant d'air.** — Portes. — Portes enclenchées. — Portes à guichet. — Portes de sûreté. — Cloisons. — Barrages. — Remblais. — Crossings.

§ 3. **Aérage secondaire.** — Principe et conditions d'emploi. — Canars d'aérage. — Ventilateurs. — Aérage soufflant ou aspirant. — Influence de l'aérage secondaire sur l'aérage général de la mine. — Moyens divers de provoquer la circulation de l'air. — Résumé.

§ 1. — Répartition du courant d'air.

80. Conditions du problème. — La répartition du courant d'air entre les diverses parties de la mine est délicate à assurer, dans les exploitations qui s'étendent sur une grande surface et qui comportent des travaux à des niveaux très différents. Il faut que tous les chantiers et les galeries soient parcourues par un volume d'air suffisant pour fournir aux hommes qui y travaillent la quantité d'oxygène nécessaire, pour rafraîchir l'atmosphère dans les zones où la température des roches la rendrait pénible, enfin pour diluer et et entraîner les gaz nuisibles.

Cette répartition ne peut se faire qu'au moyen de bifurcations, de cloisons, de portes, qui constituent autant de causes de pertes de charge, qui s'ajoutent à celles qu'occasionnent l'étroitesse des galeries où le courant d'air circule, les coudes, les changements de direction, etc...

On a tenu compte, lorsqu'on a déterminé les dimensions des ventilateurs à installer pour l'aérage de la mine, de l'importance probable de toutes ces pertes, et calculé la dépression nécessaire pour assurer un débit convenable, avec une vitesse raisonnable. Mais il n'en est pas moins indispensable de rechercher tous les moyens d'utiliser au mieux le volume d'air que peut faire passer le ventilateur dans la mine, de l'augmenter si possible en exécutant certains travaux destinés à diminuer les résistances, de ne pas laisser des quartiers devenir dangereux par défaut de ventilation, alors que d'autres sont parcourus par un courant d'air exagéré, enfin de s'assurer que les dispositions adoptées pour mieux répartir l'air n'entraînent pas des résistances ou des pertes qu'on pourrait éviter.

Toutes les mesures doivent en outre être prises pour que l'aérage ne puisse être compromis par un incident toujours à craindre comme la destruction d'une porte ou d'une cloison, un éboulement, un incendie, une négligence du personnel.

Les mines grisouteuses exigent, à cet égard, des précautions spéciales. Nous examinerons successivement, dans le présent chapitre, les règles à suivre et les dispositifs à adopter, d'abord pour l'aérage des galeries ou des chantiers, puis d'un quartier, enfin de l'ensemble de la mine.

81. Règles à suivre pour l'aérage des galeries. — Rappelons d'abord les conclusions qui résultent de l'étude théorique faite au chapitre précédent.

Pour que l'aérage *d'une galerie* se fasse dans de bonnes conditions, il faut :

Donner à la galerie une section aussi grande que possible, et l'entretenir en bon état.

Employer de préférence le revêtement qui présente la résistance la plus faible : la maçonnerie bien lisse est préférable aux parois nues, celles-ci au boisage par cadres espacés. Dans la plupart des cas, des raisons d'économie font passer au second plan cette question du revêtement des parois, mais pour des galeries importantes et de longue durée, il y a souvent avantage à accepter quelques frais supplémentaires que justifie l'amélioration réalisée au point de vue de l'aérage.

Eviter les coudes brusques et les adoucir par des raccordements à grand rayon de courbure.

Eviter de même les changements brusques de section et raccorder les tronçons de sections différentes par des surfaces inclinées.

Pour un *réseau de galeries*, on adoptera autant que possible l'aérage en parallèle, de préférence à l'aérage en série. Ce dernier mode conduit d'ailleurs, si les galeries ont des directions voisines, à multiplier les coudes ; il vaut beaucoup mieux, fût-ce au prix de quelques percements, diviser le courant d'air et lui faire parcourir un trajet se rapprochant davantage de la ligné droite.

82. Aérage des galeries de traçage. — Parmi les galeries que l'on rencontre dans la mine, certaines sont en cul de sac. Ce sont les galeries de traçage, dont l'aérage exige des mesures particulières.

Un premier moyen, fréquemment employé, consiste à doubler la galerie par une autre ; de distance en distance, une *recoupe* est percée entre les deux galeries (*fig. 81*).

Seule la plus rapprochée de l'avancement est ouverte au passage du courant d'air. Les autres sont fermées au moyen d'une porte.

Cette disposition laisse les deux galeries en cul de sac sur une

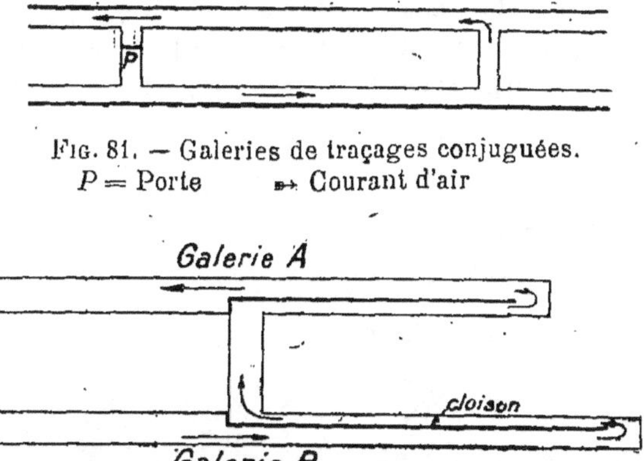

FIG. 81. — Galeries de traçages conjuguées.
P = Porte   ⇢ Courant d'air

FIG. 82. — Aérage des culs de sac avec cloisons.

longueur qui atteint avant chaque percement d'aérage la distance entre les recoupes successives.

Lorsque la mine est très chaude, et surtout lorsqu'elle est grisouteuse, il est nécessaire d'installer des toiles ou des cloisons pour faire passer le courant d'air jusqu'au front de taille (*fig. 82*).

Les toiles sont rapidement placées et faciles à enlever lorsqu'elles deviennent inutiles par suite du percement d'une nouvelle recoupe. Mais elles donnent toujours des pertes, car on ne peut les appliquer convenablement contre la couronne. Les cloisons isolent mieux les deux parties de la galerie, mais elles entraînent une consommation de bois importante.

L'existence de cette séparation gêne la circulation et le roulage dans la galerie ; il doit rester un espace suffisant pour qu'une berline puisse passer dans l'une des sections. On ne peut d'ailleurs réduire trop la gaîne d'aérage, car on créerait ainsi une résistance exagérée et le volume d'air circulant dans le cul de sac serait trop faible.

Ce système de galeries parallèles avec recoupes d'aérage est employé également pour le traçage des panneaux, dans les méthodes d'exploitation qui comportent l'isolement préalable de massifs ; le nombre des galeries est alors supérieur à deux.

Une précaution importante, dans les mines grisouteuses, est de placer les portes à la base des recoupes pour éviter la formation de cloches où le grisou s'accumulerait. Cette mesure est d'autant plus essentielle que le pendage est plus fort.

Si les galeries de traçage, au lieu d'être orientées en direction, comme dans les exemples précédents, le sont suivant la pente (montages, cheminées), la disposition présente le même aspect.

Le traçage par galeries conjuguées est souvent remplacé par le traçage au moyen d'un chantier étroit, dont on remblaie la partie centrale en laissant subsister (de préférence en amont) une *gaîne d'aérage*.

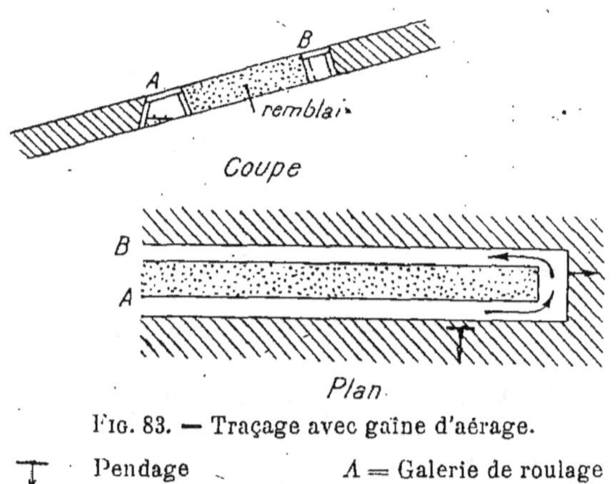

Fig. 83. — Traçage avec gaîne d'aérage.

⊤ Pendage		A = Galerie de roulage
⤳ Courant d'air		B = Gaîne

La fig. 83 représente ce système, en plan et en coupe.

La gaîne peut être plus étroite que la galerie de roulage maintenue à la base du chantier.

Les remblais doivent être bien serrés, soigneusement clavés en couronne. Leur tassement se fait mieux lorsque le pendage est sensible.

On est parfois obligé de rendre le massif de remblais étanche au moyen d'un crépissage léger.

On laisse de distance en distance des passages faisant communiquer les galeries, fermés par des portes.

Comme les galeries conjuguées, ce procédé est applicable dans les traçages suivant la pente. Il est d'ailleurs à remarquer que si le pendage est assez fort pour que les produits abattus puissent être évacués par une cheminée, celle-ci jouera le rôle du massif de remblais, si on laisse un passage, de chaque côté, entre elle et le massif.

83. Galeries uniques. — Lorsque le traçage se fait par une seule galerie, il devient nécessaire de disposer une cloison aboutissant à peu de distance du front de taille.

Les *toiles* ne permettent pas d'assurer un aérage suffisant dès qu'il s'agit de traçages de grande longueur, à moins qu'on ne bouche au moyen de planches le vide existant en couronne ; les toiles successives, mises bout à bout, doivent se recouvrir ; les fuites sont très diminuées, si on prend la précaution de clouer les deux morceaux sur une planche.

Les *cloisons en bois* sont formées de planches clouées de distance en distance sur des bois. On assure l'étanchéité des joints par des lattes, ou par de l'argile, plus simplement en faisant chevaucher les planches et en les clouant l'une sur l'autre (*fig. 84*).

S'il est nécessaire d'établir un ouvrage plus complet, on disposera deux lignes de planches, de chaque côté des bois, et on bourrera entre les deux de la terre argileuse ou même des menus.

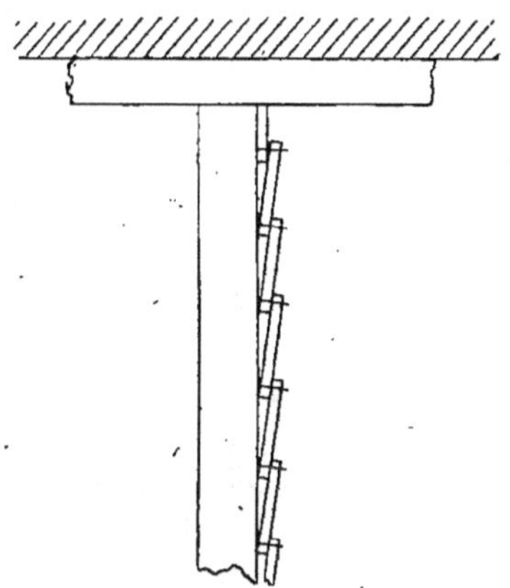

Fig. 84. — Cloison en bois.

Le compartiment d'aérage A peut d'ailleurs être placé, non pas contre la paroi de la galerie, mais en couronne (*fig. 85-I*) ou à la sole (*fig. 85-II*). Ce dernier système pourra être adopté, en particulier, si l'on doit prévoir un compartiment pour l'écoulement des eaux ; il a l'inconvénient de nécessiter une construction plus solide, la voie de roulage ne reposant plus sur le sol. Aussi est-il rarement employé.

Les *cloisons en maçonnerie* se font en briques, placées verticalement si l'ouvrage doit être peu épais, horizontalement si l'on veut être sûr de la solidité et de l'étanchéité du travail. Ces cloisons ne

peuvent être employées lorsqu'il y a à prévoir des mouvements de
terrains, mais elles permettent d'aller beaucoup plus loin que les
cloisons en bois ou en argile entre deux lignes de planches ; ces dernières sont préférables dans les terrains qui chargent. Mais, dans ce
cas, les dislocations rendent bientôt inefficaces les cloisons quelles
qu'elles soient, si elles ne sont pas entretenues avec soin.

84. Aérage par tuyaux. — Les procédés décrits jusqu'à présent
ont l'avantage d'assurer au courant d'air un large passage. Ils
entraînent le creusement d'une deuxième galerie, ou une augmentation sensible de la section, mais ils permettent seuls un débit

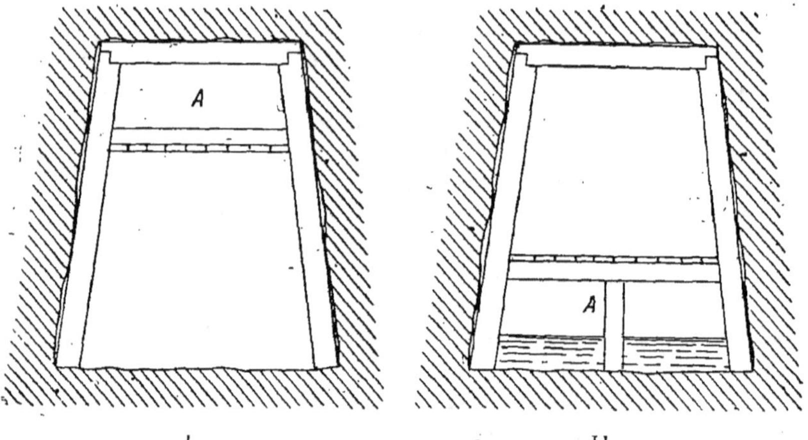

Fig. 85. — Autres dispositifs d'aérage par cloisons.

important, grâce à leur minime résistance. Une dépression très
faible suffit pour faire passer un volume d'air important.

Si l'on veut limiter les frais de creusement, et qu'on n'ait besoin
que d'un faible afflux d'air, on remplace les gaînes par des *tuyaux*
en tôle ou en bois, auxquels on donne le nom de *canars d'aérage*.
Nous reviendrons au § 3 (aérage secondaire) sur leur construction.
Ils sont souvent employés avec un ventilateur secondaire, car ils
exigent une dépression plus forte, pour vaincre la résistance qu'ils
opposent au passage de l'air.

On les rencontre toutefois dans l'aérage de culs de sac de peu
de longueur, ou dans les mines non grisouteuses où l'on se contente d'une ventilation moins intense.

85. Aérage soufflant ou aspirant. — L'aérage au moyen de
tuyaux présente deux variantes bien distinctes suivant que l'air

arrive au fond du cul de sac par le tuyau et revient par la galerie (aérage *soufflant*), ou qu'il arrive au fond par la galerie et revient par le tuyau (aérage *aspirant*).

La fig. 86 fait comprendre ces deux systèmes. Dans les deux cas, l'une des extrémités du tuyau est encastrée dans une porte, qui ferme la galerie d'entrée ou de sortie d'air.

L'aérage soufflant envoie mieux l'air contre le front de taille, qu'il balaie plus efficacement, à condition naturellement que le tuyau aboutisse assez près du fond de la galerie ; l'évacuation du grisou est donc meilleure. L'aérage aspi-

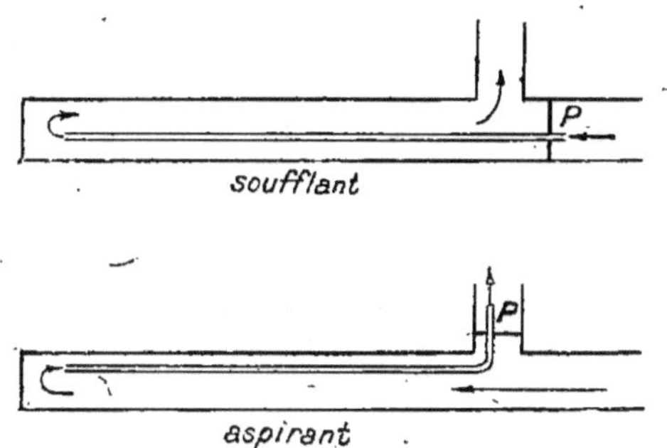

Fig. 86. — Aérage soufflant ou aspirant.

rant ne fait sentir son effet qu'à peu de distance de l'orifice. Les gaz risquent de rester accumulés au fond du cul de sac. Par contre, si l'air chargé de grisou s'en va par la galerie, le danger d'inflammation par une lampe défectueuse ou par toute autre cause est plus grand ; on devra donc avoir recours à l'aérage aspirant, s'il s'agit d'évacuer une accumulation de grisou qui rendrait l'atmosphère dangereuse.

On emploie de même l'aérage aspirant, dans les galeries creusées avec les explosifs, si l'on veut éviter que les ouvriers respirent les gaz produits par les coups de mine.

86. Disposition des portes et tuyaux. — Lorsque la galerie en cul de sac est unique, il n'y a que deux façons possibles de disposer les portes et tuyaux ; elles sont indiquées par la fig. 86.

Au contraire, dans les traçages par galeries conjuguées, le nombre de variantes est plus grand, ainsi qu'on le verra sur la fig. 87, qui ne donne d'ailleurs qu'une partie des solutions possibles.

Dans la disposition I, les deux tuyaux sont soufflants ; dans la disposition II, l'un est soufflant (en B), l'autre est aspirant (en A). Il est facile de voir quelles seraient les modifications à apporter pour que les deux tuyaux soient aspirants ou pour que l'aérage soit soufflant en A et aspirant en B.

Dans les quatre cas, le courant d'air lèche successivement les deux fronts de taille.

Les croquis III et IV montrent comment l'on peut rendre indépendant l'aérage des deux culs de sac, en III par tuyaux soufflants, en IV par tuyaux soufflant en A et aspirant en B. Comme ci-dessus les dispositions inverses sont possibles.

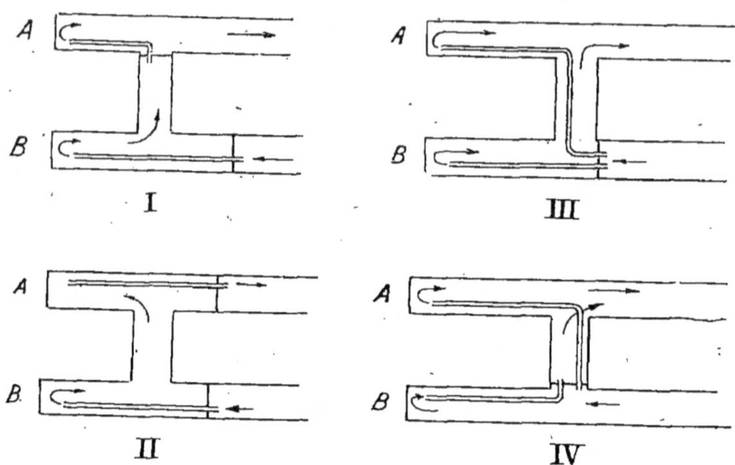

Fig. 87. — Aérage avec tuyaux de deux galeries conjuguées.

87. Aérage des chantiers. — L'aérage d'un chantier se rapproche de celui d'une galerie, lorsque ses dimensions sont beaucoup plus grandes dans un sens que dans l'autre, et que les remblais ou les éboulements suivent les progrès de l'avancement.

On se trouve dans le cas d'une galerie parcourue par le courant d'air, s'il s'agit de grandes tailles (que celles-ci soient montantes ou descendantes, chassantes ou rabattantes) ; de même pour une série de tailles en gradins, pourvu qu'on ait maintenu des passages, le long des remblais ou des éboulements, entre chaque chantier et le suivant.

Au contraire les recoupes et les chambres forment autant de culs de sac, parfois très larges, dont l'aérage sera difficile.

Le problème de la circulation du courant d'air dans les divers chantiers d'un même quartier, ou dans l'ensemble de la mine est plus compliqué, car le circuit décrit par l'air présente un tracé parfois très sinueux, non seulement dans le plan horizontal, mais dans le plan vertical. Nous verrons qu'il convient de rechercher les parcours qui diminuent les résistances et les pertes par courts-circuits ; de plus, dans les mines grisouteuses il faut tenir compte de la tendance du gaz à venir s'accumuler dans les parties hautes des travaux.

Si nous revenons, avant d'examiner l'ensemble de la mine, à un quartier considéré isolément, nous constatons que certaines méthodes d'exploitations rendent très difficile une bonne répartition du courant d'air dans les chantiers.

En particulier, les méthodes qui comportent un découpage du gîte par un réseau serré de galeries, et l'attaque simultanée de nombreux chantiers, sont défectueuses à ce point de vue, ainsi que celles qui donnent naissance à des vides étendus.

Le foudroyage occasionne toujours des pertes importantes à travers les éboulements mal tassés ; les chantiers sont souvent insuffisamment ventilés, et les gaz nuisibles restent en quantités inquiétantes, bien que le volume d'air total aspiré par le ventilateur soit énorme.

Le remblayage est rendu indispensable, dans bien des cas, par la nécessité d'un bon aérage, plus que par le désir, de réduire les pertes de charbon ou les mouvements de terrains. Mais pour qu'il produise tous ses effets, il faut qu'il soit exécuté soigneusement ; les matériaux employés doivent former masse sous la pression des roches encaissantes, et ne pas se tasser en ouvrant des vides sous la couronne des chantiers abandonnés.

88. Isolement des quartiers. — Dans l'établissement du plan d'aérage d'une mine, on doit se préoccuper des conséquences possibles d'une explosion ou d'un incendie qui produiraient une quantité importante de gaz irrespirables, ou d'un éboulement qui obstruerait une galerie. Pour que les conséquences de semblables incidents ne compromettent pas la sécurité de tous les hommes présents dans la mine, on s'arrange pour que les divers quartiers soient parcourus par des courants d'air indépendants. C'est là une précaution essentielle à observer, notamment dans les mines grisouteuses. Remarquons d'ailleurs que si le champ d'exploitation est étendu, le passage de l'air dans tous les travaux créerait une résistance qui réduirait considérablement le volume aspiré par le ventilateur. La répartition entre des quartiers disposés *en dérivation* et non *en série* améliore beaucoup les conditions générales de l'aérage.

89. Plan général d'aérage de la mine. — Dans les petites exploitations, qui ne comportent qu'un puits, l'entrée et la sortie se font forcément par ce dernier, dont la section doit être divisée par une cloison aussi étanche que possible (*fig. 88*). Le compartiment d'aérage porte le nom de *goyot* (ou *goyau*). Comme il aboutit au ventilateur, il est fermé à la partie supérieure, tandis que le compartiment d'extraction reste libre à l'orifice.

On place parfois les échelles de secours et les tuyauteries dans le goyot.

L'aérage par un seul puits servant à la fois pour l'entrée et la sortie du courant d'air présente de graves inconvénients, qui le font abandonner de plus en plus.

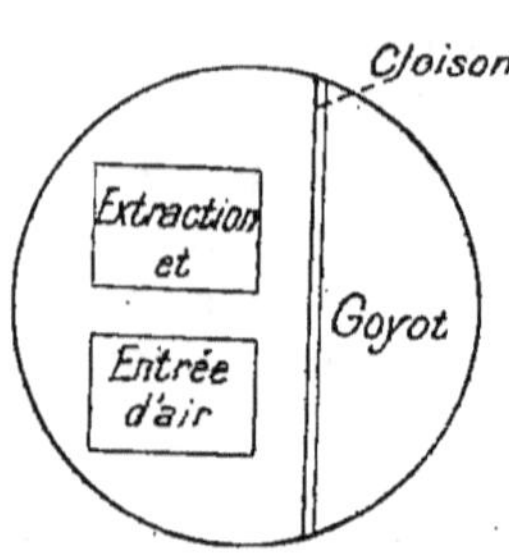

Fig. 88. — Goyot d'aérage dans un puits.

La cloison est rarement étanche et les pertes sont importantes ; la différence de pression dans les deux compartiments occasionne un effort sur la cloison, qui tend à se disjoindre.

Les mouvements de terrains augmentent les risques de dislocations et de pertes.

Le goyot n'a qu'une section réduite ; il oppose donc une résistance considérable. La moindre fissure diminue les quantités d'air qui parviennent au bas du puits, d'autant plus que l'écart des pressions est maximum dans cette partie du circuit.

Nous verrons plus loin les inconvénients de l'aérage en boucle, mais le principal reproche qu'on puisse faire aux goyots est d'être à la merci d'un accident qui se produit dans le puits. Un déraillement des cages amène fréquemment le défoncement de la cloison, ce qui supprime tout aérage des travaux ; de même en cas d'incendie ou d'explosion.

On profite donc, presque toujours, de l'existence d'une deuxième issue des travaux souterrains pour séparer nettement l'entrée et la sortie du courant d'air.

On utilise à cet effet une galerie, un plan incliné ou un puits pour faire pénétrer l'air dans la mine en un point distinct de celui par lequel il sortira.

90. Aérage en boucle et aérage diagonal. — Deux systèmes différents peuvent d'ailleurs être adoptés : l'air, qui entre généralement par le puits d'extraction situé au centre du champ d'exploitation, peut revenir, après avoir traversé les travaux, vers un puits placé à côté du premier ; il peut au contraire être évacué par un puits éloigné, situé de l'autre côté du quartier à aérer. La première disposition est dite *en boucle* (*fig. 89*), la seconde *diagonale* (*fig. 90*).

L'aérage en boucle a l'avantage de permettre la concentration des services du jour des deux puits dans une même enceinte ; si tous deux servent à l'extraction, on réalise ainsi de sérieuses économies d'installations et de personnel.

Par contre il conduit à faire passer l'air, à des pressions très différentes, dans des galeries séparées par une faible distance. Si le massif est solide et n'a pas subi de dislocations, l'inconvénient est négligeable. Mais il est rare que l'on soit à l'abri de mouvements de terrains qui ouvriront tôt ou tard des communications entre les galeries.

Les courts-circuits sont particulièrement à craindre lorsque le massif est formé de remblais ; ceux-ci doivent alors être très soignés,

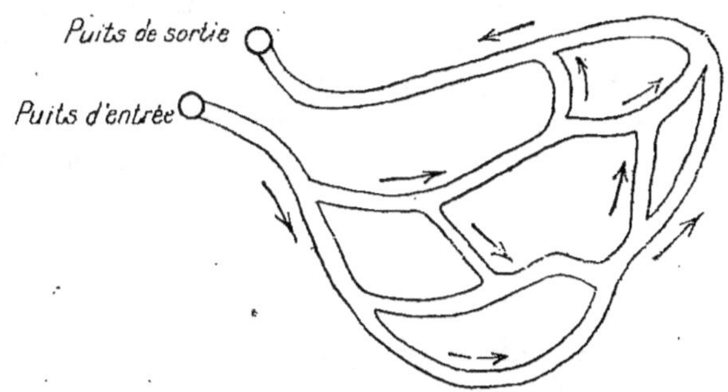

Fig. 89. — Aérage en boucle.

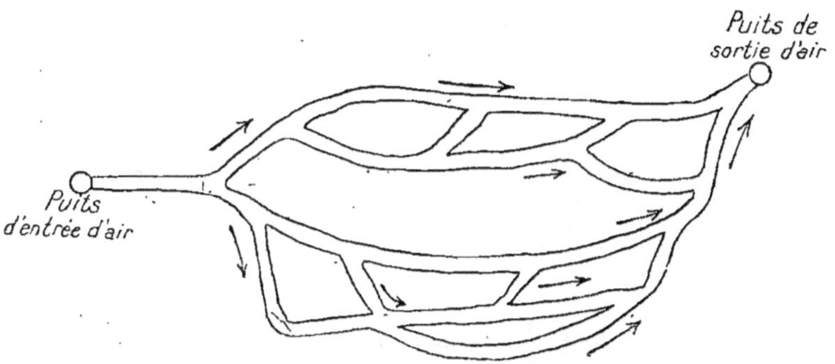

Fig. 90. — Aérage diagonal.

faits en matériaux qui se prennent en masse et qui ne se desserrent pas sous la couronne.

Si l'exploitation se fait par foudroyage, les pertes risquent de devenir énormes. C'était le cas dans beaucoup d'anciennes exploitations en Angleterre, où cette méthode était seule appliquée, où les deux puits étaient très voisins et le réseau de galeries très développé.

L'aérage diagonal est bien préférable, bien qu'il conduise souvent à creuser des puits spécialement affectés à la sortie du courant

d'air. Avec le développement des moteurs électriques on n'a pas plus
à prévoir l'installation de chaudières spéciales pour actionner le ventilateur et le personnel supplémentaire se réduit à un surveillant ou
deux.

Il est d'ailleurs possible, dans bien des cas, de choisir comme
puits de sortie d'air un puits d'extraction, ou de descente de remblais,
placé entre deux quartiers desservis par des puits d'entrée différents.

91. Courts-circuits.

91. Courts-circuits. –– Nous avons vu que l'entrée et la sortie
de l'air par un même puits occasionnaient toujours un risque de
courts-circuits, d'autant plus importants que la différence de pression
est plus grande entre les deux courants voisins. Certaines méthodes
d'exploitation comportent, pour le dépilage d'un quartier, deux
galeries parallèles et rapprochées, sur lesquelles s'embranchent les

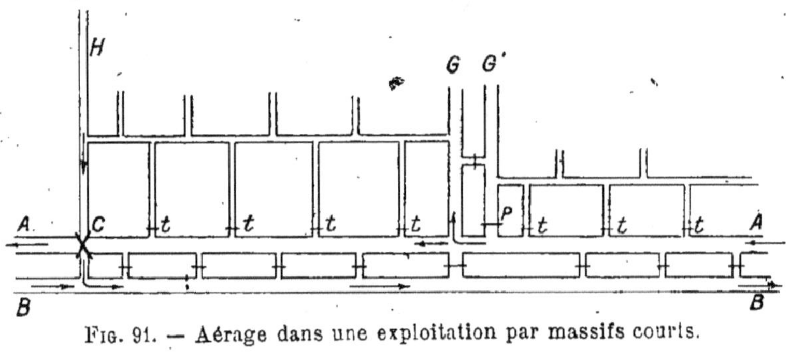

Fig. 91. — Aérage dans une exploitation par massifs courts.

voies secondaires, et dont l'une sert pour l'entrée, l'autre pour la
sortie du courant d'air.

Telles sont par exemple les exploitations par massifs courts
décrites au chapitre IV du Livre III.

La fig. 91 montre la répartition du courant d'air. Ce dernier arrive par
la voie A et se dirige par la galerie G vers les chantiers qui rabattent depuis
la limite du champ d'exploitation. Il revient par la galerie H, passant par
dessus la galerie A dans un *crossing* et rejoint le puits de sortie par la voie B.

Les communications entre A et B sont fermées par des barrages,
l'entrée de la voie de roulage G' par une porte P. Des toiles *t* réduisent les
quantités d'air passant dans les galeries de traçage secondaires.

L'existence de tous ces barrages, de ces toiles et de ces portes est une cause de perte, d'autant plus que les nécessités du roulage et de la circulation des hommes font que plusieurs des portes peuvent être ouvertes ou une partie des toiles déplacées au même moment. On n'est d'ailleurs jamais sûr qu'elles sont bien refermées.

Le risque de courts-circuits provenant de portes ou de toiles restées ouvertes ne doit pas être perdu de vue ; malgré la sévérité des consignes, les négligences peuvent toujours se produire et leurs conséquences sont parfois graves, surtout lorsqu'aucun ouvrier ne se trouve dans la partie du circuit où la ventilation faiblit ; la modification passe alors inaperçue. Il est donc prudent de n'adopter que des méthodes qui réduisent au minimum les chances de production de ces courts-circuits accidentels, surtout dans les mines grisouteuses.

Une autre cause de courts-circuits existe dans toutes les exploitations. C'est l'impossibilité d'assurer l'étanchéité des remblais (et plus encore des éboulements) dans les chantiers dépilés. Une bonne exécution du remblayage diminue les fuites, mais les mouvements de terrains risquent d'ouvrir de nouvelles communications.

Lorsque l'air qui filtre à travers les remblais rejoint une galerie qui le dirige vers une autre partie du front de taille, l'inconvénient est atténué. Mais si l'air filtre vers une galerie qui l'écarte des chantiers, il en résulte une perte définitive, et l'aérage du front de taille peut devenir insuffisant.

Il semble que pour annuler l'effet de ces pertes, il suffirait de forcer la marche du ventilateur. On ne fait guère qu'augmenter les pertes. M. CRUSSARD en donne l'explication suivante (1) :

L'accroissement de débit modifie la répartition au détriment des tailles. La loi du carré des vitesses n'est exacte que pour les sections importantes et les débits assez forts ; or les fuites, réparties dans les vides ou les cassures du remblai, sont une filtration à faible vitesse, pour lesquelles la croissance de perte de charge se fait moins rapidement que d'après la loi du carré. L'accroissement du débit doit donc bien leur profiter.

92. Aérage ascendant ou descendant. — Si l'entrée et la sortie se font par des puits, le courant d'air est toujours descendant sur une partie de son parcours. Lorsqu'on parle d'aérage ascendant ou descendant, on ne considère que le sens du courant à partir de l'entrée dans les quartiers en exploitation, jusqu'à l'arrivée au puits de sortie d'air.

---

(1) M. L. CRUSSARD, *Mines, grisou, poussières.*

Dans certains cas, l'air descend dans le puits d'extraction jusqu'à la recette inférieure, suit le travers bancs jusqu'à la couche, puis la galerie de base dans celle-ci, parcourt les chantiers en remontant continuellement jusqu'à la galerie du sommet de l'étage et se dirige ensuite, par cette dernière, jusqu'au puits de sortie. Dans une telle exploitation l'aérage est constamment *ascendant*. Nous verrons que l'on cherche à se rapprocher de cette disposition dans les mines grisouteuses.

Le système inverse, dans lequel l'air irait continuellement en *descendant*, ne se rencontre que très exceptionnellement. Il est sans danger dans les mines non grisouteuses, mais comme l'air entre généralement par le puits d'extraction, il pénètre par conséquent dans les travaux par les voies de roulage situées au niveau le plus bas.

Par contre, dans un quartier, on observe souvent des points où le courant d'air est obligé de descendre. Par exemple, après avoir parcouru une série de chantiers, en montant le long du front de taille, l'air redescendra à la voie de fond, par une cheminée, pour se rendre dans une autre série de chantiers. Tel sera le cas dans les exploitations par tailles montantes partant de la voie de fond, lorsqu'on attaque simultanément plusieurs groupes de tailles.

Dans cet exemple l'aérage est encore ascendant le long des fronts de taille, mais il est *descendant* dans les cheminées. Un dernier cas peut

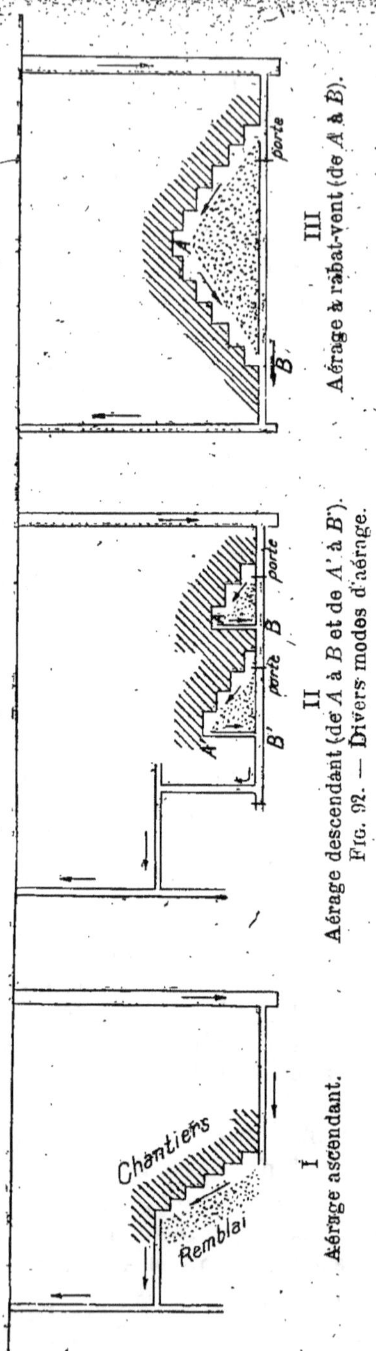

FIG. 92. — Divers modes d'aérage.

se produire; c'est celui où le courant d'air descend le long du front de taille. On réserve parfois à ce mode d'aérage le nom d'aérage à *rabat-vent*.

La fig. 92 montre bien le sens des expressions employées dans l'exposé ci-dessus.

Dans les exploitations en vallée il est impossible d'éviter, sinon l'aérage à rabat-vent, tout au moins l'aérage descendant.

Nous verrons plus loin les dangers de ces dispositions dans les mines grisouteuses. Même dans les autres elles restent critiquables, car elles donnent lieu à des courts-circuits. L'air a tendance à filtrer du plan AB vers les chantiers 1 ou 2, à travers les remblais ou les portes, sans descendre jusqu'à la galerie inférieure (*fig. 93*).

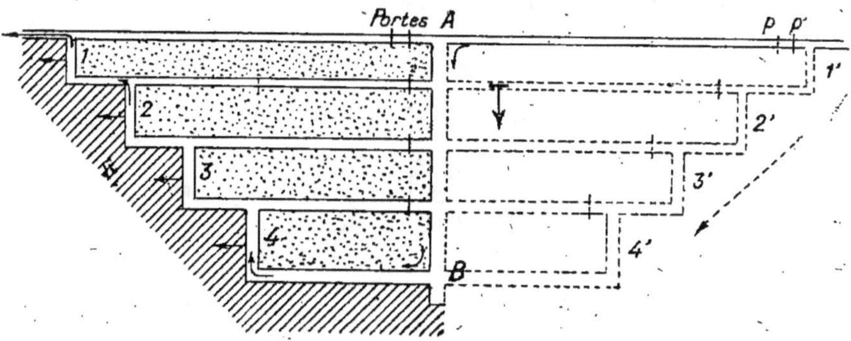

Fig. 93. — Aérage d'une exploitation en vallée.

Ce danger est moindre, si l'air descend par une série de chantiers 1'2'3'4' (la galerie de roulage est alors barrée par des portes *pp'*), mais on a alors un aérage à rabat-vent dans cette partie du quartier.

Les exploitations, au-dessus de la voie de roulage, représentées en II et III sur la fig. 92 sont d'ailleurs sujettes aux mêmes risques de courts-circuits (à travers les remblais) qui augmentent au fur et à mesure que les tailles s'élèvent.

Il est bien préférable de ne développer les chantiers que des deux côtés d'un montage d'aérage qui servira de sortie pour les deux séries de tailles et dont on remblaiera la base.

Dans les mines exploitées simultanément à plusieurs niveaux, on peut être amené à faire subir à l'air une descente (*culbute d'aérage*) par un plan incliné ou un beurtiat en plein massif ou au rocher. Dans les mines non grisouteuses, cette disposition est admissible, mais peu recommandable, car l'air échauffé par son passage dans les chantiers est devenu plus léger et a une tendance naturelle à s'élever et non à descendre.

93. Précautions spéciales pour l'aérage des mines grisouteuses.

— La question de l'aérage descendant est surtout importante dans les mines grisouteuses, en raison de la faible densité du gaz et du danger que présente son accumulation dans les parties en cloches.

L'aérage à *rabat-vent* est formellement interdit. Il est en effet évident qu'il favorise la formation des poches de grisou dans toutes les anfractuosités de la couronne des chantiers ou des galeries, en particulier dans les angles supérieurs des fronts de taille.

Sauf cas exceptionnels, les culbutes d'aérage, par plans inclinés ou bures, sont interdites. Dès que l'air a passé dans les chantiers et s'est chargé de gaz, il doit constamment monter jusqu'à la galerie d'évacuation vers le puits de sortie.

Si l'on est obligé de prévoir une telle culbute, ce ne sera jamais que par une galerie peu inclinée (10° au plus), bien entretenue, sans

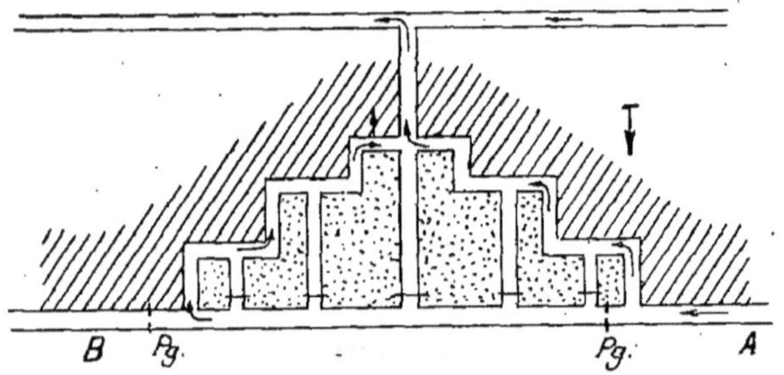

Fig. 94. — Tailles montantes dans une mine grisouteuse.
Pg = porte à guichet.

cloches en couronne, et soumise à une surveillance attentive. Bien entendu, on ne considère pas comme descendant le courant d'air qui suit une voie de roulage dont la pente n'est que de 1 ou 2 %. Comme conséquence de ces prescriptions, certaines méthodes d'exploitation sont à écarter dans les mines grisouteuses.

Ce sont d'abord toutes celles qui comportent des tailles montantes sans cheminée d'aérage tracée préalablement à l'ouverture des chantiers ; ceux-ci devront être attaqués en partant de cette dernière (*fig. 94*). Si le courant d'air parcourt la voie de base de A vers B et doit continuer au delà de ce dernier point pour aérer une nouvelle série de chantiers, des portes à guichets assureront une répartition convenable ; les voies de desserte des tailles et notamment le bas du montage d'aérage sont fermés par des portes ou des toiles.

Il est préférable de faire arriver le courant d'air par une voie

A′ B′ parallèle à AB, avec recoupes R entre les groupes de chantiers (*fig. 95*).

Des portes à guichet *p* sur A′B′ partagent le courant d'air suivant les besoins et des portes P barrent la galerie AB. On évite ainsi les rebroussements comme dans la disposition précédente.

Les tailles descendantes sont à éviter, ainsi qu'il a été dit plus haut.

Les *tailles chassantes* ou *rabattantes* sont aérées suivant les mêmes principes que les tailles montantes : ascension le long du front de taille, évacuation par la galerie au sommet de l'étage.

Dans les dressants, les gradins renversés présentent des angles dangereux, qui doivent être léchés par le courant d'air.

Dans les couches épaisses, prises par tranches horizontales, un montage d'aérage, dans lequel viennent percer successivement les

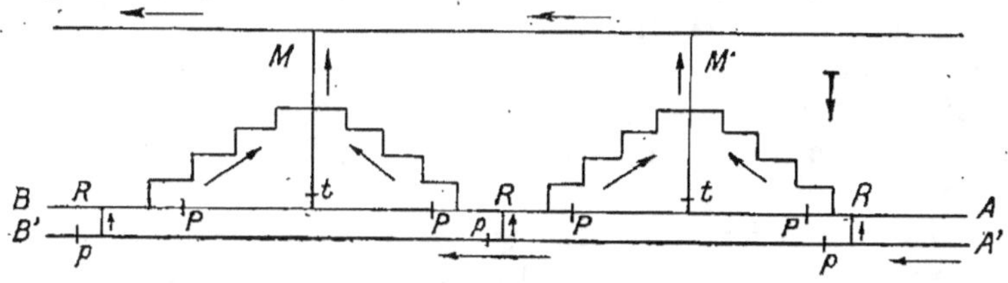

Fig. 95. — Arrivée d'air par galerie distincte de la voie de roulage.

M = montage d'aérage.
R = recoupes.
P = portes.
p = portes à guichet.
t = toiles.

traçages à chaque niveau, assure l'évacuation de l'air chargé de gaz vers une galerie à un niveau supérieur qui est généralement la voie de base de l'étage précédent.

Les étages sont pris en descendant pour éviter de travailler au dessus de remblais importants où le grisou a pu s'accumuler. Dans chacun d'eux on peut d'ailleurs prendre les tranches en montant, mais sans multiplier trop le nombre de tranches.

Pour le dépilage d'une tranche, on n'adoptera les chantiers en recoupes que s'ils ne donnent naissance qu'à des culs de sac de longueur modérée, et on dirigera l'air jusqu'au fond du chantier au moyen d'une toile.

Les dépilages par chambres doivent être écartés, en raison de l'impossibilité de réaliser un aérage satisfaisant.

D'une façon générale les meilleures méthodes sont celles par grandes tailles rabattantes ou chassantes, développées en partant de montages d'aérage ou en revenant vers ceux-ci. On a avantage à adopter un front de taille incliné qui est mieux balayé par le courant d'air.

L'*abatage* est conduit de façon à éviter les anfractuosités et les angles où le gaz s'accumulerait ; le *remblayage* est aussi soigné et aussi complet que possible. Le foudroyage n'est admissible que dans les mines peu grisouteuses.

Pendant les travaux de *traçage*, on se trouve forcément en présence de culs de sac, parfois de grande longueur ; on cherche à les éviter, pour les voies horizontales, en conduisant des galeries conjuguées, ou en effectuant le traçage par un chantier dont on remblaie la partie centrale. Mais ce système n'est pas possible pour les voies secondaires.

Dans les traçages suivant la pente, on forme des cloches qui nécessitent soit une culbute d'aérage dans une gaine ménagée à l'aide de remblais, soit l'installation d'un aérage secondaire.

Ce dernier procédé est d'un emploi fréquent dans les travaux des mines grisouteuses ; les ventilateurs sont presque toujours à air comprimé, et la ligne de *canars* doit être poussée jusqu'au voisinage du front de taille.

Il est à remarquer que les inconvénients d'une culbute d'aérage proviennent surtout du danger d'accumulation du grisou au haut de la cheminée ou du bure, en cas de défaillance de la ventilation, et de la difficulté qu'on éprouve à évacuer les gaz accumulés.

En raison de sa légèreté, le grisou exige, pour être aspiré et chassé d'une cloche où il s'est maintenu, une dépression d'autant plus forte que la teneur du mélange est plus élevée.

Pour assurer la descente d'une masse d'air contenant une proportion notable de grisou, il faut une dépression dont on ne dispose pas toujours.

M. CRUSSARD a fait remarquer, à ce sujet, qu'un air fortement grisouteux, qui ne pèse que 1 gr. par dmc. au lieu de $1^{gr},2$, exige, pour être entraîné en descendant verticalement, une dépression de $2^{m}/_{m}$ d'eau par 10 mètres de dénivellation. Une culbute de 25 m. exige donc $5^{m}/_{m}$ de pression motrice. Si la dépression totale entre l'entrée et la sortie du quartier est de $7^{m}/_{m},5$, l'évacuation de la masse d'air grisouteux ne laisse plus disponible que $2^{m}/_{m},5$. L'aérage est donc beaucoup moins intense, ce qui augmente les risques d'accumulation.

On atténue beaucoup l'inconvénient en diminuant la pente de la voie par laquelle descend le courant d'air. Si elle n'est que de 10 %, la dépression nécessaire n'est plus que le dixième de celle qu'il faudrait dans un beurtiat. Cette considération justifie bien la prescription indiquée plus haut, relative à la pente maxima suivant laquelle un aérage descendant est admissible, exceptionnellement, dans les mines grisouteuses.

94. Précautions diverses dans les mines grisouteuses. — A côté des règles générales relatives à la disposition du courant d'air dans les mines grisouteuses, il y a d'autres précautions à observer, que nous rappelerons brièvement. Il est imprudent d'agiter les lampes de sûreté dans une atmosphère chargée de gaz et de placer celles-ci dans un courant d'air trop vif. Si l'on a constaté la présence d'une poche de grisou, il est interdit de chercher à la détruire en agitant une toile ou un vêtement, car on créée ainsi des remous dangereux au voisinage des lampes. Il faut disposer des toiles ou des canars pour diluer et balayer le gaz.

Au besoin, on modifie temporairement la répartition du courant d'air en changeant l'ouverture du guichet des portes.

Nous n'avons pas à revenir ici sur la question de l'emploi des explosifs. Dans les mines grisouteuses les explosifs de sûreté sont seuls admis, et sous une charge limite déterminée. Mais il est interdit de tirer des coups de mines si l'examen à la lampe a décelé la présence du gaz. Si la teneur de celui-ci atteint 1 1/2 %, le chantier doit même être évacué, barré par des bois en croix. Le surveillant, prévenu immédiatement, prescrira les mesures nécessaires pour assainir le chantier.

95. Aérage des vieux travaux. — Les vieux travaux, où s'accumulent de l'air vicié et du grisou, peuvent devenir une source de dangers lorsque ces gaz en sont chassés par un affaissement du toit, par une dépression barométrique, une modification imprévue de l'aérage, ou par la chasse d'air qui suit une explosion.

On cherche, en général, à se protéger contre ces dangers en remblayant les abords des quartiers abandonnés, et en obstruant par des barrages les galeries qui y conduisent. Il est cependant difficile de supprimer toutes les communications, car on ne peut remarquer ni boucher toutes les cassures dans les roches encaissantes ou dans le massif de charbon. De plus, les chantiers en dépilage, en progressant, laissent derrière eux une étendue de plus en plus grande de remblais ou de zones éboulées ; on ne peut isoler ces vieux travaux que lorsque l'on abandonne le quartier.

C'est souvent dans ces parties de la mine que prennent naissance les incendies de la masse de charbon, qui sont entretenus et activés par la combustion des bois abandonnés.

Ce risque d'échauffement n'est pas considérable lorsque les vieux travaux se trouvent nettement à l'écart du circuit parcouru par le courant d'air ; il se manifeste au contraire s'ils sont peu éloignés d'une galerie où passe un courant d'air assez vif, et si des courts-circuits peuvent s'établir, amenant de l'oxygène au contact des fissures dans le massif de charbon ou des menus restés dans les remblais.

Dans les gisements inflammables, la crainte d'incendie conduit à rechercher tous les moyens d'éviter la circulation de l'air dans les zones remblayées, et surtout dans celles où l'on a laissé les vides se combler par foudroyage.

Dans les mines qui ne sont pas sujettes à ces échauffements, on s'est parfois proposé, au contraire, de chasser le mauvais air accumulé dans les vieux travaux. Le problème ne se pose d'ailleurs que si les terrains chargent peu et que leur affaissement ne tend pas à donner à la masse des remblais une consistance analogue à celle du massif.

Pour assainir les zones dépilées, on avait l'habitude, dans certaines mines, de forcer le courant d'air à y passer, en fermant toutes les portes des galeries.

On a même proposé de laisser dans les remblais des gaines en pierres sèches pour produire ce drainage d'une façon continue. Mais, au bout d'un temps plus ou moins long, ces gaines se bouchent et le résultat espéré n'est plus obtenu.

On préfère donc, en général, éviter le passage de l'air dans les vieux travaux, et les isoler aussi parfaitement que possible.

96. Subdivision du courant d'air. — Après avoir déterminé le plan général d'aérage de la mine, le sens de la circulation du courant d'air, la division en quartiers isolés, il faut assurer la répartition de l'air entre ces derniers, et à l'intérieur de chacun d'eux.

On a vu, au chapitre précédent, la loi de subdivision du courant d'air entre deux ou plusieurs galeries, d'orifices équivalents différents. En pratique, il faudra déterminer les sections des galeries de roulage des plans inclinés, des cheminées d'aérage, des voies de retour d'air de telle façon qu'on puisse faire passer dans tous les points de la mine le volume d'air indispensable. Beaucoup de galeries devront être obstruées en partie par des portes à guichet, d'autres devront être faites aussi larges que possible, pour offrir une section suffisante et ne pas rendre nécessaire l'adoption d'une dépression (par conséquent d'une vitesse) exagérée.

Les chantiers et les galeries à l'intérieur des couches, qui ne reçoivent qu'une partie du courant, présentent presque toujours des dimensions largement suffisantes. Au contraire les voies d'entrée ou de sortie d'air sont trop souvent insuffisantes et la vitesse du courant y est trop grande. Cet inconvénient est particulièrement sensible dans beaucoup de retours d'air, et il est d'autant plus grave que la mine est plus grisouteuse. Il faut donc veiller au bon entretien de ces galeries, ne pas laisser la section tomber au-dessous de certaines limites par suite de la pression des terrains, et enlever tous les obstacles qui les encombreraient.

La division du courant d'air est favorable à l'aérage, car elle réduit les résistances et évite l'alimentation des chantiers avec de l'air déjà vicié. Aussi la pousse-t-on parfois très loin, lorsque l'exploi-

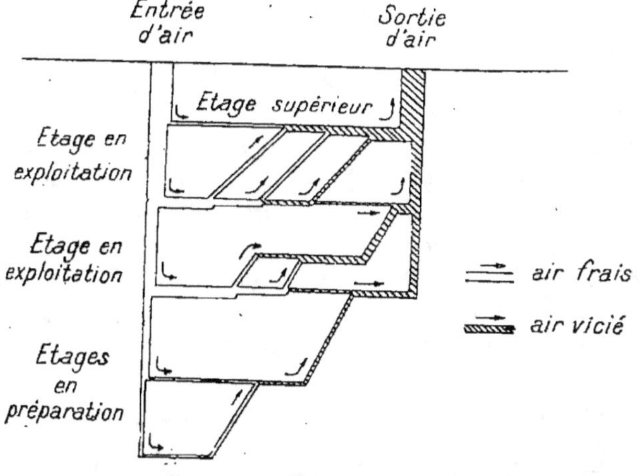

Fig. 96. — Schéma d'aérage.

tation se produit simultanément à plusieurs étages et dans plusieurs couches.

Les mesures faites à intervalles réguliers et l'établissement des plans d'aérage permettent de contrôler si le volume d'air total est bien employé. Au fur et à mesure que l'exploitation se développe, on se préoccupe de modifier la répartition ; on n'ouvre de nouveaux chantiers que dans les parties de la mine où le volume d'air disponible permet des prélèvements. Au besoin, on effectue les percements nécessaires pour amener des quantités d'air supplémentaires, ou pour augmenter le débit en diminuant les résistances.

La répartition de l'air entrant dans la mine entre les divers courants partiels, est indiquée sur des registres, ou mieux sur des plans schématiques tels que celui qui est représenté sur la fig. 96. Pour rendre le schéma lisible d'un coup d'œil, on donne aux traits figurant les divers courants une épaisseur proportionnelle aux volumes d'air de chacun d'eux ; on distingue par des couleurs spéciales l'air frais et l'air vicié, c'est-à-dire celui qui a passé dans les chantiers, écuries, ou sur un soufflard.

On complète le schéma par l'indication, sur chacun des courants, des volumes d'air et du nombre d'ouvriers occupés.

On le modifie au fur et à mesure des progrès de l'exploitation.

97. Modifications de la répartition. — La répartition entre les divers courants tend constamment à se modifier par suite des percements nouveaux, de l'ouverture ou du remblayage des chantiers, des communications imprévues qui se créent par courts-circuits dans les remblais ou par fissuration du massif. Il faut donc exercer une surveillance continuelle et prendre les mesures nécessaires pour rétablir la répartition décidée, ou au contraire pour la changer si l'on entame des travaux nouveaux.

Nous avons indiqué déjà les moyens dont on dispose : installation de portes, pleines ou à guichets, de toiles, de canars, de cloisons, de barrages, au besoin d'ouvrages plus complexes, mise en service de ventilateurs secondaires.

Pour *augmenter le débit* dans une galerie, on a souvent avantage à agrandir la section de celle-ci, pour diminuer la résistance. Dans un groupe de galeries, on peut également chercher à créer une division supplémentaire du courant, de façon à remplacer un long parcours en série par deux parcours en dérivation, dont la résistance totale sera bien moindre.

Pour *diminuer le débit*, on étrangle la section de la galerie en fermant davantage le guichet de la porte placée à son entrée. Mais on créée ainsi une perte de charge sans contre-partie. Il est souvent préférable d'augmenter la résistance en ouvrant un ou plusieurs chantiers supplémentaires sur le courant d'air qui passe par cette galerie.

98. Défauts d'aérage de certaines galeries. — En examinant le plan d'un quartier, pour suivre le trajet du courant d'air, on constate parfois que certaines galeries peuvent être parcourues indifféremment dans un sens ou dans l'autre. Telles sont par exemple les recoupes AB entre deux galeries de roulage d'une tranche horizontale, lorsqu'elles sont normales à ces deux dernières (*fig. 97-I*), ou les galeries de desserte D, D' des tailles chassantes (*fig. 97-II*), lorsque des fuites se produisent par le plan incliné.

En réalité, les résistances sont toujours un peu plus grandes d'un côté ou de l'autre et les galeries AB ou D, D' sont parcourues par un faible courant d'air. Mais celui-ci est sujet à se renverser de temps à autre et les gaz qui se trouvent dans ces galeries risquent

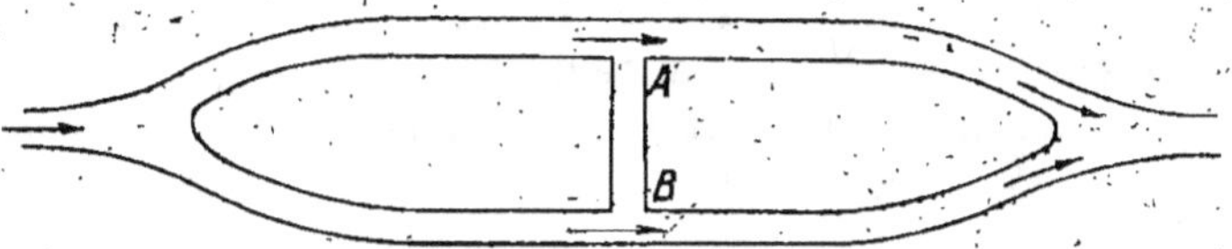

I. — En tranche horizontale.

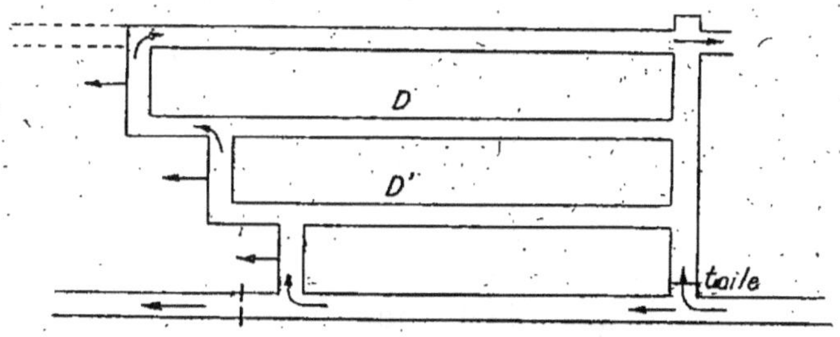

II. — En tailles chassantes.
Fig. 97. — Exemples de voies mal aérées.

d'aller alternativement d'un bout à l'autre sans être entraînés. La teneur en grisou peut ainsi augmenter d'une façon dangereuse.

De plus, si l'on constate l'existence d'une accumulation, il n'est pas

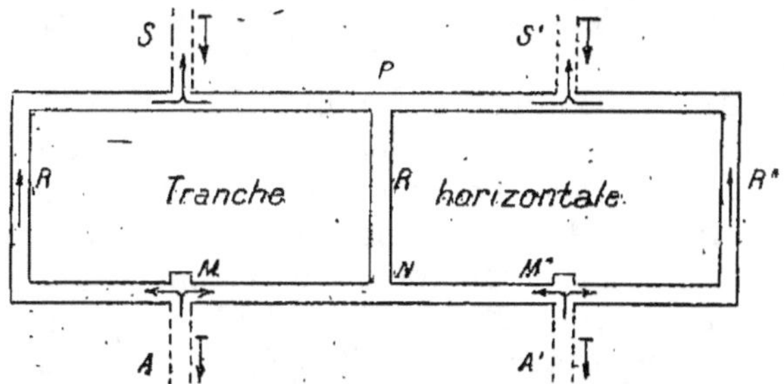

Fig. 98. — Aérage d'une tranche horizontale présentant une voie neutre R'
A A' = plans d'entrée d'air.
S S' = plans de sortie d'air.
= inclinaison des plans.

facile d'en assurer l'évacuation, à moins d'installer tout un système de portes ou de toiles pour modifier la circulation de l'air et le forcer à passer dans la galerie contaminée.

Il est donc nécessaire de veiller à ce que de semblables voies *neutres* n'existent pas dans la mine. Il est souvent préférable d'accepter la gêne causée au roulage par l'existence de portes, plutôt que de compter sur les pertes pour aérer des galeries secondaires.

La complexité du réseau de galeries, notamment dans les tranches horizontales, donne souvent naissance à ce danger, lorsqu'on s'attache trop à la régularité du plan d'un quartier.

Dans l'exemple représenté sur la fig. 98 la recoupe centrale R' semblerait devoir être toujours parcourue par un courant allant de N vers P.

En réalité, suivant les résistances dans les autres parties du réseau, l'air peut aller, dans les tronçons MN, M'N, NP, dans un sens ou dans l'autre. Au contraire les recoupes R et R″ sont toujours ventilées dans le même sens.

§ 2. — INSTALLATIONS POUR LA RÉPARTITION DU COURANT D'AIR.

99. Portes. — Les portes sont destinées soit à empêcher complètement le passage de l'air (portes pleines), soit à étrangler la section en limitant la quantité d'air qui passe par la galerie (portes à guichet).

Les portes pleines doivent être étanches. L'air ne doit filtrer ni à travers la porte elle-même, ni entre celle-ci et le cadre.

La première condition est facile à réaliser en constituant la porte par des planches larges, suffisamment épaisses, à joints soignés et complétés au besoin par un calfatage. Il vaut mieux encore employer deux ou trois lits de planches dont les joints ne se recouvrent pas, ou une tôle.

La porte doit s'appliquer exactement sur son cadre, garni de cuir ou de feutre si l'on veut que l'étanchéité soit parfaite.

La porte doit toujours s'ouvrir contre le courant d'air, qui la maintient ainsi fermée. Mais il est nécessaire, de plus, de la munir d'un contrepoids qui la referme automatiquement. Les portes importantes sont même gardées continuellement par un portier ; tout ouvrier qui trouve une porte ouverte doit la fermer ; si l'on veut maintenir une porte ouverte, on la sort de ses gonds.

Le cadre est en bois ou en maçonnerie, assez solide pour ne pas se disloquer sous la pression des parois ou sous les chocs répétés, lors de l'ouverture et de la fermeture de la porte.

La jonction du cadre avec les terrains encaissants est parfois difficile à réaliser, surtout lorsque la charge des terrains est forte. On peut donc être amené à encastrer dans le massif le cadre, ou mieux le bloc de maçonnerie qui porte ce dernier.

Cette disposition (*fig. 99*) complique l'installation, aussi n'est-elle adoptée que pour les portes dont la durée ou l'importance justifient cette dépense. Les mouvements de terrains qui

s'exercent sur le bloc de maçonnerie ne se font pas sentir sur le cadre, et la porte reste étanche.

Certaines portes, comme celles qui sont placées pour isoler les quartiers, doivent être assez solides pour résister à une explosion, par conséquent à une pression brusque de 8 ou 10 atmosphères. On

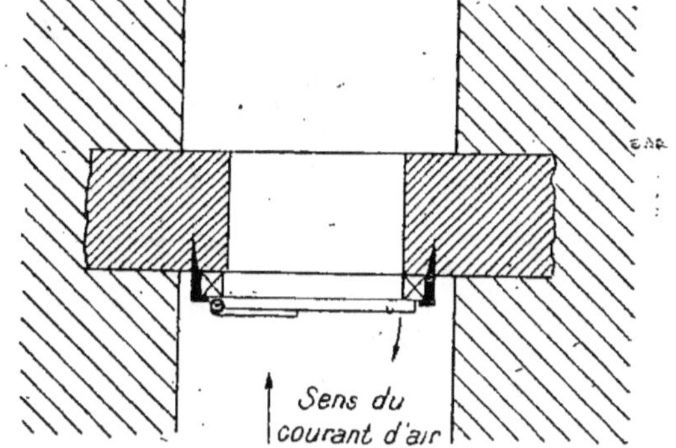

FIG. 99. — Porte avec massif encastré dans la roche inclinante (plan).

évite, dans ce cas, de leur donner une dimension plus grande qu'il n'est indispensable pour le passage des berlines, et on les renforce par une armature en fer.

Il est essentiel de ne placer les portes que dans des terrains étanches, non fissurés, et assez loin d'un chantier ou d'une galerie pour qu'on n'ait pas à craindre de courts-circuits.

100. Portes enclenchées. — Lorsqu'une porte est installée dans

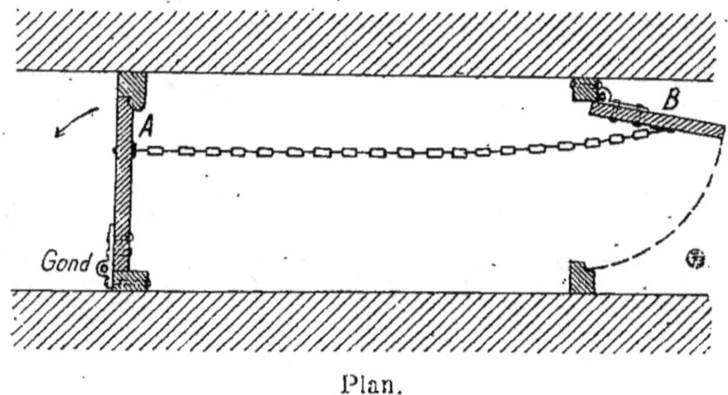

Plan.
FIG. 100. — Portes enclenchées.

une galerie où la circulation du personnel ou le roulage sont actifs, les ouvertures répétées occasionnent un trouble sérieux dans l'aérage, même si la porte est refermée sans retard.

Pour éviter ces pertes, le meilleur moyen consiste à installer deux portes, à une distance égale à la plus grande longueur des

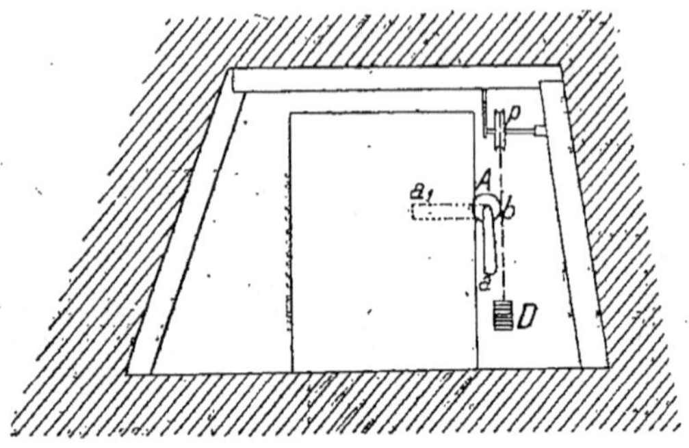

Coupe en travers.

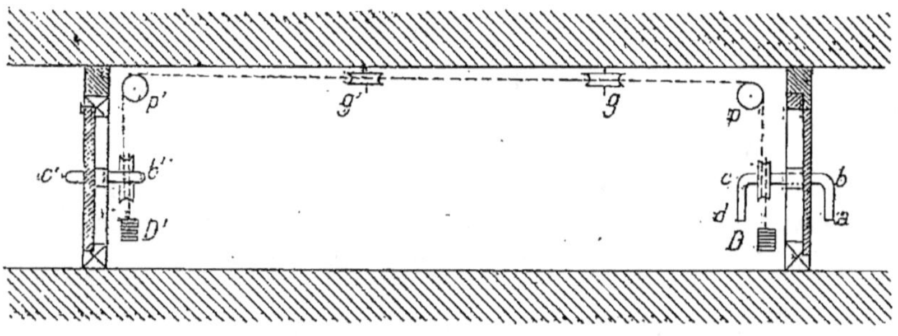

Coupe en long.

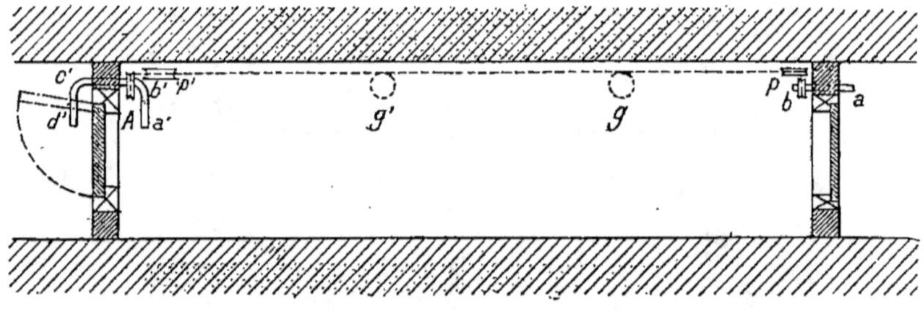

Plan.

Fig. 101. — Portes enclenchées.

convois, et à les relier par un dispositif qui empêche de les ouvrir simultanément.

Les systèmes d'enclenchement sont très nombreux, mais ils

doivent rester simples, robustes, et d'un fonctionnement sûr, sinon les ouvriers ont tendance à supprimer la liaison.

On peut, par exemple, relier les deux portes par une chaîne A B ou un câble dont la longueur est trop faible pour que les deux portes puissent être ouvertes à la fois (*fig. 100*); on voit qu'avec ce dispositif elles sont entr'ouvertes toutes deux pendant un moment; les pertes restent donc sensibles, bien que de courte durée. De plus, si la distance entre les deux portes est grande, le câble n'est plus assez tendu et elles peuvent rester toutes deux presque entièrement ouvertes.

Il vaut mieux employer le système représenté sur la fig. 101. Une poulie A est montée sur une barre de fer *abcd* courbée deux fois à angle droit et tournant autour de la branche *bc* qui passe dans un tuyau à travers la maçonnerie de la porte. L'autre porte est munie d'une barre et d'une poulie A′ semblables ; un câble, dont la tension est assurée par des contrepoids D et D′ et des galets *gg′*, réunit les deux poulies A et A′.

L'appareil est disposé de telle sorte que lorsqu'une des barres de fer a ses branches verticales, laissant par conséquent la porte libre de s'ouvrir, l'autre a ses branches horizontales et maintient fermée la deuxième porte. Après avoir fait passer un convoi par la première porte, on renferme celle-ci ; lorsqu'on arrive à la deuxième porte et qu'on abaisse la branche *a′b′* de la barre pour pouvoir ouvrir, les branches *ab* et *cd* deviennent horizontales et bloquent la première porte.

Dans d'autres systèmes, l'ouverture est obtenue automatiquement au moyen d'un levier manœuvré par la berline lorsque celle-ci arrive devant la porte du côté vers lequel se déplace le battant. En sens contraire la berline pousse simplement la porte. Un ressort assure la fermeture dès que le levier s'est effacé. Ce dispositif, applicable aux portes enclenchées, permet la circulation de convois attelés à un câble traînant, au prix de quelques pertes par la fente prévue pour ce dernier.

101. Portes à guichet. — Les portes à guichet sont installées comme les portes ordinaires, mais leur étanchéité n'a pas besoin d'être aussi parfaite, à moins qu'on ne prévoie, à certains moments, la fermeture complète du guichet. Il est bon toutefois que les pertes soient faibles, sinon le réglage par le guichet ne présente plus aucune précision.

L'ouverture *o* (*fig. 102*) est rectangulaire et fermée par un volet coulissant dans des rainures.

Le volet doit être maintenu en place au moyen d'un cadenas, dont la clef est entre les mains d'un surveillant, qui a seul le droit de modifier l'ouverture.

Il est essentiel que le guichet soit à la partie supérieure de la porte, pour que le grisou ne s'accumule pas dans le haut de la galerie, contre la porte.

Ce danger d'accumulation est commun à toutes les portes dans les mines grisouteuses. C'est pourquoi on préfère les placer du côté de l'entrée de l'air dans la galerie plutôt que de la sortie, et qu'on évite d'en installer dans les retours d'air, malgré les inconvénients qui résultent de la présence des portes dans les voies de roulage.

On a vu au chapitre précédent le calcul des dimensions à donner à l'ouverture d'un guichet.

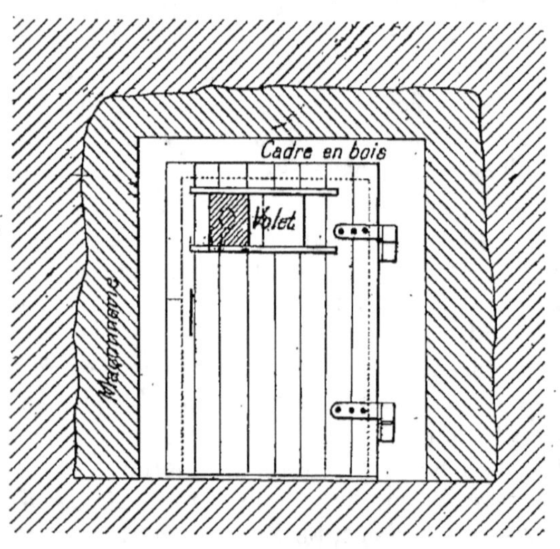

Fig. 102. — Porte à guichet.

102. Portes de sûreté. — A côté des portes destinées à répartir le courant d'air, et dont certaines sont parfois établies assez solidement pour ne pas être démolies par la chasse d'air qui accompagne une explosion, signalons les dispositifs adoptés pour limiter la propagation d'une explosion, par la fermeture instantanée d'une porte normalement ouverte.

L'installation de portes dont le fonctionnement est provoqué par l'explosion elle-même est toujours aléatoire, car il peut arriver que la violence de la chasse d'air soit telle que les gonds ou même les cadres soient arrachés. Cependant, des portes de ce genre ont rendu des services dans quelques cas. Il est donc utile d'en donner un ou deux exemples, parmi ceux qui ont été appliqués.

M. Verpilleux (1) a imaginé d'installer deux portes rapprochées, très solides, fermant chacune dans un sens. Elles sont maintenues ouvertes par des ressorts ou des contrepoids, mais sans être complètement plaquées contre le parement. Le courant d'air normal est trop faible pour surmonter l'action du contrepoids, mais en cas d'explosion, la chasse d'air est assez puissante pour amener la fermeture et pour appliquer la porte contre son cadre.

Chacune des deux portes fonctionnant en sens contraire, l'une des deux subira l'effet de l'explosion et se fermera, à condition, bien entendu, que tout l'appareil n'ait pas été arraché par l'explosion, ce qui est arrivé dans plusieurs cas.

La propagation des gaz brûlés est suivie d'une forte dépression, qui produit un choc en retour, sous lequel la porte se rouvre. Mais c'est alors l'autre qui se fermera.

On a pu, par ce dispositif, arrêter la propagation de certaines explosions. Mais parfois la fermeture a été trop tardive ; dans d'autres cas, tout l'ensemble a été démoli et n'a pu fonctionner.

D'autres systèmes analogues sont basés sur la chute d'un battant maintenu levé horizontalement au-dessus de la galerie et obstruant celle-ci en retombant contre son cadre par rotation autour d'un axe perpendiculaire aux parois. Pour que le système soit efficace, il faut disposer deux ou mieux trois groupes de deux battants (en sens contraire). Le premier sera brisé par la violence du choc, le deuxième résistera mieux, le troisième suffira peut-être à arrêter la propagation de l'explosion.

Nous avons signalé dans le premier volume du Cours (IIIe partie, chapitre III) les tampons installés dans les galeries conduisant aux dynamitières souterraines.

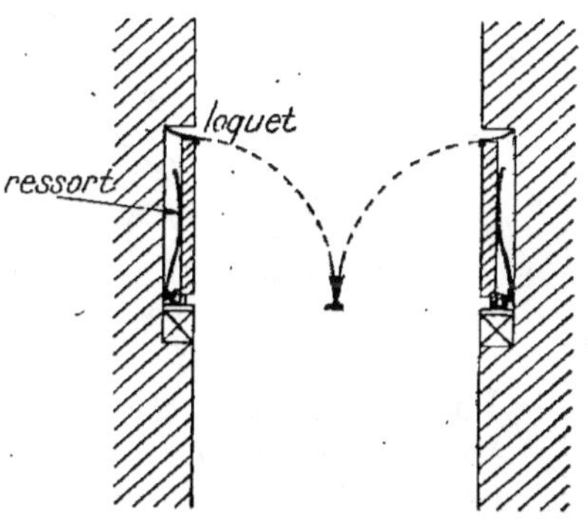

FIG. 103. — Portes de sûreté.

Ce dispositif n'est guère applicable dans les galeries, car il ne permet pas le roulage.

Une des conséquences les plus graves d'une explosion est de bouleverser l'aérage, par la destruction des portes, ce qui rend le sauvetage très difficile.

On a cherché à parer à cet inconvénient, en Angleterre, en

---

(1) VERPILLEUX. *Annales des Mines*, 6e série, tome XII, page 563.

doublant certaines portes par d'autres, maintenues ouvertes par un
loquet, et dont les battants sont encastrés dans les parois, de façon
à ne pas être atteintes par le passage de la chasse d'air (fig. 103).
Des ressorts, placés derrière ces battants, tendent à refermer ceux-
ci dès qu'on efface le loquet. Lorsqu'une équipe de sauveteurs arrive
à hauteur de ces portes, elle manœuvre les loquets et les battants
se referment, rétablissant dans les galeries les conditions primitives
prévues au plan d'aérage.

103. Cloisons. — Nous avons vu plus haut (n° 83) l'usage qu'on
fait des cloisons en bois ou en maçonnerie pour conduire l'air au
front de taille des galerie en traçage.

Les cloisons sont utilement employées, dans les travaux, pour
guider le courant d'air et pour diminuer les résistances dues aux
changements de direction.

Signalons par exemple (fig. 104), que lorsque deux courants
d'air arrivant en sens contraire doivent tourner à angle droit dans une même galerie, il est pré-férable de disposer une cloison qui évite les re-mous et les pertes de charge qui en résultent. Cette amélioration est souvent rendue impos-sible par les nécessités du roulage.

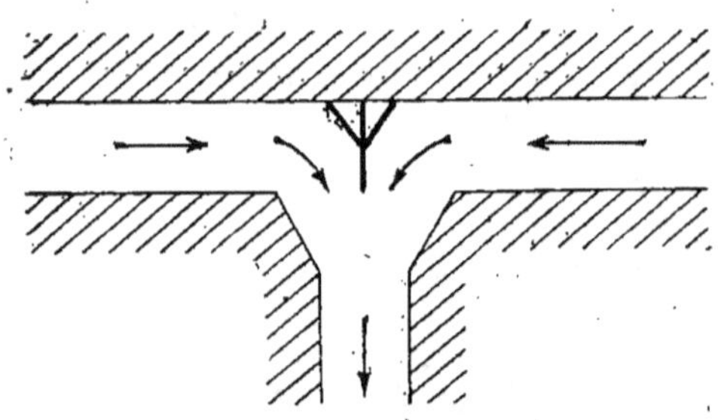

Fig. 104. — Cloison en face de l'entrée
d'une galerie.

Parmi les cloisons
que l'on rencontre dans les mines, une des plus importantes est celle
qui sépare le *goyot d'aérage* dans les puits servant à la fois d'entrée
et de sortie d'air.

Nous avons signalé les inconvénients de ce mode d'aérage, qui
disparaît de plus en plus, et qui est inadmissible dans les mines grisouteuses. Il est cependant applicable dans les exploitations desservies par un seul puits, ou pendant la période de préparation, jusqu'au
percement avec les travaux venant d'un deuxième puits.

La cloison d'un goyot se fait en général en planches épaisses,
assemblées à rainure ; l'étanchéité des joints est assurée par des plan-
chettes clouées, avec interposition de toile goudronnée. La cloison
est encastrée dans la maçonnerie du puits, le vide creusé pour la
loger étant comblé avec du ciment.

La tôle, les plaques de ciment, la maçonnerie sont plus solides et ont le précieux avantage d'être incombustibles. Mais ils sont plus facilement disloqués par la pression des terrains, aussi ne les emploie-t-on guère.

104. Barrages. — Pour obstruer complètement une galerie ou l'entrée d'un chantier, dans lesquels on ne doit plus pénétrer pendant longtemps, le mieux est d'établir un *barrage*.

On construit souvent un barrage rapide en clouant des planches sur un cadre de boisage choisi parmi ceux qui se trouvent dans une partie non fissurée du massif, et en empêchant les fuites entre le cadre et les parements par la pose de morceaux de planches encastrés dans la roche ou le charbon.

Il est difficile d'obtenir, avec un ouvrage aussi sommaire, une étanchéité satisfaisante, surtout lorsque les terrains chargent beaucoup.

Il vaut mieux élever deux cloisons rapprochées, entre lesquelles on dame de la terre argileuse.

Nous verrons dans la XIe partie du Cours que la lutte contre les feux souterrains exige la confection de barrages soignés, et nous décrirons les mesures à prendre pour assurer une étanchéité parfaite. L'exécution en est délicate et lente. On la fait souvent précéder de l'installation d'un premier barrage sommaire qui réduit considérablement la circulation de l'air. Si l'on craint qu'une explosion se produise, on accumule des sacs à terre pour constituer rapidement un obstacle résistant.

Les barrages en maçonnerie sont plus vite établis, et c'est ce mode de construction qu'on adoptera en général dans les galeries qui ne chargent pas trop. On encastrera l'ouvrage dans le massif, et on crépira la surface. Au besoin on le doublera d'un autre, séparé du premier par des remblais fins.

Dans les terrains où l'on craint l'écrasement de la maçonnerie ordinaire, on remplace celle-ci par un mode de construction qui présente une certaine flexibilité, tel que des murs comportant des intercalations de planches, ou mieux des lits de bois noyés dans du mortier.

105. Remblais. — On ne dispose pas toujours, pour y installer un barrage, d'une section de galerie en plein massif, exempt de fissures, et il est à craindre que l'air puisse contourner l'ouvrage en filtrant dans les parois.

Dans ce cas on est obligé de revêtir les parois de la galerie, sur une assez grande longueur avant et après le barrage, d'un garnissage en argile maintenu par des planches.

Il est de même nécessaire d'empêcher les fuites le long des galeries qui traversent une zone remblayée, car les courts-circuits constituent un gaspillage d'air qui nuit à la bonne ventilation des chantiers et trouble souvent la répartition du courant d'air, sans parler des dangers d'échauffement dans les charbons inflammables.

Il est donc indispensable de soigner particulièrement les remblais le long des galeries importantes au point de vue de l'aérage, en élevant des murs de pierres sèches derrière lesquels on place des terres argileuses, serrées en couronne.

On est même parfois conduit, lorsqu'une galerie traverse des vieux travaux où les remblais sont mal tassés, à la maçonner. Mais c'est là une dépense qui n'est admissible que pour des voies particulièrement importantes.

106. Crossings. — Il nous reste à décrire un dernier type d'ouvrages, qu'on ne rencontre qu'exceptionnellement en France, mais que les méthodes d'exploitation appliquées en Angleterre ou

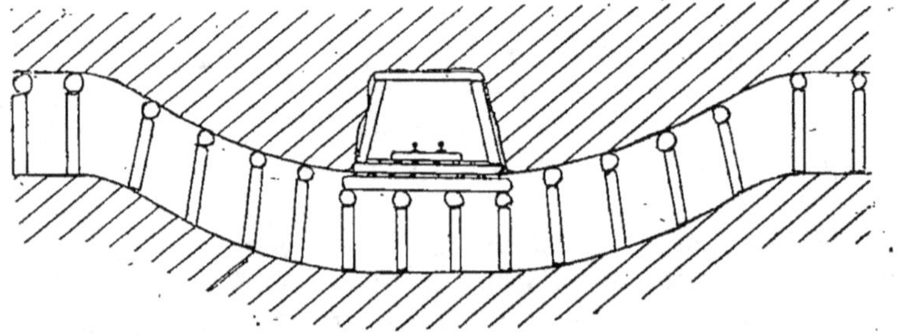

FIG. 105. — Croisement en dessous.

aux Etats-Unis rendent fréquents. Ce sont les *crossings*, c'est-à-dire les croisements de deux galeries parcourues par des courants d'air qui ne doivent pas communiquer.

L'une des deux galeries doit donc passer par dessus l'autre, à faible distance, et il faut cependant que le croisement soit étanche.

Le passage se fera *en-dessous* ou *en-dessus* de la voie tracée de niveau. Cette dernière seule pourra être utilisée pour le roulage. Le *croisement en dessous* est établi en creusant immédiatement au-dessous de la voie à franchir, dont le plancher est supporté par de gros bois B (*fig. 105*), au-dessus et au-dessous desquels on cloue des planches jointives de façon à constituer une cloison étanche.

Il vaut mieux encore laisser un stot de terrain entre les deux galeries ; mais les vibrations dues au roulage ne tardent pas à amener la formation de fissures par lesquelles se produisent des fuites.

D'autre part, les eaux tendent à s'accumuler dans la cuvette, dont elles réduisent la section et qu'elles peuvent même obstruer en cas d'afflux imprévu.

On a donc abandonné ce type de croisements, pour adopter les *croisements en-dessus.*

On se contente parfois de faire passer la seconde galerie juste au-dessus de la première, en établissant une cloison en bois et planches, à joints rendus étanches au moyen de mortier.

La question d'étanchéité est d'autant plus importante que les pressions, dans les deux galeries, sont plus différentes. Lorsqu'elles sont presque égales, les cloisons en bois donnent des résultats suffi-

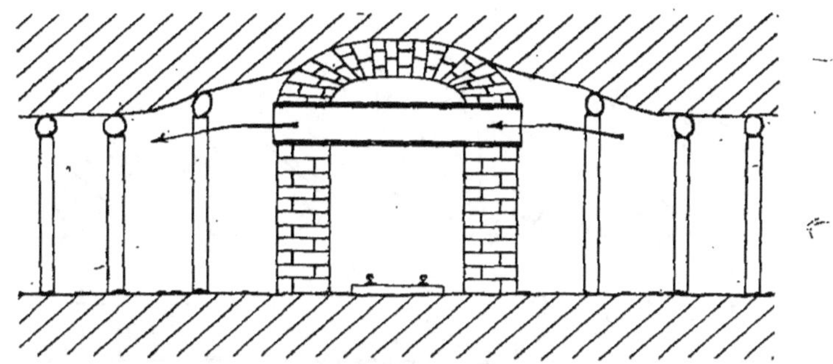

Fig. 106. — Croisement par buse.

sants, dans les terrains qui ne chargent pas trop ; mais si la différence des pressions est sensible, il faut un ouvrage plus soigné.

Il est possible, dans bien des cas, de réduire la section de la galerie surélevée sans occasionner une perte de charge sensible. La construction est rendue moins coûteuse.

On peut même, si les sections sont largement suffisantes, et les volumes d'air peu importants, se borner à disposer une large buse en bois ou en tôle traversant la galerie de roulage, et encastrée dans un revêtement en maçonnerie (*fig. 106*). L'ouvrage est rapidement élevé, mais il n'est pas très étanche et rend impossible la circulation des hommes dans la galerie transversale.

Les croisements (ou *crossings*) maçonnés sont plus employés. La fig. 107 en représente un modèle, dans lequel on a ménagé une communication, fermée par une double porte PP entre les deux voies. Ces portes doivent être placées du côté opposé à l'arrivée du courant d'air dans la galerie surélevée G'. On améliore l'étanchéité en bourrant de l'argile A contre la maçonnerie de la galerie G, au dessous de G'.

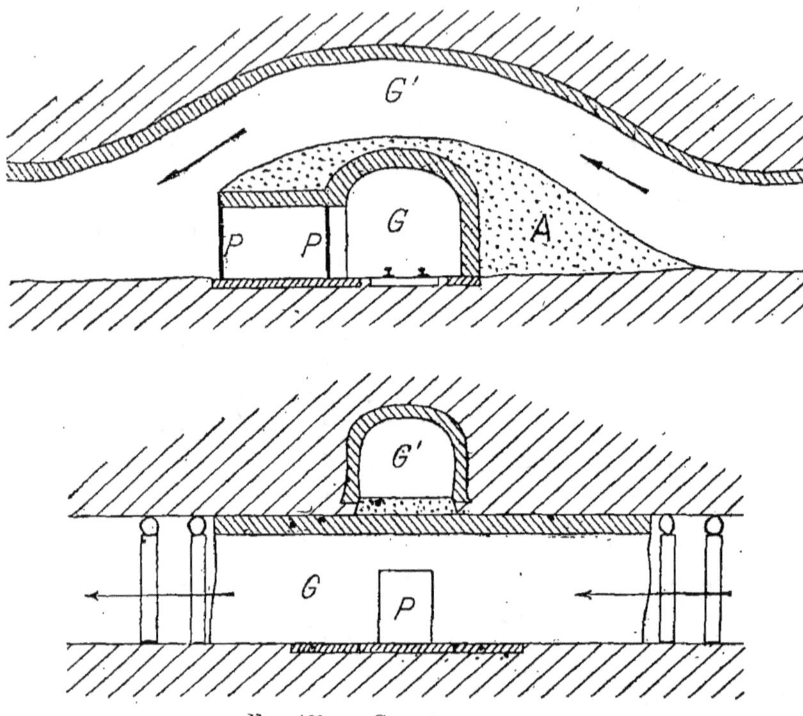

Fig. 107. — Crossing maçonné.

Aux États-Unis, on a installé des crossings en béton en acier qui sont chers et assez longs à construire, mais qui ont donné de bons résultats (1).

La voie est déblayée à l'endroit voulu, et on creuse des tranchées jusqu'au mur de la couche, afin d'obtenir des fondations solides pour les piliers en maçonnerie épais de 1^m,24, qui doivent supporter le pont. Celui-ci, qui est soutenu par des pièces de bois pendant sa construction, a une épaisseur de 0^m,31 et est fait de béton dans lequel sont noyés des fers à T espacés de 0^m,31 d'axe en axe. Les deux parois latérales de la voie de retour d'air sont constituées, quand il est nécessaire, par deux murs en béton, de hauteur inégale en raison du pendage des terrains, et dont l'épaisseur est de 0^m,31.

____

(1) J. H. Hartter, *Engineering and Mining Journal*, n° 10, 7 septembre 1907.

Lorsque les voies qui se croisent sont en plein massif, on peut réaliser une étanchéité meilleure en faisant passer la galerie surélevée à une distance notable (2 ou 3 m.) au-dessus de l'autre. Le massif solide assure un isolement parfait.

§ 3. — AÉRAGE SECONDAIRE.

107. Principe et conditions d'emploi. — Dans l'aérage *secondaire*, un petit ventilateur V est installé à l'entrée de la voie en cul

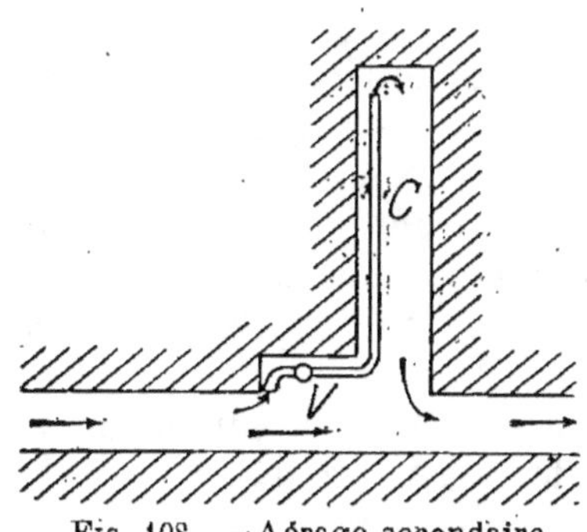

de sac qu'on se propose d'aérer (*fig. 108*). Il aspire l'air dans la galerie principale où passe le courant d'air général de la mine (aérage primaire) et le refoule dans des *canars c* jusqu'au front de taille du cul de sac, d'où il revient librement pour rejoindre le circuit primaire.

On peut évidemment disposer le ventilateur de façon qu'il aspire l'air au fond du cul de sac et le refoule dans la galerie prin-

FIG. 108. — Aérage secondaire.

cipale. Dans ce cas, le ventilateur sera également placé dans un logement pratiqué contre la paroi de la galerie principale, mais du côté aval.

L'aérage secondaire est employé pour la ventilation des traçages (de niveau ou en montage) lorsque la création d'un circuit détourné, au moyen d'une porte et d'une ligne de canars, ou d'une cloison, ne donne pas un volume d'air suffisant.

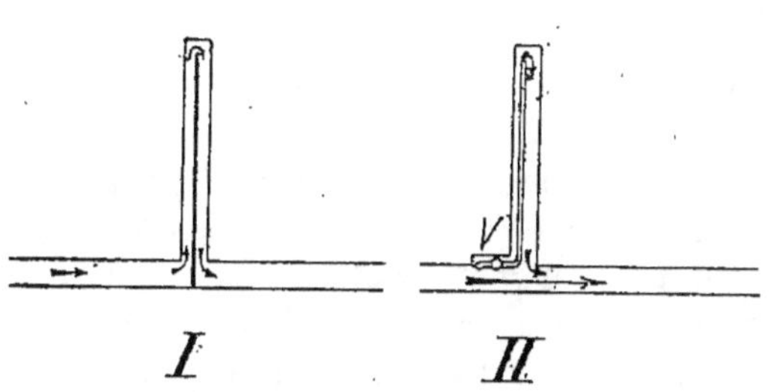

FIG. 109. — Remplacement d'un circuit unique par un circuit dérivé avec ventilateur.

On a encore avantage à installer un ventilateur dans le cas où

l'allongement de la galerie ventilée au moyen d'une cloison (ou de canars) créée une résistance exagérée, qui nuit à l'aérage des chantiers placés sur le circuit principal du courant d'air.

En remplaçant cette cloison (*fig. 109.* I) par un ventilateur secondaire, on créée un circuit en dérivation qui décharge le circuit principal, diminue par conséquent sa résistance et améliore son débit (*fig. 109* II).

L'emploi de l'aérage secondaire supprime les portes, toujours gênantes pour le roulage. Il permet de plus de forcer au besoin la ventilation du cul de sac, notamment après le tirage des coups de mine. Mais il amène certaines perturbations dans l'aérage primaire, sur lesquelles nous reviendrons un peu plus loin.

108. Canars d'aérage. — Les canars sont généralement en tôle ou en zinc, ronds ou ovales.

Leur diamètre est de 30 à 80 cm (exceptionnellement 90 cm.) lorsqu'ils sont ronds ; les tuyaux ovales mesurent de 30×40 à 70×80 cm. Ces derniers ont l'avantage de présenter un encombrement moindre que les gros tuyaux ronds, et de se loger par conséquent plus facilement contre les parements des galeries en creusement.

Les tuyaux en tôle sont goudronnés ou galvanisés pour être moins sensibles à l'humidité.

L'assemblage se fait par emboîtement, avec lutage au moyen de suif ou de mastic. Pour diminuer les pertes, on a soin de disposer les canars de telle sorte que chacun d'eux soit emboîté à l'intérieur de celui qui le suit dans le sens du courant d'air.

Au lieu de l'assemblage par emboîtement, on emploie souvent, en Allemagne, celui par colliers, dont l'étanchéité est plus sûre. On a de meilleurs résultats avec l'assemblage par brides et crampons, avec interposition d'une rondelle de carton ou de caoutchouc. Ce dernier dispositif est coûteux, mais il permet seul d'assurer une ventilation convenable dans les culs de sac de grande longueur, sans recourir à la pose de caissons en bois avec joints à rainure et languette.

Ces *caissons*, employés en France pour les travaux importants, ont parfois une section considérable $= 1^m,50$ sur $0^m,75$, ce qui n'est possible que dans les terrains qui ne chargent pas trop. La résistance qu'ils présentent au passage de l'air est très faible, comparable à celle d'une galerie (moins de 1 murgue pour une section de $1,50 \times 0,75$, 2 murgues pour $1m \times 0,75$). Leur avantage est de permettre la circulation de l'air sous une faible pression, ce qui réduit considérablement les fuites.

Les *canars* en tôle ont une résistance plus importante : plusieurs centaines de murgues pour un diamètre de 30 à 40 cm., 20 à 50 murgues pour 60 cm. une dizaine de murgues pour les canars ovales de 70×80 cm.

Si l'on mesure, non la résistance, mais l'*orifice équivalent* (calculé pour une longueur de 100 m.) on trouve 0^{m^2},04 pour les canars en tôle de 0^m,30 de diamètre, 0^{m^2},228 pour 60 cm. de diamètre, 0^{m^2},113 pour 0^m,35 $\times$ 0,60, 1^{m^2}.19 pour les caissons de 1^m,50 $\times 0^m$,75 et 0^{m^2},8144 pour ceux de 1 m. $\times$ 0,75.

On voit que la résistance augmente très rapidement lorsque la section diminue, ce qui oblige à augmenter la pression à l'intérieur du canar.

Malgré le soin apporté à faire les joints, les fuites sont importantes. Elles s'accroissent d'ailleurs avec la longueur, car la perte de charge oblige à augmenter la pression, ce qui tend à accentuer les fuites qui croissent plus que proportionnellement à la longueur.

Par exemple (1) pour un canar de 60 cm. de diamètre, pour envoyer $100\,m^3$ au fond du cul de sac, il faut en faire passer 120 à l'entrée si la canalisation a 100 m, $150\,m^3$ si elle a 200 m., $200\,m^3$ si elle a 350 m, $500\,m^3$ si elle a 700 m. On arrive donc bientôt à des chiffres impossibles à réaliser.

En tenant compte de ces fuites, la résistance de la canalisation n'augmente pas, mais tend vers une limite qu'on peut calculer.

Avec une section donnée des canars on ne peut espérer pousser l'avancement au delà d'une certaine distance, même en faisant tourner le ventilateur au maximum de sa vitesse. Il devient nécessaire d'adopter des canars de dimensions plus grandes.

103. Ventilateurs. — Les chapitres VI et VII sont consacrés à la description des ventilateurs utilisés pour l'aérage des mines. Les ventilateurs secondaires sont caractérisés par la mise en circulation de faibles débits (deux ou trois mètres cubes par seconde) sous une forte dépression (parfois plus de 100 $^m/_m$), c'est-à-dire par des conditions opposées à celles que nous rencontrerons pour les ventilateurs primaires.

Ces appareils, devant être transportés facilement et ne pas prendre trop de place, sont de faibles dimensions ; leur marche est rapide : 500 à 1000 tours par minute.

Comme force motrice, on emploie l'air comprimé ou l'électricité ; cette dernière n'est possible que dans les mines non grisouteuses. Il existe bien des modèles où les causes de production d'étincelles sont réduites au minimum, et dont le moteur est protégé, mais il est imprudent d'installer un de ces appareils à l'entrée d'un cul de sac

---

(1) CHUSSARD, *Le Grisou, Poussières*

dans lequel peut se produire une accumulation de grisou qui viendrait passer sur l'appareil.

Avec un moteur à air comprimé, on n'a guère à craindre dans les mines grisouteuses que l'inflammation de l'huile de graissage ; une surveillance attentive réduit ce risque au minimum.

Pour le diminuer, on préfère placer le ventilateur du côté de l'arrivée de l'air dans la galerie principale, avant le cul de sac, de façon que les gaz qui débouchent de ce dernier ne passent pas sur l'appareil. Nous verrons d'ailleurs que d'autres raisons conduisent encore à adopter ce mode d'aérage soufflant pour les culs de sac grisouteux.

Les fig. 110 et 111 représentent deux ventilateurs secondaires, l'un avec moteur à air comprimé, l'autre avec moteur électrique.

Pour les traçages de grande longueur, on est parfois obligé de disposer sur la canalisation deux ventilateurs. L'un d'eux sera donc dans le cul de sac ; on a soin, si la mine est grisouteuse, de l'isoler dans une grande caisse où l'air du premier ventilateur débouche, maintenant ainsi à l'intérieur une surpression.

110. Aérage soufflant ou aspirant. — Les considérations développées plus haut (n° 85) sur le sens suivant lequel se fait la ventilation dans le cul de sac s'appliquent à l'aérage secondaire comme à l'aérage par portes et canars.

L'aspiration par la canalisation ne fait sentir son effet qu'à petite distance, et n'est donc pas efficace contre les accumulations de grisou au front de taille.

Au contraire, le jet d'air qui sort d'un canar soufflant conserve une vitesse sensible jusqu'à une distance notable de l'orifice, et balaie bien le front de taille, surtout si on a soin, sur les derniers mètres, de relever la ligne de canars de façon à la faire aboutir en face d'un des angles supérieurs de la galerie.

Le gaz est donc mieux dilué, mais son évacuation se fait par la galerie. S'il faut chasser une masse d'air chargé de grisou, ou les fumées d'un coup de mine, il est prudent de ne pas s'approcher du front de taille avant que l'atmosphère dans la galerie soit devenue sans danger.

Quel que soit le mode d'aérage, le débit des ventilateurs secondaires est parfois insuffisant pour diluer les venues de grisou dans un traçage, lorsque celui-ci rencontre un soufflard, même si l'on installe des canars ou des caissons de grande section.

Dans les mines non grisouteuses, le problème est plus simple et le choix entre l'aérage soufflant et l'aérage aspirant ne conduit

FIG. 110. — Ventilateur avec moteur à air comprimé.

FIG. 111. — Ventilateur avec moteur électrique.

pas forcément à préférer le premier. Dans certains cas, on adoptera le second, pour éviter l'évacuation par la galerie des fumées des coups de mine.

111. Influence de l'aérage secondaire sur l'aérage général de la mine. — L'installation d'un ventilateur secondaire, en modifiant le régime des pressions dans une partie du circuit primaire, amène dans certains cas un trouble local, gênant dans les mines ordinaires, parfois dangereux dans les mines grisouteuses.

Ce trouble peut occasionner des renversements d'aérage dans un tronçon de galerie ou dans les chantiers voisins du ventilateur ; il n'en résulte, dans d'autres circonstances, que des remous provoquant un mélange de l'air vicié avec l'air pur ; si le ventilateur aspire et renvoie dans le cul de sac de l'air qui s'y est déjà chargé de gaz, on dit qu'il y a *rebrassage*.

M. Crussard, dans son ouvrage sur *Le Grisou et les Poussières*, donne quelques exemples de rebrassage et d'inversion qui font bien comprendre ces phénomènes.

C'est ainsi que si l'air, soufflé dans le cul de sac a encore, lorsqu'il revient dans la galerie principale, une pression supérieure à celle du courant d'air direct qui parcourt celle-ci, il aura tendance à refluer en amont, c'est-à-dire du côté où se trouve le ventilateur ; s'il arrive jusqu'à ce dernier, il y aura rebrassage ; le cul de sac ne sera plus aéré qu'avec de l'air en partie grisouteux dont la teneur augmentera jusqu'au point de devenir dangereuse. L'accélération du ventilateur ne ferait qu'aggraver le mal ; il vaut mieux intercaler une toile ou une porte entre l'appareil et l'entrée de la galerie.

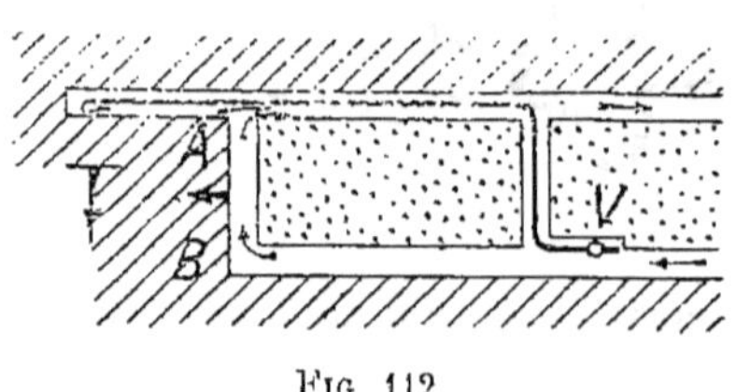

Fig. 112.

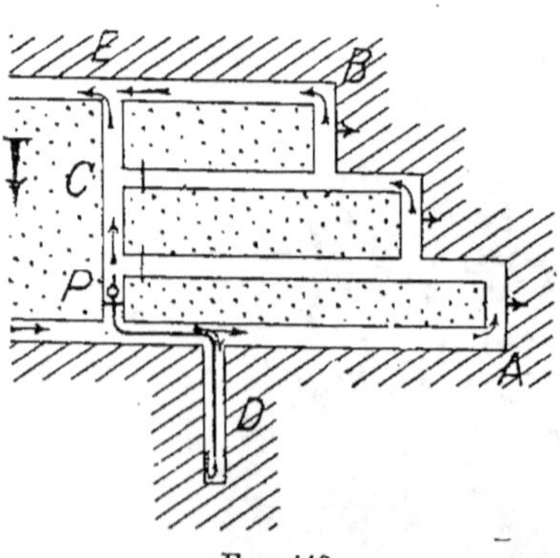

Fig. 113.
Exemple d'inversions avec rebrassage.

Ce danger est plutôt à craindre au début qu'à la fin du creusement de la galerie en cul de sac, dont la résistance augmente avec l'avancement.

Au contraire, dans le cas représenté par la fig. 112, si le ventilateur souffle trop fort, le courant d'air le long de la taille A B, au lieu de se faire normalement de B vers A, est refoulé de A vers B ; il y a inversion, avec tous les dangers du rabat-vent.

Dans cet exemple il y a inversion sans rebrassage, mais on peut rencontrer simultanément les deux phénomènes, comme dans l'exemple du même auteur, représenté sur la fig. 113 : une descenderie D, en creusement, est ventilée par un ventilateur aspirant placé à la base d'une cheminée C, fermée par une porte P.

Le courant d'air normal aère les chantiers en montant de A vers B.

Une aspiration trop vive par le ventilateur provoque un retour de l'air de E vers D par BA, par conséquent un rebrassage. Si la porte P est ouverte, les chantiers et la descenderie sont continuellement aérés par le même courant, qui parcourt le circuit D P E B A D, et se charge progressivement de grisou.

112. Moyens divers de provoquer la circulation de l'air. — On peut employer d'autres procédés que l'installation d'un ventilateur secondaire pour provoquer la circulation de l'air dans une galerie mal aérée, ou pour l'activer dans une ligne de canars.

On peut d'abord utiliser les conduites d'air comprimé existant dans la mine pour accélérer l'évacuation des fumées d'un coup de mine ou d'un tampon grisouteux. Il suffit pour cela de desserrer un joint ou d'ouvrir un robinet. Mais le gaspillage d'énergie est considérable ; de plus le moyen n'est pas efficace, car l'air qui sort du tuyau se refroidit en se détendant et tombe rapidement sur le sol de la galerie, sans amener un brassage suffisant en couronne où le grisou a tendance à s'accumuler.

On obtient de meilleurs résultats en laissant écouler l'air comprimé à travers un *injecteur* genre *Kœrting*, placé lui-même à l'intérieur d'un tronçon de canar (*fig. 114*).

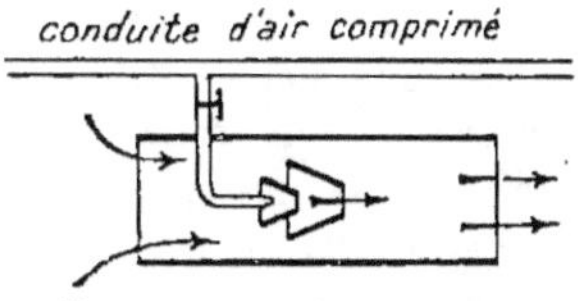

Il se produit une aspiration énergique de l'air de la galerie, et un jet large, moins violent que dans le cas précédent, dont l'efficacité est plus grande, d'une part pour brasser l'atmosphère, d'autre part pour activer la circulation de l'air dans la galerie.

conduite d'air comprimé

Fig. 114. — Emploi d'un injecteur à air comprimé.

Ces injecteurs sont simples et faciles à installer. Leur rendement est médiocre, mais ils rendent des services, notamment lorsqu'il s'agit d'améliorer suffisamment l'aérage, pendant quelques jours, pour permettre l'achèvement d'un percement.

On les emploie également pour produire un courant d'air dans une ligne de canars, partant d'une porte, devenue trop longue pour que l'aérage primaire puisse y faire circuler un volume suffisant.

Au besoin on installe une série d'injecteurs espacés sur la longueur de la ligne de canars. Mais il y a lieu de remarquer que l'irrégularité des pressions, à l'intérieur de celle-ci, favorise soit les pertes, soit les rentrées d'air. Après chaque injecteur, il y a surpression à l'intérieur, tandis qu'il y a dépression, due à l'aspiration, avant chacun de ces appareils. Dans le premier cas, il y aura des pertes par fuites à travers les joints, dans le second cas rentrée d'air vicié. Il y a donc lieu de s'assurer, à l'orifice de la canalisation près du front de taille, que l'air fourni au chantier n'est pas dangereusement vicié par ces rebrassages.

Au lieu d'injecteurs à air comprimé, on peut employer des injecteurs à eau (*aspirateurs hydrauliques*). Beaucoup de mines disposent, en effet, de canalisations d'eau sous pression, soit pour l'arrosage des poussières, soit pour la lutte contre les feux.

Ces aspirateurs hydrauliques ont le même effet que les injecteurs à air comprimé. Ils comportent un orifice convergent-divergent, en arrière de laquelle est une petite hélice métallique, que la pression du liquide fait tourner à grande vitesse, produisant ainsi, à la sortie de l'appareil, une nappe d'eau conique dont la pulvérisation est rapide. Le rendement de ces aspirateurs est faible, ainsi que le débit d'air obtenu, mais leur fonctionnement est sûr, si l'eau est propre, et leur entretien peu coûteux.

On a employé également des *trompes à eau*, lorsqu'on disposait d'une chute d'eau suffisamment élevée, mais ce n'est là qu'un moyen exceptionnel dont on rencontre peu d'exemples.

113. Résumé. — Le courant d'air qui traverse les travaux souterrains doit être réparti entre les divers quartiers et, dans chacun de ceux-ci, entre tous les chantiers et galeries de façon à assurer partout un afflux d'air suffisant pour rafraîchir l'atmosphère, la rendre respirable. et pour entraîner les gaz nuisibles. Le problème devient de plus en plus compliqué au fur et à mesure que l'exploitation s'étend et que le réseau de galeries et de chantiers se développe.

Pour les galeries, on adopte de préférence l'aérage en parallèle, et on cherche à éviter les causes d'augmentation des résistances : parties étranglées, coudes, revêtements irréguliers. Certaines galeries sont en cul de sac. Pour y faire passer un courant d'air, on dispose des cloisons, à moins qu'on fasse les traçages par galeries conjuguées, ou par un chantier dont on remblaie une partie, en ménageant un passage pour le retour d'air.

Les galeries uniques sont souvent ventilées au moyen de *canars d'aérage*, prenant naissance (ou se terminant) dans une porte qui force l'air à passer par cette canalisation. On dispose, en général, les canars et les portes de façon que l'air soit soufflé par les canars au front de taille.

Dans le choix d'une *méthode d'exploitation*, on doit tenir compte de la possibilité d'aérer convenablement les chantiers d'abatage, en particulier dans les mines grisouteuses. Certaines méthodes, qui multiplient trop les galeries, ou qui conduisent à l'ouverture de chantiers en cul de sac (par exemple les chambres ou les recoupes de grande longueur), ne peuvent être adoptées que si l'on n'a pas à craindre la présence du grisou.

Pour éviter les pertes, il vaut mieux que le courant d'air ne fasse pas de boucles qui ramènent au voisinage l'une de l'autre deux galeries parcourues par des courants dont la pression est différente. Cette précaution est surtout importante dans les mines exploitées par foudroyage, où les *courts-circuits* à travers les éboulements occasionnent des pertes considérables.

Les *remblais* eux-mêmes ne séparent efficacement les galeries que s'ils sont faits avec grand soin et que la charge des terrains a assuré leur étanchéité.

Dans les *mines grisouteuses*, l'aérage doit être toujours ascendant à partir des points où le courant d'air s'est chargé de gaz. On évite donc les chantiers montants en cul de sac, et même la formation d'angles trop prononcés où le gaz s'accumulerait. On règle la répartition et l'intensité du courant d'air de façon à évacuer les accumulations de grisou dès leur formation ; nous avons vu qu'on s'attache d'autre part à supprimer toutes les causes d'inflammation par l'emploi de lampes et d'explosifs de sûreté, et en limitant celui des moteurs électriques.

La *division du courant* d'air est obtenue au moyen de portes (pleines ou à guichet), de cloisons, de barrages, etc...

Les portes destinées à obstruer une galerie doivent être doubles et enclenchées, si l'on ne veut pas amener une perturbation de l'aérage à chaque ouverture.

Lorsqu'elles doivent isoler des quartiers différents, elles doivent être assez solides pour résister au passage de la chasse d'air qui accompagne une explosion.

Les barrages, comme les portes, ne sont efficaces que lorsqu'ils sont établis dans une partie de la galerie qui ne présente pas de crevasses ou de massifs de remblais à travers lesquels l'air puisse se frayer un passage pour les contourner.

Parmi les ouvrages que nécessite la distribution de l'air, les *crossings* sont difficiles à construire de façon bien étanche. On n'en rencontre guère d'exemples en France. Ils sont fréquents au contraire dans les grands gisements réguliers et peu inclinés des houillères anglaises ou américaines.

L'aérage des longues galeries en cul de sac nécessite en général l'installation de *ventilateurs secondaires*, à faible débit et forte dépression ; l'air est amené au front de taille par des canars ronds ou ovales en tôle, ou par des caissons en bois. Malgré les soins apportés à la confection des joints entre les tronçons successifs de ces canalisations, les pertes sont inévitables et peuvent même rendre impossible la continuation du creusement par ce procédé, si le traçage rencontre des dégagements de grisou importants, que le faible débit des conduites d'aérage est impuissant à diluer suffisamment.

L'aérage secondaire occasionne parfois des perturbations (rebrassages ou inversions) auxquelles il convient de faire attention dans les mines grisouteuses.

Au lieu de ventilateurs on peut employer, pour faire circuler un courant d'air dans une ligne de canars, des injecteurs à air comprimé ou hydrauliques.

CHAPITRE V

PRODUCTION DU COURANT D'AIR

SOMMAIRE

§ 1. **Aérage naturel.** — Principe. — Conditions de formation du courant d'air naturel. — Avantages et inconvénients de l'aérage naturel. — Théorie de l'aérage naturel. — Influence de l'aérage naturel sur l'aérage mécanique. — Moyens de renforcer l'aérage naturel.

§ 2. **Aérage sans machines.** — Foyers d'aérage. — Calcul de l'aérage par foyers. — Moyens divers d'aérage sans machines. ·

§ 3. **Ventilateurs.** — Généralités. — Comparaison des ventilateurs aspirants et soufflants. — Divers types de ventilateurs. — Orifice de passage. — Moteurs des ventilateurs. — Résumé.

§ 1. — Aérage naturel.

114. Principe — La circulation d'un courant d'air dans les travaux souterrains est généralement provoquée par des moyens artificiels. Mais, dans beaucoup de mines, la différence de niveau des orifices (puits ou galerie) par lesquels l'atmosphère libre communique avec les travaux, et l'échauffement de l'air au contact des roches profondes amènent la formation d'un courant d'air naturel, qui assure une certaine ventilation des galeries et chantiers souterrains.

Cet *aérage naturel* suffit, dans certains cas, pour permettre le travail, mais en étudiant de plus près les conditions dans lesquelles il se forme, nous verrons qu'il est irrégulier, sujet à des changements de sens, et généralement peu intense.

115. Conditions de formation du courant d'air naturel. — Considérons le cas le plus simple d'une galerie AB (ou d'un réseau de galeries et de chantiers) communiquant avec la surface par deux puits P et P′ dont les orifices sont à des niveaux distincts, dont la différence de cote est mesurée par H (*fig. 115*). Remarquons qu'au lieu du puits P, on pourrait supposer l'existence d'une galerie BAC débouchant à flanc de coteau. La hauteur H serait alors égale à celle du puits P′. C'est là un cas qui se présente fréquemment dans les mines en pays montagneux.

Les colonnes d'air contenues dans le puits P et dans la partie DB du puits P′ se font équilibre, mais la partie supérieure DP′ contient de l'air à une température différente de celle de l'atmosphère au dessus de l'orifice P.

En été, l'air contenu en DP′ est plus froid, donc plus lourd, que l'atmosphère. Il s'établira donc naturéllement un courant d'air entrant par P′ parcourant les travaux de B vers A et ressortant par P.

En hiver, au contraire, l'air contenu en DP′ sera plus chaud et plus léger qu'à la surface. La ventilation se produira de P vers P′, les travaux étant parcourus par un courant d'air allant de A vers B.

On voit donc qu'il y a inversion dans le sens de l'aérage, lorsque la différence des températures entre l'extérieur et l'intérieur change

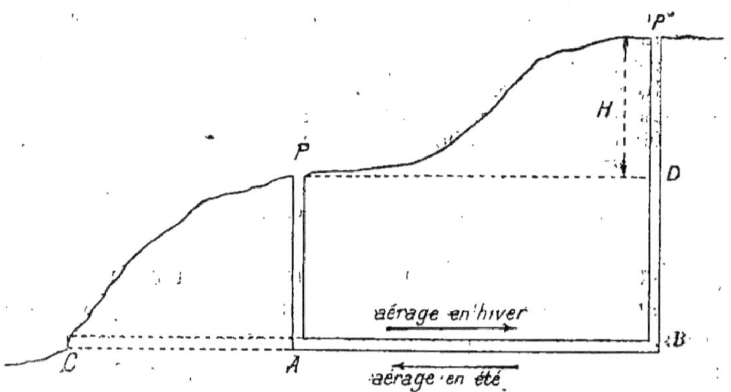

Fig. 115. — Aérage naturel (puits avec orifices à des niveaux différents).

de sens ; en automne et au printemps, cette différence peut être faible et l'aérage flottant, peut être même nul. Suivant les variations de température, les inversions de ventilation risquent de se répéter à plusieurs reprises, séparées par des périodes de stagnation pendant lesquelles les travaux ne sont pas aérés.

Lorsque la mine est peu profonde, la température des terrains dans les chantiers reste inférieure au maximum constaté à la surface.

Au contraire, dans les exploitations à grande profondeur, cette influence de la température intérieure devient prépondérante. L'air s'échauffe en circulant entre A et B. En hiver, l'air arrivant au haut du puits P′ (*fig. 115*) aura une température bien plus élevée que celui qui entrera en P. L'intensité de la ventilation en sera accrue.

Par contre, il faudra en été une température extérieure très élevée pour que l'air soit plus léger en P qu'en P′. L'inversion se produira seulement dans les jours les plus chauds, d'autant plus que la partie supérieure du puits P′ se sera progressivement ré-chauffée. Plus la mine est pro-fonde, plus le régime d'hiver (c'est-à-dire la circulation de P vers P′) durera longtemps.

Dans les mines très profondes il se produit, grâce à cet échauf-fement de l'air dans les travaux, une ventilation naturelle, même si les deux orifices sont au même niveau (*fig. 116*).

L'air qui se dilate en AB, s'échappe par l'un ou l'autre puits. Une fois établi, ce courant d'air tendra à se maintenir constam-ment dans le même sens. Son intensité seule variera, plus forte en hiver qu'en été. C'est là une propriété des mines profondes, qui leur assure un certain aérage, même en cas d'arrêt du ventilateur.

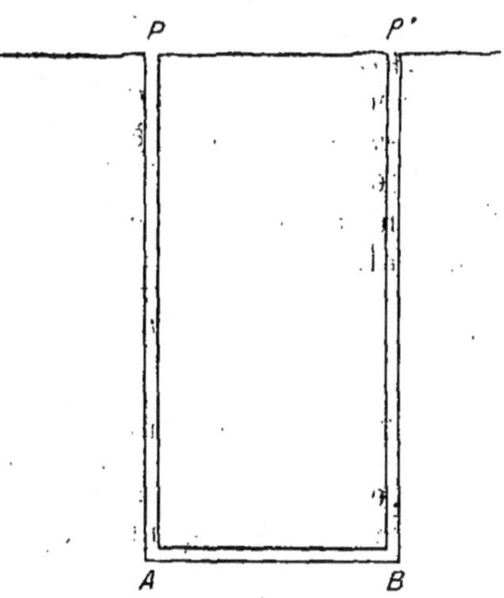

Fig. 116. — Aérage naturel.
Puits profonds ayant leurs orifices au même niveau.

Les mines peu profondes, desservies par deux puits dont les orifices sont au même niveau, présentent de même un aérage naturel tant que l'air extérieur est à température moindre de celle des travaux. Mais en été, il n'y a plus aucune possibilité qu'un tirage s'établisse. L'installation d'un ventilateur est indispensable.

116. Avantages et inconvénients de l'aérage naturel. — L'aérage naturel, lorsqu'il est assez intense pour renouveler l'air de la mine, a le grand avantage de rendre inutile toute installation mécanique. Mais, ainsi qu'on l'a vu, il disparaît à certaines périodes dans les mines peu profondes, rendant le travail très pénible pour les ouvriers. Tant qu'il n'y a pas de grisou, cet inconvénient ne s'accompagne pas de dangers immédiats, et on peut accepter un aérage faible, s'il est suffisant pour la santé des ouvriers et pour l'évacuation des fumées des lampes ou des coups de la mine.

Dans les mines grisouteuses, les arrêts et les renversements d'aérage sont inadmissibles. Il faut avoir recours à des moyens artificiels pour faire passer dans la mine un courant d'air régulier et d'un débit suffisant.

Enfin, dans les mines profondes, même non grisouteuses, l'aérage naturel est en général trop faible pour rafraîchir l'atmosphère, surtout en été.

117. Théorie de l'aérage naturel. — Soit d la différence d'altitude entre les orifices des deux puits, T T′ les températures *absolues* à l'entrée et à la sortie, H et H′ les profondeurs des puits d'entrée et de sortie.

En posant $\theta = T' - T$, la dépression h créée par l'aérage naturel est égale à :

$$h = d + \frac{\theta}{T}\left(H - H'\,\frac{\theta}{T'}\right)$$

θ étant toujours faible (10 à 20° en général), $\dfrac{\theta}{T'}$ est pratiquement négligeable pour un calcul approximatif.

On peut donc admettre la formule

$$h = d + H\,\frac{\theta}{T}$$

Si d est faible, la dépression h dépend de θ et change de sens avec ce dernier terme.

$\dfrac{\theta}{T}$ ne dépasse guère $\dfrac{1}{20}$. La dépression h est donc toujours limitée.

Pour $d = 50$ m., $H = 300$ m. et $\dfrac{\theta}{T} = \dfrac{1}{25}$

on a donc $h = 50 + \dfrac{300}{25} = 62$ m. d'air $= 74\,^{\text{m}}/_{\text{m}}\,1/2$ d'eau.

C'est là un chiffre encore assez important. Mais si $d = o$, on n'a plus que $h = 12$ m. d'air, c'est-à-dire $14\,^{\text{m}}/_{\text{m}}$ d'eau, ce qui est peu. Le débit sera insignifiant, et de plus sujet à devenir nul si θ diminue.

118. Influence de l'aérage naturel sur l'aérage mécanique. — L'installation d'un ventilateur pour aérer une mine ne supprime pas les causes qui amèneraient naturellement une circulation d'air dans les travaux. Il convient donc d'en tenir compte lorsqu'on veut établir avec exactitude des calculs d'aérage d'une mine.

La dépression provoquée par le ventilateur étant h_m et la dépression due à l'aérage naturel h_n, la dépression réelle h est égale à $h = h_m \pm h_n$ suivant que l'aérage naturel agit dans le même sens ou en sens contraire de l'aérage mécanique.

Les débits correspondants étant q_m et q_n, on sait que la dépression est proportionnelle au carré du débit.

On a donc
$$q = \sqrt{q_m^2 \pm q_n^2}$$

L'*orifice équivalent* réel de la mine a est donné par la formule :

$$a = 0,38 \ \frac{q_m}{\sqrt{h_m \pm h_n}}$$

Pour mesurer h_n, on peut opérer de la façon suivante, d'après M. Mortier : on ralentit le ventilateur jusqu'à ce que la dépression h_m soit nulle ; on mesure alors le débit q_n du courant qui traverse le ventilateur et qui n'est plus dû qu'à la dépression naturelle h_n.

On mesure d'autre part le débit q et la dépression mécanique h_m résultant de la marche normale de l'appareil.

Des deux égalités
$$q_n = 2,63 \ a \sqrt{h_n}$$
et
$$q = 2,63 \ a \sqrt{h \pm h_n}$$

On tire h_n.

C'est la valeur de $(h \pm h_n)$ qui doit être introduite dans les calculs des ventilateurs, qui seront exposés plus loin (chap. VI et VII) et dans lesquels nous parlerons simplement de la dépression, sans tenir compte de l'influence de l'aérage naturel.

119. Moyens de renforcer l'aérage naturel. — On a cherché, lorsque la différence de niveau entre les deux puits était trop faible, à l'augmenter par la construction d'une cheminée sur le puits dont l'orifice était le plus élevé.

Si les deux orifices sont sensiblement au même niveau, on peut obtenir ainsi un résultat intéressant, pourvu que la cheminée soit assez haute.

Si la différence de niveau naturelle est H et la hauteur de la cheminée h, la vitesse de l'air à la sortie (donc le débit) est proportionnelle à $\sqrt{H + h}$. Si l'on veut augmenter la vitesse dans le rapport m, on doit avoir :

$$\sqrt{H + h} = m \sqrt{H}$$

d'où :
$$h = (m^2 - 1) \ H$$

Pour doubler la vitesse, il faut une hauteur triple de la différence H. On voit que dès que H présente une valeur notable, on n'obtient une amélioration sérieuse qu'en construisant une cheminée très haute, et par conséquent coûteuse.

§ 2. — Aérage sans machines.

120. Foyers d'aérage. — L'aérage naturel provient d'une diffé-rence de température entre l'air qui entre et celui qui sort de la mine. On a donc eu l'idée de créer artificiellement cette différence en installant, au sommet ou à la base du puits de sortie, un foyer, pour lequel on disposait, dans les mines de charbon, de tout le com-bustible nécessaire.

On a commencé par faire descendre dans le puits, au moyen d'un treuil, une sorte de brasero (le *toque-feu*), qu'il fallait remonter de temps à autre pour le regarnir.

On a été amené à construire des foyers plus puissants, soit à la surface, en fermant le puits et en élevant à côté une cheminée dont le tirage aspire l'air de la mine (*fig. 117*), soit au fond du puits de sortie d'air.

Cette dernière disposition est la plus normale, car on profite ainsi de toute la hauteur du puits pour établir le tirage.

On se sert, pour alimen-ter le foyer, d'une dérivation de l'air sortant de la mine. Dans les mines grisouteuses, on établissait même parfois une arrivée d'air depuis la sur-face, mais on doit en réalité

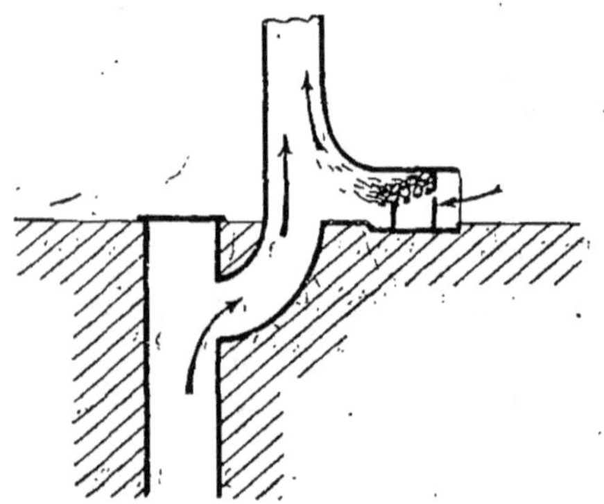

Fig. 117. — Foyer d'aérage à la surface.

proscrire absolument ce mode d'aérage, dès que l'on constate l'exis-tence du grisou dans la mine.

La fig. 118 représente, en coupes horizontale et verticale, un foyer d'aérage installé au siècle dernier dans une houillère en Angleterre.

C'est dans ce dernier pays que ce système a été le plus répandu ; il convient bien, en effet aux mines *larges*, c'est-à-dire qui ne pré-sentent qu'une faible résistance.

Les foyers y atteignaient parfois des dimensions considérables. Ainsi, celui d'Eppleton, figuré ci-contre, a $18^m,25$ de long et $3^m,34$ de large. Le chargement se fait sur les deux côtés par cinq portes dont deux sont à l'extrémité du foyer. La mine a un orifice équivalent de plus de $4\,m^3$ et la quantité d'air qui circule est de $96^{m3}20$ par seconde.

Lorsqu'on fait l'extraction par le puits de sortie d'air, la tempé-rature ne doit pas dépasser 35 ou 40°, sinon on ne pourrait plus faire circuler les ouvriers.

Les foyers d'aérage sont peu coûteux et peu sujets à des dérangements. Mais ils ne donnent qu'une faible dépression et leur effet est diminué par l'humidité du puits.

L'accès de ces foyers, au fond de la mine, n'est pas facile et ils constituent toujours un risque d'incendie.

Ils consomment d'ailleurs plus de combustible qu'un ventilateur produisant le même effet. Enfin ils sont inadmissibles dans les mines grisouteuses.

Pour toutes ces raisons, ils sont à peu près abandonnés.

121. Calcul de l'aérage par foyer.

Soit T la température *absolue* de l'air entrant dans la mine.

Soit T′ la température *absolue* de l'air sortant (sans foyer).

Soit T″ la température *absolue* de l'air sortant (avec foyer).

$$\theta = T' - T$$
$$\theta' = T'' - T'$$

d la différence de niveau des orifices des deux puits.

H la profondeur du puits d'entrée.

H′ celle du puits de sortie.

h_n la dépression naturelle sans foyer.

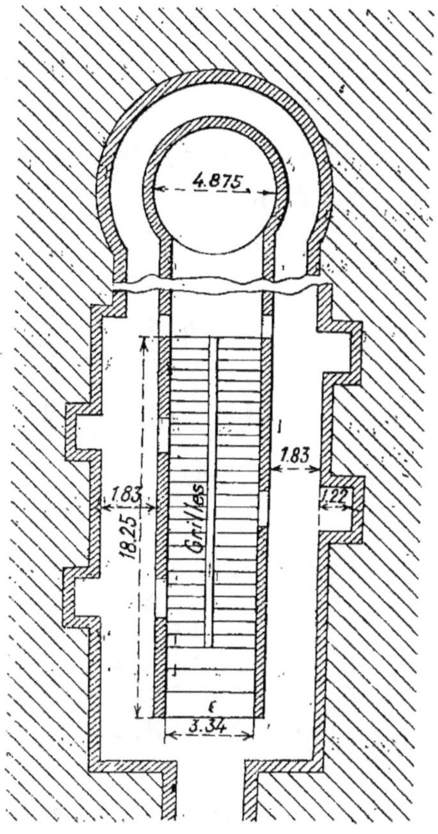

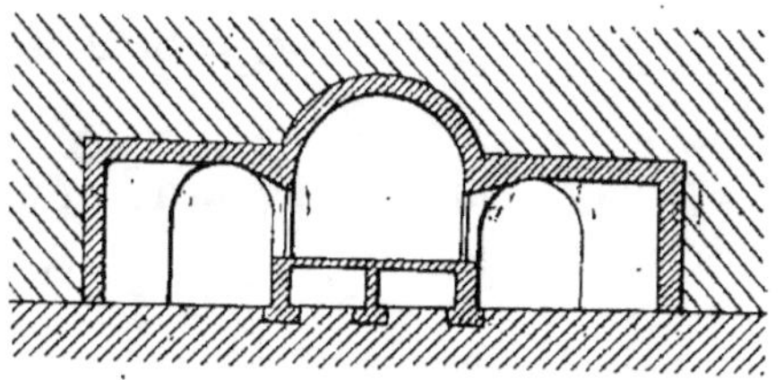

Fig. 118. — Foyer d'aérage au fond
(coupes horizontale et verticale).

La dépression h est donnée par la formule :

$$h = d + \frac{\theta}{T}\left(H - H'\frac{\theta}{T'}\right) + H'\frac{T}{T'} \times \frac{\theta'}{T''}$$

$$= h_n + H'\frac{T}{T'} \times \frac{\theta'}{T''}$$

Le deuxième terme $H'\dfrac{T}{T'} \times \dfrac{\theta'}{T''}$ indique la dépression due spécialement au foyer.

Par exemple pour $\quad d = o \quad\quad H = 300$ m $\quad H' = 200$ m.
$$T = 283° \quad T' = 300° \quad T'' = 350°$$

On voit que $\quad\quad h_n = 17$ m. d'air à 10°
et $\quad\quad\quad h = 44$ m. d'air à 10°.

Pour calculer le *débit*, partons de la formule indiquée au chap. III (n° 62) :

$$Q = 0{,}65\, a \sqrt{\frac{2\,g\,h}{d}}$$

où $\quad a$ désigne l'orifice équivalent
$\quad\quad g = 9{,}8088$
$\quad\quad h = $ la dépression
$\quad\quad d = $ la densité de l'air des mines

On en tire $\quad\quad\quad h_1 = 0{,}12\, d_1 \dfrac{q_1^2}{a_1^2}$

pour la partie de la mine comprise depuis l'entrée jusqu'au foyer

et

$$h_2 = 0{,}12\, d_2 \frac{q_2^2}{a_2^2}$$

pour le puits de sortie d'air, du foyer à l'orifice

D'autre part $\quad\quad\quad d_1 = d_2 \dfrac{T''}{T}$

en appelant T'' et T, comme ci-dessus les températures à l'entrée et à la sortie de la mine

et

$$q_2 = q_1 \frac{T''}{T}$$

on en tire $\quad d_2\, q_2^2 = d_1\, q_1^2\, \dfrac{T''}{T}$

d'où $\quad h_2 = 0{,}12\, \dfrac{T''}{T}\, d_1\, \dfrac{q_1^2}{a_2^2}$

La dépression totale est $h = h_1 + h_2$.

En substituant dans cette expression les valeurs de $h\, h_1\, h_2$ d'après les formules ci-dessus $\Big($ en supposant les deux orifices au même niveau et en négligeant dans la valeur de h le terme $H'\,\dfrac{T}{\theta}\Big)$, on trouve la relation :

$$q_1^2 = \frac{\dfrac{\theta}{T}\,H + H'\,\dfrac{T}{T'} \times \dfrac{\theta'}{T''}}{0{,}12\, d_1 \left(\dfrac{1}{a_1^2} + \dfrac{T''}{T}\,\dfrac{1}{a_2^2} \right)}$$

dans laquelle on peut prendre comme valeur approximative de d_1 le chiffre de 1,2.

On peut donc lui donner la forme :

$$q_1^2 = \frac{T\left(\dfrac{\theta}{T}\,H + H'\,\dfrac{T}{T'} \times \dfrac{\theta'}{T''} \right)}{0{,}144 \left(\dfrac{T}{a_1^2} + \dfrac{T''}{a_2^2} \right)}$$

En étudiant cette expression, on constate que le débit q_1 ne croît pas indéfiniment, si on augmente T'', donc θ', mais passe au contraire par un maximum.

Si les deux orifices a_1 et a_2 sont égaux, ce maximum est atteint pour une valeur de θ', voisine de 400°, qui est d'ailleurs très supérieure à celle que l'on réalise dans la pratique.

122. Moyens divers d'aérage sans machines. — Au lieu de chauffer l'air, dans le puits de sortie, au moyen d'un foyer, on a essayé de le faire en disposant des tuyaux dans lesquels circulait un courant de vapeur. Mais les résultats obtenus sont très faibles, pour une dépense de vapeur élevée.

On a essayé de provoquer le tirage en installant, à la base du puits de sortie, des *aspirateurs à vapeur*, à ajutages convergents-divergents, du type Kœrting décrit au chapitre précédent.

C'est ainsi qu'en Belgique, avec de la vapeur à 3 kg. de pression effective, on a obtenu une dépression de $32^m/_m,5$ d'eau, et un débit de plus de 8^{m3} par seconde. La consommation de vapeur, et par conséquent de combustible, est beaucoup plus élevée que pour faire marcher un ventilateur donnant le même résultat.

Grâce à sa simplicité, cet appareil peut cependant rendre des services intéressants, lorsqu'il s'agit seulement d'une installation de secours. Sous cette forme, il a reçu quelques applications en Belgique.

Nous avons vu, au chapitre précédent, l'emploi des aspirateurs Kœrting à air comprimé ou à eau sous pression, pour l'aérage des travaux de traçage; ils ne peuvent être envisagés pour l'ensemble de la mine.

L'utilisation du *vent* n'est pas pratique, en raison de son irrégularité.

Au contraire, la chute *de l'eau, sous forme de pluie*, dans le puits d'entrée d'air, a été employée et elle est d'une réelle efficacité pourvu que cette eau soit distribuée aussi régulièrement que possible, en pluie fine et continue. L'inconvénient est évidemment d'augmenter les quantités d'eau à épuiser, aussi n'a-t-on utilisé ce procédé que dans les mines où existaient des galeries d'écoulement, ou encore à titre de secours momentané, si le ventilateur est arrêté pour une cause quelconque.

M. Petit a cherché à étudier d'une façon méthodique les résultats que l'on pouvait attendre de cette action de l'eau.

En faisant tomber une pluie de débit bien mesuré, dans une canalisation en tôle parcourue par un courant d'air réglable au moyen d'un ventilateur, il a mesuré les variations qui en résultent pour le travail fourni par le ventilateur auquel on demande de maintenir le même débit d'air dans la canalisation.

Les résultats sont très différents suivant que le courant d'air est descendant ou ascendant.

Dans le premier cas, l'effet de la pluie est à peu près constant, quelle que soit la vitesse de l'air. Le rendement de la chute d'eau, c'est-à-dire la partie du travail mécanique qui contribue à aider le ventilateur a varié, dans les expériences de 12 à 16 °/₀.

Au contraire, si le courant d'air est ascendant, la pluie artificielle contrarie le travail du ventilateur, dans une proportion très variable avec la vitesse.

Pour une vitesse de $2^m,72$ par seconde, le rendement a été de 8 °/₀ pour une chute d'eau de $0^{kg},354$ par seconde; pour une vitesse de $2^m,35$ et une chute de $3^x,950$ par seconde, il a été de 14 °/₀. Il a atteint 59 °/₀ pour une vitesse de $8^m,20$ et une chute de $4^{kg},14$ par seconde. On constate donc que l'effet nuisible de la pluie dans un puits de retour d'air est plus intense que l'effet utile dans un puits d'entrée d'air ; ce qui confirme d'ailleurs les observations pratiques qu'on a pu faire dans les puits où des suintements se produisent naturellement.

Il est donc essentiel de supprimer, autant que possible, les suintements dans les puits de retour, qui occasionnent un travail supplémentaire pour le ventilateur. Quant à la possibilité d'utiliser une pluie artificielle pour entraîner l'air dans le puits d'entrée, elle est très limitée, à moins que le volume d'eau introduit ne soit considérable. Les moyens d'épuisement dont on dispose ne permettent pas, sauf dans des cas exceptionnels, d'envisager ce procédé, qui exigerait une consommation de combustible, pour fournir la force motrice nécessaire aux pompes, très supérieure à celle qui suffirait à produire le même résultat en actionnant un ventilateur.

§ 3. — VENTILATEURS.

123. Généralités. — Les ventilateurs comportent une partie mobile dont la rotation provoque l'aspiration de l'air à l'entrée de l'appareil et son refoulement à la sortie, de telle sorte qu'il se produit dans la mine un courant d'air continu.

Deux dispositions sont possibles : le ventilateur peut aspirer l'air de la mine et le refouler dans l'atmosphère (il est alors dit *aspirant*) ; il peut au contraire aspirer l'air dans l'atmosphère et le refouler dans la mine (ventilateur *soufflant*). Dans le premier cas le ventilateur est sur le puits de retour d'air, dans le second sur le puits d'entrée. Nous aurons à comparer ces deux systèmes, qui sont réalisés avec des appareils de construction analogue.

Nous aurons ensuite à examiner de quelle façon est réalisée la mise en circulation de l'air dans l'appareil. Avant d'aborder l'étude plus détaillée des divers types de ventilateurs, nous dirons quelques mots des moteurs utilisés pour actionner ces appareils.

124. Comparaison des ventilateurs aspirants et soufflants. — Les ventilateurs *aspirants* produisent une *dépression* dans les travaux parcourus par le courant d'air ; au contraire, les ventilateurs *soufflants* y produisent une *surpression*. Ces derniers présentent un avantage, celui de s'opposer à l'envahissement de la mine par l'air vicié ou les gaz accumulés dans les vieux travaux, et de créer une résistance au dégagement du grisou qui tend à s'échapper de la masse du charbon.

D'autre part, on a vu plus haut que les dépressions barométriques facilitaient la sortie des gaz nuisibles contenus dans les vieux travaux ou dans les fissures du terrain ; pour combattre cet envahissement, on est obligé d'augmenter le débit du ventilateur ; mais en accélérant la marche de ce dernier, on augmente encore la dépression et on accentue la tendance des gaz nuisibles à se répandre dans les chantiers, tout en les diluant plus activement. Au contraire, avec l'aérage soufflant, l'accélération du ventilateur destinée à combattre les effets d'une dépression barométrique a comme résultat d'augmenter la surpression et de s'opposer ainsi à l'envahissement par le mauvais air ou le grisou. Malgré cet avantage apparent, l'aérage aspirant est généralement préféré, pour diverses raisons.

Tout d'abord, en cas d'arrêt du ventilateur, le rétablissement de la pression atmosphérique, qui se produit dans la mine, a pour effet d'amener une surpression si l'aérage était aspirant, et de s'opposer par conséquent à l'envahissement des travaux par les gaz des vieux travaux ou le grisou, tandis que si cet aérage était soufflant, son arrêt amène une dépression, qui accentue les dangers d'une suspension du courant d'air.

Mais la véritable raison de la préférence donnée aux ventilateurs aspirants est qu'ils sont placés sur les puits de retour d'air, et que les puits d'extraction, qui sont presque toujours les puits d'entrée d'air, ont leur orifice libre, ce qui facilite grandement les manœuvres, toujours pénibles sur les puits munis d'un sas à air.

La raison pour laquelle les puits d'entrée d'air sont en même temps les puits d'extraction est d'ailleurs évidente : c'est qu'il y a toujours intérêt à faire pénétrer l'air par la partie inférieure des travaux, afin de réaliser dans ceux-ci l'aérage ascendant. Dans les mines grisouteuses, c'est même une nécessité absolue.

On peut donc considérer que, dans la grande majorité des cas, les ventilateurs sont aspirants, en dépit de l'inconvénient qu'il y a à faire passer à travers l'appareil de l'air chargé de poussières, ou contenant une teneur en grisou qui peut n'être pas sans danger à certains moments. Il ne faut pas se dissimuler cependant que dans les mines grisouteuses, les ventilateurs placés sur les retours d'air sont plus exposés aux conséquences d'une explosion.

On a fait parfois remarquer que l'aérage soufflant consommait moins de travail que l'aérage aspirant, le volume d'une même masse d'air circulant dans la mine étant moindre dans le premier cas que dans le second. Mais cette différence est négligeable en pratique et n'est pas de nature à faire hésiter dans la comparaison entre les deux systèmes.

Signalons seulement que les ventilateurs secondaires utilisés pour l'aérage des culs de sac sont le plus souvent *soufflants* ; nous en avons donné les raisons au chapitre précédent.

125. Divers types de ventilateurs. — On distingue deux grandes classes de ventilateurs : *volumogènes* et *déprimogènes.* Ces termes ont besoin d'être expliqués. Dans le premier type d'appareils (supposé aspirant), un certain volume de l'air de la mine est emprisonné, par la rotation de la roue du ventilateur, entre deux palettes successives et la paroi fixe de la capacité où se meut cette roue ; ce volume d'air est poussé par la palette qui vient de l'isoler de l'atmosphère de la mine jusqu'au moment où il est rejeté dans l'air libre. Il y a donc déplacement mécanique de volumes successifs prélevés sur l'air de la mine, d'où le nom de *volumogène* donné à ce type de ventilateurs.

Le déplacement des palettes engendre du reste, à l'arrière de celles-ci, un vide, par conséquent une *dépression* dans le puits de retour d'air, dépression qui se transmet de proche en proche dans toute la mine et y provoque la formation d'un courant d'air qui aspire à l'orifice du puits d'entrée.

Dans les ventilateurs *déprimogènes*, on n'interrompt pas, comme dans les appareils volumogènes, la communication entre l'air contenu dans la mine et l'air extérieur. On crée seulement, par la rotation de la partie mobile, une différence de pression entre l'entrée et la sortie de l'air dans l'appareil. La pression finale étant celle de l'atmosphère libre, la pression à l'entrée doit être plus faible. Il y a donc dépression, et appel d'air par le puits d'entrée. Le nom de ventilateur-*déprimogène* exprime l'idée que la création de cette dépression est le but fondamental de l'appareil, alors qu'elle n'est qu'un résultat dans les ventilateurs *volumogènes.*

Il est à remarquer que si le ventilateur est soufflant, l'appellation d'appareil déprimogène serait avantageusement remplacée par un autre terme, puisqu'il y a compression et non dépression.

On définit parfois les deux types de ventilateurs par les noms de *statiques,* (pour les ventilateurs volumogènes) et de *dynamiques* (pour les ventilateurs déprimogènes). Dans les premiers, le volume d'air isolé entre les palettes n'est pas en mouvement par rapport à celles-ci. Dans les seconds, au contraire, les différences de pression proviennent des actions dynamiques des molécules d'air mises en mouvement par l'appareil.

Les ventilateurs volumogènes (chapitre VI) ne sont plus guère employés. Les ventilateurs déprimogènes sont seuls adoptés de nos jours. Leur construction diffère suivant le trajet de l'air dans l'appareil ; nous aurons donc à distinguer plusieurs types, qui seront décrits au chapitre VII.

126. **Orifice de passage.** — Le ventilateur (quel que soit son mode d'action) constitue forcément une résistance supplémentaire sur le parcours du courant d'air qu'il a pour but de faire naître. Cette résistance s'ajoute à celle de l'ensemble des travaux à aérer, et ne doit pas être négligée dans le calcul de la puissance à donner à l'appareil.

Il est logique de se servir, pour exprimer cette résistance, de la même notion d'orifice équivalent qui est employée pour calculer les conditions d'aérage d'une mine.

A l'orifice équivalent a de cette dernière (évalué en supposant libre l'orifice du puits de sortie) on ajoute un terme spécial α, appelé *orifice de passage*, équivalent aux résistances dues au passage de l'air dans le ventilateur.

On peut mesurer expérimentalement cet orifice de passage.

Pour les appareils déprimogènes, il suffit de les laisser au repos et de mesurer le débit q du courant d'air provenant de l'aérage naturel, ainsi que la différence de pression h de l'air avant et après l'appareil. L'orifice de passage est mesuré par l'expression

$$\alpha = 0,38 \frac{q}{\sqrt{h}}$$

Pour les appareils volumogènes, il faut démonter les palettes pour laisser passer le courant d'air, ou bien mesurer les dépressions h_1 et h_2 (par rapport à l'air libre) sur les deux faces des palettes, en marche normale de l'appareil.

Le débit de celui-ci (en mouvement) étant q, l'orifice de passage est donné par la formule

$$\alpha = 0,38 \frac{q}{\sqrt{h_1 - h_2}}$$

127. **Moteurs des ventilateurs.** — Les ventilateurs sont des appareils à marche continue et régulière. Leur fonctionnement ne présente pas, comme les machines d'extraction, un régime particulier. Ils peuvent donc être actionnés par un moteur de type courant, qui devra seulement être économique et sûr.

Ces moteurs sont à vapeur ou électriques.

Les machines à vapeur sont généralement à un cylindre horizontal et à double effet, capables de fournir en cas de besoin un supplément de travail, lorsqu'il est nécessaire de forcer l'aérage pendant un certain temps.

Le débit devant être constant, le moteur est muni d'un régulateur, qui maintient constant le nombre de tours ou mieux qui règle celui-ci d'après la vitesse de l'air qui arrive au ventilateur ; cette vitesse est proportionnelle au débit et varie suivant des résistances dans les travaux souterrains, d'après le nombre de portes ouvertes, les modifications des guichets d'aérage, etc... En réglant automatiquement la marche du ventilateur d'après le débit du courant d'air, on évite d'avoir à prévenir le machiniste à chaque modification apportée aux dispositifs de distribution de l'air dans la mine.

Divers appareils ont été imaginés pour réaliser ce réglage automatique et ont donné de bons résultats.

Les conditions de marche des ventilateurs conviennent parfaitement à l'utilisation de moteurs électriques, aussi ces derniers sont-ils de plus en plus généralement adoptés.

Cette possibilité d'employer l'énergie électrique pour la conduite des ventilateurs est d'autant plus précieuse que ces appareils sont souvent placés sur des puits ou des cheminées isolées, qui ne comportent aucun autre service que celui de l'aérage. On n'a plus à prévoir l'installation de chaudières spéciales et on réalise ainsi de sérieuses économies de frais de premier établissement, d'entretien et de personnel.

Il est nécessaire, quel que soit le type de moteur adopté, de munir toujours le ventilateur d'un *moteur de secours*, pour parer aux défaillances possibles du moteur principal. Au besoin on double également le ventilateur, de manière à être à l'abri de toute avarie. Cette précaution est surtout utile dans les mines grisouteuses. Nous verrons au chap. VII les dispositions à prendre pour installer les deux ventilateurs pour qu'ils puissent agir soit séparément en cas d'accident à l'un d'eux, soit simultanément si l'on doit assurer momentanément un aérage plus puissant, par exemple pour évacuer une venue soudaine de grisou.

128. Résumé. — La différence de température entre l'atmosphère extérieure et l'air contenu dans les travaux souterrains amène la formation d'un courant d'air dans ces derniers, d'importance et de direction différentes suivant les saisons. En hiver, l'air entre par celui des orifices de la mine qui se trouve au niveau le plus bas et ressort par l'orifice le plus élevé. En été, cet *aérage naturel* change de sens, non sans passer, entre ces deux saisons extrêmes, par des alternatives d'arrêt et de reprise, et par des inversions qui rendent la ventilation défectueuse. Si les deux orifices sont au même niveau, il n'y a d'aérage naturel que lorsque la température intérieure est supérieure à celle de l'air extérieur.

Par suite des fluctuations qu'il subit et de son peu d'intensité dans beaucoup de cas, l'aérage naturel est insuffisant, surtout dans les mines grisouteuses. Il faut cependant en tenir compte lorsqu'on établit un projet d'aérage mécanique.

Pour provoquer artificiellement la circulation de l'air dans la mine, on a employé divers procédés, dont certains ne comportent pas l'installation de ventilateurs.

Les *foyers d'aérage* étaient très répandus au milieu du siècle dernier, dans les mines présentant peu de résistances, par exemple dans les houillères anglaises. C'est un système simple, peu coûteux comme premier établissement et d'un fonctionnement sûr, mais qui doit être absolument proscrit dans les mines grisouteuses, et qui consomme beaucoup de combustible, tout en ne donnant qu'une faible dépression.

Les *aspirateurs* à vapeur cu à air comprimé ont surtout été employés comme appareils de secours ; la *chute de l'eau*, sous forme de pluie, n'est admissible que comme moyen d'activer l'aérage dans les mines qui disposent de galeries d'écoulement.

Les *ventilateurs* sont actuellement d'un emploi très général, d'autant plus qu'ils peuvent facilement être actionnés par des moteurs électriques. Presque toujours, ils fonctionnent par aspiration sur le puits de retour d'air ; cette disposition a le grand avantage de laisser libre l'orifice du puits d'extraction.

On distingue deux grandes classes de ventilateurs ; dans la première le mouvement de l'air est dû au rejet dans l'atmosphère de volumes d'air prélevés sur l'air de la mine et isolés de ce dernier par les palettes de la partie mobile de l'appareil (ventilateurs *volumogènes*) ; dans la seconde la rotation de la partie mobile crée une différence de pression à l'entrée et à la sortie de l'appareil (*ventilateurs déprimogènes*). Dans les deux cas, la dépression provoquée dans le puits de retour d'air se transmet dans toute la mine et produit un appel d'air par le puits d'entrée.

CHAPITRE VI

VENTILATEURS VOLUMOGÈNES

SOMMAIRE

§ 1. — Théorie des ventilateurs volumogènes.

129. Principe. — Nous avons indiqué plus haut le principe sur lequel repose le fonctionnement des ventilateurs volumogènes : une roue mobile, composée d'un petit nombre de palettes, tourne à l'intérieur d'une capacité circulaire, dans laquelle débouchent d'une part le canal conduisant au puits de retour d'air (1), d'autre part celui qui est en relation avec l'air extérieur.

Les palettes se terminent aussi près que possible de la paroi fixe ; dans leur rotation elles isolent donc un certain volume de l'air de la mine, qui est entraîné dans la rotation de l'appareil et rejeté dans l'atmosphère.

130. Théorie. — Le débit dépend par conséquent du volume engendré par la rotation des palettes et de la vitesse de rotation de l'appareil. Si l'on n'avait pas à tenir compte des pertes, le débit serait exprimé simplement par le produit du volume Q engendré pendant un tour de l'appareil, multiplié par le nombre de tours m (par seconde).

Mais les pertes sont trop importantes pour qu'on puisse les négliger. Le débit effectif mQ se composera donc de deux éléments : le débit utile q qui passe par la mine et les pertes. Si l'on caractérise ces dernières (comme l'a fait M. Murgue) par leur orifice

---

(1) Nous supposerons toujours, dans ce chapitre et le suivant, qu'il s'agit de ventilateurs aspirants. On imaginera facilement le fonctionnement de ces appareils, s'ils sont disposés pour agir comme ventilateurs soufflants.

équivalent ou *orifice de pertes* α' (différent de l'orifice de passage défini au chapitre précédent), on peut dire que lorsque le ventilateur aspire, à travers la mine dont l'orifice équivalent est a, un volume q, il aspire directement dans l'air extérieur du volume

$$q \, \frac{\alpha'}{a}$$

On a donc

$$m\,\mathrm{Q} = q + q \, \frac{\alpha'}{a}$$

d'où

$$q = \frac{m\,\mathrm{Q}}{1 + \dfrac{\alpha'}{a}}$$

L'orifice de pertes α' peut se déterminer expérimentalement en mesurant le volume total $m\,\mathrm{Q}$ et le volume utile q, ainsi que la dépression h et on obtient la valeur de α' par la formule de l'orifice équivalent (chap. III n° 82).

$$\alpha' = 0{,}38 \, \frac{m\,\mathrm{Q} - q}{\sqrt{h}}$$

En général, lorsqu'on construit un ventilateur de type connu, on admet, pour le calcul des dimensions à lui donner, une valeur de α' analogue à celle des appareils existants.

131. Dépression et rendement. — La *dépression* produite par le ventilateur est donnée par la formule indiquée au chapitre III.

$$h = 0{,}145 \, \frac{q^2}{a^2}$$

d'où

$$h = 0{,}145 \, \frac{m^2\,\mathrm{Q}^2}{(a + \alpha')^2}$$

on voit que la dépression est proportionnelle au carré du nombre de tours. On appelle *rendement géométrique* de l'appareil le rapport

$$\frac{a}{a + \alpha'} \qquad \text{ou} \qquad \frac{1}{1 + \dfrac{\alpha'}{a}}$$

L'examen de cette expression montre de suite que si l'orifice équivalent a est faible, le rendement géométrique sera mauvais; en effet l'orifice de pertes α n'est pas négligeable, puisqu'il est rarement inférieur à $0^{\text{m}2},10$ et plus souvent voisin de $0^{\text{m}2},20$.

Le *travail*, ainsi qu'on l'a vu au chapitre III, est égal au produit du débit par la dépression $t = hq$.

En remplaçant h par sa valeur $0,145 \dfrac{q^2}{a^2}$

on a donc : $\qquad t = 0,145 \dfrac{q^3}{a^2}$

Si l'on tient compte du travail supplémentaire dû aux pertes et égal à

$0,145 \dfrac{\left(q \dfrac{\alpha'}{a} \right)^3}{\alpha'^2}$, c'est-à-dire à $0,145 \dfrac{q^3 \alpha'}{a^3}$ et du travail occasionné par le passage de l'air dans le ventilateur lui-même, d'orifice de passage α,

on voit que la *puissance* totale du ventilateur devra être :

$$ T = 0,145 \, q^3 \left[\frac{1}{a^2}\left(1 + \frac{\alpha'}{a} \right) + \frac{1}{\alpha^2} \right] + t' $$

t' étant le travail dû aux frottements.

Le *rendement mécanique* $\rho = \dfrac{t}{T}$ est donné (en remplaçant q par

sa valeur $\dfrac{m\,Q}{1 + \dfrac{\alpha'}{a}}$) par la formule :

$$ \rho = \cfrac{1}{1 + \dfrac{\alpha'}{a} + \dfrac{a^2}{\alpha^2} + \cfrac{a^2 \left(1 + \dfrac{\alpha'}{a} \right)^3 t'}{0,145 \, m^3 \, Q^3}} $$

132. Courbes caractéristiques des ventilateurs volumogènes. — On rend plus clair les variations de la dépression, du débit utile et du rendement mécanique, en fonction de l'orifice équivalent de la mine, en traçant les *courbes caractéristiques* de ces expressions.

Si l'on prend comme abscisses les orifices équivalents, la *courbe des dépressions* est du troisième degré, parabolique et rapidement décroissante ; la dépression serait nulle pour un orifice équivalent infini.

La courbe des *débits utiles* est une hyperbole équilatère, tendant vers une asymptote horizontale, qui est la parallèle à l'axe des x tracée à la hauteur $m\,Q$.

Enfin la courbe du *rendement mécanique* est du 4e degré. Elle part du zéro, passe par un maximum et décroît ensuite, lentement d'abord, puis plus rapidement.

Le maximum est atteint en général pour un orifice équivalent correspondant à une mine *large*, c'est-à-dire pour laquelle a est supérieur à 1 mètre carré. Lorsque cet orifice équivalent est faible, le rendement est très mauvais. La fig. 119 donne une idée de ces courbes d'un ventilateur volumogène.

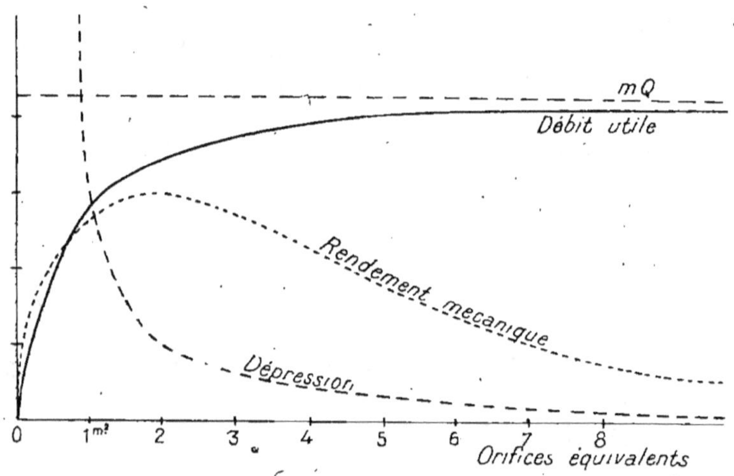

Fig. 119. — Courbes caractéristiques d'un ventilateur volumogène.

Il est à remarquer que pour établir ces courbes, on a considéré comme constantes les valeurs de m, Q, α et α'.

Lorsqu'on modifie le nombre de tours m, les courbes de la dépression et du débit utile restent sensiblement les mêmes, si l'on change l'échelle des ordonnées proportionnellement à m pour le débit et à m^2 pour la dépression.

La courbe du rendement n'est plus tout à fait exacte, car le travail dû au frottement n'est pas proportionnel à m^3. Mais en pratique, on peut considérer les indications données par la courbe comme suffisamment justes, en modifiant les ordonnées proportionnellement au cube du nombre de tours.

§ 2. — EXEMPLES DE VENTILATEURS VOLUMOGÈNES.

133 Ventilateur Fabry. — Les ventilateurs volumogènes sont actuellement abandonnés. Il en existe cependant encore quelques exemples qui sont utilisés comme ventilateurs de secours. Il est donc intéressant de donner quelques indications sur ces appareils, qui étaient seuls employés au milieu du siècle dernier.

L'un des plus connus est le ventilateur *Fabry*, représenté sur fig. 120. Il est constitué par deux grandes roues identiques, mobiles autour des axes O et O′, réunies par des engrenages qui tournent à la même vitesse en sens contraire.

Chacune de ces roues comporte trois ailes, disposées à 120°, qui présentent, à une distance de l'axe de rotation égale à la moitié de la distance OO′, une branche perpendiculaire munie à chaque extrémité d'une came courbe (en arc d'épicycloïde). A certains moments de leur rotation, les cames de deux ailes (appartenant chacune à une des roues) viennent en contact et roulent l'une sur l'autre, interrompant pour un instant le passage de l'air.

Les extrémités des ailes tournent, pendant une partie de leur mouvement, à l'intérieur d'un coursier en maçonnerie, dont la surface intérieure est parfaitement régulière et recouverte d'un crépi en plâtre ; le jeu entre le coursier et le bout des ailes n'est que de 2 à 3 centimètres.

Pour étudier le fonctionnement de l'appareil, considérons-le à l'instant représenté sur la fig. 120.

L'air de la galerie S, en communication avec la mine, est séparé de l'atmosphère par l'aile A O, le tronçon d'aile O C_1, la branche O C_3 (qui est en contact en D avec l'extrémité M_3 de la branche $M_3 M_1$ de l'autre roue), la branche M_1 O′ et l'aile O′ P.

Les deux roues tournent dans le sens indiqué par les flèches, c'est-à-dire que les ailes O C et O′P s'écartent. Le volume limité par A O $C_1 C_3$ D $M_3 M_1$ O′ P augmente ; il se produit donc une aspiration.

Le roulement des deux cames C_3 et M_3 l'une sur l'autre maintient l'isolement de l'air de la mine jusqu'au moment où l'extrémité C de l'aile arrive à l'entrée H du coursier. A cet instant, le volume compris entre les ailes A O et O C est isolé de la mine.

Lorsque, la rotation continuant, l'extrémité de l'aile O A dépassera le bord supérieur du coursier, le volume A O C sera en communication avec l'atmosphère.

Mais, en même temps, le volume O $B_1 B_2$ E $M_2 M_3$ D $C_3 C_1$ O, enfermé entre les tronçons d'ailes appartenant à O B, O M et O C, est séparé de l'atmosphère et mis en communication avec la mine. Ce volume est pratiquement égal au secteur O $B_1 M_1 C_1$, qui est lui-même semblable au secteur A_1 O C_1.

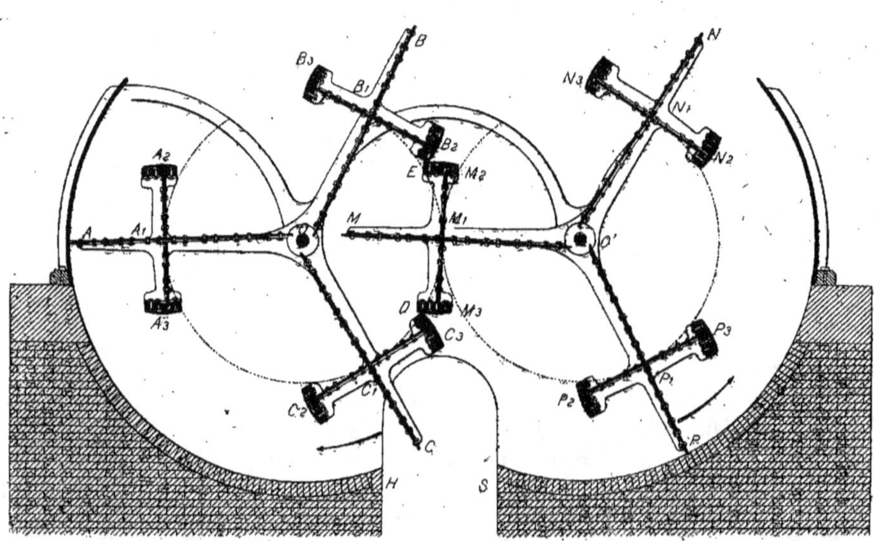

Fig. 120. — Ventilateur Fabry.

En définitive le volume aspiré hors de la mine, pour un tiers de révolution de la roue, est mesuré approximativement par le volume $AA_1 C_1 C$. Pour un tour complet des deux roues, ce volume est égal à six fois celui de $AA_1 C_1 C$, c'est-à-dire à deux fois celui de la couronne comprise entre les deux cylindres ayant pour rayons OA et OA_1. Si on désigne par R et r ces rayons et par l la longueur des génératrices, le volume extrait de la mine, à chaque tour, est :

$$2 \pi l \left(R^2 - r^2\right)$$

La formule exacte est en réalité : $l\,(6,2832\,R^2 - 6,8040\,r^2)$.

On ne peut donner à ces appareils des dimensions exagérées, sinon les cames risquent de se coincer. Avec un diamètre maximum de $3^m,50$ et une vitesse de 25 à 30 tours par minute, on n'obtient guère qu'un débit de 12 à 15^{m3} par seconde, avec une dépression de 30 à 40 $^m/_m$.

Le rendement mécanique de ce ventilateur est de 0,4 à 0,5. Il donne surtout de bons résultats sur les mines dont l'orifice équivalent est voisin de 1 mètre carré ; c'est pour cette valeur de l'orifice que le rendement passe par le maximum signalé au n° 132. Le ventilateur Fabry, dont le diamètre ne dépasse pas $3^m,50$ est plutôt petit comme ventilateur volumogène. Son débit est faible, surtout si la mine est *large* ; dans ce dernier cas, il faut placer plusieurs appareils tirant sur le même puits, ce qui n'est pas une solution pratique, ni surtout économique.

Les moteurs des ventilateurs Fabry étaient tantôt à deux cylindres commandant chacun une des roues, dont la solidarité est obtenue par les engrenages, tantôt à un seul cylindre commandant l'une des roues directement et l'autre par l'intermédiaire des engrenages, ou les deux roues par le moyen d'une traverse à chaque extrémité de laquelle est fixée la bielle de l'une des roues.

Ce type de ventilateurs, grâce à sa symétrie, peut tourner dans un sens ou dans l'autre, et fonctionner par conséquent comme appareil aspirant ou soufflant.

Il est abandonné depuis longtemps, en raison de son rendement médiocre.

134. Ventilateur Root. — Une variante intéressante, installée plus récemment en Angleterre, est celle de *Root*, dont la fig. 121 montre la disposition schématique. Les ailes, au nombre de deux par roue, sont plus simples comme tracé. Elles comportent un noyau cylindrique et des bras terminés par des arcs de cercle qui viennent frôler les noyaux.

Le coursier est moins étendu (90° au lieu 120°). Au moyen de cales mobiles on peut régler le jeu entre les ailes et les parois.

L'appareil installé aux mines de *Clifton* avait un diamètre de 7^m,60, et des génératrices longues de 3^m,96. Le débit était de 45^{m3},7 pour 16 tours 2/3 par minute.

Le rendement est meilleur que celui du ventilateur Fabry. On rencontre encore de petits ventilateurs Root, dont les ailes ont la forme de 8, dans certains ateliers où l'on veut obtenir une pression élevée pour un faible débit.

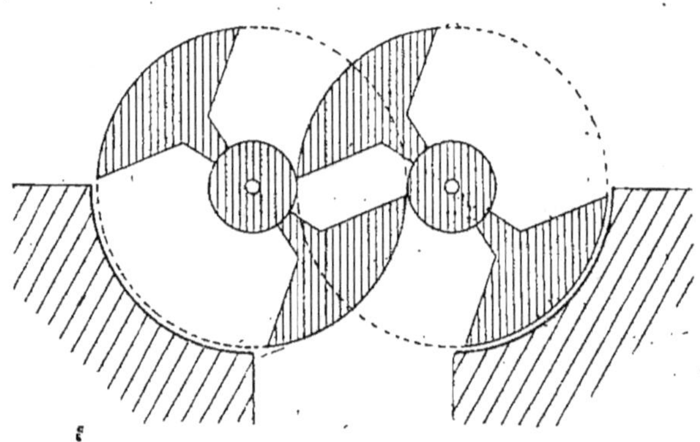

Fig. 121. — Ventilateur Root (plan schématique).

135. Ventilateurs Lemielle. — Le ventilateur Lemielle ne comporte qu'une partie mobile, tournant à l'intérieur d'un coursier.

La fig. 122 montre la disposition de l'appareil.

Un prisme hexagonal, à parois verticales pleines, est monté sur un axe coudé dont l'extrémité inférieure O est au centre du coursier, et dont l'extrémité supérieure reçoit le mouvement d'une bielle. Le centre du prisme est donc excentrique par rapport au cylindre décrit par l'appareil autour de O, et sa base est inscrite dans un cercle tangent intérieurement au cylindre.

Trois volets, articulés aux angles de l'hexagone, sont reliés par des tiges aboutissant d'une part à l'autre extrémité du volet et d'autre part à l'axe de rotation O. Grâce à cette liaison, les volets, qui peuvent se rapprocher ou s'écarter du prisme hexagonal, rasent par leur extrémité la surface du coursier.

Nous ne donnerons pas la théorie complète de cet appareil, actuellement abandonné, mais qui a eu au siècle dernier une certaine vogue, avant le développement des ventilateurs déprimo-

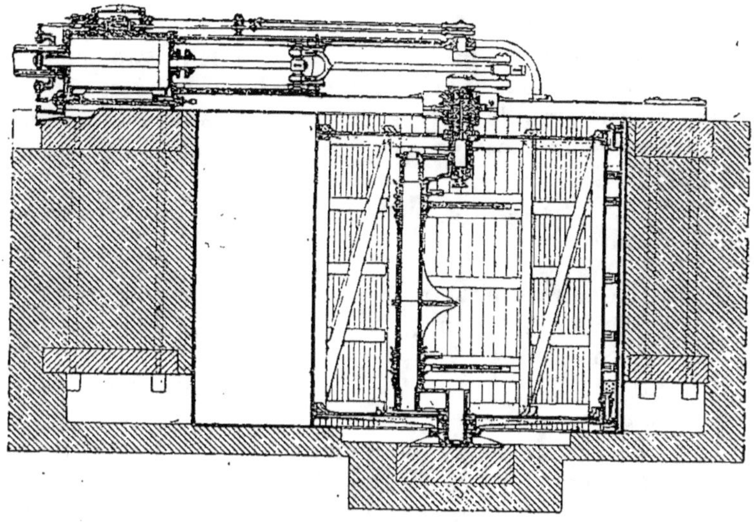

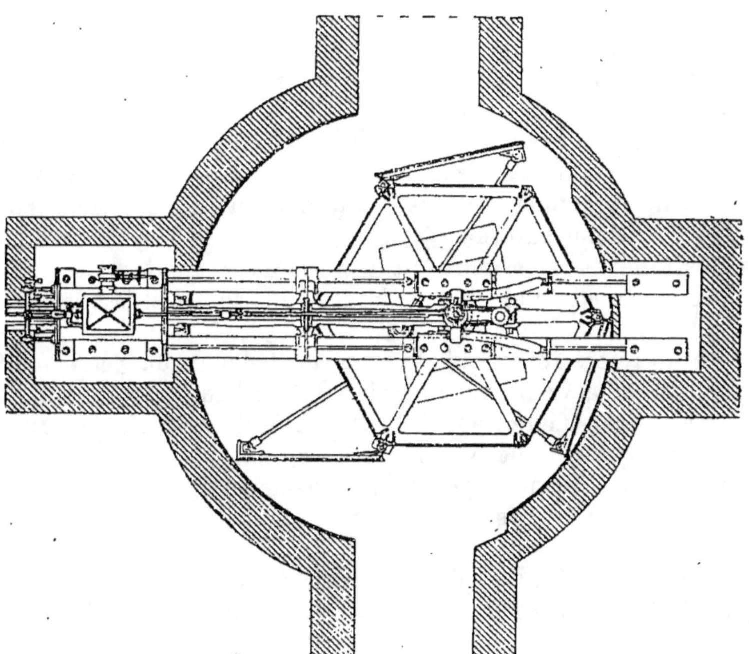

FIG. 122. — Ventilateur Lemielle.

gènes (1). Il n'était avantageux que sur les mines *larges*, et son rendement était satisfaisant lorsque l'appareil était neuf.

Malheureusement, les pertes augmentaient rapidement avec l'usure du mécanisme, et devenaient bientôt exagérées.

Les ventilateurs de ce type étaient de grandes dimensions. Le diamètre extérieur dépassait en général 7 m., pour une hauteur de 5 à 10 m.

Celui du puits Bayard, aux mines d'Anzin, avait les caractéristiques suivantes :

Diamètre extérieur	$7^m,10$
Diamètre intérieur	$5^m,00$
Excentricité	$0^m,82$
Hauteur	$5^m,00$
Largeur des ailes	$2^m,50$
Volume engendré par tour	$163^{m3},50$
Nombre de tours par minute . . .	20
Dépression	$120^m/_m$ d'eau
Volume d'air par seconde	$46^{m3},91$

136. Systèmes divers. — On doit ranger dans la catégorie des ventilateurs volumogènes certains appareils qui n'ont plus maintenant qu'un intérêt historique.

On a employé, au milieu du siècle dernier, des compresseurs à pistons, à cylindres horizontaux ou verticaux, auxquels il fallait naturellement donner de très grandes dimensions si l'on voulait atteindre un débit suffisant.

Les fonds des cylindres et les pistons étaient munis de très nombreux clapets (plusieurs centaines au besoin), et la marche était très lente.

On a préféré (par exemple dans les travaux de percement des tunnels du mont Cenis ou du Saint-Gothard) des cloches qui s'élevaient et s'abaissaient dans une cuve annulaire pleine d'eau, formant joint hydraulique (ventilateur *Struvé*).

Cette cloche formait piston plein, aspirant et refoulant l'air dans les capacités au-dessus ou au-dessous d'elle, à travers des clapets légers.

Signalons enfin l'emploi d'une vis sans fin (vis hydropneumatique *Guibal*, appelée *Cagniardelle* en Belgique), tournant autour

---

(1) On la trouvera dans le *Cours d'Exploitation* de HATON DE LA GOUPILLIÈRE ET PÈS DE BERC, tome III, p. 880.

d'un axe horizontal, et plongée dans un bassin rempli d'eau jusqu'au niveau de l'axe. L'air était entraîné ainsi, parallèlement à l'axe, au-dessus de l'eau ; mais le débit était faible et le rendement médiocre.

137. Résumé. — Les *ventilateurs volumogènes* isolent un certain volume de l'air de la mine, l'entraînent dans le mouvement de rotation de l'appareil, et le rejettent dans l'air. La dépression produite, à l'arrière des palettes de la roue mobile, se transmet jusqu'au puits d'entrée d'air.

Ces ventilateurs peuvent d'ailleurs être construits pour produire un aérage soufflant et non aspirant.

Leur débit dépend du volume engendré par la rotation de l'appareil et de la vitesse de rotation.

Dans leur établissement il faut tenir compte des pertes par rentrée d'air. On les introduit en général dans le calcul en les caractérisant par un orifice équivalent spécial, ou *orifice de pertes*.

Les ventilateurs de ce type ont un *débit utile* qui croît rapidement si l'orifice équivalent de la mine augmente, et qui tend ensuite vers une limite généralement peu élevée. Inversement la *dépression* décroît rapidement et tend vers zéro pour un orifice équivalent infini.

Quant au *rendement mécanique*, il est maximum pour une certaine valeur de cet orifice équivalent, décroît rapidement si celui-ci diminue, et plus lentement s'il augmente.

Ces ventilateurs, encombrants, d'un débit et d'un rendement médiocres, sont actuellement abandonnés. Les types les plus répandus étaient le ventilateur *Fabry* à deux roues dont les ailes entraient en contact pendant une partie de la rotation pour isoler un certain volume d'air, et le ventilateur *Lemielle*, qui comportait comme partie mobile un prisme hexagonal excentré muni de volets qui s'en écartaient jusqu'à venir frôler la paroi du coursier cylindrique où se produisait son mouvement.

A côté de ces appareils rotatifs, on a utilisé de grandes *pompes à air*, à marche lente et de dimensions considérables ou des systèmes particuliers, comme la vis *hydropneumatique Guibal*. Tous ont actuellement disparu devant les ventilateurs déprimogènes.

CHAPITRE VII

VENTILATEURS DÉPRIMOGÈNES

SOMMAIRE

§ 1. — THÉORIE DES VENTILATEURS DÉPRIMOGÈNES.

138. Principe. — Les ventilateurs déprimogènes n'isolent pas matériellement de l'atmosphère l'air contenu dans la mine, mais ils aspirent ce dernier en lui imprimant un mouvement assez rapide pour l'entraîner et le rejeter dans l'atmosphère. Par suite de l'effet de la force vive des molécules d'air, la pression est plus forte à la sortie qu'à l'entrée de l'appareil. Il y a donc dépression dans la mine et appel d'air par le puits d'entrée (1).

Pour animer les filets d'air d'une vitesse suffisante, les aubes de la turbine, qui constituent la partie mobile, les dirigent vers la couronne extérieure, grâce à une courbure appropriée.

L'air entre (au moins dans la plupart des appareils) par une ouverture, appelée *ouïe*, au centre de l'une des faces de la turbine, La force centrifuge le chasse vers la périphérie. produisant ainsi une dépres-

---

(1) Les ventilateurs soufflants agissent de façon analogue, mais la pression minima est celle de l'atmosphère et, à la sortie de l'appareil, donc dans la mine, il y a surpression.

sion à l'entrée de l'ouïe, par laquelle l'air s'engouffre dans l'appareil.

En général, le ventilateur comporte deux *ouïes*, autour de chaque extrémité de l'axe de rotation.

139. Divers types de ventilateurs déprimogènes. — On divise les ventilateurs déprimogènes en plusieurs classes, d'après le trajet que suit l'air à travers l'appareil.

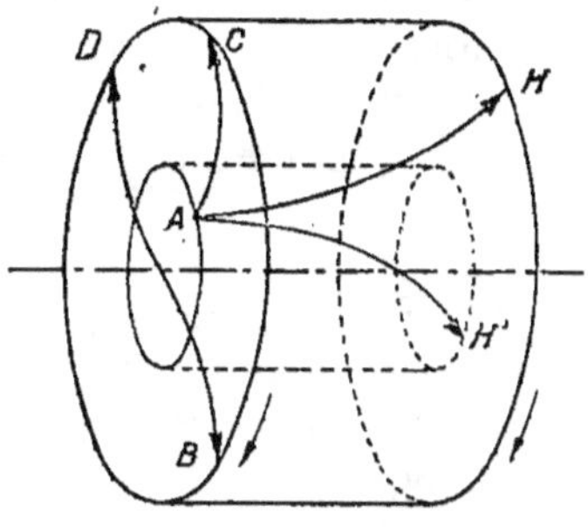

Dans les ventilateurs *centrifuges* la trajectoire est dans un plan perpendiculaire à l'axe (AC sur la *fig. 123*).

Dans les ventilateurs *hélico-centrifuges*, la trajectoire, (AH), s'éloigne de l'axe en passant de l'entrée à la sortie de l'appareil.

Dans les ventilateurs *hélicoïdes*, la trajectoire (AH') reste à distance constante de l'axe, en décrivant une hélice cylindrique.

Fig. 123. — Schéma des divers types de ventilateurs déprimogènes.

Dans les ventilateurs *centripètes-centrifuges* (BD) l'air entre par la périphérie, passe près du centre et ressort à la périphérie, d'où le nom de ventilateurs *diamétraux*, également donné à ces appareils.

Les ventilateurs hélico-centrifuges sont les plus répandus.

140. Théorie des ventilateurs déprimogènes. — La théorie des ventilateurs déprimogènes est plus compliquée que celle des appareils volumogènes. Pour l'exposer, sommairement, nous négligerons les variations de la densité d de l'air ; nous supposerons que l'air entre sans choc dans la turbine et que le mouvement de tous les filets d'air est semblable pendant la traversée de celle-ci. Nous faisons donc abstraction de l'influence de l'aérage naturel. Suivons une molécule d'air

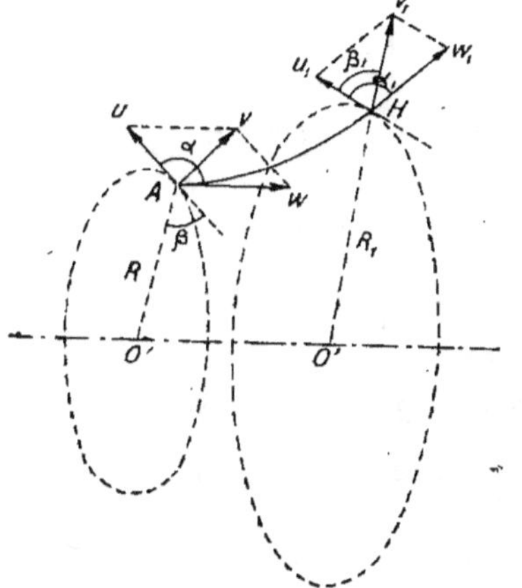

Fig. 124. — Trajet de l'air dans un ventilateur hélico-centrifuge (1).

pendant son trajet depuis le point A sur le bord de l'ouïe de rayon R,

---

(1) *Erratum*. L'angle β est en réalité l'angle compris entre les prolongements de Au et Av.

jusqu'à sa sortie, en H, sur la périphérie de l'aube de rayon R_1. Soit ω la vitesse angulaire de l'axe de rotation. En A, l'air entre avec une vitesse v, en faisant un angle β avec la tangente à l'entrée de l'aube (*fig. 124*).

Soit u la vitesse tangentielle de l'aube, et w la vitesse relative de l'air par rapport à l'aube. Soit α l'angle de u et w.

De même, à la sortie, soient u_1 la vitesse tangentielle de la couronne, v_1 et w_1 les vitesses absolue et relative de l'air, α_1 l'angle de u_1 et w_1, β_1 l'angle de v_1 et u_1.

Pratiquement, on peut admettre que :

$$\beta = 90°$$

Dans les ventilateurs hélico-centrifuges w est tangent à l'intersection de l'aube avec un cône de révolution concentrique à l'axe et tangent à u ; dans les ventilateurs centrifuges, ce cône est remplacé par un cylindre.

Soit H la dépression totale créée par le ventilateur, égale à la somme des dépressions successives occasionnées par le passage de l'air à travers l'appareil.

En appliquant au fluide le théorème de Bernouilli, et en négligeant la vitesse à la sortie de *l'amortisseur* qui relie la turbine à l'atmosphère (voir n° 153) on aboutit à l'expression suivante :

$$w^2 - \left(u^2 + v^2 \right) - \left[w_1^2 - \left(u_1^2 + v_1^2 \right) \right] = 2\,g\,\frac{H}{d}$$

g étant l'accélération de la pesanteur et d la densité de l'air.

D'autre part, on a les relations :

$$v^2 = u^2 + w^2 + 2\,uw \cos \alpha$$
$$v_1^2 = u_1^2 + w_1^2 + 2\,u_1 w_1 \cos \alpha_1$$
$$w^2 = u^2 + v^2 - 2\,uv \cos \beta$$
$$w_1^2 = u_1^2 + v_1^2 - 2\,u_1 v_1 \cos \beta_1.$$

On peut donc écrire la formule précédente sous la forme :

$$g\,\frac{H}{d} = u_1 \left(u_1 + w_1 \cos \alpha_1 \right) - u \left(u + w \cos \alpha \right)$$

$(u_1 + w_1 \cos \alpha_1)$ et $(u + w \cos \alpha)$ représentent les projections a_1 et a des vitesses v_1 et v sur les vitesses d'entraînement u_1 et u. La formule prend alors la forme très simple :

$$\frac{g\,H}{d} = u_1\,a_1 - u\,a$$

En pratique, u et v sont généralement perpendiculaires ($\beta = 90°$). La projection de v sur u, c'est-à-dire ($u + w \cos \alpha$) ou a est nulle.

On a donc dans ce cas

$$\frac{g\,H}{d} = u_1\,(u_1 + w_1 \cos \alpha_1) = u_1\,a_1$$

On calcule de même, d'après les relations trigonométriques ci-dessus

$$\frac{g\,H}{d} = u_1\,v_1 \cos \beta_1 - u\,v \cos \beta \quad \text{c'est-à-dire} \quad \frac{g\,H}{d} = u_1\,v_1 \cos \beta_1 \quad \text{si } \beta = 90°.$$

En appelant S et S_1 les sections d'entrée et de sortie, et Q le débit, on a :

$$Q = w\,S \sin \alpha = w_1\,S_1 \sin \alpha_1 = v\,S \sin \beta = v_1\,S_1 \sin \beta_1$$

Si $\beta = 90°$ on a $\sin \beta = 1$ c'est-à-dire $Q = v\,S$.

Comme $u = \omega\,R$ et $u_1 = \omega\,R_1$

On peut écrire :

$$g\,\frac{H}{d} = \omega^2\,(R_1^2 - R^2) + Q\,\omega\,\left(\frac{R_1}{S_1} \cot g\,\alpha_1 - \frac{R}{S} \cot g\,\alpha \right)$$

Si $\beta = 90°$

$$g\,\frac{H}{d} = \omega^2\,R_1^2 + Q\,\omega\,\frac{R_1}{S_1} \cot g\,\beta_1$$

De même on trouverait, dans ce cas :

$$\frac{g\,H}{d} = Q\,\omega\,\frac{R_1}{S_1} \cot g\,\alpha_1.$$

141. Dépression-type. — Dans le cas particulier où l'aube se termine perpendiculairement à la périphérie de la couronne, c'est-à-dire où $\alpha_1 = 90°$ ($\cos \alpha_1 = 0$) la formule

$$\frac{g\,H}{d} = u_1\,(u_1 + w_1 \cos \alpha_1)$$

se réduit à :
$$H = \frac{d\,u_1^2}{g}$$

M. Murgue a donné à la dépression, dans ce cas, le nom de *dépression-type*.

142. Rendement manométrique. — Les ventilateurs ne réalisent pas exactement cette *dépression-type*, mais une dépression utile h qui en diffère plus ou moins (h est mesuré en millimètres d'eau).

M. Murgue a appelé *rendement manométrique* le rapport k de la dépression utile h du ventilateur donné à la dépression type $\dfrac{d u_1^2}{g}$ d'un ventilateur qui aurait même vitesse périphérique u_1.

Ce rendement k (généralement inférieur à 1) est caractérisé par l'expression

$$h = k\, d\, \frac{u_1^2}{g}$$

M. Rateau donne à ce coefficient k le nom de *pouvoir manométrique*.

143. Pouvoir déprimant ou coefficient manométrique. — Si l'on compare la dépression-type, non pas à la dépression utile, mais à la dépression totale H, on a

$$H = \mu\, d\, \frac{u_1^2}{g}$$

Le coefficient μ est appelé *pouvoir déprimant* du ventilateur, ou encore *coefficient manométrique*, ainsi que l'a fait M. Rateau. On voit, d'après la formule ci dessus que plus le pouvoir déprimant d'un ventilateur est grand, plus la vitesse périphérique, nécessaire pour obtenir une dépression totale donnée, pourra être faible.

144. Pouvoir débitant ou coefficient de débit. — Le débit du ventilateur est égal au produit des surfaces d'entrées S ou S_1 par w ou w_1.

Les surfaces S et S_1 pour un type donné de ventilateurs sont proportionnelles à R^2.

On a, entre Q. u_1 et H, une relation de la forme

$$g\, \frac{H}{d} = u_1^2\, f\left[\frac{Q}{u_1^2\, R_1^2}, A \right]$$

A étant une fonction numérique qui dépend du type de venti-lateur.

Si $\dfrac{Q}{u_1\, R_1^2}$ est constant, la fonction $f\left[\dfrac{Q}{u_1\, R_1^2}, A \right]$ est constante, et par conséquent aussi la dépression.

M. Rateau a appelé *coefficient de débit* le rapport $\dfrac{Q}{u_1\, R_1^2}$, et *pouvoir débitant* le même coefficient multiplié par $\dfrac{R_1^2}{0,92}$.

On a vu plus haut que $u_1 = \omega R_1$. On peut donc donner à ce coefficient l'expression $\dfrac{Q}{\omega R_1^3}$.

145. Rendement mécanique. — Le produit de la dépression utile h par le débit Q représente le travail dépensé.

Le rapport de ce travail au travail fourni donne le *rendement mécanique* du ventilateur.

Le travail fourni est égal au produit du débit par la dépression totale, plus le travail nécessaire pour surmonter les frottements mécaniques de l'arbre du ventilateur dans ses paliers. On ne peut donc en obtenir la valeur exacte que par une expérience pratique.

146. Courbes caractéristiques. — Les divers coefficients d'un

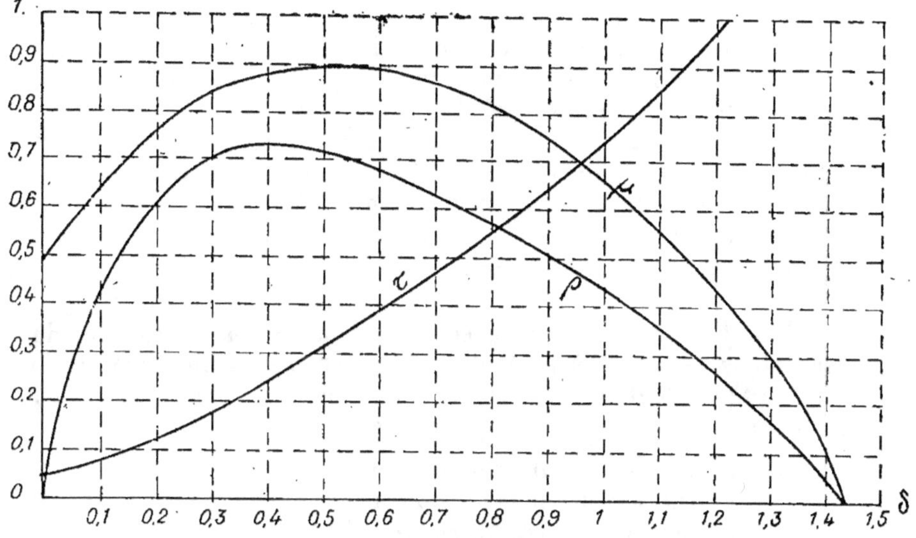

Fig. 125. — Courbes caractéristiques d'un ventilateurRateau.

type de ventilateur sont pratiquement indépendants des dimensions de l'appareil au moins tant que ces dernières, ou la vitesse, ne dépassent pas certaines limites. Il est donc intéressant de rechercher comment ils varient, en fonction du coefficient de débit

$$\delta = \frac{Q}{u_1 R_1^2}$$

La fig. 125 représente l'allure des *courbes caractéristiques* d'un ventilateur hélico-centrifuge Rateau, c'est-à-dire des variations du coefficient manométrique $\mu = \dfrac{g\,H}{d\,u_1^2}$, du rendement mécanique ρ et

du *coefficient de puissance* $\mathcal{C} = \dfrac{\mu\,\delta}{\rho}$.

Nous verrons un peu plus loin un autre mode d'établissement des courbes caractéristiques, dans lequel on prend comme abscisses les orifices équivalents, ainsi que nous l'avons fait pour les ventilateurs volumogènes.

147. Variations du débit et de la dépression avec la vitesse périphérique.

— Le débit d'un ventilateur déprimogène est proportionnel à la vitesse périphérique $\omega\,R_1$.

Il en résulte que la dépression utile h qui est proportionnelle au carré du débit, est proportionnelle au carré de la vitesse périphérique.

Il résulte de ces deux remarques importantes, qui se vérifient par l'expérience, que l'on peut obtenir un débit important avec un petit ventilateur, à condition d'augmenter sa vitesse. C'est là un avantage, mais on augmente les pertes de charge, à l'intérieur de l'appareil, car elles dépendent de la vitesse, aussi le rendement mécanique est-il meilleur avec des ventilateurs à marche relativement lente. Il est cependant précieux de pouvoir forcer rapidement le débit en cas de besoin.

148. Influence de l'orifice équivalent sur le fonctionnement du ventilateur.

— Jusqu'à présent, nous n'avons pas tenu compte de l'orifice équivalent de la mine sur laquelle fonctionne le ventilateur. L'influence de cet orifice est importante.

Soit a l'orifice équivalent de la mine
α l'orifice de passage du ventilateur
h la dépression dans la mine
h' la dépression due au passage à travers le ventilateur.
$H = h + h'$ la dépression totale.
d la densité de l'air.

On a vu (au chapitre V) que

$$Q = 0,65\,\alpha\,\sqrt{2\,g\,\dfrac{h'}{d}}$$

D'autre part
$$Q = 0,65\,a\,\sqrt{2\,g\,\dfrac{h}{d}}$$

Il résulte que
$$\frac{h'}{h} = \frac{a^2}{\alpha^2}$$

ou
$$\frac{h}{H} = \frac{1}{1 + \dfrac{a^2}{\alpha^2}}$$

Remplaçons dans cette expression H par sa valeur, donnée plus haut, en fonction du *coefficient manométrique*. On obtient pour h l'expression

$$h = \frac{\mu}{1 + \dfrac{a^2}{\alpha^2}}\, d\, \frac{u_1^2}{g}$$

d'où il résulte que, pour un ventilateur donné, sur une mine d'orifice équivalent constant, la dépression est proportionnelle au carré de la vitesse périphérique, ainsi que nous l'avons déjà signalé plus haut.

L'égalité $\dfrac{h}{H} = \dfrac{1}{1 + \dfrac{a^2}{\alpha^2}}$ montre que le *rendement manomé-*

trique est mesuré par

$$\frac{1}{1 + \dfrac{a^2}{\alpha^2}} \left(\text{c'est-à-dire par } \frac{\alpha^2}{\alpha^2 + a^2} \right)$$

Le *débit* Q est égal à

$$\frac{a}{0,38}\sqrt{h} \quad \text{c'est-à-dire à :} \quad \frac{a}{0,38} \sqrt{\frac{H}{1 + \dfrac{a^2}{\alpha^2}}}$$

On peut également vérifier que le débit, pour un ventilateur donné et sur une mine d'orifice équivalent constant, est proportionnel à la vitesse périphérique.

En effet, des expressions $h + h' = \mu\, \dfrac{d\, u_1^2}{g}$

et
$$Q = 0,65\, a \sqrt{2g\, \frac{h}{d}}$$

on tire :
$$Q = 0,92\, u_1 \sqrt{\frac{\mu}{1 + \dfrac{a^2}{\alpha^2}}}$$

Le coefficient de proportionnalité $\sqrt{\dfrac{\mu}{1 + \dfrac{a^3}{\alpha^2}}}$ représente d'ail-

leurs le *pouvoir débitant* du ventilateur.

On a vu, au n° 144, que la dépression est fonction de $\dfrac{Q}{u_1\,R_1^2}$.

Pour deux ventilateurs de même type, de rayons R_1 et R'_1 les débits seront Q et Q' à la même vitesse périphérique.

Pour que la dépression soit constante, il faut avoir $\dfrac{Q}{Q'} = \dfrac{R_1^2}{R_1'^2}$.

Pour une même dépression, les débits Q et Q' sont entre eux comme les orifices équivalents a et a'.

on a donc $\qquad\qquad \dfrac{a}{a'} = \dfrac{R_1^2}{R_1'^2}$

c'est-à-dire que le rapport $\dfrac{R_1}{\sqrt{a}}$ est constant.

On peut donner à cette règle la forme suivante :

Pour un même type de ventilateur, les dimensions de l'appareil, pour avoir le meilleur rendement, doivent être proportionnelles à la racine carrée de l'orifice équivalent.

149. Courbes caractéristiques en fonction de l'orifice équivalent. — Comme pour les ventilateurs volumogènes, on peut tracer pour un appareil déprimogène ses courbes caractéristiques, en prenant pour abscisses les orifices équivalents. Les courbes habituellement considérées sont les suivantes :

Le pouvoir débitant.

Le rendement manométrique μ.

Le rendement mécanique ρ.

Au lieu du *pouvoir débitant*, on trace parfois la courbe des *débits* (d'après la formule

$$Q = \frac{a}{0,38}\sqrt{\frac{H}{1 + \frac{a^2}{\alpha^2}}} \text{ ou de la } \textit{dépression} \left(h = \frac{1}{1 + \frac{a^2}{\alpha^2}}\,H \right)$$

Cette dernière est du 3° degré, partant de H pour $a = o$ et aboutissant à o pour a infini. Mais c'est là son allure théorique. En réalité, α n'est pas constant, si la dépression est trop faible. La courbe, partant sur l'axe des ordonnées d'un point plus bas que ne le montrerait la théorie monte d'abord jusqu'à un certain maximum, puis décroît suivant l'allure calculée.

Quant à la courbe des débits, elle par de o pour $a = o$ et tend vers une asymptote d'autant plus élevée que α est plus grand. Dans la réalité, la courbe tracée expérimentalement présente des irrégularités tant que la dépression est inférieure à celle qui correspond au maximum de h.

Les trois courbes du pouvoir débitant, du rendement manométrique et du rendement mécanique présentent l'allure représentée sur la fig. 126.

On les trace en reliant les points indiquant les résultats des mesures expérimentales. Comme pour les courbes des débits et des dépressions elles diffèrent des courbes théoriques, lorsque l'orifice équivalent est très faible.

La courbe du pouvoir débitant part de O et tend vers une asymptote horizontale pour un orifice équivalent infini. Celle du rendement manométrique part d'une certaine valeur, passe

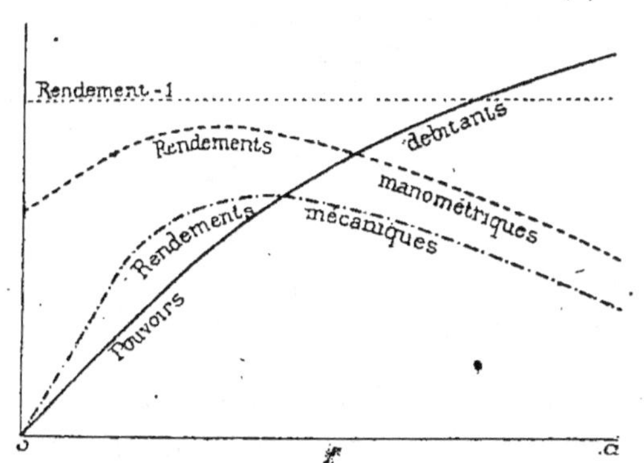

FIG. 126. — Courbes caractéristiques d'un ventilateur déprimogène.

par un maximum et décroît ensuite. De même pour celle du rendement mécanique.

On voit que les deux rendements décroissent si l'orifice équivalent augmente. Mais comme, en réalité, la puissance nécessaire du ventilateur décroît rapidement dans ce cas, cette diminution de rendement est sans importance, et il reste toujours avantageux d'augmenter autant que possible l'orifice équivalent de la mine.

Il n'y a intérêt à rechercher un rendement manométrique élevé que si la mine est étroite, sinon on n'arriverait pas à réaliser la dépression reconnue indispensable.

Signalons, à propos du rendement manométrique qu'il augmente avec la valeur de $\dfrac{\alpha}{a}$. Il convient que ce rapport soit supérieur à l'unité, et se rapproche si possible de 2, valeur pour laquelle le rendement manométrique est égal à 0,80.

150. Construction des ventilateurs déprimogènes. — Connaissant le volume d'air à faire passer à travers la mine, dont l'orifice équivalent est connu, on se base, pour choisir un type d'appareil et ses dimensions, sur l'examen des courbes caractéristiques des divers modèles entre lesquels on peut hésiter.

La dépression à réaliser est donnée par la connaissance du volume et de l'orifice équivalent. On en déduit la vitesse périphérique nécessaire, d'après les formules indiquées plus haut. Avec des aciers de bonne qualité, on peut admettre une vitesse de 50 à 60 m. par seconde, mais il est préférable de rester au-dessous de ces limites, pour pouvoir forcer la marche du ventilateur, en cas de besoin, sans craindre de rupture de la roue mobile.

La fixation de la vitesse normale entraîne la détermination du rayon maximum des aubes.

Ces caractéristiques une fois arrêtées, il faut choisir entre les appareils qui y satisfont. Ils diffèrent, comme nous le verrons, par beaucoup de points : disposition et tracé des aubes, nombre d'ouïes, etc...

151. Tracé des aubes. — On a vu que l'air entrait généralement dans l'appareil parallèlement à l'axe, mais qu'il s'engageait dans les aubes perpendiculairement à celui-ci ; pour faciliter le changement de direction, on dispose habituellement un cône qui dirige le courant d'air, en le distribuant sur tout le pourtour intérieur de la turbine.

A l'entrée dans l'aube, les molécules d'air ne doivent pas subir de choc ; l'aube est donc fortement inclinée, pour favoriser cette entrée. Mais ensuite, suivant les appareils, elle est plane ou gauche, et le trajet de l'air varie suivant sa disposition. D'autre part, il y a intérêt à abandonner la molécule, sur la périphérie, avec une vitesse minima ; on y arrive, dans certains ventilateurs, en courbant l'aube de façon qu'elle soit inclinée, à la sortie, en sens contraire du mouvement. Dans ce cas l'angle α_1 (voir *fig. 124*) est obtus. Inversement, pour obtenir une dépression élevée, il faut que α_1 soit aussi petit que possible, c'est-à-dire que les aubes soient inclinées en avant.

C'est la disposition la plus généralement admise ; la vitesse restante doit être absorbée par un *amortisseur* qui reçoit l'air à sa sortie de la turbine, et le rejette, avec une vitesse très faible, dans l'atmosphère. L'angle α n'est pas aussi variable suivant les modèles. Il est généralement de 130° environ.

Le tracé des aubes doit éviter les remous qui se produiraient inévitablement, si la section de sortie était égale à la section d'entrée. Par suite de l'augmentation de vitesse due à la force centrifuge, les filets d'air tendent à se contracter contre la paroi qui les pousse ; il se produirait des tourbillons à la sortie, du côté de l'autre paroi. On est donc conduit à diminuer la largeur de la roue vers la périphérie pour diminuer la section, ou à limiter celle-ci par des coins. Ce dernier procédé (*fig. 127*) a l'inconvénient d'augmenter inutilement le poids de la turbine.

Dans la deuxième solution, on s'arrange pour que les sections d'entrée et de sortie, normales aux vitesses relatives w et w_1 soient égales.

Soit l et l_1 les largeurs à l'entrée et à la sortie.

On a donc (en appelant R et R_1 les rayons extrêmes) :

$$2 \pi R\, l\, w \operatorname{Sin} \alpha = 2 \pi R_1\, l_1\, w_1 \operatorname{Sin} \alpha_1$$

Si $w = w_1$

$$R\, l \operatorname{Sin} \alpha = R_1\, l_1 \operatorname{Sin} \alpha_1$$

Pour arriver à la constance de la vitesse relative pendant le trajet à travers la turbine, la courbure de l'aube doit être celle de la surface appelée *conicyclide* par M. Rateau, c'est-à-dire de la surface conoïdale engendrée par le déplacement d'un arc de cercle tournant sa concavité dans le sens du mouvement, le long d'une directrice qui est la courbe fournie par l'enroulement sur le cylindre de rayon R_1 d'un autre arc de cercle de courbure continue et aboutissant à la périphérie suivant l'angle α_1.

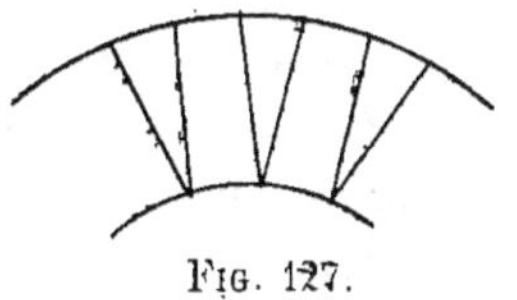

Fig. 127.

Le *nombre des aubes* reste libre, mais il ne doit pas être trop faible pour éviter les remous, ni trop grand, sinon les frottements deviennent considérables. On admet souvent que ce nombre est compris entre 20 et 30, suivant les dimensions de l'appareil.

152. Nombre d'ouïes. — Le choix pour l'adoption d'une ou de deux ouïes est basé surtout sur des considérations de construction. Avec une seule ouïe, il est nécessaire de munir les paliers d'un dispositif de butée pour résister à la poussée latérale résultant de la différence de pression entre les deux faces de la turbine. Avec les dépressions élevées réalisées dans les appareils actuels, cette poussée est très forte.

Les ventilateurs à deux ouïes suppriment cette difficulté ; le rayon minimum de la turbine, par conséquent aussi son rayon maximum sont plus réduits. Mais l'arbre est plus long et plus lourd, aussi beaucoup de constructeurs ont-ils gardé la disposition à une seule ouïe, malgré les inconvénients provenant de la poussée.

153. Amortisseur. — Pour que le ventilateur ait un pouvoir déprimant élevé, il faut que l'angle α_1 soit faible. La vitesse absolue v_1 de l'air, à sa sortie de la turbine, est encore forte. Si l'air était directement rejeté dans l'atmosphère, il se produirait des remous qui diminueraient le rendement de l'appareil.

On remédie à cet inconvénient en disposant, entre la turbine et l'air libre, un *amortisseur* ou *diffuseur* dans lequel l'air perd peu à peu sa vitesse.

Pour ne pas créer une contrepression, cet amortisseur doit présenter une section croissante.

Deux procédés peuvent être employés: dans le premier, l'air s'échappe sur tout le tour de la turbine, entre deux *disques*, entre lesquels il reste contenu jusqu'à son déversement dans l'atmosphère ; dans certains ventilateurs, pour limiter les remous, la couronne constituée par ces disques est cloisonnée.

Le second procédé, beaucoup plus répandu, consiste à recevoir l'air dans une *volute* dont la section croissante se continue par une cheminée plus large à la partie supérieure (voir la fig. 128).

On retrouve également appliquée aux ventilateurs une solution imaginée par M. Rateau pour les pompes centrifuges: elle consiste à intercaler un amortisseur à disque entre la turbine et la volute. On diminue ainsi les frottements entre les filets d'air successivement passés de la turbine au diffuseur.

154. Puissance des ventilateurs. — On a vu plus haut que la puissance nécessaire est proportionnelle au cube du débit. Elle croît donc très rapidement, notamment dans les mines *étroites*.

Le travail à fournir pour assurer un débit Q (en m³ par seconde), sous une dépression h dans une mine d'orifice équivalent à a est :

$$T = Q\,h = 0,145\,\frac{Q^3}{a^2}.$$

La puissance utile en chevaux est $\dfrac{T}{75}$, c'est-à-dire $0,00193\,\dfrac{Q^3}{a^2}$ et la puissance indiquée

$$0,00193\,\frac{Q^3}{\rho\rho' a^2}$$

ρ étant le rendement du ventilateur (0,6 à 0,75 par exemple) et ρ' celui du moteur (0,8 à 0,9).

Pour un débit de 30 mètres cubes, sur une mine d'orifice équivalent égal à 1 m², si $\rho\rho' = 0,6$, il faut environ 90 HP indiqués. Pour pousser le débit à 60 mètres cubes (ce qui exigerait d'ailleurs une très forte dépression), il faudrait près de 700 HP indiqués.

Si l'orifice équivalent est de 3 m², il suffirait de 10 HP dans le premier cas, de 80 HP dans le second. Avec une puissance de 100 HP on obtiendrait un débit de plus de 300 mètres cubes.

155. Accouplement des ventilateurs. — Il est parfois difficile d'obtenir un débit suffisant avec un seul ventilateur, surtout si la mine n'a qu'un orifice équivalent faible.

On y parvient en installant deux ventilateurs semblables *en série*, c'est-à-dire disposés de façon que le second aspire l'air refoulé par le premier. La dépression est doublée. Quant au débit, qui est proportionnel à la racine carrée de la dépression, il est multiplié par $\sqrt{2}$ et augmente par conséquent dans le rapport de 1 à 1,4 environ. Quant au travail total, il est égal à 2 fois 1,4, c'est-à-dire à 2,8. Ce n'est donc pas une solution avantageuse au point de vue mécanique.

D'autre part, *l'orifice de passage* à travers le groupe des deux ventilateurs est sensiblement plus faible qu'à travers un seul. On est obligé d'augmenter les dimensions des deux appareils. On préfère donc installer un seul ventilateur puissant, au lieu de deux plus légers, placés en série, sur les mines non grisouteuses. Sur les mines grisouteuses, qui doivent toujours être pourvues d'un ventilateur de secours, on dispose généralement les canalisations conduisant aux deux appareils de telle sorte qu'on puisse aspirer, soit par l'un ou l'autre, soit par les deux à la fois (placés en série) pour forcer la dépression en cas de besoin.

On peut également placer les ventilateurs *en parallèle*, c'est-à-dire aspirant tous deux à la fois sur le puits, le courant d'air se divisant entre eux. Si le partage se fait régulièrement, la dépression est égale des deux côtés ; à première vue, on serait amené à penser qu'elle reste la même qu'avec un seul ventilateur, et que le débit n'est pas augmenté.

En réalité, on double l'orifice de passage et on améliore sensiblement le rendement. Il est donc possible, avec une même dépense d'énergie, de forcer le nombre de tours de l'appareil, ce qui a pour résultat d'augmenter proportionnellement la dépression.

Cette disposition en parallèle n'est pas avantageuse, dans la plupart des cas. En effet, l'égalité du nombre de tours des deux appareils est difficile à réaliser. Si l'un d'eux tourne plus vite, il donne naissance à une dépression plus forte, aspire plus d'air et diminue par conséquent le rendement utile de l'autre, dans des proportions parfois considérables.

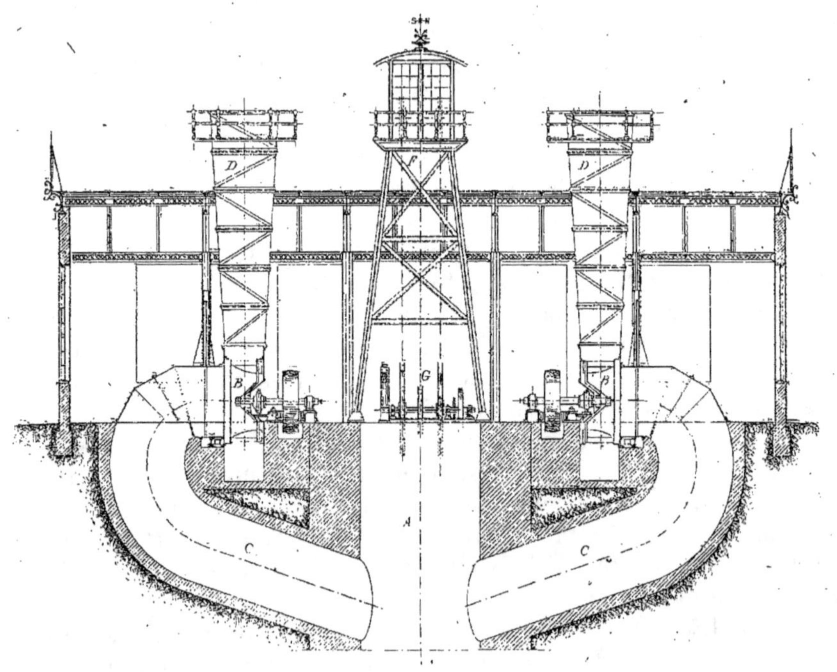
S
N
F
D
D
B
B
G
A
C
C

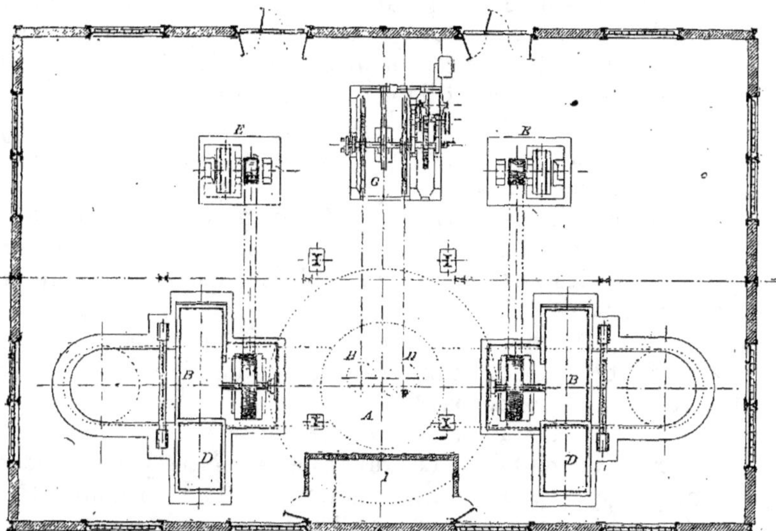

FIG. 128. — Installation des ventilateurs à la fosse 12 bis des mines de Lens.

Le même phénomène d'influence de deux ventilateurs l'un sur l'autre se manifeste aussi, si la mine est aérée par deux appareils placés sur deux puits éloignés et aspirant par un même puits d'entrée. On observe dans le fond, si l'un d'eux ne marche pas à la vitesse prévue, des perturbations d'aérage analogues à celles que nous avons signalées au chapitre IV, en étudiant la répartition du courant d'air.

156. Exemple d'installation d'aérage. — Comme exemple d'une installation de ventilateurs, nous citerons celle qui avait été réalisée, dans les premières années du siècle, par la Société des mines de Lens, sur sa fosse n° 12 *bis*. Elle est représentée sur la fig. 128.

Les deux ventilateurs (du type Monnet-Moyne) sont disposés de part et d'autre du puits, d'où partent les galeries d'aspiration aboutissant aux appareils.

Ces derniers sont commandés, au moyen de courroies, par des moteurs électriques. Il n'est d'ailleurs pas prévu de galeries permettant de les faire marcher simultanément en aspirant par l'un à travers l'autre.

Le puits lui-même, fermé par des clapets Briard, est surmonté d'un petit chevalement métallique et muni d'un treuil qui permet la circulation de tonneaux.

En arrivant à 5 m. au-dessous du niveau de l'orifice, les tonneaux s'engagent dans des tubes de diamètres juste suffisants pour leur passage. On évite ainsi les rentrées d'air au moment où le tonneau, en arrivant au jour, soulève le couvercle qui ferme le tube à sa partie supérieure. A la fin de sa course, le tonneau provoque d'ailleurs la fermeture d'un registre à la base du tube, de telle sorte que lorsqu'il débouche au haut de celui-ci, toute communication est interrompue avec l'atmosphère.

Le ventilateur débite 79 m^3 par seconde, pour un orifice équivalent de 2^{m2},50, avec une dépression de 149 millimètres d'eau et une vitesse périphérique de 30 m. La puissance absorbée sur l'arbre du ventilateur est de 231 chevaux ; le rendement mécanique est de 0,68.

Si l'orifice équivalent descend à 1^{m2},75, le débit n'est plus que de 52 m^3, la dépression de 135 mm (vitesse périphérique 30 m.), la puissance absorbée de 148 HP, le rendement mécanique de 0,64.

Si cet orifice s'élève à 4^{m2},50, le débit est de 106^{m3}, la dépression de 81 mm (pour une vitesse périphérique de 25 m.) la puissance absorbée de 189 HP, le rendement mécanique de 0,58.

§ 2. — VENTILATEURS CENTRIFUGES

157. Généralités. — Dans les ventilateurs centrifuges, les molécules d'air se déplacent dans un plan perpendiculaire à l'axe, en s'en éloignant continuellement.

Dans le type primitif, les aubes étaient planes et normales à l'axe. La section s'accroissait de l'intérieur vers la périphérie. Des remous se produisaient d'autant plus que ces premiers appareils ne comportaient pas d'amortisseurs.

Pour supprimer les remous, *Lambert* eut l'idée de fermer par une tôle la sortie de l'aube, à l'exception d'une fente contre la paroi arrière (*fig. 129*). Le rendement était sensiblement amélioré.

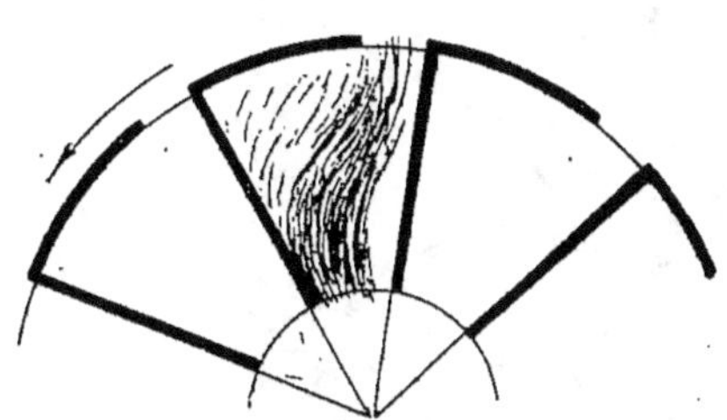

Fig. 129. — Ventilateur Lambert.

Des ventilateurs de ce type existaient encore en Belgique, comme appareils de secours, au début du siècle. Leur diamètre atteignait parfois une dizaine de mètres.

Pour réduire la vitesse à la sortie, *Combes* avait imaginé d'incliner les aubes vers l'arrière, à leur extrémité voisine de la périphérie. Mais il se produisait des rentrées dans le compartiment suivant de la turbine ; d'autre part, le pouvoir déprimant était faible (voir n° 151), aussi ce mode de construction a-t-il été abandonné.

Ces aubes des ventilateurs centrifuges, quel que soit l'angle de sortie des filets d'air, ont une forme cylindrique, plus ou moins concave, d'axe parallèle à l'axe de rotation de l'appareil.

158. Ventilateur Kraft. — Le ventilateur Kraft, qui a été utilisé pour les percements du Mont-Cenis, n'est plus employé. Il présente un certain intérêt historique, car il comportait autour de la turbine un amortisseur à disques. La turbine était à axe vertical, et atteignait 7 ou 8 m. de diamètre ; le nombre d'aubes était de 14 à 18. Une autre particularité intéressante était l'épaisissement des palettes à la partie centrale destiné à rendre constante la section de passage. Entre l'ouïe et la turbine était disposée une couronne fixe, munie de palettes qui forçaient l'air à se présenter suivant l'angle voulu à l'entrée des aubes.

Le ventilateur *Harzé* était d'un type analogue, mais l'amortisseur à disque était partagé en une série de compartiments par des cloisons fixes.

159. Ventilateur Guibal. — Le ventilateur *Guibal* a apporté, au milieu du siècle dernier, un progrès remarquable, par l'invention de l'amortisseur en spirale, constitué par un élargissement progressif du coursier dans lequel tourne la roue, et continué par une cheminée évasée (*fig. 130*).

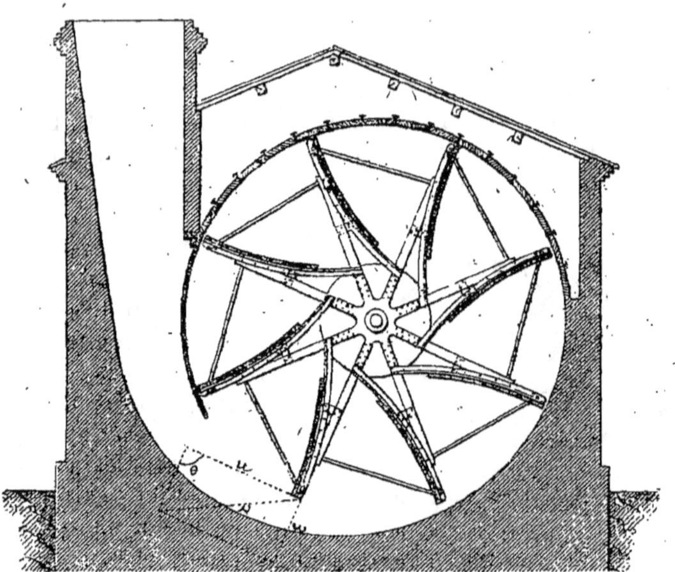

Fig. 130. — Ventilateur Guibal.

Les palettes se terminent normalement à la périphérie ($\alpha_1 = 90°$); par contre elles sont courbées vers l'ouïe pour que l'entrée se fasse sans choc.

Au nombre de huit en général, elles sont portées par des fers plats fixés aux moyeux, ou montées sur des fers qui sont appuyés sur un noyau octogonal. Dans cette dernière disposition, elles sont planes du côté de l'ouïe, faisant un angle de 45° sur le rayon perpendiculaire à l'entrée, et se courbent au contraire vers la périphérie pour aboutir normalement à celle-ci.

On remarquera que l'air ne sort plus sur tout le pourtour de la turbine. Il en résulte que le fonctionnement n'est pas régulier, l'air chassé vers la périphérie reste emprisonné contre la paroi du coursier jusqu'au moment où celle-ci s'écarte; il se produit des coups de bélier, qui diminuent le rendement.

L'entrée de l'air dans l'amortisseur est fermée par une *vanne* courbe, que l'on abaisse plus ou moins, de façon à régler l'ouverture, et à éviter les remous.

L'existence de cette vanne permet de modifier les résistances et de rechercher ainsi le rendement maximum, d'après la valeur de l'orifice équivalent de la mine.

Au moment où l'air arrive à la vanne, sa vitesse est réduite de moitié environ.

On a donc
$$Q = s\,\frac{u_1}{2}$$

d'où
$$s = 2\,\frac{Q}{u_1}$$

En désignant par $\theta = \dfrac{Q^2}{h}$ le *tempérament* de la mine, et par D le diamètre maximum, Guibal pouvait écrire

$$s = \frac{2\sqrt{\theta h}}{u_1} = \frac{2\sqrt{\theta h}}{\pi D\,\dfrac{n}{60}}$$

n étant le nombre de tours par minute.

En appelant S la section au sommet de la cheminée et en admettant, d'après les résultats de l'expérience, le rapport $\dfrac{s}{S} = \dfrac{1}{3}$, il était conduit à l'expression

$$s = 0{,}585\sqrt{\theta}$$

Pour passer à la détermination de s en fonction de l'orifice équivalent, il suffit de se rappeler qu'avec la définition du tempérament admise par Guibal on a : $a = 0{,}38\,\theta$.

Le ventilateur Guibal a un rendement manométrique qui approche souvent de 0,70. Par contre son rendement mécanique n'est pas élevé et descend parfois au-dessous de 0,50.

Il convient surtout aux mines *larges*.

Ses dimensions sont considérables ; le diamètre extérieur ne descend généralement pas au-dessous de 6 m. ; il est souvent de 9 m. ; on a même été jusqu'à 12 m.

La vitesse de rotation atteint 120 tours par minute pour les modèles les plus petits, et descend à 50 tours pour les appareils de grandes dimensions. Grâce à la simplicité de sa construction, le ventilateur Guibal ne demande que peu d'entretien.

La cheminée n'est pas indispensable, mais son absence diminue notablement les résultats obtenus ; la dépression est réduite dans une proportion d'autant plus sensible que le nombre de tours de l'appareil augmente.

En moyenne, M. Murgue a obtenu les rendements manométriques suivants :

Sans cheminée. 0,56
Avec cheminée droite. 0,606
Avec cheminée évasée. 0,65

A titre d'exemples, voici les dimensions de quelques ventilateurs Guibal (1) :

MINES =	L'Espérance (Liège)	Pelton (Angleterre)	Craket Pickery (Belgique)	Sacré Madame (Belgique)
Diamètre extérieur . .	12 m 00	9 m 00	7 m 00	6 m 00
Diamètre de l'ouïe . .	4 m 00	3 m 00	3 m 00	2 m 70
Largeur.	2 m 00	3 m 00	1 m 70	1 m 20
Nombre d'aubes . .	10	8	8	—
Tours par minute . .	50	48	85	120
Volume d'air par second.	—	30 m³00	23 m³75	45 m³80
Dépression (en mm d'eau)	84 mm	—	89 mm	109 mm
Rendement manométriq.	—	0,60	0,61	0,63

160. Ventilateur Kley. — Le ventilateur *Kley* (*fig. 131*) a été assez répandu en Allemagne. Il comporte un distributeur en spirale qui fait arriver le courant d'air non plus perpendiculairement, mais presque parallèlement au côté de la turbine

Les ailes sont peu courbées en arrière, se terminant normalement à la périphérie. Leur largeur est sensiblement réduite vers l'extérieur. L'air ne sort plus, comme dans le Guibal, sur une partie seulement de la périphérie, mais tout le long de celle-ci.

La largeur est faible : 0m,70 à 0m,80 pour un diamètre de 9 m. dans les premiers appareils.

Plus récemment, on a réduit le diamètre à 6 m. et même au-dessous, en augmentant la vitesse de rotation. Mais ce type de ventilateurs est à peu près abandonné à l'heure actuelle.

161. Ventilateur Cappell. — Un autre ventilateur répandu en Allemagne, ainsi qu'en Angleterre, est le ventilateur *Capell* (*fig. 132*).

L'air entre par deux ouïes, et la roue est séparée par une cloison médiane.

---

(1) D'après Haton de la Goupillère et Bès de Berc.

Dans le modèle primitif (représenté sur la fig. 132) il y avait deux couronnes concentriques fixées sur la même cloison médiane et

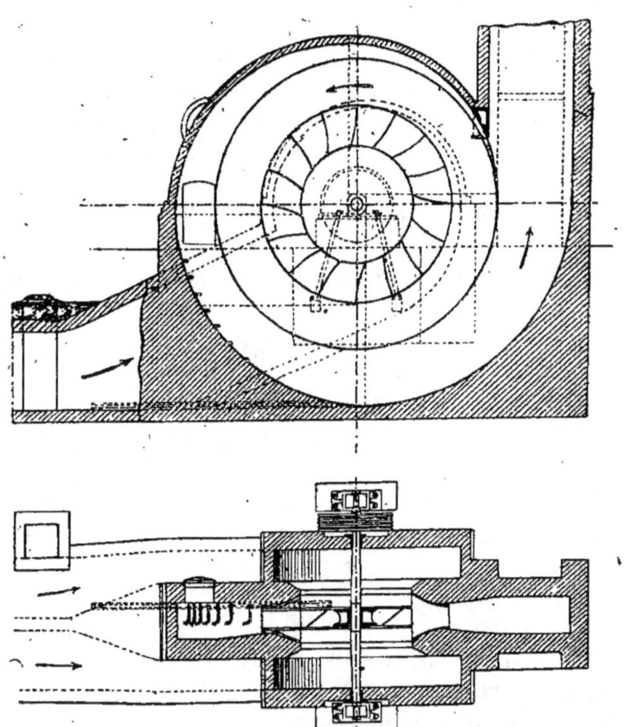

FIG. 131. — Ventilateur Kley.

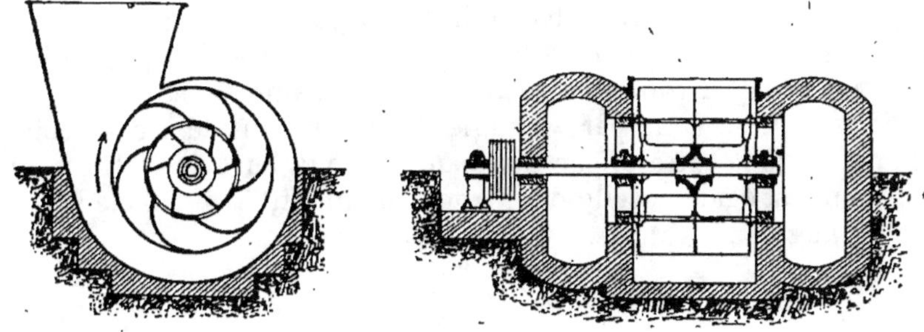

FIG. 132. — Ventilateur Capell.

formant ainsi une seule roue dont les aubes sont divisées en deux parties distinctes, la seconde en arrière de la première. La couronne intérieure avait un diamètre à peu près égal à celui de l'ouïe et la courbure des aîles de la couronne extérieure était en sens inverse du mouvement, ne donnant ainsi à cette partie de l'appareil qu'un pouvoir déprimant très faible.

Dans un modèle plus récent, la courbure des ailes de la couronne extérieure était légèrement inclinée vers l'avant, et leur épaisseur était augmentée vers la périphérie pour diminuer la section ; au contraire, les ailes de la couronne intérieure étaient à peu près radiales.

Le rendement manométrique était faible (50 °/₀ environ), mais le rendement mécanique élevé (70 à 80 °/₀).

La partie mobile est entourée d'un amortisseur en spirale continuée par une cheminée évasée.

Dans les types actuels, en Allémagne, il n'y a plus qu'une seule couronne d'aubes, mais le courant d'air est encore distribué, sur un diamètre égal à celui des ouïes, par des palettes concentriques.

Le rendement manométrique est meilleur et le débit est élevé.

162. Ventilateur Ser. — Le ventilateur *Ser* est particulièrement destiné à procurer une forte dépression, et convient très bien à l'aérage des mines étroites, ou des travaux de traçage au moyen d'un ventilateur secondaire (*fig. 133*).

L'air entre par deux ouïes, guidé par un cône directeur. Une cloison médiane sépare la turbine en deux roues accolées.

La turbine porte un grand nombre d'ailes (32 par exemple), inclinées à 45° vers la périphérie.

Le tracé de la volute qui entoure la partie mobile est fait de telle façon que la vitesse de l'air reste constante. A cet effet, la longueur de chaque rayon déterminant la surface extérieure de la volute est égale au rayon de la turbine augmenté d'une quantité proportionnelle au volume d'air refoulé dans l'amortisseur.

Si nous désignons par α l'angle du rayon considéré avec celui de l'origine de la spirale, par L la hauteur de la buse de sortie, dont la largeur est égale à celle de la roue, la quantité m dont le rayon doit être augmenté est :

$$m = L \, \frac{\alpha}{2\pi}$$

Pour calculer les dimensions de l'appareil, Ser a admis la formule suivante :

$$L \times l = 1{,}64 \, \frac{Q}{v_1}$$

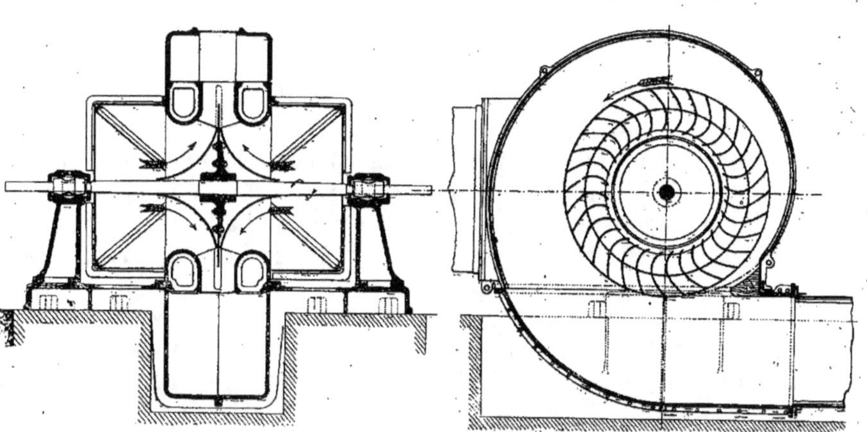

Fig. 133. — Ventilateur Ser.

l étant la largeur de la buse.

Q le débit.

v_1 la vitesse absolue à la sortie de l'appareil.

Connaissant l, et ayant déterminé v_1 d'après le volume Q, on peut tirer L de la formule. Comme la section $L \times l$ est sensiblement plus grande que $\dfrac{Q}{v_1}$, la vitesse décroît dans la volute et la pression augmente.

On voit sur la figure que la roue descend un peu plus bas que le haut de la buse. En effet l'origine de la volute est déterminée par la condition que la vitesse v_1 soit dirigée horizontalement, ce qui n'a lieu qu'un peu au-dessus du point le plus bas.

L'angle α_1 est (par construction) égal à 135°.

Parmi les ventilateurs basés sur ce principe, dont le rendement manométrique est très satisfaisant, ceux de *Geneste et Herscher* sont très répandus. Ils présentent la particularité suivante :

La courbure des ailes est plus grande, dans la partie externe, que ne l'indiquerait le tracé de la surface conicyclide définie plus haut (n° 151). On obtient ainsi un pouvoir déprimant plus considérable, mais on rétrécit la section de sortie de l'aile. Pour y remédier, on donne aux ailes une largeur d'abord décroissante, puis croissante vers la périphérie.

Pour rendre plus grand l'effet amortisseur de la volute, on ne donne pas à celle-ci une largeur constante, mais on l'augmente progressivement ; on lui donne d'ailleurs une section circulaire (*fig. 134*).

Les ventilateurs secondaires construits sur ce modèle sont aisément transportables et donnent un débit important malgré leurs petites dimensions, grâce à une vitesse de rotation qui dépasse parfois 500 tours par minute.

Il existe aussi de grands ventilateurs Ser ou Geneste Herscher installés sur des puits de retour d'air, travaillant comme les appareils décrits dans les pages précédentes.

Avec un diamètre de roue de $2^m,40$, un ventilateur Geneste Herscher donne 50 à 72 mètres cubes par seconde, avec $80^m/_m$ de dépression, sur une mine d'orifice équivalent de $2^{m2},15$ à $3^{m2},15$.

§ 3. — Ventilateurs hélico centrifuges

163. Généralités. — Dans ces ventilateurs, les filets d'air s'éloignent continuellement de l'axe, mais au lieu de rester dans un plan perpendiculaire à celui-ci, ils sortent de l'appareil dans un

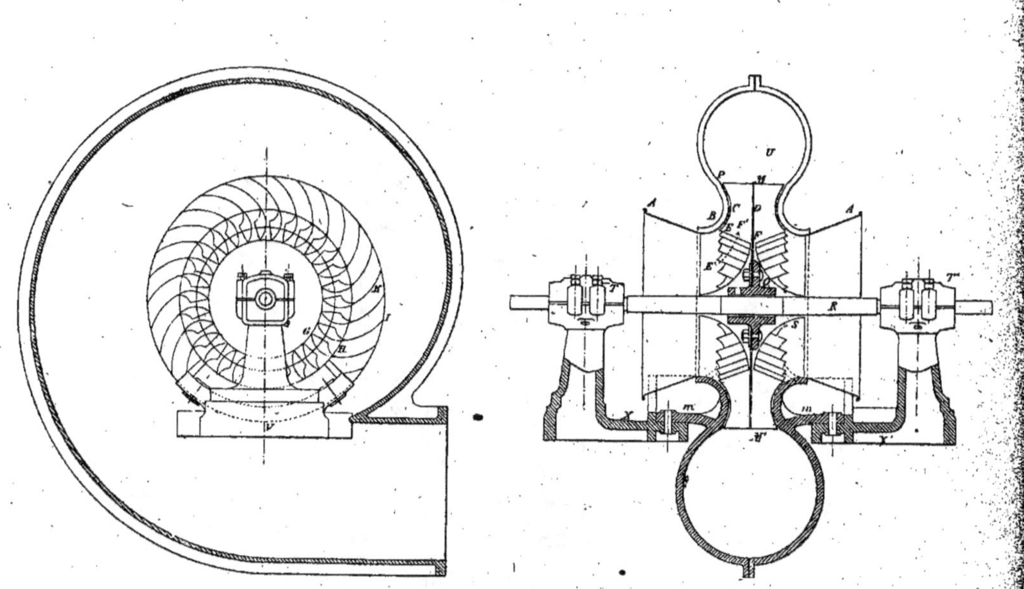

Fig. 134. — Ventilateur Geneste Herscher.

plan différent de celui dans lequel ils sont entrés. On a vu au n° 140 la théorie générale de ces ventilateurs.

164. Ventilateur Waddle. — Un des premiers appareils de ce type a été le ventilateur *Waddle* (*fig. 135*). Ses dimensions étaient considérables. (Le diamètre a atteint 13ᵐ,50 et descendait rarement au-dessous de 7 m.).

Il n'y avait pas d'enveloppe, mais un amortisseur à disque.

La roue était formée d'aubes courbes, inclinées en arrière à la

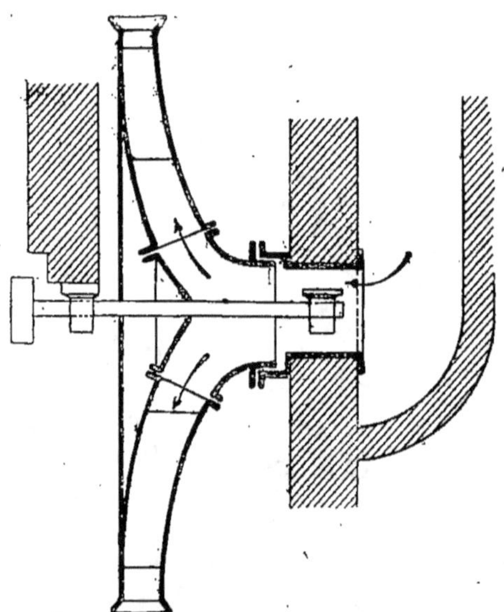

Fig. 135. — Ventilateur Waddle.

périphérie, continuées par les parois (courbes également) de l'amortisseur, qui sont entraînées dans le mouvement.

En raison de cette forme des aubes (α_1 très obtus), le pouvoir déprimant était faible (0,45) ; quant au rendement mécanique, il ne dépassait guère 50 °/₀.

On peut rapprocher de ce type le ventilateur *Geisler*, dont les aubes se terminent normalement à la périphérie et sont moins larges à leur extrémité.

Ses dimensions sont beaucoup plus faibles (3 ou 4 m. de diamètre), mais il tourne à plus grande vitesse, et il est entouré d'un amortisseur en volute. Il est assez répandu en Allemagne.

165. Ventilateur Pelzer. — Le ventilateur *Pelzer* que l'on rencontre fréquemment en Allemagne, ne comportait pas de diffuseur dans les premiers modèles, dont le rendement manométrique était faible (40 %). Les types plus récents, avec diffuseurs en volute, atteignent un rendement de 60 %.

Les aubes A sont rectilignes et radiales (*fig. 136*), mais comportent des ailes B, courbes, en hélice, qui font saillie dans l'ouïe et guident les filets d'air vers les aubes proprement dites.

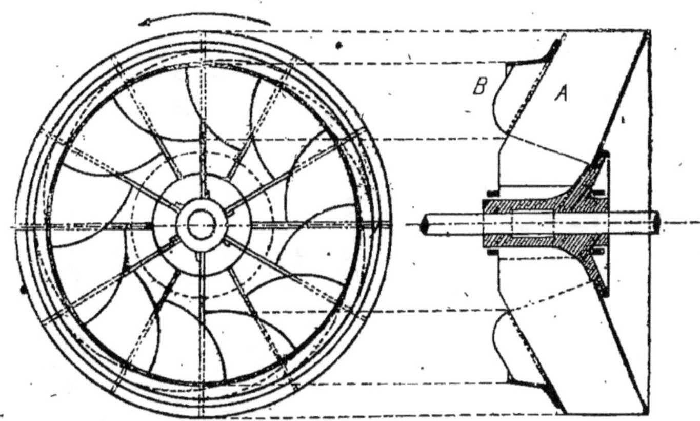

Fig. 136. — Ventilateur Pelzer.

Au sortir des aubes, l'air passe dans une couronne annulaire qui enveloppe la roue, puis dans un diffuseur en spirale, continué par une cheminée évasée.

166. Ventilateur Rateau.

— Le ventilateur *Rateau* est un des appareils hélico-centrifuges les plus connus en France, et il a été adopté par de nombreuses mines à l'étranger. Il est donc intéressant de le décrire un peu plus en détail (*fig. 137*).

L'air, arrivant par une seule ouïe, est guidé par un cône directeur, porté par la roue, de façon à entrer sans choc dans les aubes. La roue elle-même comporte un fond en fonte F, de forme conique, sur lequel sont fixées les aubes A.

Celles-ci sont au nombre de 24 à 30 et tournent contre une paroi fixe B. Leur largeur est telle que la vitesse augmente légèrement.

Quant à la courbure des ailes, elle est déterminée de façon à augmenter le coefficient manométrique. Leur inclinaison, à la périphérie, est donc dans le sens du mouvement.

L'amortisseur est formé de deux parties successives : d'abord d'un amortisseur à disque C D, spiraloïde, auquel fait suite une

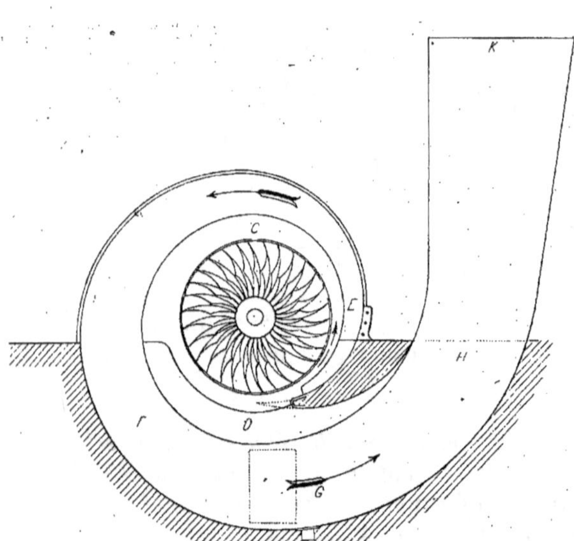

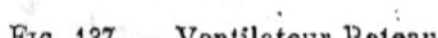

Fig. 137. — Ventilateur Rateau.

volute EFG (métallique à la partie supérieure, en maçonnerie à la base), terminée par une cheminée évasée HK.

Le rendement manométrique est particulièrement élevé, puisqu'il atteint 1,05. Le rendement mécanique est également excellent (0,75 à 0,80).

La roue est fixée à l'extrémité de l'arbre, qui porte une poulie

Fig. 138. — Ventilateur Rateau (ouïe enlevée).

P autour de laquelle s'enroule la courroie du moteur.

Le tableau ci-dessous donne les dimensions d'un certain nombre de ventilateurs Rateau (1).

Le ventilateur Rateau convient donc particulièrement lorsqu'on a besoin d'une dépression élevée.

---

(1) D'après l'Agenda Dunod, *Mine*, 1920.

| N°ˢ | Diamètr. de la roue. | Orifices équi-valents | PRESSION DE | | | | | | | | | Applicable à des orifices équivalents variant entre |
| | | | 48 m/m. d'eau | | | 108 m/m. d'eau | | | 192 m/m d'eau | | | |
			Tours par minute	Débit par seconde	Travail effectif	Tours par minute	Débit par seconde	Travail effectif	Tours par minute	Débit par seconde	Travail effectif	
	m.	m²		m³	HP		m³	HP		m³	HP	m²
1	4 00	3.00	95	56	48	144	84	100	191	112	380	2,60 et 4,00
2	3.40	2.00	112	40	35	169	60	115	225	80	280	1,85 2,60
3	2.80	1.50	137	28	24	205	42	80	274	56	190	1,30 1,85
4	2.40	1.00	159	20	17	238	30	57	318	40	140	0,92 1,30
5	2.00	0.75	191	14	12	287	21	40	382	28	95	0,65 0,92
6	1.70	0.50	225	10	8.5	336	15	28	450	20	70	0,46 0,65
7	1.40	0.375	274	7	6	410	10 5	20	548	14	48	0,30 0,46
8	1 20	0.27	318	5	4 3	476	7	14	636	10	35	0,21 0,30
9	1.00	0.19	382	3 5	3	560	5	10	764	7	28	Au-dessous de 0,21

La fig. 139 montre les courbes caractéristiques (résultats garantis par le constructeur) d'un ventilateur Rateau installé avant la guerre sur la fosse 11 *bis* des mines de Lens.

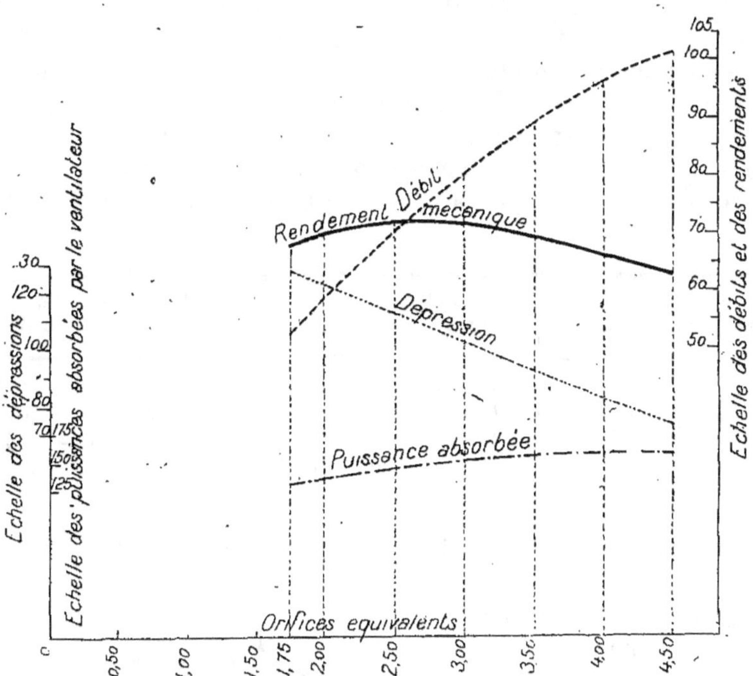

Fig. 139. — Courbes caractéristiques d'un ventilateur Rateau.

Ces caractéristiques sont résumées sur le tableau ci-dessous :

VITESSE PÉRIPHÉRIQUE CONSTANTE : 44^m,10 PAR SECONDE.

Orifice équivalent.	1^{m2},75	2^{m2},00	2^{m2},50	3^{m2},00	3^{m2},50	4^{m2},00	4^{m2},50
Débit d'air (m³ par sec)	52,2	58,4	70	80	89	96	102
Dépression (^{m}/m. d'eau). . . .	127	122	112	102	91,5	83	74
Puissance absorbée (HP sur l'arbre du ventilateur) .	131	136	145	152	156	159	160
Rendement mécanique du ventilateur. . . .	0,675	0,70	0,72	0,72	0,70	0,67	0,63

167. Ventilateurs Monnet et Moyne. — Les ventilateurs *Monnet et Moyne* sont parmi les plus répandus en France. Ils sont caractérisés par la réduction du diamètre de la roue, avec maintien d'une ouïe de section suffisante pour assurer un grand débit. Pour compenser la réduction de diamètre, sans augmenter le nombre de tours, le tracé des aubes a été étudié en vue d'arriver à un rendement manométrique très élevé (environ 1,2, parfois même 1,4).

Le rendement mécanique est également excellent (75 %). On a vu au n° 155 les résultats obtenus à la fosse 12 *bis* de Lens, où les conditions imposées étaient assez particulières, puisqu'on admettait des variations considérables de l'orifice équivalent de la mine.

Un autre ventilateur, de 3^m,600 de diamètre, a donné les résultats suivants :

Nombre de tours	Vitesse périphérique	Débit par seconde	Dépression théorique	Travail indiqué	Rendement manométrique	Rendement mécanique total	Orifice équivalent
159	30^m	57^{m3},5	110^{mm}	177 HP	1,210	0,575	1^{m2},90
159	30	62 ,5	110	178	1,215	0,630	2 ,05
159	30	65	110	188	1,230	0,620	2 ,12
158	30	79	110	216	1,270	0,680	2 ,55
150	28,2	102	97	275	1,390	0,670	3 ,32

Le rendement mécanique du ventilateur seul a atteint 77 %.

168. Ventilateurs hélicoïdes. — Nous ne nous arrêterons pas aux ventilateurs *hélicoïdes*, c'est-à-dire dans lesquels les filets d'air se déplacent parallèlement à l'axe de la turbine. Ils conviennent peu aux mines, leur rendement manométrique étant faible.

On a construit sur ce principe des ventilateurs (*Motte*, *Pasquet*) qui n'étaient que de simples vis tournant à grande vitesse dans une enveloppe fermée.

Le *ventilateur hélicoïde Rateau* a donné des résultats plus satisfaisants, à condition d'être placé sur une mine très large.

Fig. 140. — Ventilateur hélicoïde Rateau.

La fig. 140 montre l'aspect de la roue, formée d'ailes en tôle fixées sur une jante légèrement conique en fonte ou en bronze.

Le profil des ailes est simple. Elles sont découpées soit dans un cylindre, soit dans un conoïde.

Elles tournent dans une enveloppe circulaire, précédée d'un distributeur à ailes fixes et continuée par un diffuseur annulaire. La hauteur de l'aile, comptée suivant le rayon, diminue depuis le bord d'entrée jusqu'au bord de sortie, afin de donner à l'air un mouvement légèrement centripète. Ces appareils, simples, à grande vitesse et grand débit, conservent un grand rendement mécanique, quel que soit l'orifice équivalent.

Un ventilateur de ce type, de $1^m,60$ de diamètre de roue, installé dans une galerie aux mines du Cros (Saint-Etienne) a donné, pour un orifice équivalent de $1^{m2},200$, un débit de $10^{m3},5$ par seconde, avec une dépression de $38\ ^m/_m$ (nombre de tours 575, moteur électrique de 12 HP).

<h3 style="text-align:center">§. 4. — VENTILATEURS CENTRIPÈTES-CENTRIFUGES.</h3>

169. Généralités. — Les ventilateurs *centripètes-centrifuges* diffèrent notablement des précédents. Les molécules d'air entrent par la périphérie de la partie mobile et ressortent du côté opposé, après avoir traversé deux fois la roue, d'abord de l'extérieur à l'intérieur, puis de l'intérieur à l'extérieur (*fig. 141*). Le seul appareil de ce genre est celui de *Mortier* (ventilateur *diamétral*). La théorie de ce type de ventilateur n'est pas la même que celle des ventilateurs hélico-centrifuges exposée plus haut, mais elle peut se déduire également du théorème de Bernouilli appliqué successivement aux parcours des molécules d'air dans la mine, dans les différentes parties de l'appareil et dans l'amortisseur.

Si l'on désigne par u_1 la vitesse périphérique, par w_1 et w'_1 les vitesses relatives à l'entrée et à la sortie de l'appareil, par α_1 l'angle de u_1 et w'_1, par d la densité de l'air et H la dépression totale,

On a la formule :

$$g\,\frac{H}{d} = u_1\left(w_1 + w'_1\right)\cos\alpha_1,$$

en négligeant la vitesse restante et en admettant que les aubes se terminent normalement à la circonférence intérieure de la roue. On peut aussi négliger les pertes de charge à la traversée de l'appareil.

On a donc sensiblement $w_1 = w'_1$

d'où
$$g\,\frac{H}{d} = 2\,u_1\,w'_1\cos\alpha_1$$

L'angle α_i est généralement de 40°, et l'expérience a montré que le meilleur rendement est obtenu lorsque la vitesse absolue v_i à l'entrée est égale à $\dfrac{2}{3} u_i$.

On en déduit que l'angle de v_i avec u_i doit être de 70° ; dans ce cas $u_i = v_i$.

Le rapport de la dépression théorique H de l'appareil à la *dépression-type* $\dfrac{u u_i^2}{g}$, c'est-à-dire le coefficient manométrique maximum sera égal à 2 cos 40° ou 1,53.

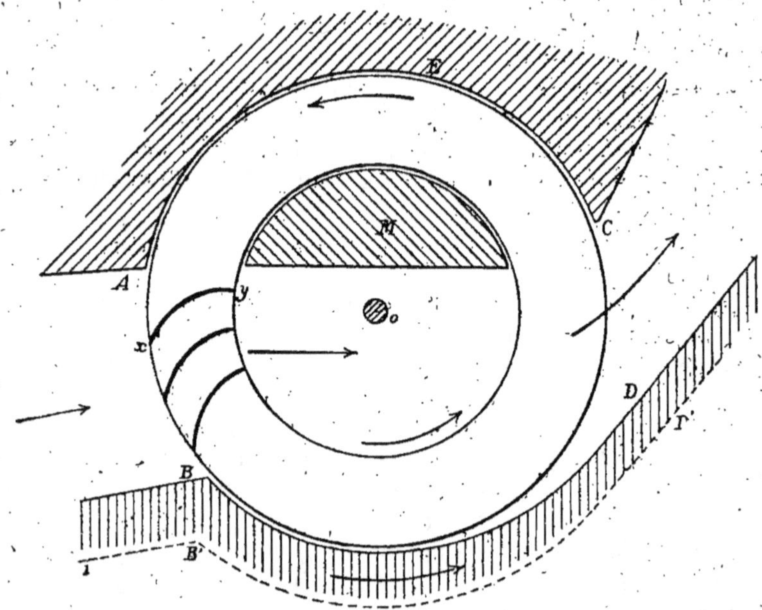

Fig. 141. — Schéma du ventilateur Mortier.

Pour que les sections d'entrée et de sortie des aubes soient égales, on doit avoir

$$R_i \sin \alpha_i = R \sin \alpha$$

Comme

$$\alpha = 90° \text{ et } \alpha_i = 40° :$$

$$\frac{R}{R_i} = 0,7.$$

170. Ventilateur Mortier. — Le ventilateur diamétral Mortier (*fig. 141*) se compose d'un plateau circulaire portant de chaque côté des aubes cylindriques $x\, y$ normales à la circonférence intérieure. Ce plateau tourne entre deux parois latérales. L'air arrive par l'ori-

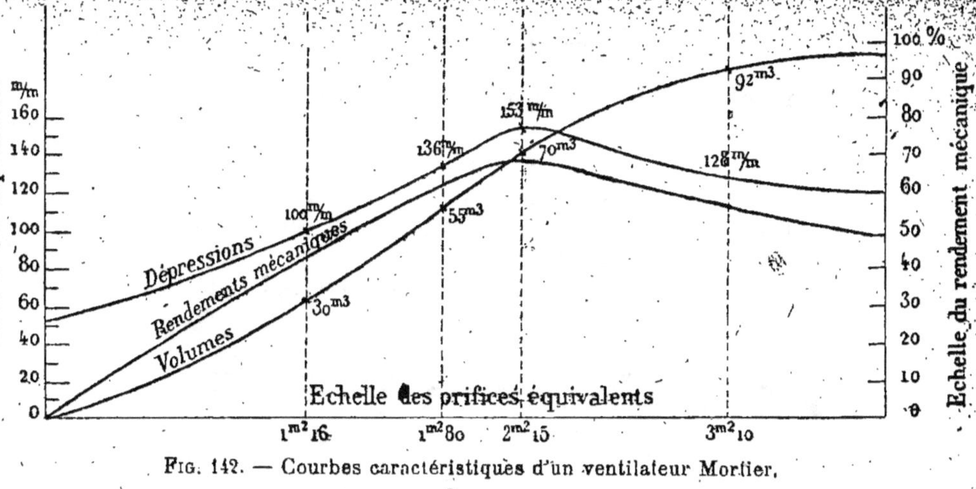

FIG. 142. — Courbes caractéristiques d'un ventilateur Mortier.

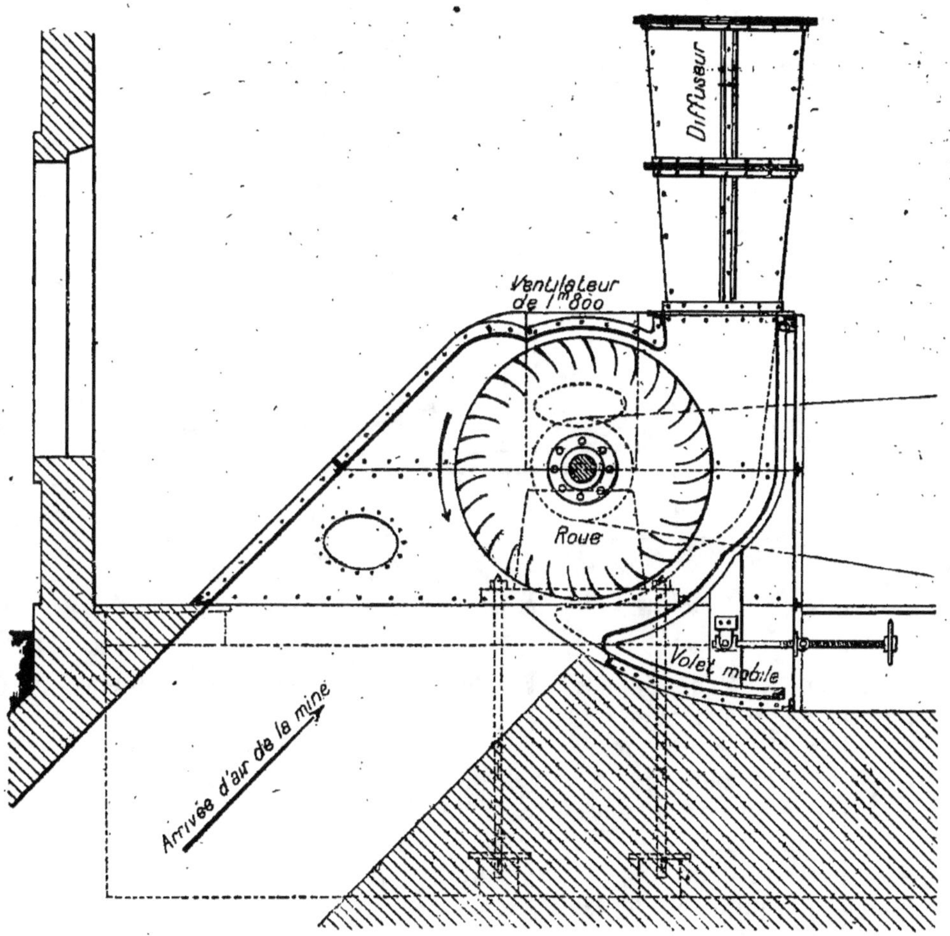

FIG. 143. — Installation d'un ventilateur Mortier.

'fice rectangulaire A B et sort par C D, passant ensuite dans un amortisseur évasé.

Pour éviter les remous que produirait la partie AEC de la roue, on isole celle-ci par un écran M.

Le rendement manométrique peut dépasser 95 °/₀. Le rendement mécanique est satisfaisant.

La fig. 142 représente les courbes caractéristiques d'un venti-

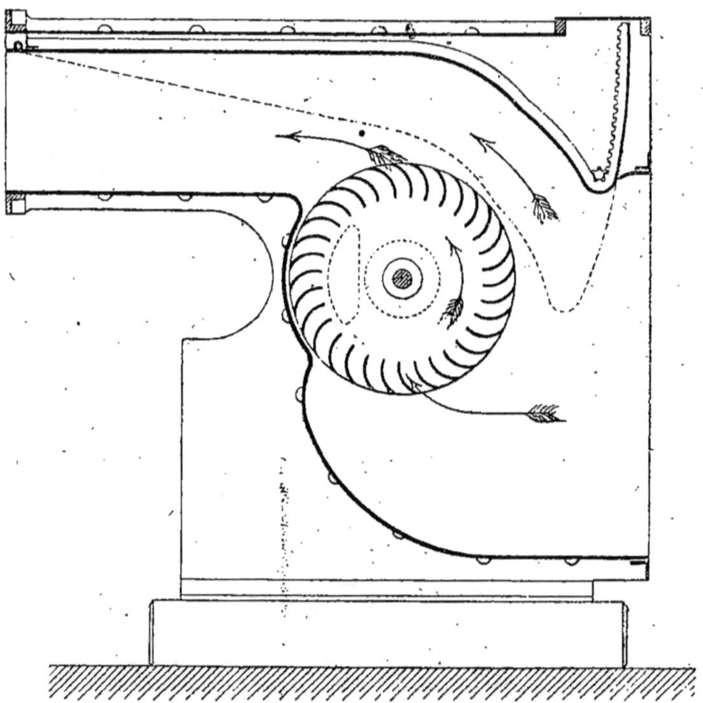

Fig. 144. — Ventilateur multiplicateur Mortier.

lateur de 2^m,40 de diamètre et 1^m,90 de largeur, tournant à 290 tours (vitesse périphérique 36^m,50).

La disposition générale de l'appareil est représentée sur la fig. 143 ; on remarquera le volet mobile qui permet de rapprocher plus ou moins de la roue la paroi inférieure de l'enveloppe. Son but est de permettre un certain réglage du débit. Lorsqu'on écarte le volet, il se produit un entraînement d'air qui ne traverse pas la roue, mais qui augmente le débit total.

Ce principe a même été appliqué (1) à la construction de ventilateurs destinés à assurer de grands débits sous de faibles pressions. La partie supérieure de ces *ventilateurs multiplicateurs* est constituée par une tôle mobile à crémaillère (*fig. 144*).

Grâce à cette modification, l'orifice de passage s'agrandit et convient à des orifices équivalents plus larges. Le rendement mécanique ne change pas, à condition que le réglage soit exact. Les rendements manométriques sont également maxima pour des orifices équivalents de plus en plus grands, mais leur valeur maxima diminue lorsque l'on augmente la section laissée libre.

171. Résumé.

— Les *ventilateurs déprimogènes* n'isolent pas de l'atmosphère l'air de la mine, mais produisent, par l'effet de la force vive, une aspiration des molécules d'air entraînées dans la rotation de la turbine qu'elles traversent.

L'air pénètre entre les aubes de la turbine, qui le guident, grâce à une courbure appropriée, soit en l'écartant de l'axe de rotation, perpendiculairement (*ventilateurs centrifuges*) ou parallèlement à celui-ci (*ventilateurs hélicoïdes*) soit en l'écartant de l'axe et en le faisant sortir dans un plan différent de l'entrée (*ventilateurs hélico-centrifuges*). Enfin, dans une dernière classe d'appareils (*ventilateurs centripètes-centrifuges*) l'air entre et sort par la périphérie, après avoir traversé deux fois la turbine en passant par le centre de l'appareil.

La théorie des ventilateurs hélico-centrifuges (ou centrifuges) conduit à faire entrer les filets d'air perpendiculairement à la couronne intérieure. Si la sortie se fait perpendiculairement à la couronne extérieure, la dépression obtenue, égale à $\dfrac{d\,u_1^2}{g}$, est la *dépression type*. En pratique, les divers types de ventilateurs donnent une dépression différente dont le rapport avec la dépression-type porte le nom de *rendement manométrique* ou *coefficient manométrique*.

Les ventilateurs déprimogènes sont caractérisés par leur coefficient manométrique, leur rendement mécanique et leur coefficient de puissance, que l'on exprime souvent par rapport au coefficient de débit.

On trace aussi les *courbes caractéristiques* des ventilateurs en mesurant les variations du pouvoir débitant, du rendement manométrique et du rendement mécanique en fonction de l'orifice équivalent.

Le *tracé des aubes* varie suivant qu'on recherche un rendement manométrique plus ou moins élevé, ou qu'on s'attache plutôt à diminuer la vitesse restante de l'air à la sortie de l'appareil.

Pour absorber cette vitesse à la sortie, on dispose à la suite de la tur-

----

(1) Par la maison Galland, de Chalon-sur-Saône.

bine un *amortisseur* ou *diffuseur* de section croissante, qui affecte souvent la forme d'une volute.

Lorsque deux ventilateurs travaillent *en série*, le second aspirant sur la sortie du premier, la dépression est doublée, mais on diminue l'orifice de passage. Au-contraire, si les deux appareils travaillent *en parallèle*, la dépression reste la même et le seul avantage vient de l'augmentation de l'orifice de passage.

Les *ventilateurs centrifuges* les plus répandus étaient ceux de *Guibal*, qui convenaient surtout aux mines larges, car leur rendement manométrique était faible. Ils étaient de construction simple et demandaient peu d'entretien, mais ils étaient encombrants. On ne les rencontre plus guère que comme appareils de secours.

Parmi les ventilateurs de ce type, on peut encore citer ceux de *Kley*, de *Capell*, de *Ser* et de *Géneste Herscher*. Ces deux derniers, capables de fournir une forte dépression, sont souvent utilisés pour la ventilation secondaire.

Le *ventilateur hélico-centrifuge Rateau*, à amortisseur compound, c'est-à-dire formé d'un amortisseur à disque suivi d'une volute, a un rendement manométrique qui dépasse l'unité. Il est particulièrement indiqué lorsqu'on a besoin d'une dépression élevée. Comme autres ventilateurs hélico-centrifuges, signalons les appareils *Monnet et Moyne* en France, *Geisler* et *Pelzer* en Allemagne.

Les *ventilateurs hélicoïdes* proprement dits sont rares dans les mines, car leur rendement manométrique est faible.

Le ventilateur *centripète-centrifuge* de *Mortier* (ou ventilateur *diamétral*) a un rendement manométrique voisin de l'unité. En écartant de la roue une partie de l'enveloppe périphérique, on permet un entraînement de l'air, ce qui augmente le débit, mais diminue le rendement manométrique. Cette modification est appliquée notamment dans les *ventilateurs multiplicateurs* dont on règle ainsi le fonctionnement suivant les variations de l'orifice équivalent.

CHAPITRE VIII

ECLAIRAGE

SOMMAIRE

§ 1. **Eclairage ordinaire.** — Lampes portatives à feu nu. — Lampes à acétylène. — Eclairage fixe à feu nu. — Eclairage électrique fixe.

§ 2. **Généralités sur les lampes de sûreté.** — Propriétés des tamis métalliques. — Réduction du tirage de la lampe. — Métal des tamis. — Inflammation hors de la lampe. — Danger des dépôts sur les tamis. — Influence des courants d'air. — Effet Marsaut. — Verre. — Pouvoir éclairant. — Combustible. — Organes de la lampe. — Fermeture. — Rallumage intérieur.

§ 3. **Description des lampes de sûreté.** — Lampe Davy. — Lampe Clanny. — Lampe Mueseler. — Lampe Fumat. — Lampe Body-Firket. — Lampe Marsaut. — Lampe Demeure. — Lampe Wolf. — Autres lampes à essence. — Comparaison des divers types de lampes. — Lampes de sûreté à acétylène.

§ 4. — **Lampes électriques portatives.** — Principe. — Avantages et inconvénients de l'éclairage électrique. — Construction de la lampe. — Modèles de lampes. — Lampes électriques munies d'un indicateur de grisou.

§ 5. **Entretien et essais des lampes de sûreté.** — Postes de rallumage souterrains. — Lampisteries. — Lampisteries à essence. — Lampisteries électriques. — Essais des lampes de sûreté. — **Résumé.**

§ 1. — ECLAIRAGE ORDINAIRE.

172. Lampes portatives à feu nu. — Dans les mines non grisouteuses, l'éclairage est un problème simple, puisqu'il consiste seulement à procurer aux ouvriers une lumière assez intense pour rendre le travail commode, dans des conditions pratiques et économiques.

On se borne souvent à munir les hommes de *chandelles* ou *bougies*, plus souvent de *lampes à huile*. Ces

Fig. 145. — Lampe à feu nu fixée au chapeau.

dernières doivent être pourvues d'une anse, terminée par un crochet, pour qu'on puisse soit les porter à la main, soit les planter dans un bois ou les accrocher à une anfractuosité de la roche. Souvent, on les fixe au chapeau pour laisser les mains libres (*fig. 145*).

Ces lampes à huile consomment 10 à 15 gr. par heure. En général on laisse les mineurs payer le combustible, pour éviter le gaspillage.

Le pouvoir éclairant est de 1 bougie, 4.

Le grand inconvénient des lampes à huile est là production de fumées qui vicient l'atmosphère.

173. Lampes à acétylène. — Les lampes à acétylène fournissent une lumière beaucoup plus brillante et leur flamme résiste mieux au courant d'air. La combustion se poursuit même dans un air chargé d'acide carbonique. Par contre les becs se bouchent facilement.

Leur pouvoir éclairant est souvent de 8 à 10 bougies, parfois davantage. Elles doivent être de construction robuste, et comporter une vis de réglage de l'arrivée d'eau, ainsi qu'un réflecteur en métal. On leur reproche d'être coûteuses, d'un entretien délicat, et surtout d'être plus lourdes que les lampes à huile. Cette dernière raison les fait souvent écarter dans les mines où les ouvriers doivent se déplacer fréquemment.

174. Eclairage fixe à feu nu. — L'éclairage fixe des recettes ou des salles de machines est le plus souvent électrique. Si l'on ne dispose pas de cette source d'énergie, on se sert de *torches*, de grandes *lampes* à huile, au pétrole, ou à acétylène. La flamme doit être protégée par un couvercle en fer blanc contre la chute de gouttes d'eau.

Dans les carrières, on emploie également des appareils plus puissants, à gaz comprimé, ou à barbotage d'air comprimé dans un bain d'huile lourde, dont il produit la volatilisation.

175. Eclairage électrique fixe. — Les *lampes à arc* ne sont pratiques qu'à la surface, ou dans les chambres de grandes dimensions, telles qu'on en rencontre dans les ardoisières d'Angers ou dans les mines de sel. Il est à remarquer que l'exploitation par grandes chambres n'est possible qu'avec un éclairage intense qui permet la surveillance attentive du toit et des parois.

Le pouvoir éclairant des lampes à arc est considérable, puisqu'il atteint facilement plusieurs centaines de bougies, pour une dépense de courant de quelques ampères.

La dépense est faible, et elle est amplement compensée par l'amélioration du rendement des mineurs, sans parler de la diminution des chances d'accidents.

Il ne peut être question d'employer ce mode d'éclairage dans les mines grisouteuses. Il est même prudent de l'éviter à la recette supérieure d'un puits de sortie d'air, surtout si l'aérage est soufflant.

L'éclairage par *lampes à incandescence* n'est pas sans danger dans les mines grisouteuses ; des précautions spéciales y sont indispensables. Il est même indiqué, dans le règlement français, que l'éclairage électrique ne peut être admis, dans ces mines, qu'après une autorisation de l'administration.

Les lampes ne sont installées qu'aux recettes, dans les salles de machines, parfois dans les travers-bancs importants. On ne peut guère en envisager l'emploi dans les chantiers, où les fils risqueraient d'être coupés, et gêneraient le travail.

De plus, les mineurs ont besoin d'une lampe facile à déplacer, pour éclairer les diverses parties du chantier, suivant le travail qu'ils

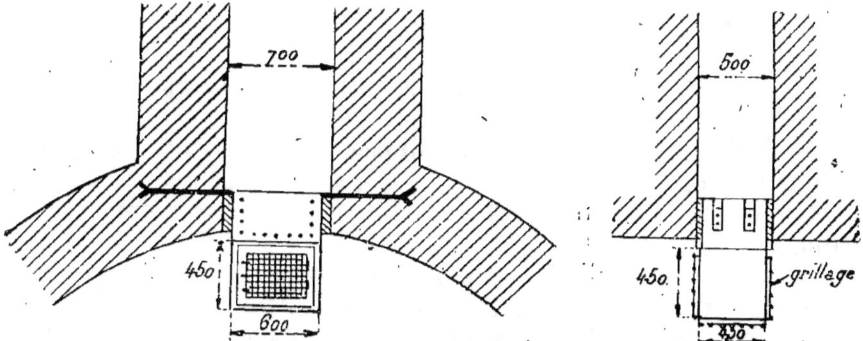

Fig. 146. — Eclairage dans une galerie en atmosphère grisouteuse.

ont à exécuter. Le pouvoir éclairant d'une ampoule à incandescence, installée à poste fixe, serait presque toujours insuffisant pour leur permettre de vérifier l'état du front de taille ou de la couronne, et même pour procéder au soutènement avec le soin désirable.

Il existe cependant, dans certaines mines étrangères (en Autriche par exemple) des installations d'éclairage par incandescence très étendues. Aux houillères d'Arnim (Saxe) plus de 1000 lampes sont en service au fond (1). Le courant, triphasé à 110 volts, est transporté par des fils isolés, dont la garniture est renforcée dans les endroits humides. Les lampes, de 16 bougies, sont protégées par un treillis métallique. Il y a 28 circuits, munis chacun d'un interrupteur. Chaque chantier forme un petit circuit secondaire, qui comprend de 2 à 5 lampes. Les conduits sont souples et garnis d'une enveloppe en caoutchouc.

---

(1) Voir *Bulletin de la Société de l'Industrie minérale* 4e Série, tome viii, 3e livraison de 1908.

Comme exemple des précautions à prendre pour l'éclairage dans une atmosphère grisouteuse, signalons les dispositions adoptées dans une galerie conduisant à quelques mètres au-dessous du sol, à la recette supérieure d'un puits de retour d'air (*fig. 146*).

La galerie, maçonnée, mesurait 3^m,10 de largeur au pied, 2^m,750 de hauteur au sommet de la voûte. A cinq mètres du puits, on disposa trois fortes lampes à incandescence dans une lanterne en verre épais, protégée par un grillage en fer, mesurant 600 $^m/_m \times$ 450 $^m/_m \times$ 450 $^m/_m$.

Cette lanterne était placée au bas d'un puits de 700 $^m/_m \times$ 500 $^m/_m$ profond de 3^m,200 et fermé à la partie supérieure par une verrière. L'air de la mine ne pouvait s'engager dans ce puits, par lequel on pouvait retirer et changer les lampes.

La lanterne était toujours fermée au cadenas.

Dans ces conditions il semble bien qu'aucun accident ne soit à craindre.

§ 2. — GÉNÉRALITÉS SUR LES LAMPES DE SURETÉ.

176. Propriétés des tamis métalliques. — On a vu, au chapitre II, que la propagation de la flamme du grisou ne pouvait se faire à travers un tube de très petit diamètre, au moins en atmosphère calme.

Un tamis métallique, à mailles serrées, est comparable à un assemblage de tubes très courts, juxtaposés, et d'axes perpendiculaires à la surface. Grâce au refroidissement des gaz dû aux fils métalliques qui constituent les parois de chacun de ces petits tubes, la flamme s'éteint avant d'avoir traversé le tamis.

Une première condition, essentielle, est donc d'avoir des mailles assez serrées pour que les trous soient suffisamment petits. On descend en général à moins de 1/2 millimètre comme diamètre des mailles ; la Commission prussienne du grisou recommande de ne pas dépasser 1/4 de millimètre carré comme surface du trou.

Mais il faut encore remplir une deuxième condition, qui est d'adopter un diamètre de fil assez gros pour que son influence réfrigérante soit sensible. On admet généralement pour ce diamètre 1/3 de millimètre, s'il y a 144 mailles au centimètre carré (leur diamètre est alors de 0 $^m/_m$, 46). Avec 196 mailles au millimètre carré on obtient encore un diamètre de trou de 0 $^m/_m$, 46, si le fil est de 1/4 de millimètre ; mais ce dernier est un peu trop fin. Si on adopte cette dimension de fil, il est prudent de choisir une toile de 225 mailles au centimètre carré.

Remarquons que la sécurité devient illusoire, si la toile métallique n'est pas parfaitement régulière ; il suffit d'une seule maille trop large pour laisser passer la flamme. On doit donc veiller très attentivement à la bonne fabrication des tamis ; nous verrons que pour protéger la flamme contre les coups de vent, on entoure généralement ces tamis d'une cuirasse en tôle, qui les garantit en même temps contre les chocs.

Si la flamme est entièrement entourée d'un tamis répondant aux conditions ci-dessus, la sécurité semble complète, en atmosphère calme. En réalité, ainsi que nous le verrons, cette précaution ne suffit pas.

177. Réduction du tirage de la lampe. — C'est *Davy*, en 1815, qui a le premier fait connaître la propriété que présentent les toiles métalliques contre la propagation de la flamme. Mais, ainsi que l'a fait remarquer M. Crussard (1), Davy avait signalé une deuxième condition nécessaire pour qu'une lampe puisse être utilisée sans danger dans le grisou : c'est que la section *totale* de communication avec l'intérieur soit réduite ; le tirage doit être assez faible pour que par suite de la combustion de l'air grisouteux, à l'intérieur du tamis, l'atmosphère qui entoure la flamme se charge assez d'acide carbonique pour que le mélange cesse d'être inflammable.

Si le tirage est assez actif pour évacuer les produits de la combustion, cette dernière continue, la toile s'échauffe et laisse passer la flamme.

Au contraire, avec un tirage réduit, il n'y a plus de danger (nous supposons toujours, rappelons-le, que l'expérience se fait en atmosphère calme). Mais ici, il faut distinguer entre les lampes à arrivée d'air par le haut et sortie des fumées par le bas (ou par le haut, avec cheminée de tirage) et les lampes dans lesquelles l'arrivée d'air se fait par le bas et la sortie des fumées par le haut. Dans le premier cas, la flamme est étouffée par les produits de la combustion qui diluent le grisou. Dans le second cas, le haut de la lampe se remplit de gaz incombustibles. Si la proportion de grisou est assez forte pour que la propagation se fasse à contre-courant d'air, la flamme vient se produire à l'intérieur du tamis, à l'entrée d'air, tandis que la mèche s'éteint. Il y a encore maintien d'une flamme, mais le grisou brûle dès son entrée dans la lampe, et la combustion ne se propage pas à l'intérieur. Grâce au rafraîchissement des fils par le courant d'air qui arrive, la flamme ne peut traverser le tamis.

178 Métal des tamis. — Les tamis sont généralement en fer ;

---

(1) CRUSSARD : *Grisou-Poussières.*

le nickel pur conviendrait au moins aussi bien et ne s'oxyderait pas, mais il est cher. Par contre les alliages fer-nickel, qui s'altèrent par suite des variations de température, sont à écarter.

Le cuivre est bon, mais son prix le fait réserver aux lampes des géomètres qui ne doivent contenir aucune partie en fer.

179. Inflammation hors de la lampe. — Une toile peut s'échauffer, par suite de la combustion interne, sans pour cela être dangereuse par elle-même, car elle se trouve alors dans des gaz brûlés, qui ne sont plus inflammables. Mais son action réfrigérante diminue et il peut arriver que les fumées qui sorten soient à température assez élevée pour provoquer une nouvelle inflammation au dehors. Il se produit alors une explosion, si la lampe est dans un courant d'air assez vif pour que la vitesse de sortie des fumées ne permette pas au refroidissement de se produire au passage du tamis. Il s'écoule un temps plus ou moins long entre l'inflammation à l'intérieur et l'explosion extérieure, parfois réduit à quelques secondes, parfois assez long pour qu'on ait le temps d'éteindre la lampe avant qu'un accident ne survienne.

Contre ce danger, une bonne précaution consiste à munir la lampe de deux tamis superposés ; le second parera aux défaillances du premier. Mais ce n'est pas un remède toujours efficace.

180. Danger des dépôts sur les tamis. — Le danger d'inflammation au dehors de la lampe est considérablement aggravé, si la toile métallique n'est pas parfaitement propre et si elle présente, sur sa surface, des poussières qui s'échauffent, notamment des poussières huileuses. Une autre cause d'accidents provient des projections des pastilles fulminantes des rallumeurs intérieurs. Les parcelles, non brûlées, qui viennent se coller contre le tamis, risquent de prendre feu, et de transmettre la flamme à l'extérieur. Aussi ce type de rallumeurs est-il maintenant proscrit.

181. Influence des courants d'air. — L'effet d'extinction produit par un tamis métallique est réduit, si la flamme est entraînée par un courant d'air. Ce mouvement diminue en effet l'action refroidissante des fils ; mais surtout les remous que provoque leur présence active la combustion et diminue les zones de protection autour de chacun d'eux. Le résultat est le même que si le diamètre de la maille augmentait ; il y a d'autant plus de chances pour que la flamme traverse que le courant est plus vif.

Si la flamme, au lieu de progresser dans le sens du courant

d'air (suivie par les gaz brûlés), va à contre-courant, elle arrive
au tamis, mais sans pouvoir le traverser, ainsi que nous l'avons
signalé plus haut (n° 177).

Enfin, si la flamme *reflue* dans le courant d'air, c'est-à-dire
qu'elle est précédée des gaz brûlés, ceux-ci échaufferont le tamis,
qui n'offrira plus qu'une action réfrigérante faible quand la flamme
y arrivera. Celle-ci étant d'ailleurs poussée par le courant, traverse
facilement.

Le premier cas, c'est-à-dire celui d'une traversée de la flamme
précédée par une chasse d'air combustible, peut se produire par explosion, à l'intérieur, d'une lampe plongée dans un milieu grisouteux.
Mais elle est extrêmement rare si l'atmosphère est calme. En pratique, le tamis arrête la flamme et la lampe s'éteint ; au contraire dans
un courant d'air vif, pour une lampe non cuirassée, on peut avoir
une traversée suivie d'explosion à l'extérieur.

De même si on retire brusquement une lampe d'une cloche où
elle a pris feu, le courant d'air peut amener la sortie de la flamme
par *soufflage* à travers le tamis supérieur.

Quant au dernier cas (traversée par *refluement*), il se présen-
tera, par exemple, si une combustion se produit entre les tamis, et
est entretenue au voisinage de l'un deux par un courant d'air faible,
puis qu'une brusque modification de celui-ci projette les gaz brûlés
et la flamme elle-même contre le tamis opposé.

Les effets de l'agitation de l'air, en changeant les conditions dans
lesquelles se trouve la lampe, sont donc susceptibles de provoquer
des accidents, alors qu'on se croyait protégé par les tamis et la cuirasse destinée à mettre ces derniers à l'abri des courants d'air. Il
est donc indispensable, avant d'adopter un type nouveau de lampe
de sûreté, de procéder à de nombreuses expériences pour essayer
de la mettre en défaut dans un mélange grisouteux, soit en la déplaçant brusquement, soit en faisant varier la vitesse et la direction
du courant d'air. Il est utile, en particulier, de voir comment se
comporte la lampe si on l'incline, ou si on l'expose à des courants
obliques.

Ces derniers provoquent parfois des renversements de tirage,
qui peuvent être très dangereux. C'est ainsi que la lampe Muescler
à cheminée de tirage est généralement sans danger dans les courants
horizontaux, car la cheminée reste pleine de fumées, tandis que
dans les courants obliques, celle-ci se vide de ses fumées et la flamme
peut monter jusqu'au tamis supérieur qu'elle risque de traverser.

Nous reviendrons plus loin sur les essais des lampes de sûreté
(§ 5). Signalons seulement que la cuirasse dont sont munies les

lampes modernes a non seulement pour effet de protéger les tamis contre les courants d'air, mais de gêner là sortie des fumées à travers les tamis, en cas de chasse brusque, et d'étouffer la lampe dont la flamme tend à sortir.

182. Effet Marsaut. — L'ingénieur français Marsaut, dont les recherches ont grandement contribué au perfectionnement de la lampe de sûreté, a signalé une cause possible d'accidents, d'autant plus importante qu'elle se produit précisément dans les conditions d'emploi les plus délicates de la lampe, c'est-à-dire dans la recherche du grisou dans une cloche au moyen d'une lampe dont on a baissé la flamme.

Si la lampe se remplit d'un mélange inflammable et qu'on la redescend dans l'air frais, il se produit une petite explosion à l'intérieur, qui se propage avec une vitesse croissante, d'après les lois de propagation des explosions, vers le tamis supérieur. Plus la distance parcourue par la flamme est importante, plus il y a donc de chances pour qu'il y ait traversée de ce tamis, surtout si on a retiré trop vivement la lampe et produit l'effet de soufflage signalé plus haut. Pour parer aux dangers de cet *effet Marsaut*, il est bon de prévoir un double tamis en couronne. La présence du couvercle de la cuirasse, en gênant la sortie des gaz, améliore encore la protection.

183. Verre. — L'existence d'un tamis autour de la flamme, surtout s'il est double, diminue considérablement le pouvoir éclairant de la lampe. On a donc eu l'idée d'entourer la flamme d'un manchon de verre, que surmontent les tamis. Ce procédé est d'ailleurs le seul qui permette l'adjonction d'une cuirasse.

Ce manchon est en cristal ; on a proposé parfois de lui donner une forme particulière, pour concentrer la lumière dans certaines directions, mais en pratique on n'emploie guère que des cylindres réguliers.

L'épaisseur admise doit être de $4^{m}/_{m}$ 1/2 au moins ; elle est souvent de 5 ou 6 $^{m}/_{m}$. Il n'y a pas intérêt à l'augmenter trop, car il y a alors trop de différence de température entre l'extérieur et l'intérieur, et le manchon se brise plus facilement lorsqu'une goutte d'eau froide tombe sur sa surface extérieure. Cet inconvénient est particulièrement sensible avec les lampes à essence, qui échauffent beaucoup le verre.

Les constructeurs se sont attachés à fabriquer des verres peu sensibles aux brusques changements de température et se dilatant peu. Ces verres spéciaux sont naturellement plus chers ; l'expérience seule montre si l'augmentation de prix est compensée par l'augmentation de la durée moyenne des manchons.

Les verres éclatés sous l'effet de la chaleur ou d'une goutte d'eau sont sans danger, car la fissure ne laisse pas passer l'air. Il faut cependant les remplacer à la lampisterie dès que la lampe y est remontée.

Les ébréchures sont sans importance, si le verre a conservé le minimum d'épaisseur prescrit (4 $^m/_m$ 1/2 en France). Il faut surveiller particulièrement celles qui se produisent sur le haut ou le bas du manchon, car elles pourraient rendre l'étanchéité insuffisante. Les surfaces de contact du manchon avec le bâti de la lampe ou les collets des tamis doivent conserver cette largeur minima, sinon le verre doit être rebuté.

184. Pouvoir éclairant. — Le pouvoir éclairant des lampes de sûreté était très faible, lorsque la lumière devait traverser les tamis (0,17 bougie pour la lampe Davy primitive à huile).

Avec un manchon en verre, on arrive à 2/3 de bougie en employant l'huile comme combustible. On dépasse 1 bougie dans les lampes modernes à essence.

185. Combustible. — Le combustible employé, dans les lampes de sûreté, est soit de l'huile, soit de l'essence.

L'*huile* la plus usitée est l'huile de colza épurée. La consommation atteint 5 à 6 gr. par heure. On a parfois employé de l'huile animale, comme celle de baleine.

L'*essence* est d'un emploi plus récent, mais qui s'est beaucoup étendu, en raison des avantages de ce combustible.

La consommation est seulement d'environ 4 gr. à l'heure ; le pouvoir éclairant est sensiblement plus grand et plus constant, tandis que l'encrassement de la lampe, en particulier celui des tamis, est moindre. Les frais d'entretien sont donc réduits. D'autre part, grâce à la volatilité de l'essence, il est possible d'adopter un dispositif de rallumage intérieur.

Par contre, le manchon de verre et les autres organes de la lampe s'échauffent davantage. Cet inconvénient est d'ailleurs négligeable au point de vue du danger dans un air grisouteux.

Le combustible, au lieu d'être simplement contenu dans un réservoir, doit être absorbé par un remplissage d'ouate, sans qu'il y ait de liquide en liberté. Pour absorber 50 gr. d'essence, il faut 6 à 8 grammes d'ouate.

186. Organes de la lampe. — La lampe se compose donc des organes suivants :

A la base, un réservoir cylindrique contenant le combustible et surmonté au centre du porte-mèche ; le manchon en verre, les tamis et la cuirasse. Ces derniers sont rendus solidaires du réservoir par des colonnes (six en général) fixées sur une couronne qui se visse sur le haut du récipient. Cette *armature* entoure le manchon de verre et le protège. Elle se continue par des colonnes portant le chapeau auquel est attaché le crochet de suspension.

A travers le fond du réservoir passe la *mouchette* au moyen de laquelle on règle la mèche. C'est un fil de fer coudé aux deux extrémités et passant dans un petit tube. Ce dernier doit être assez fin pour qu'il ne se produise pas de communication dangereuse avec l'intérieur de la lampe.

Les lampes à essence ne comportent pas de mouchette, mais sont munies, sous le réservoir, d'un bouton relié à une petite crémaillère permettant de régler la mèche.

187. Fermeture. — La sécurité est absolument illusoire si l'ouvrier peut ouvrir sa lampe, ou tout au moins s'il peut le faire sans qu'un procédé de contrôle donne les moyens de s'apercevoir que cette faute a été commise. Il suffit d'un imprudent pour provoquer une catastrophe, et le danger du grisou est si peu visible que ceux qui vivent continuellement avec lui sont facilement tentés de l'oublier. En outre l'ennui de se trouver dans l'obscurité, lorsque la lampe s'éteint par suite d'un mouvement trop brusque, incite les mineurs à rouvrir leur lampe pour la rallumer à celle d'un camarade, ou avec des allumettes soigneusement dissimulées.

De nombreux procédés de fermeture ont été imaginés. Trop souvent l'ingéniosité des ouvriers a rendu illusoires des perfectionnements qui paraissaient de nature à écarter toute crainte d'accident.

La lampe se ferme par vissage de la couronne inférieure de l'armature sur le haut du réservoir. C'est donc le dévissage de cette couronne qu'il faut empêcher absolument ; tout au moins il ne doit pas être possible sans qu'il en reste une trace incontestable.

On a d'abord proposé d'engager un rivet de plomb dans des trous portés par la couronne et par le réservoir ; lorsqu'on a amené, en vissant la lampe, ces trous en face l'un de l'autre, on place le rivet et on en écrase les têtes avec une pince munie d'une lettre de contrôle (changée chaque jour). Lorsque le mineur rendra sa lampe, on pourra constater si le rivet est intact.

Pour qu'on puisse visser à fond l'armature, il faut que le nombre de trous pouvant être mis en regard soit élevé. De plus, le rivetage étant assez long, les première lampes préparées resteront allumées longtemps avant d'être distribuées.

On peut remédier à ces deux in-convénients en limitant l'action du rivet à l'immobilisation d'une pièce qui permet le vissage, mais non le dévissa-ge. Pour cela il suffit de disposer sur le réservoir B une tige *t* (*fig. 147*) qui vient s'engager dans une crémaillère por-tée par la couronne A. Un ressort R re-pousse le haut de cette tige au fond des dents de la crémaillère ; lorsqu'on visse (dans le sens de la flèche), la tige peut s'abaisser à travers l'anneau de base D. Celui-ci est maintenu par une pièce E qui ne peut être enlevée qu'après cisaillement du rivet P et rabattement du levier. On voit que le rivet peut être placé avant que l'armature soit vissée

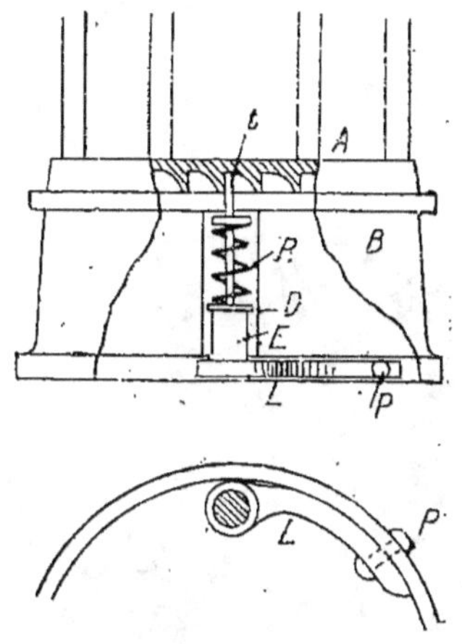

Fig. 147.
Fermeture Viala et Catrice.

par conséquent avant allumage de la lampe ; au contraire, grâce au ressort, il est impossible d'ouvrir la lampe sans rompre le rivet.

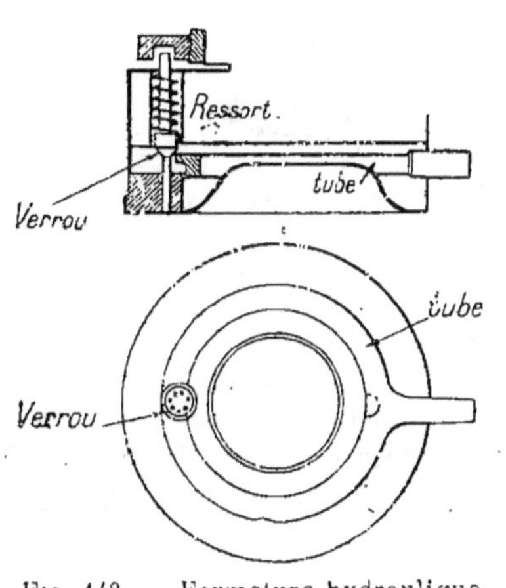

Fig. 148. — Fermeture hydraulique.

Les rivets de plomb sont en-core souvent employés, bien qu'ils puissent être habilement cisaillés et remis en place sans qu'on s'a-perçoive du fait, si le contrôle au moment de l'ouverture à la lampisterie est fait avec négli-gence.

Divers procédés de ferme-ture, basés sur l'emploi de clefs spéciales, de cadenas, ont dû être abandonnés comme pouvant être mis en défaut.

On préfère souvent employer des moyens de fermeture exi-geant des appareils que les ou-vriers ne peuvent se procurer, et qu'ils ne pourraient en tous cas emporter avec eux dans les travaux souterrains.

Telle est par exemple la *fermeture hydraulique Cuvilier-Catrice* (*fig. 148*) dans laquelle le verrou qui rend solidaires le réservoir et l'armature est maintenu en place par un fort tube manométrique Bourdon. Pour écarter les branches de ce tube et libérer le verrou, il faut comprimer dans le tube de l'eau à haute pression, au moyen d'une machine installée à la lampisterie.

Les procédés de *fermeture magnétique*, plus simples et moins coûteux, sont beaucoup plus répandus.

La fig. 149 représente la fermeture de la lampe Wolf. Une pièce

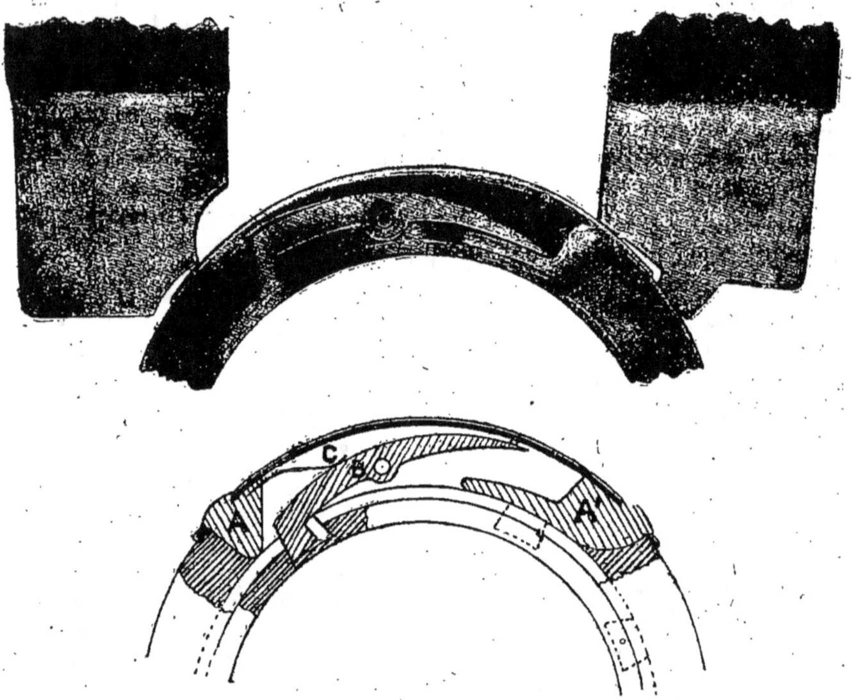

FIG. 149. — Fermeture magnétique Wolf.

en fer doux B, oscillant autour d'un axe, est maintenue dans une encoche du réservoir par un ressort C. Pour l'ouvrir il faut appliquer les pôles d'un fort aimant contre les boutons en fer doux A et A'. La pièce B vient au contact de A et A' et, dans ce mouvement, son extrémité sort de l'encoche.

Dans le système *Müller* le déplacement du verrou qui permet l'ouverture de la lampe est accompagné du rabattement sur la mèche d'un capuchon qui provoque l'extinction. La sécurité est donc plus complète, mais il faut que la lampe soit munie d'un rallumeur intérieur permettant son allumage après la fermeture.

188. Rallumage intérieur. — Grâce à la volatilité de l'essence, il est possible de munir les lampes utilisant ce combustible d'un appareil permettant de les rallumer sans les ouvrir.

On a d'abord imaginé de se servir d'une étincelle électrique, mais il faut un appareil producteur de courant, distinct de la lampe, et qui risque par conséquent de donner accidentellement des étincelles. Aussi ne peut-on adopter ce système dans les mines grisouteuses. Il n'est d'ailleurs pas utilisable en dehors des postes de rallumage.

On a proposé ensuite l'emploi d'un petit briquet à ferro-cerium, placé à l'intérieur de la lampe, contre la mèche, et manœuvré de l'extérieur. Mais s'il y a projection de particules de ferro-cerium non brûlé contre les tamis, ces dernières risquent de s'enflammer et de provoquer une explosion.

Les *rallumeurs à amorces* sont presque seuls en usage actuellement.

Des pastilles fulminantes sont collées de distance en distance sur une bande de papier ou de coton qu'on peut dérouler au moyen d'un bouton placé à l'extérieur de la lampe. Leur inflammation est provoquée par le *choc* d'une pièce (mue par un ressort mis en tension et déclenché par la rotation même du bouton) ou par *friction* sur une pointe mousse.

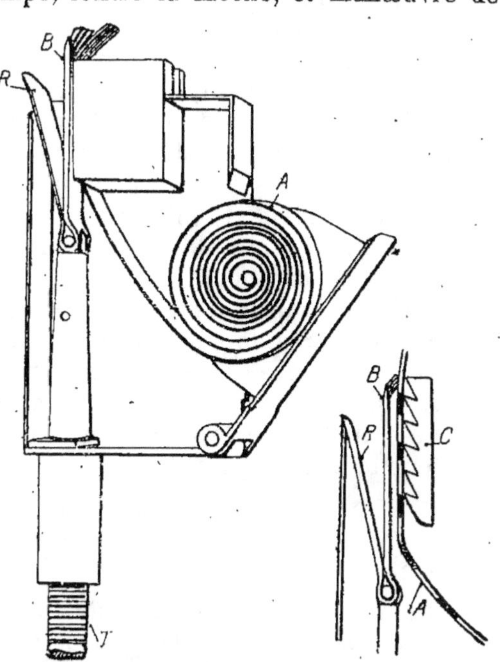

Fig. 150. — Rallumeur à friction Wolf.

Les pastilles explosibles donnent une flamme très brève, suffisante pour rallumer la lampe, mais insuffisante pour allumer la bande de papier.

Les amorces à percussion sont interdites en France depuis l'accident de Liévin (1907) qui a coûté la vie à deux ingénieurs et à un chef porion. On a reconnu en effet qu'au moment de l'explosion des parcelles non brûlées pouvaient être projetées contre le tamis ; au moment d'un rallumage ultérieur, les gaz brûlés enflamment ces parcelles et provoquent une explosion à l'extérieur de la lampe, si celle-ci est dans un air chargé de grisou.

Les amorces à friction sont seules autorisées. La capsule est simplement inflammable, mais non explosible ; il n'y a donc pas de risques de projection. La pâte employée est généralement à base de phosphore blanc. La fig. 150 représente le rallumeur Wolf. Les capsules de phosphore sont fixées sur une bande de coton trempé dans la paraffine.

En abaissant le tirant T, on entraîne un râcloir B pourvu à la partie supérieure de dents dirigées vers le haut et maintenu contre la crémaillère C par le ressort R. Sous l'action du frottement contre la crémaillère, une pastille s'enflamme, allumant la bande paraffinée qui brûle jusqu'au haut, mais non au-dessous de la pastille. Lorsqu'on lâche le tirant T, les dents du râcloir entraînent l'extrémité de la bande, qui est ainsi prête pour un nouveau rallumage.

Des expériences très sévères, faites en France à la suite de l'explosion de Liévin (1) ont permis de conclure que les rallumeurs à friction étaient admissibles en présence du grisou.

Il importe cependant de signaler un danger, difficile à combattre : si une lampe est éteinte par suite d'un choc ou d'une chute qui l'ont détériorée, le fonctionnement du rallumeur risque d'amener une explosion. Il faudrait s'assurer que la lampe n'a pas subi d'avarie ; dans l'obscurité cette constatation n'est pas facile ; il est même à craindre que le mineur néglige cette précaution avant de faire fonctionner le rallumeur.

§ 3. — DESCRIPTION DES LAMPES DE SURETÉ.

189. Lampe Davy. — La lampe Davy était munie d'un seul tamis, dont le collet de base était vissé sur le réservoir (*fig. 151*).

Ce tamis (haut de 15 ou 20 centimètres, d'un diamètre de 5 à 7 centim.) entourait complètement la flamme. Son chapeau était doublé.

Une armature, composée de 3 ou 4 tiges supportait le couvercle auquel était fixé le crochet de suspension.

La lampe pesait 0 kg. 750 à 0 kg. 800 (garnie). Son pouvoir éclairant était très faible, et la sécurité était tout à fait insuffisante dans les courants d'air grisouteux.

---

(1) Rapport de M. CHESNEAU, *Annales des Mines,* 8ᵉ livraison de 1907.

Elle ne peut être considérée comme lampe de sûreté, et a tout à fait disparu, après avoir constitué à l'origine un progrès remarquable sur les lampes à feu nu.

Dans la lampe *Boty*, la flamme est entourée d'un manchon en

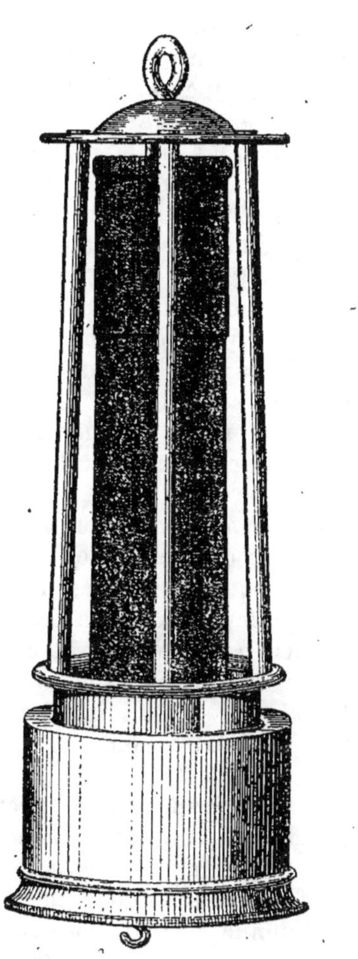

Fig. 151. — Lampe Davy.

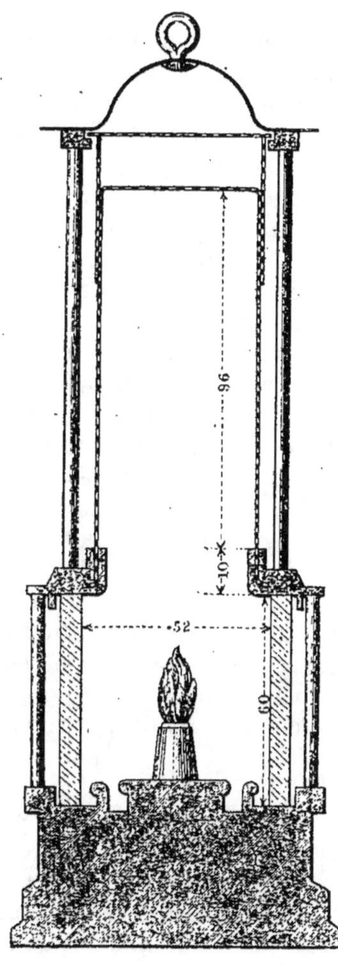

Fig. 152. — Lampe Clanny.

verre, et le tamis ne commence qu'au-dessus de celui-ci. Mais, dans les premiers modèles, l'entrée d'air se faisait au-dessous du manchon, par de petits trous sans toiles métalliques. Le pouvoir éclairant était très bon, mais la sécurité dans le grisou était insuffisante. On peut employer les lampes de ce type dans les mines non gri-

souteuses ; on rencontre ainsi, en Angleterre la lampe *Bainbridge* à
manchon de verre très haut, surmonté d'un tamis réduit à 5 centim.
L'entrée d'air se fait également par des trous, non protégés, à la
partie inférieure.

190. Lampe Clanny. — Dans la lampe *Clanny* (*fig. 152*), le
manchon repose directement sur le réservoir. L'arrivée d'air ne peut
se faire qu'à travers le tamis, ce qui procure une sécurité beaucoup
plus grande que dans les lampes Boty ou Bainbridge.

L'air pénètre donc, au-dessus de la flamme, à la partie inférieure du tamis, tandis que la sortie des gaz brûlés se fait par le
chapeau, qui est d'ailleurs doublé par une seconde toile métallique.

Grâce à l'alimentation renversée, la flamme s'éteint généralement dans un mélange inflammable. Mais le grisou continue à brûler
à l'intérieur du tamis, avec tous les dangers de transmission à l'extérieur si la lampe est agitée ou exposée à un courant d'air.

On a amélioré les lampes Boty ou Clanny en les munissant de
deux tamis au lieu d'un seul : la flamme ne sort plus du tamis que
pour un courant d'air grisouteux de 8 ou 9 m. par seconde au lieu
de 3 ou 4 m. C'est là un résultat qui ne permet pas d'employer ces
lampes dans les mines grisouteuses.

Un progrès plus sérieux a consisté à envelopper le tamis d'une
cuirasse. A l'origine (lampe *Birckel*) celle-ci était percée de fenêtres
qu'on laissait ouvertes en temps normal, et qu'on fermait seulement
pour étouffer une inflammation dans le tamis ; lorsqu'on craignait
la présence du grisou, on pouvait fermer presque entièrement les
fenêtres pour ralentir le tirage. Mais on n'était jamais sûr que l'ouvrier exécuterait cette manœuvre de précaution, qui diminuait le
pouvoir éclairant et augmentait les risques d'extinction.

191. Lampe Mueseler. — La lampe *Mueseler* primitive, inventée
il y a une cinquantaine d'années et adoptée aussitôt en Belgique
dans toutes les mines grisouteuses, ne comportait à l'origine qu'un
seul tamis, sans cuirasse. La flamme est surmontée d'une cheminée
intérieure conique, en tôle pleine, maintenue en place par un diaphragme horizontal en toile métallique reposant sur le haut du
manchon (*fig. 153*) ; grâce au diaphragme, si une inflammation intérieure se produit, l'entrée d'air est empêchée par l'effet même de
l'explosion ; le volume d'air grisouteux emprisonné sous le diaphragme étant faible, et les gaz brûlés contenus dans la cheminée
isolant cet air de celui qui surmonte le diaphragme, la lampe s'éteint
sans que la flamme ait passé dans cette partie de l'appareil.

En atmosphère calme, avec une lampe au repos, la sécurité est presque absolue. Malheureusement, il n'en est plus ainsi lorsqu'on incline ou qu'on agite la lampe ou que celle-ci se trouve dans un courant d'air oblique. Il peut alors se produire un renversement du

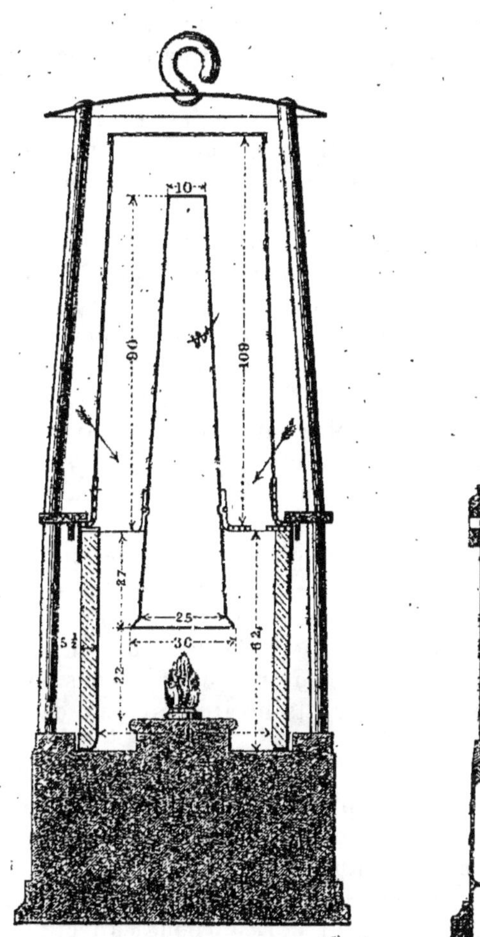

Fig. 153. — Lampe Mueseler non cuirassée (type réglementaire belge).

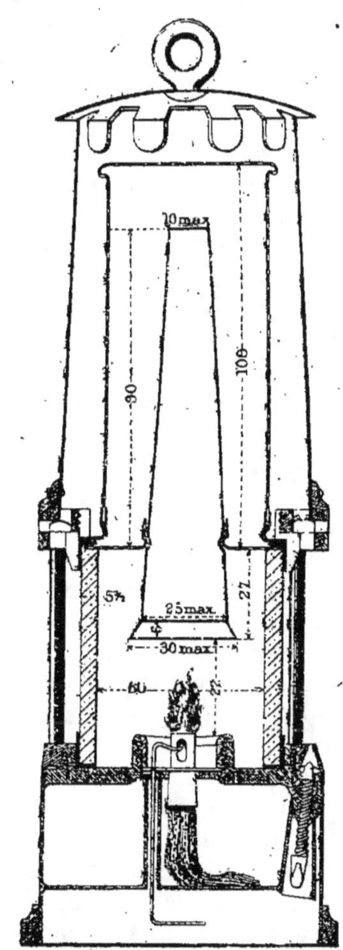

Fig. 154. — Lampe Mueseler cuirassée.

tirage, qui se fait à travers le diaphragme ; la cheminée n'est plus remplie de gaz brûlés et laisse passer la flamme, en cas d'explosion, jusque sous le haut du tamis.

En particulier, à la station d'essais de Frameries, en 1904, MM. Watteyne et Stassart ont observé des passages de flamme, dans un courant d'air ascensionnel (à 9°/₀ de grisou), dès que la vitesse dépasse 3 m. par seconde. Avec du gaz d'éclairage on peut produire l'*effet Marsaut* (expliqué au n° 182) en laissant la lampe se remplir de gaz et en la ramenant à l'air libre. On n'a pas constaté cet effet avec du grisou, mais les dangers provenant des renversements de tirage ont conduit à abandonner la lampe Mueseler et à la remplacer par des appareils plus sûrs.

L'emploi d'un rallumeur est également très dangereux, car, au moment où l'on fait fonctionner celui-ci, la cheminée étant remplie d'air grisouteux et non de gaz brûlés, la flamme passe immédiatement dans le tamis.

Il est d'ailleurs à remarquer que le remplacement de l'huile par de l'essence, dans la lampe Mueseler, se traduit par une forte diminution du pouvoir éclairant, ce qui paraît paradoxal au premier abord, et s'explique par l'insuffisance du tirage que permet la cheminée. Si l'on augmentait cette dernière, on rendrait illusoire la sécurité, car on risquerait de laisser passer la flamme d'une explosion.

Les proportions de la lampe Mueseler ont été étudiées avec soin, et ne peuvent être modifiées sans diminuer nettement la sécurité qu'elle présente. L'examen des fig. 153 et 154 montrera les dimensions réglementaires.

Actuellement, la lampe Mueseler adoptée en Belgique est munie d'une cuirasse pleine, percée de trous à la partie supérieure pour l'évacuation des gaz brûlés. L'entrée d'air se fait à la base de la cuirasse, entre celle-ci et le tamis. Ainsi modifiée, la lampe Mueseler est sans danger, aussi bien dans les courants d'air ascensionnels violents qu'au repos et dans les courants horizontaux ou descendants.

On peut cependant lui reprocher de s'éteindre facilement lorsqu'on l'incline, et de ne pouvoir être munie d'un rallumeur ; la diminution de pouvoir éclairant avec l'emploi de l'essence rend d'ailleurs ce dernier inconvénient sans importance.

Le poids de la lampe garnie est de 1 kg. 325 sans cuirasse, 1 kg. 430 avec cuirasse. Pouvoir éclairant : 0,5 à 0,6 bougies décimales.

Il a été imaginé diverses autres lampes à cheminée, qui ne se sont pas répandues. Dans la lampe *Baretta*, la base de la cheminée est en verre et enveloppe la flamme ; le tamis est double.

La lampe *Thorneburry* (à pétrole) est à double manchon de verre, l'air descendant entre les deux, pour arriver à la flamme par la partie inférieure (après avoir traversé un anneau en toile métallique à la base des manchons). Le pouvoir éclairant est bon et la sécurité satisfaisante, mais le réglage est difficile.

192. Lampe Fumat. — La lampe *Fumat* primitive était à alimentation d'air par le bas, à travers les trous, au-dessous du manchon, protégés par un double tamis métallique et par un écran annulaire qui empêchait les courants d'air de pénétrer dans la lampe. Les gaz brûlés sortaient par un double tamis, le premier tronconique et à mailles assez larges, le second plus serré, placé à la partie supérieure de la cuirasse.

L'inconvénient de cette lampe était de s'éteindre assez facilement lorsqu'on la balançait.

Dans le type suivant (*fig. 155*) l'air pénètre, à la base de la cuirasse, par des trous de 5 $^m/_m$ de diamètre prolongés vers l'intérieur par des tubes de 5 $^m/_m$ de longueur.

Il descend ensuite dans deux conduits qui masquent un tiers du manchon (mais qui forment réflecteur), et pénètre dans un anneau, d'où il passe à l'intérieur du manchon, à travers des trous munis de tamis métalliques.

Les gaz brûlés s'engagent dans une cheminée cylindrique, en tôle pleine, continuée par un chapeau annulaire en toile métallique. Ils sortent enfin de la cuirasse par les tubes et trous de la partie supérieure de cette dernière.

Les courants d'air et de fumées subissant les mêmes effets sous l'action des oscillations de la lampe ou des coups de vent, on n'observe plus d'extinctions aussi fréquentes. D'autre part la sécurité est bonne, puisque la lampe est presque entièrement remplie de gaz brûlés.

La complication de ce modèle et l'existence de la gaîne de descente qui masque le manchon expliquent qu'il ne se soit pas développé.

Dans un type plus récent (*fig. 156*), créé en 1903, les petits tubes de la cuirasse ont été supprimés par l'inventeur, et remplacés par 20 trous en deux rangées à la base, et 18 en une seule rangée au haut de la cuirasse. Tous ces trous sont de 6$^m/_m$ de diamètre.

La section totale offerte à la sortie des gaz brûlés est plus de trois fois supérieure à celle de la gaine de descente le long du manchon. Il en résulte qu'une partie de l'air frais pénétrant dans la cuirasse remonte directement vers les orifices de sortie, en rafraîchissant la cheminée et la cuirasse.

La hauteur de celle-ci est sensiblement plus faible que dans la plupart des lampes ordinaires, en vue de faciliter la recherche du grisou dans les cloches.

Ce dernier type est autorisé en Belgique comme en France.

La hauteur totale (crochet non compris) n'est que de 240 $^m/_m$, au lieu de 265 $^m/_m$ pour la Mueseler cuirassée.

Le poids de la lampe garnie ne dépasse pas 1 kg. 100. Le pouvoir éclairant est de 0 bg. 85 au début, mais il s'abaisse à 0 bg. 5 à la fin du poste, et même au dessous dans les chantiers poussiéreux, en raison de l'encrassement des tamis.

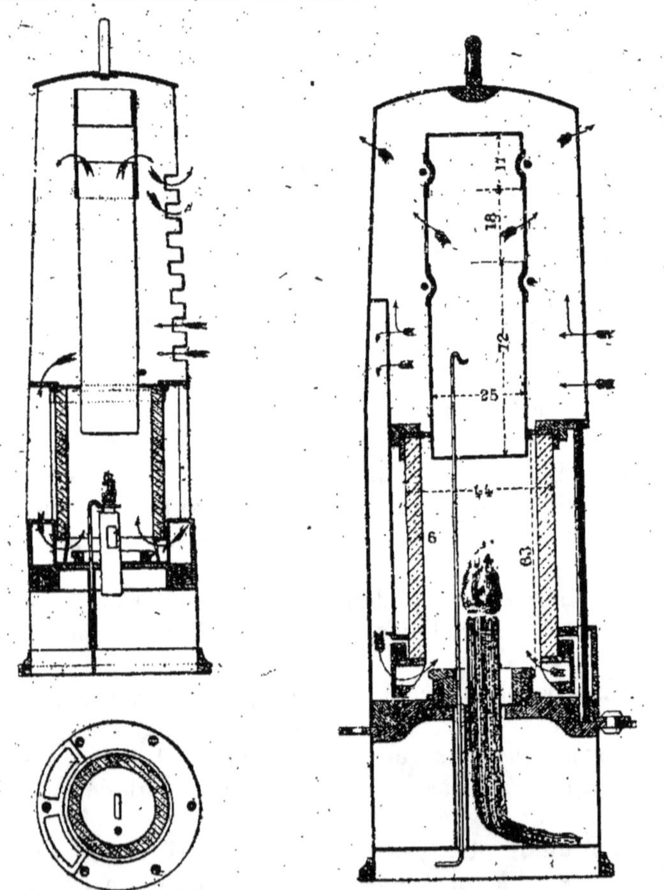

FIG. 155. — Lampe Fumat.   FIG. 156. — Lampe Fumat (petit modèle).

Il existe enfin un modèle de lampe Fumat à essence et rallumeur, qui remplit les conditions voulues pour pouvoir être adopté dans les mines grisouteuses.

193. Lampe Body Firket. — La lampe *Body Firket* (*fig. 157*) ressemble beaucoup à la lampe Fumat. Elle comporte également une-

gaine de descente de l'air conduisant ce dernier de la base de la cuirasse à une couronne annulaire au-dessous du manchon ; une cheminée, commençant au haut du verre, est enveloppée d'un tamis.
Les gaz brûlés s'échappent par des fenêtres au haut de la cuirasse.

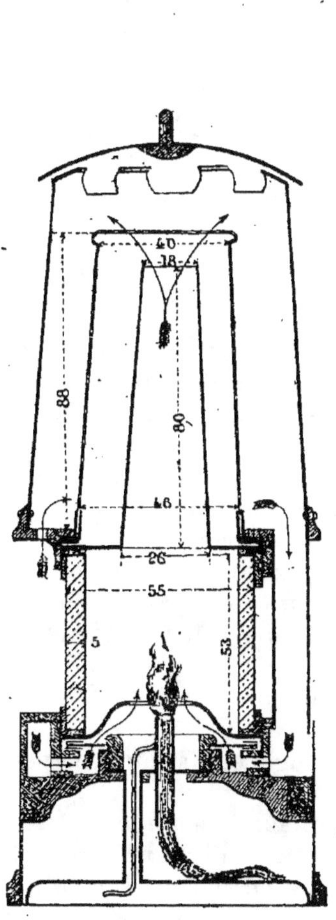

Fig. 157. — Lampe Body Firket.

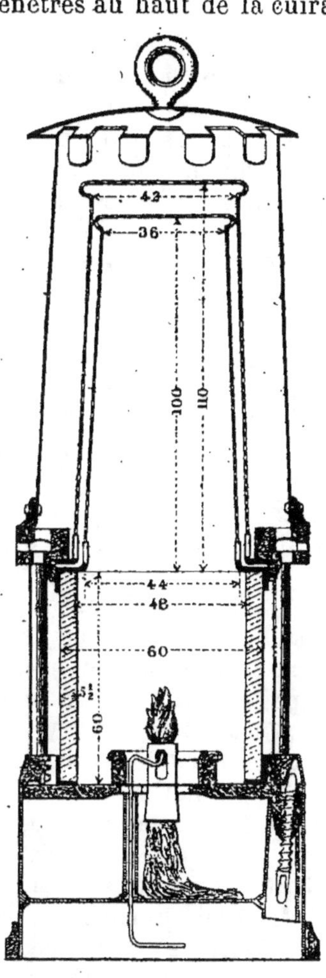

Fig. 158. — Lampe Marsaut.

Les orifices d'entrée d'air sont horizontaux, dans la couronne
qui supporte la cuirasse. Leur section totale est faible, aussi le pouvoir éclairant n'est-il que d'un tiers de bougie, par suite de cette
réduction du tirage.

La hauteur totale de la lampe n'est que de 235 $^{m}/_{m}$, son poids
(garnie) de 1 kg. 135.

En raison de l'insuffisance de son pouvoir éclairant, cette lampe ne s'est guère répandue. Elle ne peut pas non plus être munie d'un rallumeur, car une explosion à l'intérieur chasserait immédiatement la flamme par la cheminée jusqu'au haut du tamis. On emploie donc uniquement comme combustible l'huile végétale.

La lampe *Gray*, alimentée au pétrole lourd, est également à entrée d'air par dessous le manchon, mais l'air descend depuis le haut de la cuirasse dans des tubes verticaux. La cheminée qui surmonte la flamme comporte simplement un tamis horizontal formant chapeau. Les gaz brûlés s'échappent par des trous dans le couvercle.

Le but de la prise d'air à la partie supérieure était de supprimer l'effet de la force centrifuge et d'éviter ainsi l'extinction de la lampe lorsqu'on la balançait.

194. Lampe Marsaut. — La lampe Marsaut *(fig. 158)* est l'une des plus remarquables et des plus employées.

Elle a les mêmes dimensions, comme réservoirs et comme manchon, que la Mueseler, mais la cheminée et le diaphragme sont supprimés. Ils sont remplacés par un double tamis, entouré d'une cuirasse.

L'air entre par la base des tamis, et les gaz brûlés sortent à la partie supérieure. La toile métallique de ces tamis est en fil de fer de $1/3$ $^m/_m$, avec 144 mailles au centimètre carré.

La base du grand tamis est une virole en cuivre rouge, qui recouvre le verre à frottement doux, sur 8 ou 10 $^m/_m$. Comme dans la lampe Mueseler, le manchon de verre comporte une virole de cerclage en haut et en bas.

La hauteur totale est de 265 $^m/_m$, le poids de 1 kg. 253 (vide) à 1 kg. 438 (garnie).

Le pouvoir éclairant dépasse 1/2 bougie et diminue peu pendant le poste.

Cette lampe résiste parfaitement aux différentes causes qui tendraient à faire sortir la flamme. L'explosion interne d'un mélange de gaz d'éclairage et d'air peut la mettre en défaut, à moins qu'on n'ajoute un troisième tamis ; avec le grisou, il n'y a pas de danger.

La lampe Marsaut a été transformée par *Wolf*, pour emploi de l'essence. Ce type nouveau, tout aussi sûr, est un peu plus grand et plus lourd. Sa hauteur est de 295 $^m/_m$, son poids de 1 kg. 502 vide, 1 kg. 547 garnie. Elle est généralement désignée sous le nom de *lampe Wolf à alimentation supérieure (fig. 159)*.

195. Lampe Demeure. — La lampe belge *Demeure (fig. 159 bis)*

est alimentée à l'huile végétale comme la lampe Marsaut ; elle ressemble à cette dernière, sauf en ce qui concerne l'entrée d'air qui

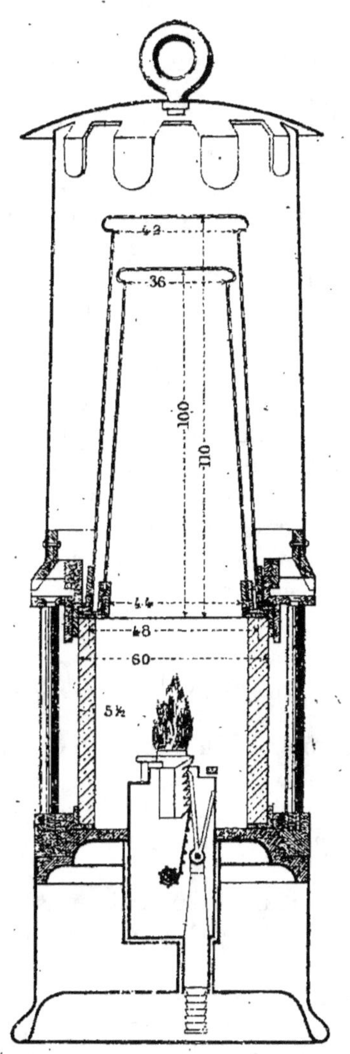

Fig. 159. — Lampe Wolf à alimentation
supérieure (Marsaut transformée).

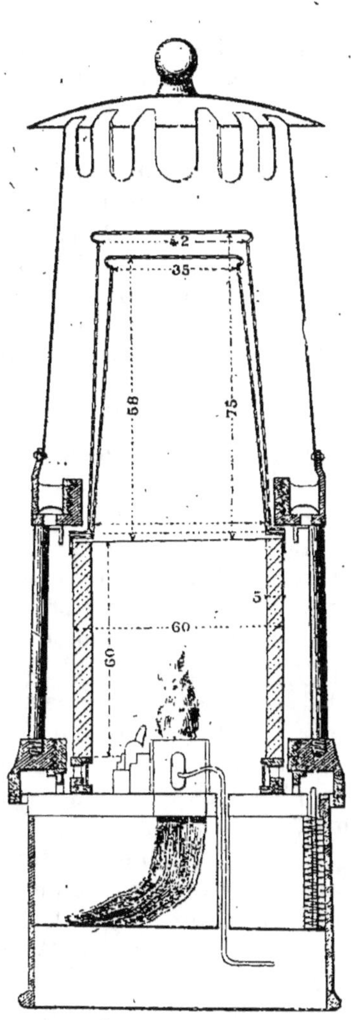

Fig. 159 bis.
Lampe Demeure.

se fait par des ouvertures dans la couronne circulaire qui supporte
le manchon ; ces ouvertures sont fermées par des tamis.

La hauteur est de 247 $^m/_m$, mais le poids est supérieur à celui de la lampe Marsaut (1 kg. 672 garnie). Grâce à l'alimentation d'air par le bas, le pouvoir éclairant est meilleur (2/3 de bougie).

La lampe anglaise *Evans Thomas* se rapproche également de la lampe Marsaut. L'air entre par des trous sur la périphérie de la cuirasse, à la partie inférieure, puis par la base du tamis, qui est protégé, en face des trous, par un anneau plein. La sortie des gaz se fait par le chapeau du tamis (qui est double), puis par des ouvertures au haut de la cuirasse et dans le couvercle.

196. Lampes Wolf. — La première lampe *Wolf*, à l'essence (appelée *benzine* en Allemagne et en Belgique) était simplement *protégée*, comme la lampe Boty, et comportait un verre élevé surmonté d'un seul tamis enveloppé d'une cuirasse. Elle est inadmissible dans les milieux grisouteux.

La *lampe de sûreté Wolf* (*fig. 160*) est identique, dans toute la partie supérieure (manchon de verre, tamis, cuirasse) à la lampe Marsaut, mais l'entrée d'air se fait au-dessous du manchon par une ouverture circulaire comprise entre deux viroles verticales formant chicane. L'air passe ensuite par 7 ouvertures rectangulaires de $12 \, ^m/_m \times 3 \, ^m/_m$, verticales, puis par 6 fenêtres horizontales de $25 \, ^m/_m \times 3,5$. Ces ouvertures et fenêtres sont munies de tamis. La sortie d'air se fait par les tamis supérieurs.

Grâce à l'emploi de l'essence et à l'entrée d'air par le bas, le pouvoir éclairant est de 1 bougie.

La hauteur de la lampe est de $295 \, ^m/_m$, son poids de 1 kg. 614 vide, 1 kg. 659 garnie.

La sécurité de la lampe est très bonne, à condition que les rallumeurs soient à amorces fusantes et non explosives.

La lampe Wolf construite en France par la Société d'éclairage et d'applications électriques d'*Arras* (*fig. 161*) diffère peu du type normal.

Dans le type le plus récent (lampe Standard 1920), l'air entre par une rainure circulaire haute de $1 \, ^m/_m 5$ ménagée entre les pièces formant l'anneau de base de l'armature.

Il monte ensuite par 24 ouvertures circulaires, d'un diamètre de $3 \, ^m/_m$, et arrive devant une couronne annulaire, percée de 6 fenêtres larges de $25 \, ^m/_m$ et hautes de $3 \, ^m/_m 5$, protégées par un double tamis.

Le pouvoir éclairant est analogue à celui de la lampe Wolf normale. La hauteur est de $270 \, ^m/_m$, le poids de 1 kg. 719 (vide) et 1 kg. 764. La fermeture comporte une bague, au bas de la galerie, à crémaillère amovible en acier avec encoches de $4 \, ^m/_m$ (système Cotté), et un verrou de fermeture ascendant (système Villiers-Petit) maintenu

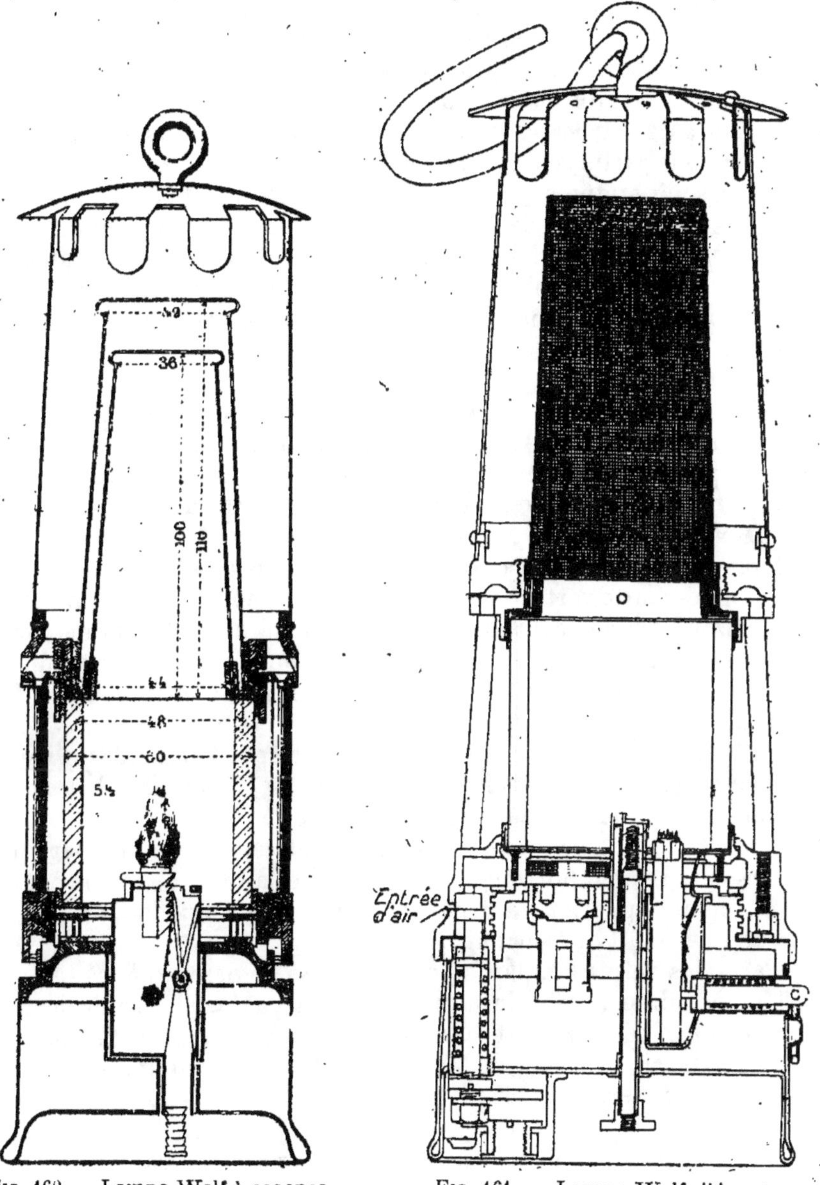

Fig. 160. — Lampe Wolf à essence.   Fig. 161. — Lampe Wolf d'Arras.

par un ressort très puissant (9 kg.), qui ne peut être comprimé
qu'au moyen d'un électro-aimant puissant.

La lampe *Wolf-Joris* (ou Wolf n° 3) est nettement différente des types précédents. L'entrée d'air se fait également par le bas, par de longues ouvertures entre le réservoir et la nervure supportant l'armature, puis par des fenêtres disposées en couronne, et à travers un double anneau en toile métallique.

La cuirasse est percée d'une double rangée de trous à la partie supérieure, en partie recouverts par le couvercle en cloche.

La caractéristique principale de cette lampe réside dans l'adoption de deux manchons de verre concentriques ; le manchon intérieur a $2^m/_m$ d'épaisseur, le manchon extérieur $5^m/_m$. La hauteur totale est de $250^m/_m$ la poids de 1 kg. 492 (vide) et 1 kg. 536 (garnie).

L'existence d'un double manchon réduit le pouvoir éclairant, surtout en fin de poste.

197. Autres lampes à essence. — La plupart des lampes à essence autorisées dans les mines grisouteuses ne diffèrent que par la disposition de l'entrée d'air et le système de fermeture.

Les fig. 162 et 163 représentent deux de ces lampes (*Mulkay* n° 2 et *Grümer et Grimberg*).

Dans la première l'air entre par des fenêtres à la base de la nervure, monte ensuite verticalement par 24 trous de $2^m/_m$ 6 de diamètre, puis horizontalement à travers six fenêtres de $2^m/_m$ de hauteur et $8^m/_m$ de largeur, et arrive enfin dans la lampe en traversant une double couronne en tamis de laiton placée devant 6 fenêtres de $2^m/_m$ de hauteur et $18^m/_m$ de largeur.

La hauteur de la lampe est de $260^m/_m$ le poids de $1^k,584$ (vide) et $1^k,629$ (garnie). Le pouvoir éclairant dépasse 1 bougie à l'état de neuf, mais diminue un peu pendant le poste.

Dans la lampe *Grümer et Grimberg* l'entrée d'air se fait par un parcours entièrement horizontal. Le pouvoir éclairant, qui varie peu, est légèrement supérieur à 1 bougie. La hauteur est de $273^m/_m$ le poids de 1 kg. 719 (vide) et 1 kg. 764 (garnie).

Parmi les autres lampes, signalons celles de *Seippel, Koch, Müller*. Le pouvoir éclairant de la première est analogue à celui de la Wolf normale, celui de la seconde est nettement inférieur. La lampe Müller est surtout remarquable par l'extinction automatique au moment de l'ouverture (voir n° 187).

198. Comparaison des divers types de lampes. — La comparaison des lampes de sûreté peut se faire à divers points de vue : sécurité en présence du grisou, pouvoir éclairant, faculté de rester allumée malgré les changements de position, poids, système de fermeture, frais d'entretien, etc... Mais la question de *sécurité* est absolument primordiale. Les lampes qui sont mises en défaut par un

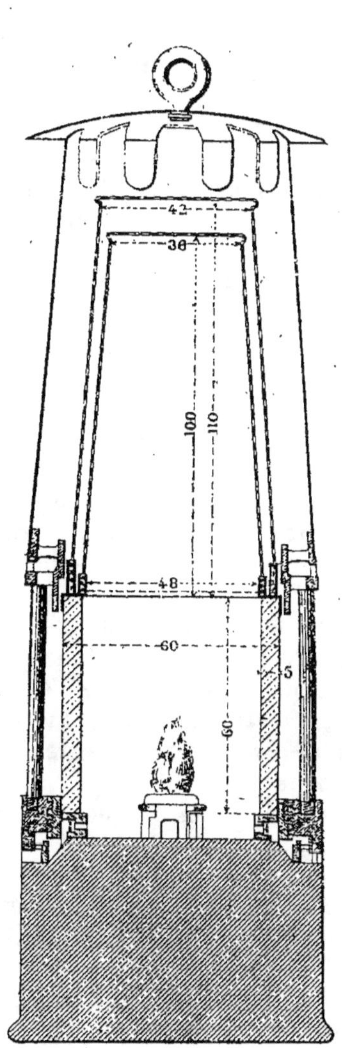

FIG. 162. — Lampe Mulkay n° 2.

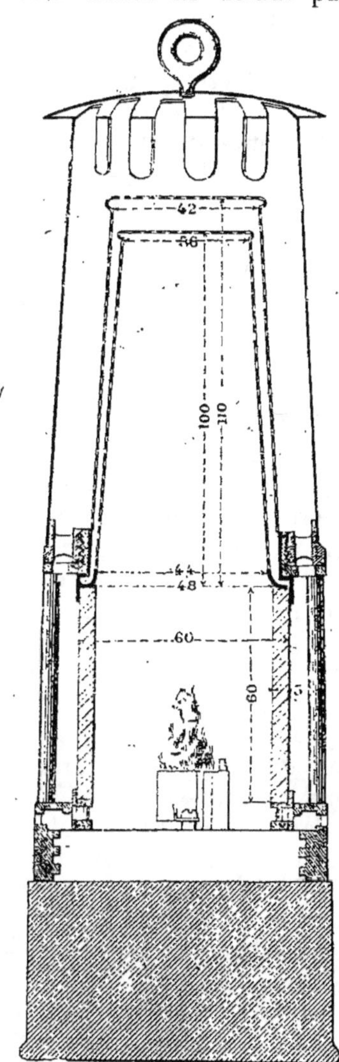

FIG. 163. — Lampe Grümer et Grimberg.

courant d'air grisouteux ne dépassant pas une vingtaine de mètres par seconde, dans une direction quelconque, ou qui laissent sortir la flamme pour toute autre raison, doivent être proscrites dans les mines franchement grisouteuses.

C'est ainsi que les modèles à un seul tamis, ou à deux tamis sans cuirasse, ne peuvent être considérés que comme lampes protégées, mais non comme lampes de sûreté.

De même la lampe Mueseler, longtemps réglementaire en Belgique, a dû être abandonnée quand on a reconnu qu'un renversement de tirage pouvait la rendre dangereuse.

A l'heure actuelle, on admet que les lampes Marsaut, Wolf ou analogues (Demeure, Fumat, Body Firket, Mulkay etc...) sont sûres, qu'elles soient alimentées à l'huile ou à l'essence, à condition naturellement d'être en parfait état et de ne comporter que des rallumeurs au phosphore blanc.

Le *pouvoir éclairant* est meilleur avec l'essence qu'avec l'huile (1 bougie environ au lieu de 1/2 à 3/4 bougie), sauf dans le cas particulier de la Mueseler, que nous avons signalé plus haut.

Mais il présente, suivant les modèles, une constance plus ou moins grande.

C'est ainsi que les lampes Wolf, Grümer et Grimberg, Seippel sont à peu près constantes. Les lampes Marsaut, Mueseler, Mulkay n° 2, présentent déjà des différences plus grandes entre le début et la fin du poste. Cet inconvénient est très sensible avec la lampe Fumat. Dans cette dernière une partie du manchon est masquée par la gaine d'entrée d'air.

Avec les lampes à huile, il est important que les mouvements un peu brusques, les chocs, le défaut de verticalité, le balancement pendant la marche, ou un courant d'air ne provoquent pas l'extinction. C'est ainsi que la lampe Mueseler s'éteint beaucoup plus facilement que les lampes Marsaut ou Fumat. Presque toutes s'éteignent lorsqu'on les élève ou abaisse trop brusquement.

La *hauteur* a surtout de l'importance dans les couches minces, où la circulation est difficile.

Pour la recherche du grisou, les lampes où l'entrée d'air se fait au dessus du manchon sont préférables, car elles permettent l'examen d'une zone plus rapprochée du fond de la cloche ou du toit du chantier.

Le *poids*, à vide, est en général un peu plus grand pour les lampes à essence (1 kg. 5 à 1 kg. 7 au lieu de 1 kg. 25 à 1 kg. 3) mais cette différence est moins sensible pour les lampes pleines. La charge d'essence est en général de 45 à 50 gr., tandis que la provision d'huile pèse 180 à 200 gr. Les variations de poids, d'un type à l'autre, sont pratiquement négligeables.

Nous avons attiré l'attention sur la nécessité d'un système de *fermeture* qui empêche d'ouvrir la lampe ailleurs qu'à la lampisterie ; c'est là une question étroitement liée à celle de la sécurité. Nous avons vu qu'elle est résolue de deux façons : soit en employant des dispositifs d'ouverture que l'ouvrier ne peut se procurer, soit en munissant la lampe d'un rivet de plomb dont la destruction dénoncera l'imprudence commise. Le premier procédé est évidemment le plus sûr.

Les *frais d'entretien* dépendent en grande partie des conditions dans lesquelles travaillent les ouvriers. Dans les couches minces et tourmentées, les chances d'avaries sont plus fréquentes que dans les couches épaisses où les mineurs circulent toujours debout, et où les lampes sont moins exposées à être heurtées. Mais cette règle générale n'est pas absolue. L'abondance de poussières, l'humidité, la nécessité de déplacer plus ou moins souvent la lampe dans l'exécution du travail ont une influence très nette sur les dépenses de nettoyage et d'entretien.

Quant au *prix de revient de l'éclairage*, il dépend surtout du coût des fournitures, principalement du combustible.

Des comparaisons intéressantes ont été faites dans les mines qui employaient simultanément des lampes de divers types, dans des conditions semblables ; on a trouvé par exemple, dans une mine du Nord de la France (en 1905) que la dépense, par lampe et par an s'élevait à :

$$35^f 65 \text{ pour les lampes à huile}$$
$$34 \ 44 \quad\quad — \quad\quad \text{électriques}$$
$$28 \ 28 \quad\quad — \quad\quad \text{à essence.}$$

Ces chiffres n'ont plus de valeur absolue à l'heure actuelle ; des calculs faits dans d'autres exploitations ont conduit à des résultats différents. On admet cependant en général que l'éclairage à l'essence est moins coûteux que l'éclairage à l'huile.

L'augmentation du pouvoir éclairant se traduit d'ailleurs par une amélioration du rendement des ouvriers, et de la sécurité dans les chantiers.

Nous verrons plus loin les avantages et les inconvénients des lampes électriques.

199. Lampes de sûreté à acétylène. — L'idée d'utiliser le grand pouvoir éclairant de l'acétylène dans les lampes de sûreté est déjà assez ancien, mais elle est d'une réalisation difficile. Les lampes à acétylène ne sont pas admises, jusqu'à présent, dans les mines grisouteuses, sauf en Amérique. Il est possible cependant qu'on arrive à une solution acceptable, qui permettrait d'avoir des lampes huit à dix fois plus éclairantes qu'avec l'essence. Il est donc intéressant de signaler les modèles proposés jusqu'à présent.

Dans les lampes *Wolf* ou *Seippel* le réservoir d'eau est placé au-dessus du récipient contenant le carbure de calcium, et un dispositif spécial assure l'écoulement de l'eau goutte à goutte.

Dans le système Wolf (construit par Friemann et Wolf de Zwickau) l'eau glisse le long d'une aiguille. Dans le réservoir à eau est un robinet de forme particulière, commun pour le gaz et pour l'eau. Lorsque la lampe brûle à petit feu, et au moment de son extinction, l'excès d'acétylène est évacué à l'air libre, grâce à un petit tube spécial communiquant avec le robinet. En cas de renversement de la lampe ou de dégagement exagéré, le gaz refoule par le tube d'écoulement d'eau, traverse celle-ci et sort par un trou qui met en communication l'atmosphère et la partie supérieure du réservoir.

Le haut de la lampe (manchon, tamis, cuirasse) est analogue à celui d'une lampe à essence.

La hauteur totale est de $328\,^{m}/_{m}$, le poids de $2^{kg},100$ à vide et $2^{k},600$ à plein. Le pouvoir éclairant atteint 10 bougies.

Dans la lampe *Wolf-Stuchlik* (également de Friemann et Wolf) l'eau est amenée au récipient de carbure par un tuyau flexible. Si l'on baisse la flamme, le gaz en excès refoule par ce tuyau jusqu'au-dessus du réservoir d'eau.

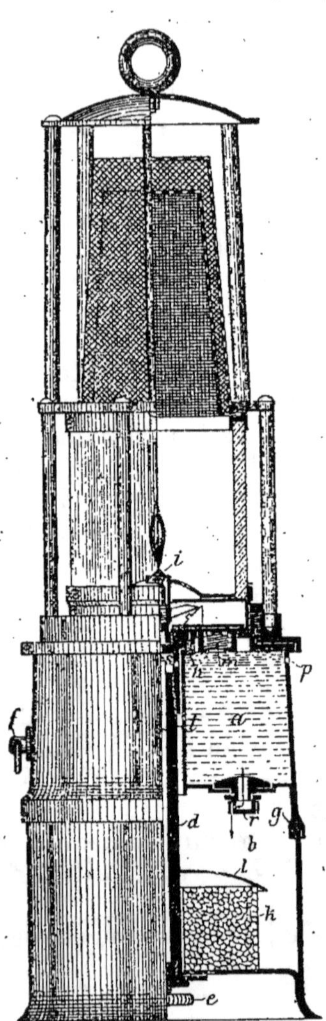

Fig. 164.
Lampe à acétylène Seippel.

Les essais faits en Autriche ont été satisfaisants ; la flamme n'est cependant pas très régulière lorsqu'on balance la lampe.

Dans la lampe *Seippel (fig. 164)*, un petit tuyau r est vissé au fond du réservoir d'eau ; à sa base est un couvercle percé d'une ouverture étroite, protégée par une rondelle. Le remplissage du réservoir se fait par l'orifice *m*, fermé par un bouchon vissé.

Les cartouches de carbure comprimé sont placées sous un couvercle *l*, sur lequel l'eau tombe goutte à goutte. Le gaz produit passe par l'orifice *s* dans le tube fileté *h* et de là dans le bec *i*.

Pour baisser la flamme ou l'éteindre, la lampe est munie d'une soupape à gaz, constituée par une tige à pointeau *t*, placée à l'intérieur du tube *d* et manœuvrée au moyen du bouton *e*.

La hauteur de la lampe est de 330 $^m/_m$, le poids de $1^k,835$ à vide et 2 kg. 260 à plein ; la durée de service est de 10 heures, le pouvoir éclairant de 8 à 10 bougies.

Dans la lampe *Koch* le récipient à carbure est à l'intérieur du réservoir d'eau. Une mèche plonge dans un tube le long du récipient et aspire l'eau par sa partie inférieure, pour la conduire dans le carbure par deux brins distincts dont l'un est placé dans un tube percé d'ouvertures, et l'autre au sein du carbure.

Le brin serré dans le tube à orifices assure l'alimentation de la lampe lorsqu'un choc a fait sauter l'autre brin hors du carbure.

L'excès de gaz reflue par le tube porte-mèche et le réservoir à eau.

La hauteur de la lampe est de 350 $^m/_m$, le poids de 2 kg. 100 (à vide) et 2 kg. 700 (garnie). Le pouvoir éclairant atteint 6-7 bougies.

Dans la lampe *Chance* (*fig. 165*) le récipient à carbure est également placé à l'intérieur du réservoir d'eau.

L'eau pénètre par l'espace annulaire entre C′ et E ; son arrivée est réglée automatiquement par la pression des gaz faisant équilibre à la pression d'eau ;

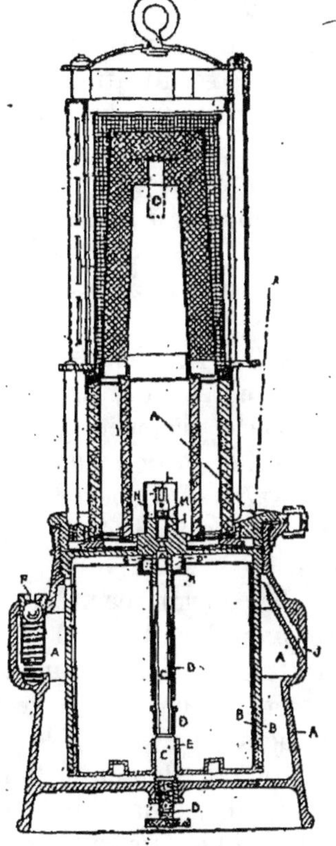

FIG. 165.
Lampe à acétylène Chance.

cette dernière est rendue à peu près constante par l'élargissement A du réservoir. En cas de surpression, le gaz s'échappe par le tube J.

La lampe comporte un double manchon en verre, une cheminée Mueseler et un double tamis. Elle pèse 1 kg. 870 à vide et 2 kg. 380 garnie. Elle brûle 227 gr. de carbure en 10 heures, mais le réservoir d'eau doit être rempli de nouveau, au bout de 4 heures, pour assurer une pression constante.

Le pouvoir éclairant dépasse 5 bougies.

Toutes ces lampes à acétylène ont l'inconvénient de ne pas présenter une alimentation d'eau parfaitement régulière ; s'il y a excès d'eau, la température s'élève ; la chaux produite gonfle, la flamme devient trop chaude et risque de traverser les tamis. Le gaz est chargé de poussière de chaux et le bec a tendance à se boucher.

Il serait sans doute préférable de faire tomber régulièrement dans l'eau du carbure finement broyé. Pour régulariser la flamme, une valve serait utile.

Jusqu'à présent, on n'est pas assez sûr de l'absence de danger dans les courants d'air grisouteux, et de l'impossibilité de dégagements intempestifs produisant une flamme trop longue. On ne peut donc considérer ces lampes à acétylène comme des lampes de sûreté.

§ 4. — LAMPES ÉLECTRIQUES PORTATIVES.

200. Principe. — L'incandescence du filament d'une ampoule électrique se produisant à l'abri de l'air, il paraît rationnel d'utiliser cette propriété pour construire des lampes sans danger, quel que soit le milieu dans lequel elles sont allumées. Il est seulement nécessaire de disposer les contacts de façon à empêcher tout court-circuit extérieur, et de protéger l'ampoule contre les risques de rupture.

Le courant électrique est produit au moyen d'accumulateurs. En comptant 2 watts par bougie, un élément dont le voltage utile est de 2 volts suffit donc pour fournir l'intensité nécessaire de 1 ampère, qui correspond à la normale pour un accumulateur pesant environ 1 kilogramme.

Un tel élément, donnant 8 à 10 ampères-heures, permettra l'éclairage pendant un poste. Avec son armature, la lampe pèsera environ 2 kg. Les lampes un peu plus fortes atteignent 2 kg. et demi.

201. Avantages et inconvénients de l'éclairage électrique. — La lampe électrique a le grand avantage de fonctionner dans une atmosphère quelconque. Elle est seule utilisable dans les milieux irrespirables, chargés d'acide carbonique ou d'azote, par conséquent pour les travaux de sauvetage après une explosion ou un incendie.

La rupture de l'ampoule est susceptible de produire un accident dans un mélange grisouteux, mais il est aisé de la faire assez solide et de la protéger de manière à rendre cette avarie très rare. De même, on dispose facilement les contacts ainsi que le commutateur pour l'allumage, de façon à supprimer les étincelles en présence du grisou.

Les avaries sont en somme plus faciles à éviter et à constater que celles qui peuvent rendre dangereux les tamis et qui échapperaient à l'examen de l'ouvrier.

Par contre on peut reprocher à la lampe électrique de ne pas permettre la recherche du grisou dans une atmosphère suspecte. Cet inconvénient est assez sérieux pour qu'on ait cherché à construire des lampes indicatrices du grisou ; on a soin tout au moins de munir les surveillants d'une lampe de sûreté à huile ou à essence.

202. Construction de la lampe. — La lampe ne doit pas être trop lourde : 2 kg. est un poids convenable, 2 kg. 1/2 est encore admissible, mais la fatigue est plus sensible qu'avec les lampes à essence.

La construction doit être simple et robuste, peu sujette à des dérangements.

Le pouvoir éclairant ne doit pas baisser pendant le poste ; il est désirable qu'il atteigne au moins une bougie.

Les *accumulateurs*, contenus dans une boîte étanche, sont parfois *secs* ; l'électrolyte est absorbé par de la cellulose ou du liège, ou rendu gélatineux par addition de silicate de soude. Les électrodes sont généralement en plomb.

Le montage se fait en vissant l'armature sur le récipient contenant les accumulateurs. Dans certains systèmes, le dévissage assure l'extinction de la lampe, mais il faut qu'au moment où se produit l'étincelle de rupture entre les bornes de l'ampoule et celles des accumulateurs, il y ait encore deux ou trois tours à faire pour séparer les deux parties de la lampe.

Dans d'autres appareils, on dispose un commutateur d'allumage indépendant de l'assemblage entre la monture et le récipient.

203. Modèles de lampes. — Les anciennes lampes à *électrolyte-liquide* (Bréguet, Stella, Mallet-Parent) ne se sont pas répandues.

La lampe *Süssmann*, à électrolyte sec (acide sulfurique absorbé par de la pâte à papier) a constitué un perfectionnement intéressant. Elle se composait d'un récipient parallélipipédique mesurant environ 150 $^m/_m \times$ 73 $^m/_m$, surmonté de l'ampoule protégée par un verre cylindrique épais ; une armature fixée au récipient se termine par un couvercle qui porte le crochet de suspension. La hauteur totale est de 250 $^m/_m$ (crochet non compris), le poids de 2 kg. 200, pour un pouvoir éclairant d'une bougie.

La lampe *Neu-Catrice* est à électrolyte immobilisé par le silicate de soude, contenu dans un bac en celluloïd ; la lampe comporte deux de ces éléments accolés, dans un récipient mesurant 155 $^m/_m$ de hauteur, 70 $^m/_m$ de côtés. Le récipient est surmonté de l'ampoule, placée à l'intérieur d'une forte cloche en verre.

La lampe *Cotté* (de la Société d'éclairage et d'applications électriques d'Arras) a des accumulateurs dont les électrodes sont formés de grenaille d'oxyde de plomb renfermée dans des couronnes en celluloïd perforé.

Cette grenaille a l'inconvénient de devenir pulvérulente et de tomber au fond du bac. L'accumulateur est très sensible à la décharge et à la surcharge.

Dans la *lampe Phénix*, les électrodes ont la forme tubulaire : deux tubes en matière légèrement élastique et à parois perforées sont placés concentriquement ; ils sont doublés, sur les surfaces en présence, par des gaines souples en matière très poreuse. La paroi extérieure du tube de diamètre maximum est étanche et sert d'enveloppe à l'élément.

L'électrolyte occupe l'espace entre les électrodes ; elle circule entre les grains de la matière contenue dans les tubes ; cette matière constituée par de l'oxyde de plomb finement granulé est entassée autour d'un réseau conducteur en plomb antimonié, disposé dans l'espace annulaire.

La fig. 166 représente la lampe *Lux* (A. Mallet, constructeur à Lille) autorisée en 1909 dans les mines grisouteuses françaises.

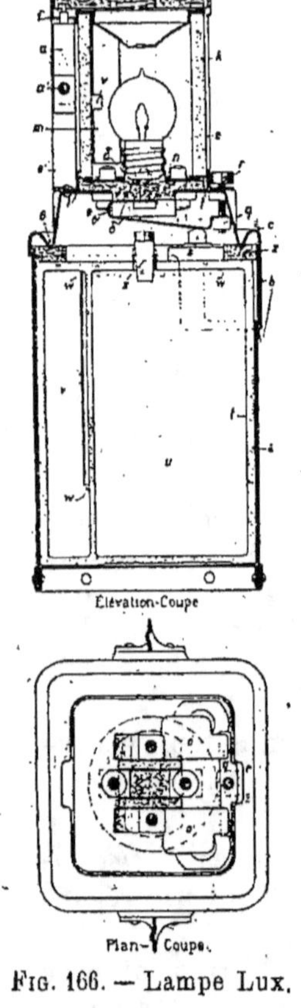

Fig. 166. — Lampe Lux.

L'accumulateur est à un seul élément (à électrolyte liquide) ; il est hermétiquement clos, et comporte deux compartiments, et l'un (u) pour les plaques, l'autre (v) pour l'expansion des gaz. La fermeture s'obtient en vissant à fond le plateau g sur la tige i.

La fermeture de sûreté est effectuée par rivet de plomb et verrou-

Dinoire (α) ; ce dernier est fixé sur un des montants de la cage et s'engrène dans une crémaillère sous le plateau g.

L'ampoule est réunie aux bornes s de l'accumulateur par une douille et deux lamelles $o\ o'$. Ces lamelles formant ressort sont normalement abaissées et en contact avec les bornes ; elles peuvent être levées par la pièce isolante q reliée à la vis de manœuvre r.

La lampe est haute de 250 $^m/_m$ et pèse 2 kg. 150. Elle a un pouvoir éclairant d'une bougie et demie, pendant 16 heures.

La lampe *Trin* (*fig. 167*) est à commutation entièrement intérieure. Le commutateur est constitué par un tube en U retourné contenant du mercure. Cette pièce est représentée en C sur la fig. le mercure en M.

Les accumulateurs sont en A et transmettent le courant par les bornes B et les fils FF'.

L'ampoule D est à l'intérieur d'un globe en verre G. Deux réflecteurs, l'un concave R, l'autre conique R' renvoient la lumière hors de la lampe.

Citons encore la lampe *Faerber* qui a donné de très bons résultats. L'accumulateur est formé d'une boîte en celluloïd avec deux électrodes circulaires en plomb, vissés dans le couvercle de la boîte. Les gaz peuvent s'échapper sans qu'il y ait sortie du liquide. Les contacts, à l'extrémité des deux pôles, sont mobiles et se nettoient facilement en les trempant dans l'eau chaude.

Le récipient contenant l'accumulateur est en tôle d'acier renforcée par des anneaux d'acier emboutis, et de forme légèrement conique. La partie supérieure s'ajuste par un raccord à baïonnette, avec fermeture magnétique. L'ampoule est protégée par une cloche en cristal ; des ressorts en spirale la maintiennent, de façon à diminuer les chances de ruptures par chocs, et à assurer l'interruption du circuit, si la cloche se brise. C'est là une sécurité supplémentaire appréciable.

Le pouvoir éclairant est de 1 bougie et demie, pour une durée de service de 16 heures.

La lampe *Loncin* n" 500 est à accumulateur du type alcalin, à liquide libre, électrode fer-nickel. L'allumage et l'extinction se font par légère rotation du couvercle. Le pouvoir éclairant est de 2 bougies, pour une durée de 10 heures. Hauteur 230 $^m/_m$, poids 2 kg.

204. Lampes électriques munies d'un indicateur de grisou. — Nous avons signalé l'inconvénient que présente l'éclairage électrique : il ne permet pas de déceler la présence du grisou ; on a donc cherché les moyens de munir la lampe électrique d'un indicateur de grisou.

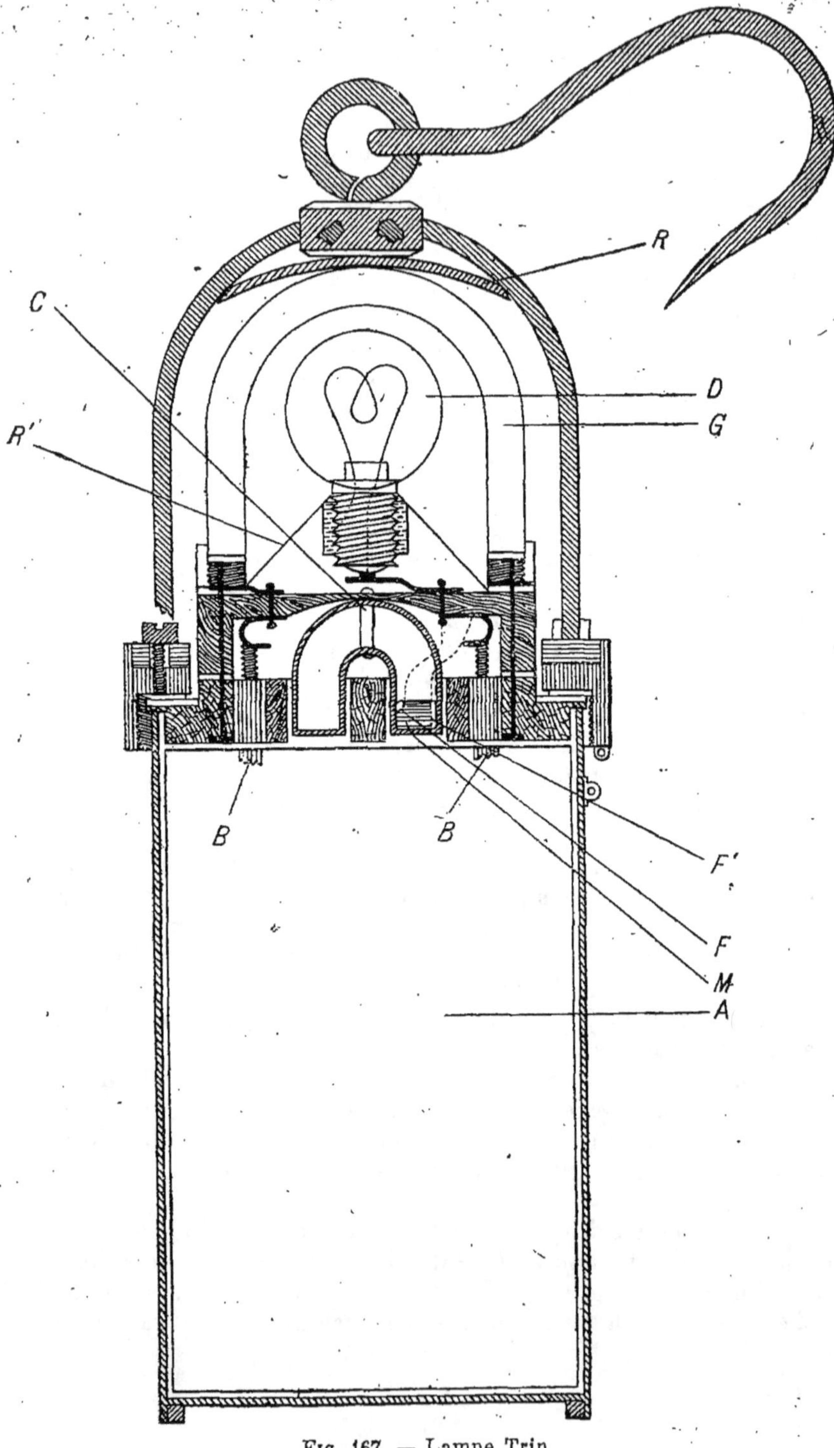

Fig. 167. — Lampe Trin.

De très nombreux procédés ont été imaginés.

On a proposé d'utiliser l'échauffement produit par le grisou sur de la *mousse de platine* ; mais on n'arrive qu'à une sensibilité tout à fait insuffisante avec les teneurs de 5 à 6 °/₀ de grisou.

L'emploi des phénomènes d'*osmose* n'est pas pratique dans les mines, où les poussières, en se déposant sur la plaque poreuse de l'appareil, en supprimant la perméabilité.

Certains appareils reposent sur la méthode acoustique, que nous avons signalée au chapitre II, ou sur la variation du pouvoir éclairant ou de la résistance électrique de deux spirales de platine portées à l'incandesc ence, l'une dans l'air de la mine, l'autre dans l'air pur. Tous ces appareils sont trop compliqués ; certains d'entre eux ne peuvent être employés qu'à poste fixe.

Jusqu'à présent on ne semble avoir trouvé aucun appareil donnant des indications sûres et pratiques. Seules les lampes à tamis peuvent être utilisées. On a donc soin, lorsque les mineurs sont éclairés à l'électricité, de faire exécuter des tournées par des surveillants munis de lampes à tamis.

§ 5. — ENTRETIEN ET ESSAIS DES LAMPES DE SURETÉ.

205. Postes de rallumage souterrains. — Avec les lampes à essence, munies de rallumeurs, et les lampes électriques les mineurs se trouvent rarement privés de lumière. Le cas est au contraire fréquent avec les lampes à huile, surtout dans les exploitations en couches minces et tourmentées.

Le nombre de lampes éteintes, pendant la durée du poste, atteint souvent 20 ou 25 °/₀. Il dépasse notablement ces chiffres avec certains modèles tels que la lampe Mueseler.

La gêne apportée dans le travail au chantier par l'extinction d'une ou deux des lampes se traduit par une diminution du rendement des ouvriers ; faute d'un éclairage suffisant, la sécurité est moins bien assurée. Il est donc nécessaire de remplacer sans retard les lampes éteintes par des lampes allumées.

Il serait trop long de les renvoyer à la surface pour les faire ouvrir et rallumer.

Dans les mines franchement grisouteuses, en particulier dans celles qui sont sujettes à des dégagements instantanés, le seul remède consiste à disposer de place en place des *dépôts de lampes* allumées. Un gamin y apporte les lampes éteintes d'un groupe de chantiers et en fait l'échange contre des lampes allumées. Le surveillant du dépôt doit avoir un carnet sur lequel il a porté les n°ˢ des lampes prises à la surface ; il note les n^os de celles qu'on lui apporte éteintes et inscrit tous les échanges opérés. Il ne doit jamais ouvrir et rallumer les lampes éteintes.

Les emplacements de ces dépôts sont choisis de façon à se trouver autant que possible dans un courant d'air frais, à l'abri des coups de vent ; ils sont d'ailleurs notés sur les plans d'aérage.

Pour éviter les transports entre les dépôts et la surface, on crée dans beaucoup de mines des *postes de rallumage* souterrains, confiés à des ouvriers spéciaux. Ces postes ne peuvent être installés que dans les galeries d'arrivée d'air pur, avant tout embranchement par lequel pourrait venir une bouffée de grisou.

La recette du puits d'entrée d'air est donc tout indiquée pour y placer le poste, à moins que la distance jusqu'aux chantiers ne soit trop grande.

Le lampiste ouvre les lampes qu'on lui apporte et les rallume avec le feu d'une lampe de sûreté qu'il ouvre un instant et qu'il referme aussitôt. Il s'attache à réduire au minimum le temps pendant lequel les flammes ne sont pas protégées. Il examine l'état des lampes éteintes et dispose de quelques lampes de rechange pour remplacer celles qui seraient abîmées. Il tient note des échanges et des allumages opérés.

206. Lampisteries. — La conservation, le nettoyage, le remplissage et l'allumage de plusieurs centaines de lampes de sûreté, qui doivent toujours être entretenues en parfait état exige, sur le carreau de la mine, une lampisterie largement installée et munie de tout l'outillage et le personnel nécessaires.

Les lampes doivent être démontées et nettoyées lorsqu'elles sont rendues par les ouvriers, remises en état si elles sont détériorées, remplies, allumées (sauf pour celles qui sont munies d'un rallumeur), vérifiées soigneusement, et enfin accrochées à un râtelier, sous le n° correspondant à l'ouvrier auquel elle est attribuée. Le service de contrôle doit être tenu de façon assez complet pour qu'on sache toujours si un ouvrier est descendu dans la mine ou non, et s'il est en possession de sa lampe habituelle ou d'une autre.

Le *nettoyage* porte sur toutes les parties de la lampe, qui remonte souvent boueuse ou chargée de poussières ; mais il est surtout important en ce qui concerne le manchon de verre et les tamis.

Pour le manchon, ce nettoyage a surtout pour but de rendre à la lampe son pouvoir éclairant, diminué par la poussière ou la graisse qui salissent le verre.

Pour les tamis, l'enlèvement des parcelles de toutes sortes qui adhèrent sur la toile métallique, en bouchent les pores et risquent d'en oxyder les fils est encore indispensable au point de vue de la sécurité. Les matières grasses qui resteraient sur le tamis seraient susceptibles de s'échauffer et de transmettre la flamme au dehors.

On opère le nettoyage des tamis à l'aide de brosses mécaniques agissant à l'intérieur et à l'extérieur, ainsi que sur le chapeau.

Des appareils spéciaux, mus au moyen d'une pédale ou mieux d'un petit moteur, permettent de nettoyer parfaitement un grand nombre de tamis en peu de temps.

Certains d'entre eux utilisent l'air comprimé pour compléter l'action des brosses, voire même pour la remplacer.

Les tamis, une fois nettoyés, doivent être examinés avec soin, pour s'assurer qu'aucune maille n'est déformée ou rompue. Une seule maille défectueuse entraîne le remplacement du tamis.

Il faut aussi inspecter les raccords des deux bords de la toile métallique le long d'une génératrice du cône, et surtout des toiles qui coiffent le tamis ; c'est presque toujours un défaut de ces raccords qui fait rebuter les tamis.

Il est bon de s'assurer de temps en temps que le diamètre des fils n'est pas insuffisant.

Lorsque tous les organes de la lampe ont été nettoyés ou remplacés, on procède au remplissage, à l'allumage (le plus tard possible pour éviter un gaspillage de combustible) et à la fermeture ; si celle-ci comporte un rivet de plomb, on change tous les jours la lettre de contrôle, en évitant naturellement de suivre un ordre régulier.

Avant d'être mises en place, les lampes sont *vérifiées*. Le défaut le plus fréquent est l'oubli d'une rondelle d'étanchéité, ou un serrage insuffisant. En dirigeant sur la lampe (privée de sa cuirasse) un fort courant d'air comprimé, on fera vaciller la flamme si les joints ne sont pas étanches.

On a imaginé divers appareils, munis de tuyaux dirigeant le jet d'air comprimé aux points voulus, de telle sorte qu'il suffit d'y placer un moment la lampe pour la vérifier.

On a même construit des appareils où la lampe est plongée dans un mélange d'air et d'essence qui fait explosion si, par suite d'un défaut quelconque, l'inflammation intérieure se transmet à l'extérieur.

Il est d'ailleurs recommandé aux ouvriers de vérifier la lampe au moment où elle leur est remise ; s'ils ne font aucune observation, ils sont dès lors responsables ; d'autre part, au moment de la réception des lampes rendues, les lampistes ont le devoir absolu de signaler toute détérioration constatée, en particulier toute trace d'ouverture ou même de tentative d'ouverture.

L'accès de la lampisterie est interdit aux ouvriers ; leur lampe leur est remise à travers un guichet.

Chaque lampe porte un numéro, reproduit sur les pièces qui peuvent être enlevées (la cuirasse par exemple), et inscrit en outre au-dessus du crochet du râtelier de la salle de dépôt des lampes. Le mineur auquel la lampe est attribuée reçoit une fiche métallique portant ce même numéro. Il la remet en échange de sa lampe et l'agent chargé de la distribution l'accroche au râtelier à la place de la lampe. Un registre spécial, tenu constamment à jour, contient les noms des ouvriers et le n° de leur lampe.

Si l'on a dû remettre à l'ouvrier une autre lampe que celle qu'il a d'habitude, on accroche la fiche numérotée au crochet du râtelier spécial des lampes de rechange et on accroche la fiche correspondant à la lampe remise au crochet du râtelier général portant le n° de l'ouvrier.

Grâce à ce système de contrôle, il est possible de savoir, à tout moment, le nombre et les noms des ouvriers descendus. Cette mesure est des plus utiles en cas de catastrophe. Il importe seulement de se rappeler qu'elle doit être complétée par l'inscription sur les carnets des postes de rallumage ou des dépôts intérieurs de tous les échanges effectués ; lorsque des lampes sont rapportées au jour pendant le poste, elles doivent toujours être accompagnées du relevé des échanges dont elles ont été l'objet.

207. Lampisteries à essence. — Les lampisteries à essence sont plus dangereuses que les lampisteries ordinaires et des mesures particulières doivent être prises pour éviter les risques d'explosion.

L'approvisionnement d'essence est conservé en fûts, à l'extérieur du bâtiment principal.

Le fût (ou la bâche) servant au remplissage est placé dans une chambre spéciale, isolée par un mur plein, percé seulement pour le passage des tuyaux communiquant avec un réservoir secondaire dans la salle de remplissage.

- Cette chambre est fermée à clef, parfaitement ventilée ; le plancher est en pente pour rassembler l'essence qui viendrait à s'échapper ; elle est surmontée d'un réservoir contenant quelques centaines de kilogrammes de sable ; en cas d'incendie, on étouffe le feu en manœuvrant de l'extérieur une vanne qui laisse couler le sable sur le fût. Le réservoir secondaire, dont la capacité ne dépasse pas celle qui suffit pour la journée, est représenté sur la fig. 168.

Le récipient en verre *a* contient la quantité nécessaire pour une lampe. Le robinet à 3 voies R permet de le mettre en communication soit avec le bas du réservoir A, soit avec un tube vertical b. Un tube t, de 2 $^m/_m$ de diamètre part du haut du récipient, monte jusqu'au haut du réservoir et redescend jusqu'à l'orifice du tube b. Il sert à l'échappement de l'air contenu dans le récipient a lorsqu'on remplit ce dernier (robinet R dans la position 1) et à la rentrée de l'air lorsqu'on met le robinet dans la position (2) pour le remplissage d'une lampe.

À l'entrée de ce tube t est une soupape à flotteur S qui le ferme lorsque le récipient est plein.

Le tube t monte jusqu'au haut du réservoir pour éviter l'écoulement de l'essence au dehors en cas de défaillance de la soupape S ; comme ce tube t affleure à l'orifice du tube b, il se bouche et arrête l'écoulement si la lampe contient encore de l'essence au moment où elle est présentée sous le tube b.

Le réservoir A est muni de 3 récipients a pour accélérer les opérations. A son sommet est une petite soupape maintenue par un ressort, s'ouvrant de haut en bas quand l'essence s'écoule de A vers a. Dès qu'on arrête cet écoulement, la soupape se referme et empêche toute évaporation. Le remplissage de ce réservoir est fait au moyen d'une pompe à main placée à l'extérieur.

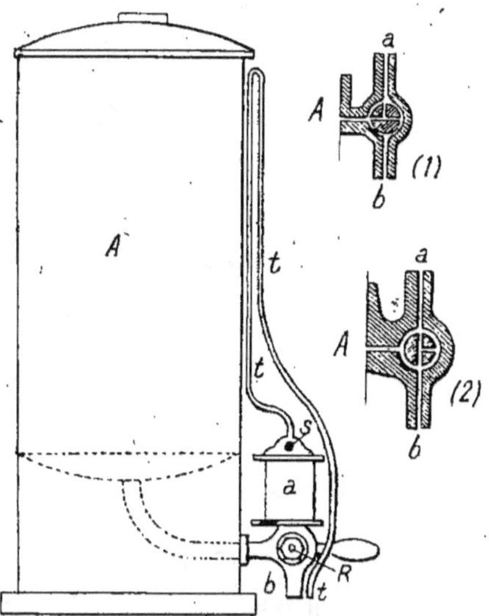

Fig. 168. — Réservoir secondaire pour le remplissage des lampes à essence.

Lorsque les lampes sont remplies, il faut les retourner pour rejeter l'essence en excès ; il ne doit pas y avoir dans la lampe plus d'essence que n'en peut absorber l'ouate.

La salle de remplissage est construite en matériaux incombustibles, bien ventilée, munie de portes assez larges pour permettre une fuite rapide en cas de danger. L'éclairage est assuré par des lampes électriques ou des lampes de sûreté. Un dépôt de sacs de sable est disposé à proximité pour permettre d'étouffer un incendie.

La salle de distribution est séparée de la salle de remplissage et ne communique avec elle que par un guichet fermé par un volet en tôle.

L'atelier de réparations est séparé ; il ne doit contenir aucune provision d'essence et les lampes doivent être soigneusement vidées avant d'y être envoyées.

La toiture de tous les bâtiments est très légère, pour ne pas offrir de résistance en cas d'explosion. La lampisterie est d'ailleurs séparée des autres bâtiments de la fosse.

La fig. 169 montre la disposition d'une lampisterie à essence.

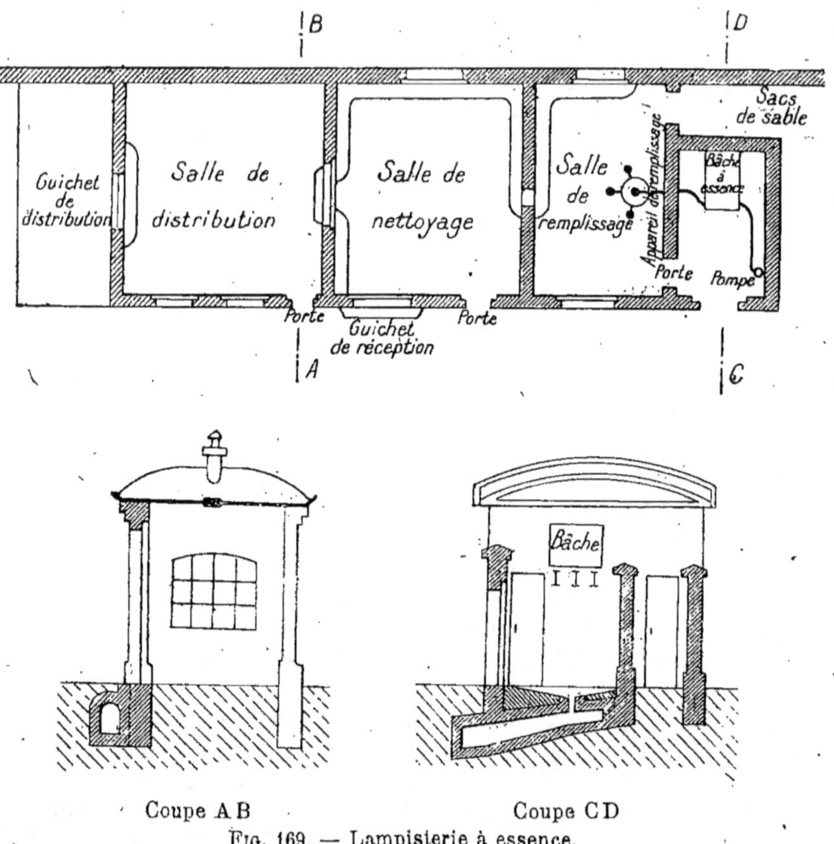

Fig. 169. — Lampisterie à essence.

208. Lampisteries électriques. — Les lampisteries électriques sont plus simples comme disposition ; elles ne présentent pas autant de dangers d'explosion, bien qu'il faille évacuer, par une ventilation suffisante, les gaz provenant de l'électrolyse pendant le chargement ; le nettoyage est moins compliqué : il se réduit à l'essuyage des verres. La partie caractéristique est la salle contenant le banc de charge des accumulateurs.

Cette dernière opération est assez lente ; le courant de charge est un peu supérieur à 1 ampère, le voltage des éléments est amené de 2 volts environ à 2,5. Le voltage de régime est de $2^v,2$ en moyenne ; pour éviter une usure exagérée du filament au moment de l'allumage, on ramène le voltage de $2^v,5$ à $2^v,2$ en déchargeant un moment l'accumulateur, avant de l'enlever du banc, au moyen d'une résistance spéciale.

209. Essais des lampes de sûreté. — Des appareils d'essais ont été installés dans plusieurs pays, pour étudier la façon dont se comportent les lampes de sûreté au sein d'un mélange grisouteux, et pour vérifier qu'on ne peut arriver à les mettre en défaut lorsqu'on reproduit artificiellement les causes d'accidents possibles.

D'une façon générale, les appareils doivent permettre de créer, en espace clos, un courant d'air de vitesse quelconque, chargé à une teneur connue de grisou ou de gaz d'éclairage, avec ou sans addition de poussières de charbon.

La lampe y est plongée entièrement, et la disposition de l'appareil doit permettre de la maintenir dans un courant de direction quelconque : horizontal, incliné (plongeant ou ascendant) ou vertical (également plongeant ou ascendant).

La lampe elle-même peut être placée dans une position plus ou moins inclinée.

Si elle est munie d'un rallumeur, cet appareil doit pouvoir se manœuvrer de l'extérieur de l'appareil.

Lorsque le laboratoire d'essais est placé au voisinage d'un puits grisouteux, on cherche à capter un soufflard au fond et à conduire le grisou, par une conduite spéciale, jusqu'à un gazomètre à proximité du laboratoire. A défaut de grisou naturel, on peut fabriquer du formène.

Le gaz d'éclairage est souvent utilisé ; son retard à l'inflammation étant beaucoup plus réduit que celui du grisou, les expériences faites avec le gaz sont donc plus sévères.

Une des difficultés à surmonter, dans les essais, réside dans la nécessité d'obtenir un mélange explosible parfaitement homogène et de teneur bien déterminée ; on y parvient en faisant passer le courant sur des toiles métalliques et des grilles qui le brassent.

Des manomètres mesurent la dépression, et par suite le débit, des courants d'air et de gaz. On peut d'ailleurs contrôler la vitesse par des anémomètres et la composition du mélange par des prélèvements soumis à l'analyse.

Au *laboratoire belge de Frameries* (aux mines de l'Agrappe) (1)
le grisou a été capté à 700 m. de profondeur (débit 400 m³. par jour)
et emmagasiné dans un gazomètre de 150 m³, avec une pression
d'eau de 200 $^m/_m$, suffisante pour produire un vif courant d'air dans
l'appareil d'essais. Au moyen d'un aspirateur Kœrting on peut réaliser des vitesses considérables.

Le gaz, avant d'atteindre le gazomètre, est débarrassé de son
acide carbonique.

L'appareil d'essais (fig. 170) se compose d'une conduite horizontale, de deux conduites inclinées à 45° et d'une conduite verticale ;
la section intérieure est de 310 $^m/_m$ de hauteur sur 140 de largeur.
L'épaisseur des parois est de 5 $^m/_m$.

Des cloisons mobiles AA' BB' permettent de faire passer le
courant par les tronçons où l'on désire faire l'expérience. Les cloisons verticales B B' sont courbées pour éviter les pertes de charge.
Des clapets de sûreté C permettent la sortie des gaz en cas d'explosion.

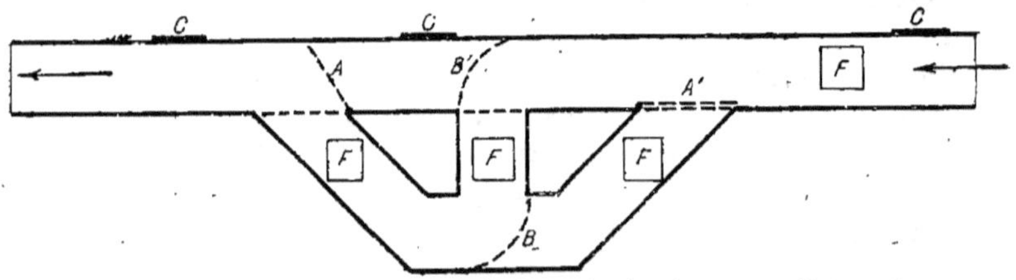

FIG. 170. — Schéma de l'appareil d'essais des lampes à Frameries.

Des fenêtres F, garnies d'un verre intérieur de 6 $^m/_m$ d'épaisseur
et d'un verre extérieur de 12 $^m/_m$ sont placées en face des porte-
lampes. Ces derniers sont disposés de telle sorte qu'on puisse donner
à la lampe une inclinaison quelconque.

Le courant d'air est provoqué par un aspirateur Kœrting à
vapeur, placé à la sortie de l'appareil.

Nous ne nous arrêterons pas sur les dispositifs de réglage et de
mesure des débits de l'air et du grisou, ni sur le mélangeur destiné
à produire un mélange parfaitement homogène. L'installation est
complétée par un laboratoire d'analyse des gaz, par une salle pour
les expériences photométriques ou pour les mesures du pouvoir
éclairant.

Au lieu d'une conduite à plusieurs branches, comme à Frameries, on peut se contenter d'une seule conduite, mobile autour

---

(1) Annales des Mines de Belgique, tome VII, 4ᵉ livraison 1902.

d'un axe horizontal et pouvant par suite prendre une inclinaison quelconque. C'est le système qui avait été adopté à la station d'essais de *Liévin*, détruite pendant la guerre, et au laboratoire de l'Ecole des mines de Paris.

210. Résumé. — Le problème de l'éclairage est simple dans les mines non grisouteuses. Tous les systèmes s'y rencontrent, depuis la bougie ou la lampe à l'huile jusqu'à la lampe à acétylène ou à l'éclairage électrique. Ce dernier n'est cependant pratique, avec des lampes fixes, que dans les grandes chambres comme celles des ardoisières ou des mines de sel, ou dans les galeries et aux recettes des puits.

Pour le travail dans les chantiers, le mineur a besoin d'une lampe portative, avec laquelle il puisse inspecter tous les recoins du front de taille, éclairer plus vivement l'endroit où il travaille, et qu'il puisse emporter avec lui lorsqu'il circule.

Dans les mines grisouteuses, il faut que les lampes soient construites de telle façon qu'une inflammation du gaz ne puisse se transmettre au dehors de l'appareil et provoquer ainsi une explosion.

Deux principes sont à la base de la théorie des lampes de sûreté :

1° Réduire suffisamment le tirage pour que les gaz produits par l'inflammation intérieure rendent incombustible le mélange contenu dans la lampe.

2° Fermer toutes les communications entre la flamme et l'air libre au moyen de tamis métalliques à mailles serrées.

Grâce au retard à l'inflammation du grisou, la propagation de la flamme ne peut se faire à travers le tamis.

Pour que la sécurité soit réelle, il faut que ce dernier soit en parfait état, que les trous n'aient pas plus de 1/4 de millimètre carré, et que les fils soient assez gros (1/3 de millimètre) pour conserver un effet refroidisseur suffisant. On adopte généralement des tamis de 144 mailles au centimètre carré, avec fils de 1/3 de millimètre.

Un seul tamis, non protégé par une cuirasse, ne donne qu'une protection illusoire, surtout dans les courants d'air. On munit donc, le plus souvent, la lampe de deux tamis, ou tout au moins d'une cuirasse qui empêche les coups de vent de faire passer la flamme à travers le tamis. Dans les lampes modernes, on dispose deux tamis entourés d'une cuirasse. La construction de la lampe doit être telle qu'un courant d'air, la direction quelconque, dont la vitesse atteint 15 ou 20 m. ne puisse pas souffler la flamme, ni la faire refluer à travers les tamis.

Le *combustible* employé était autrefois l'huile végétale ; actuellement on emploie fréquemment l'essence de pétrole (appelée benzine en Allemagne et en Belgique), qui donne un pouvoir éclairant plus élevé et permet l'emploi d'un rallumeur intérieur. La flamme est entourée d'un *manchon en verre*, surmonté par les tamis.

Le pouvoir éclairant est de 1/2 à 3/4 bougie pour les lampes à huile et dépasse une bougie avec l'essence.

La *fermeture* de la lampe doit être étanche ; il doit être impossible de rouvrir la lampe sans appareils spéciaux, ou tout au moins sans fausser ou détériorer un des organes, ce qui permet de vérifier que cette opération sévèrement interdite n'a pas été exécutée. Comme moyen de contrôle, on emploie souvent des rivets de plomb ; le procédé de fermeture magnétique est actuellement le plus répandu.

Les premières lampes (*Davy, Clanny, Mueseler* non cuirassée) n'étaient pas assez sûres et ont été abandonnées. La lampe *Marsaut* est au contraire excellente ; les principes sur lesquels elle est basée se retrouvent dans tous les modèles actuels, à huile ou à essence. Ceux-ci sont nombreux (*Mueseler* cuirassée, *Wolf, Demeure, Grümer et Grimberg, Seippel, Koch* etc...) et diffèrent surtout par le mode d'alimentation d'air ; tantôt ce dernier pénètre dans la lampe au-dessus du manchon, tantôt au-dessous de celui-ci.

Dans la lampe *Fumat*, il descend le long du manchon dans une gaine qui en cache une partie et pénètre dans la lampe par la partie inférieure.

Le *poids* des lampes est en général de 1 kg. 5 à 1 kg. 8, leur hauteur de 260 à 290 $^m/_m$,

Les *rallumeurs* des lampes à essence ne doivent donner lieu à aucune projection de parcelles d'amorces non brûlées, qui viennent se coller aux tamis et risquent de provoquer le passage de la flamme au dehors.

Jusqu'à présent, il ne semble pas que les modèles de lampes *à acétylène* construits soient absolument sans danger dans une atmosphère grisouteuse.

Les *lampes électriques portatives* sont au contraire très sûres. On leur reproche de ne pas permettre de déceler la présence du grisou.

Quel que soit le type adopté, l'entretien des lampes doit être l'objet de soins minutieux, qui exigent des *lampisteries* bien organisées et bien surveillées, en particulier lorsqu'on emploie des lampes à essence.

TABLE DES MATIÈRES

CHAPITRE III

Théorie de la ventilation

CHAPITRE IV

Aménagement du courant d'air

CHAPITRE V

Production du courant d'air 225

CHAPITRE VI

Ventilateurs volumogènes 241

Vannes. — Imprimerie LAFOLYE Frères et Cⁱᵉ.

Cours d'Aviation :
Livre I. Appareils d'aviation et propulseurs. — *Livre II.* Moteurs d'aéronautique.
Cours de Description des appareils évaporatoires, moteurs et auxiliaires :
1re Partie. Chaudières et accessoires. — *2e Partie.* Machines alternatives. — *3e Partie.* Turbines à vapeur. — *4e Partie.* Moteurs à explosion et à combustion.
Cours de Conduite, entretien, avaries, réparations, montage des appareils évaporatoires, moteurs et auxiliaires.
1re Partie. Phénomènes physiques et chimiques. — *2e Partie.* Conduite. — *3e Partie.* Entretien, avaries et réparations. — *4e Partie.* Montage.
Cours élémentaire d'Electricité théorique et pratique.
Principes de Physique et de Mécanique.
Cours de Régulation.
Cours de Législation et de réglementation maritimes.

X. — Droit, Législation.

Notions élémentaires de Droit civil.
Eléments de Droit administratif et de Droit pénal.
Cours de Droit administratif :
Livre I. Organisation générale des services publics. — *Livre II.* Fonctionnement de quelques services publics.
Commentaires des clauses et conditions générales imposées aux entrepreneurs.
Cours de Législation des Routes et chemins.
Cours de Législation des Chemins de fer.
Cours de Législation des Chemins de fer métropolitains.
Cours de Législation des Eaux.
Cours de Législation de l'Electricité.
Cours de Législation des Mines.
Législation du Travail et Prévoyance sociale (M. Massé).
Cours de Législation du Travail et Notions de Législation ouvrière et industrielle :
Livre I. Lois appliquées par les inspecteurs du travail. — *Livre II.* Notions de Législation ouvrière.
Cours de Législation du Bâtiment :
Livre I. Le Constructeur. — *Livre II.* La Construction.
Cours de Législation et d'Economie rurales à l'usage des géomètres :
Livre I. Le Bornage. — *Livre II.* Compléments de Droit. Economie rurale. — *Livre III.* Remembrement.
Cours de Droit commercial et de transports par chemins de fer.
Notions de Droit pénal.
Notions sur l'Instruction criminelle.
Cours de Droit commercial et Introduction à la pratique des affaires.

XI. — Exécution des Travaux.

Notions de Pratique des travaux et de Pratique du service.
Cours moyen de Pratique des travaux :
1re Partie. Matériaux de construction. — *2e Partie.* Préparation et mise en œuvre des matériaux. — *3e Partie.* Procédés généraux de construction. — *4e Partie.* Outillage général des chantiers de travaux publics.
Cours de Pratique des travaux et de rédaction des projets. Guide de l'Ingénieur :
1re Partie. Matériaux de construction. Maçonneries. — *2e Partie.* Exécution des travaux de terrassements. Ouvrages d'art. Fondations. — *3e Partie.* Instructions générales sur la rédaction des projets.
Cours de Pratique des travaux et de rédaction des projets. Annexes.
Organisation générale d'une entreprise de travaux publics.

XII. — Routes, Voirie, Navigation intérieure, Travaux maritimes.

Cours de Routes, Chemins vicinaux et Voies ferrées sur chaussées.
Cours de Voirie urbaine et assainissement.
Cours pratique de Voirie vicinale.
Notions de Navigation intérieure.
Navigation intérieure :
1re Partie. Rivières à courant libre. — *2e Partie.* Rivières canalisées. Barrages. — *3e Partie.* Ecluses. — *4e Partie.* Canaux.
Notions de Travaux maritimes.

Cours de Ports et Travaux maritimes :
Livre I. Notions générales. Outillage et exploitation. Etude du plan d'un port. — *Livre II.* Ouvrages des ports. — *Livre III.* Côtes, fleuves et canaux maritimes, outillage, administration.

XIII. — Topographie et Tachéométrie.

Notions de Topographie.
Cours de Topographie :
Livre I. Topométrie. — *Livre II.* Topographie générale. — *Livre III.* Opérations souterraines.
Cours de Tachéométrie.
Levés d'études à la planchette.
Calcul numérique des contenances.
Calcul graphique des contenances.

XIV. — Organisation Administrative et Industrielle, Tenue des bureaux.

Cours de commerce industriel : *Livres I et II.*
Cours de Douane.
Cours de Finance et de Comptabilité dans l'industrie.
Cours de Pratique du Service des Ponts et Chaussées (*Texte et modèles*).
Organisation des travaux du géomètre.
Cours de Service postal :
Livre I. Organisation du service. Correspondance postale. — *Livre II.* Services accessoires de la poste. Caisse et Comptabilité. Contentieux et réclamations.
Service Télégraphique.
Service Téléphonique.
Cours d'Administration militaire. Comptabilité intérieure des corps de troupe.

XV. — Électricité et Applications.

Cours pratique d'Electricité théorique et industrielle :
Livre I. Notions d'Electricité théorique. — *Livre II.* Applications industrielles.
Cours élémentaire d'Electricité théorique et industrielle :
Livre I. Electricité théorique et Machines. — *Livre II.* Applications industrielles de l'Electricité.
Cours moyen d'Electricité industrielle :
Livre I. Electricité théorique. Dynamos et moteurs à courant continu. — *Livre II.* Dynamos et moteurs à courants alternatifs. Transformateurs. Applications industrielles de l'Electricité.
Cours d'Electricité industrielle :
Livre I. Lois et formules fondamentales de l'Electricité. Etude des dynamos génératrices et des moteurs à courant continu. — *Livre II.* Appareils et tableaux de distribution à courant continu. Distribution par courant continu. Accumulateurs. — *Livre III.* Lois des courants alternatifs. Transformateurs. Alternateurs. — *Livre IV.* Distribution par courants alternatifs. Lignes et appareillage pour courants alternatifs. Alternomoteurs.
Installations à haute tension et usines centrales.
Cours de Traction électrique :
Livre I. Systèmes de traction. Moteurs. Equipements. — *Livre II.* Voie électrique. — *Livre III.* Mouvement des trains sur les voies ferrées.
Cours de Mesures électriques :
Livre I. Essais de laboratoire. Description des méthodes et des appareils. — *Livre II.* Essais de machines.
Cours de Construction des machines électriques :
Livre I. Matériaux de construction. Organes des machines. Bobinages. — *Livre II.* Construction des machines électriques (*avec atlas*).
Cours d'Eclairage électrique.
Dangers des courants électriques.

XVI. — Bâtiment. Architecture.

Notions sur la construction des Bâtiments.
Cours raisonné et détaillé du Bâtiment :
1re Partie. Fondations. — *2e Partie.* Maçonneries. — *3e Partie.* Echafaudages. Outillages de chantier. Etaiement et reprises en sous-œuvre. — *4e Partie.* Notions sur la Résistance des matériaux spécialement appliquée au bâtiment. — *5e Partie.* Bois et fers. Petite charpente et menuiserie. — *6e Partie.* Charpente en bois et en fer. — *7e Partie.* Travaux complémentaires. Couverture, vitrerie, peinture. — *8e Partie.* Alimenta-

tion en eau et installations sanitaires. — 9e *Partie*.
Chauffage et ventilation. — 10e *Partie*. Distribution et
installation d'ensemble d'un bâtiment. — 11e *Partie*.
Composition des façades et du parti architectonique. —
12e *Partie*. Instruction pour la rédaction d'un projet.
— 13e *Partie*. Instruction pour le lever de bâtiment.
— 14e *Partie*. Métré et estimation du bâtiment.
Ascenseurs et monte-charges.
Construction et installation des Bâtiments agricoles.
Construction des Usines et des établissements industriels.
Cours d'Architecture :
 Livre I. Eléments d'Architecture. — *Livre II*. Composition architecturale.

XVII. — Béton armé.

Précis pour le calcul des ouvrages en Béton armé.
Cours de Béton armé :
 Livre I. Procédés généraux de construction et calcul des ouvrages. — *Livre II*. Compléments et Applications.

XVIII. — Chemins de fer.

Cours de Chemins de fer :
 1re *Partie*. Etudes et travaux d'infrastructure. —
 2e *Partie*. Matériel fixe de la Voie. — 3e *Partie*. Superstructure et entretien de la Voie et des Bâtiments. —
 4e *Partie*. Matériel roulant. — 5e *Partie*. Exploitation
 technique. — 6e *Partie*. Exploitation commerciale. —
Cours de Locomotives.
Cours de Tramways et de Chemins de fer métropolitains.
Cours de pratique du Service. Organisation du service de
la Voie dans les Compagnies de Chemins de fer.
Cours de Voies ferrées d'intérêt local :
 Livre I. Concession. — *Livre II*. Construction. — *Livre III*.
 Matériel roulant. Exploitation. Chemins de fer spéciaux.
Cours de Chemins de fer à crémaillère, funiculaires et
 transports aériens.
Notice sur les Enclenchements.

XIX. — Mécanique, Mines et Métallurgie.

Cours de Machines-Outils :
 Livre I. La Machine, l'Outil et les Mécanismes. —
 Livre II. Etude de détail des différents types de machines.
Cours d'Organisation des fabrications mécaniques :
 Livre I. Services de préparation. — *Livre II*. Montage
 et exécution des fabrications mécaniques.
Notions sommaires sur l'Exploitation des Mines.
Cours d'Exploitation des Mines :
 Livre I. Préliminaires. Recherches et Sondages. Abatage. — *Livre II*. Soutènement des chantiers et galeries.
 Fonçage et soutènement des puits. — *Livre III*. Méthodes d'exploitation, en carrière et souterraine. —
 Livre IV. Transports souterrains. Extraction. — *Livre V*.
 Epuisement. Aérage et éclairage. — *Livre VI*. Accidents
 et hygiène. Installations à la surface. Données économiques.
Cours de Prospections minières :
 Livre I. Prospection minière proprement dite. —
 Livre II. Etude spéciale des gîtes minéraux et métallifères.
Notions de Métallurgie.

Cours de Métallurgie :
 Livre I. La Fonte. — *Livre II*. Elaboration des Fers et
 des Aciers. — *Livre III*. Travail des Fers et des Aciers.
 — *Livre IV*. Essais mécaniques des Fontes, des Aciers
 et des Fers. — *Livre V*. Métallurgie des principaux
 métaux usuels autres que le Fer.

XX. — Rédaction des projets.

Notions sur le Métré (Cubature des terrasses et ouvrages
 d'art).
Cours de projet de Tracé et de terrassements (*texte et
 planches*).
Cours d'Ouvrages d'art :
 1re *Partie*. DESCRIPTION ET MÉTRÉ : *Livre I*. Ouvrages en
 maçonnerie. — *Livre II*. Ouvrages en bois et en
 métal. — *Livre III*. Stéréométrie ou métré.
 2e *Partie*. RÉDACTION DES PROJETS : *Livre I*. Instruction
 sur la rédaction des projets. — *Livre II*. Ponts en
 maçonnerie. — *Livre III*. Ponts métalliques.
Cours de Ponts en maçonnerie :
 Livre I. Débouchés. Emplacement. Stabilité des voûtes.
 Piles et Culées. — *Livre II*. Etudes des divers éléments
 des ponts en maçonnerie. — *Livre III*. Projet et exécution des ouvrages.
Cours de Constructions métalliques :
 Livre I. Généralités. — *Livre II*. Etude des assemblages
 et détails de constructions. — *Livre III*. Charpentes en
 fer. — *Livre IV*. Ponts métalliques. — *Livre V*. Montage
 et épreuves. Etablissement d'une entreprise et estimation. — *Livre VI*. Etude des avant-projets de ponts
 métalliques à une seule travée.

XXI. — Hygiène et Accidents du travail.

Cours d'Hygiène professionnelle :
 Livre I. Hygiène générale des établissements. — *Livre II*.
 Hygiène professionnelle. — *Livre III*. Accidents.
Cours de Prévention des accidents du travail.
Hygiène du travail.

XXII. — Divers.

Conseils aux Candidats à la veille des examens :
 (Aspirant-Ingénieur-adjoint et Ingénieur-adjoint des Travaux publics de l'Etat, Ingénieur du contrôle de l'Etat
 sur les Chemins de fer, etc.).
Cours de Mécanique et Physique industrielles :
 Combustion. — Fours. — Industries textiles.
Formulaire mathématique et technique.
Le Rôle de l'Ingénieur et les travaux aux colonies.
Mécanique et Physique industrielles. Des Unités.
Cours d'Algèbre (compléments).
Cours de Géométrie (Vasnier) :
 1re *Partie*. Géométrie plane. — 2e *Partie*. Géométrie dans
 l'espace. — 3e *Partie*. Courbes et surfaces usuelles.
Table des moments d'inertie et renseignements divers pour
 calculs de résistance.
Problèmes de raccordements circulaires tangentiels des
 voies de chemin de fer.
La Taylorisation et son application aux conditions industrielles de l'après-guerre.
Le Problème commercial. Organisation rationnelle du
 Commerce industriel.
Table de courbes de rayon de 30 à 1000 m. (chaussées).

Service spécial de rédaction et vérification de projets

Projets et Consultations pour MM. les Ingénieurs, Conducteurs, Architectes, Municipalités, etc.

Coulommiers. — Imp. PAUL BRODARD. — 926-7-22.

www.ingramcontent.com/pod-product-compliance
Lightning Source LLC
LaVergne TN
LVHW021119050726
842519LV00002B/288